财政分权下地方政府行为对环境污染的影响研究

陈 霞 著

中国财经出版传媒集团

经济科学出版社
Economic Science Press

图书在版编目（CIP）数据

财政分权下地方政府行为对环境污染的影响研究/陈霞著．
—北京：经济科学出版社，2020.12
ISBN 978－7－5218－1839－0

Ⅰ.①财… Ⅱ.①陈… Ⅲ.①地方政府－政府行为－影响－环境污染－研究－中国 Ⅳ.①D625②X508.2

中国版本图书馆CIP数据核字（2020）第167091号

责任编辑：吴　敏
责任校对：隗立娜
责任印制：王世伟

财政分权下地方政府行为对环境污染的影响研究
陈　霞　著
经济科学出版社出版、发行　新华书店经销
社址：北京市海淀区阜成路甲28号　邮编：100142
总编部电话：010－88191217　发行部电话：010－88191522
网址：www.esp.com.cn
电子邮件：esp@esp.com.cn
天猫网店：经济科学出版社旗舰店
网址：http://jjkxcbs.tmall.com
北京季蜂印刷有限公司印装
710×1000　16开　20.5印张　300000字
2020年12月第1版　2020年12月第1次印刷
ISBN 978－7－5218－1839－0　定价：86.00元
（图书出现印装问题，本社负责调换。电话：010－88191510）

序

经济发展与生态环境的关系问题始终是公共政策讨论的热点，随着中国经济进入新的历史发展阶段，社会对生态环境质量也有了新的要求。党的十八大明确提出了包括生态文明建设在内的“五位一体”总体布局，党的十九大报告要求“像对待生命一样对待生态环境”，这充分说明生态环境已经成为我国经济发展的重点工作。政府公共政策特别是财政政策对生态环境具有重要的影响，开展政府行为与环境污染之间的关系研究，对减少政府决策带来的环境消极影响、提高政府决策的科学性具有重要的理论意义和现实意义。

本书是陈霞博士近七年研究成果的结晶，体现了作者扎实的专业基础知识、较强的科研能力和端正的学术态度，同时也蕴含着作者强烈的社会责任感。本书除了理论分析以外，还大量运用计量分析进行实证检验，对财政分权体制下地方政府行为如何影响环境污染进行了系统分析，不仅为理解我国环境污染问题提供了新视角，而且丰富了我国环境污染的治理思路。

本书以中国的财政分权体制为背景，在分析我国环境污染和财政分权现状的基础上，运用多任务委托代理模型、博弈分析模型从理论上分析了地方政府行为对环境污染的影响，探讨其影响路径。进而运用面板固定效应模型、面板分位数模型、动态面板模型、面板联立方程模型、空间面板模型、面板平滑转移模型等计量模型分别从地方政府竞争、产业结构、财政支出、政府环境规制、进出口贸易等几个方面实证分析了地方政府行为对环境污染的影响，并在实证分析的基础上得出有针对性的环境污染治理政策建议。

该书中心突出，思路清晰，资料翔实，理论分析与实证研究结合得较好，表明作者具有较强的经济学基础理论、宽泛的专业知识和较好的文字素养，具有较强的科学研究能力。希望借此作序，祝愿她在今后的教学科研工作中取得更优异的成绩。

是为序。

刘建民

2020 年 6 月于湖南大学

前　言

改革开放以来，中国经济迅速崛起，取得了举世瞩目的成就，创造了经济发展的“中国奇迹”，但是中国高速的经济发展也引发了一系列环境问题，已经影响到中国经济的持续增长和社会和谐，更威胁到人们的生存环境和身体健康。环境污染受多方面综合因素的影响，且环境本身具有公共产品的属性，改善和治理环境问题离不开财税政策的支持。由于制度安排为经济高速增长提供了强大的激励，因此本书尝试对中国目前财政体制如何影响环境污染进行研究，以期为政府制定更为有效的环境政策提供一定的理论参考。

本书按照“文献梳理—机理分析—现状考察—实证分析—政策建议”的研究思路展开。首先对财政分权与环境污染关系的研究文献进行归纳、梳理以及拓展，在全面回顾和评述国内外财政分权与环境污染相关文献的基础上，对财政分权影响环境污染的机理进行分析，揭示了财政分权影响环境污染的路径。接着对环境污染及中国财政分权的现状进行分析，用纵横向档次拉开法构建环境污染综合指数来衡量各区域的环境污染情况。在省级层面上，2003—2015年，广西和四川的污染状况有明显的好转，内蒙古、辽宁、山东和新疆的环境污染加剧，其他省（区、市）的环境质量变动幅度相对较小，从平均值来看，河北、山西、内蒙古、辽宁、江苏、山东、河南等省（区、市）的环境污染较为严重，海南、西藏的环境质量在所有省（区、市）中居于最优；在地级市层面上，环境污染的情况总体与省级层面一致，但同一省（区、市）内的地级市之间的污染状况也存在很大的差异。在财政体制方面，目前我国财政体制较为统一，各省（区、市）的财政分权程度差异较小，支出分权和收入分权衡量的财政分权度在数值及变动趋势上都存在着一定的差异。在以上分析的基础上，从下面几个方面对财政分权影响环境污染进行实证分析：

第一，在财政分权通过地方政府竞争影响环境污染的研究中，本书从异质性、动态效应和内生互动性三方面分析了财政分权、地方政府竞争对环境污染的影响效应。基于2003—2015年中国地级及以上城市面板数据，本书运用面板分位数模型、动态面板及面板联立方程组分析了财政分权、地方政府竞争对环境污染的影响效应，实证结果显示我国环境污染存在时间惯性和正向的空间溢出特征，并且环境污染“局域俱乐部”现象显著，财政分权对环境污染具有明显的“竞次”效应，即分权体制下我国地方政府竞争对环境污染存在着“竞争到底”的现象，但是邻近地区的外资使用情况没有加剧本地的环境污染，并没有形成“与邻为壑”的外资使用格局。财政分权下外商直接投资与环境污染的相互影响关系中，外商直接投资确实加剧了环境污染，而一个地区的环境污染严重在一定程度会抑制外商直接投资的意愿。

第二，在财政分权通过产业结构调整影响环境污染的研究中，本书运用单因素与多因素PSTR模型分析了财政分权、产业结构合理化、产业结构高级化和环境污染之间的关系。基于2003—2015年中国省级面板数据，运用PSTR模型分析了财政分权、产业结构对环境污染的影响效应。单因素与多因素PSTR模型均显示，虽然财政分权对不同污染物的影响效应存在一定的差异，但是无论是否考虑非线性效应，财政分权对各种污染物排放量的影响均呈促进作用。综合考虑线性部分和非线性部分的影响，促进我国绿色经济的发展关键点在于制定循序渐进的产业政策，促进我国的产业结构合理化和高级化，同时，政府需要根据各个地区产业结构的实际情况，合理制定适合当地发展的环境规制政策。

第三，在财政分权通过污染治理支出影响环境污染的研究中，本书从空间相关性和空间异质性两个方面分析了财政分权、污染治理支出对环境污染的影响效应。全局及本地 Moran's I 指数均显示，以环境污染综合指数表示的环境污染在空间分布上具有显著的正相关性，同时，工业废水排放、工业废气排放和工业固体废物排放量也存在明显的空间集聚特征。在空间相关性方面，运用空间杜宾模型测算出污染治理投资对各种污染物排放量的影响。结果显示，工业废气治理投资的间接效应通过显著性检验，即对工业废气的治理具有显著的溢出效应。在空间异质性方面，以人均 GDP 对数为转换变量时，随着人均 GDP 对数的增加，环境污染治理对工业"三废"综合利用产品产值的系数呈现出先上升后下降的趋势，工业废水治理和工业固体废物治理投资系数的变化不大，工业废气治理投资系数呈现出"稳定—下降—稳定"的变化趋势；以产业结构合理化作为转换变量时，当产业结构合理化水平低于3.8 时，环境污染治理投资对工业"三废"综合利用产品产值的系数随着产业结构合理化水平的增加而逐渐降低。工业废水治理投资系数保持在0.2 ~0.4。工业废气治理投资和工业固体废物治理投资系数呈现跳跃式变动趋势，跳跃点分别在产业结构合理化水平为1.1 和1.6 时；以产业结构高级化作为转换变量时，当产业结构高级化水平处于2.2 ~4.0时，环境污染治理投资系数呈现出先上升后下降的倒"U"型曲线。工业废水治理投资系数在产业结构高级化水平低于6.5 时呈稳定状态，在产业结构高级化水平高于6.5 时表现出缓慢的下降趋势。工业废气治理投资系数和工业固体废物治理投资系数比较稳定，变动幅度较小。

第四，在财政分权通过环境规制影响环境污染的研究中，实证结果表明，环境规制可以减少废水和固体废物的排放，但不能显著减少二氧化硫的排放。环境规制对污染物排放的影响与污染物的流动性有关。污染物的流动性越强，治理的正外部性就越大。因此，地方政府治理污染的成本大于收入。

第五，在财政分权通过对外贸易影响环境污染的研究中，进出口贸易、人均地区生产总值和产业结构等变量都会对我国的环境污染产生显著的影响。中国依旧是众多发达国家用以规避工业污染排放的首选之地，进出口贸易依然对我国的环境污染有着显著的正向影响，在一定程度上恶化我国的生态环境。从东、中、西三大区域来看，进出口贸易能够提高东部的环境质量，但仍会加剧中部和西部地区的环境污染。不同的控制变量对三大区域的环境的影响也存在显著的区域差异，需要结合各区域经济和贸易发展的实际情况具体分析。因此，各地政府应当因地制宜，根据当地的实际发展状况采取更有针对性的政策方案。

最后，基于以上理论分析与实证检验结果，提出了构建包含环境的综合动态政绩考核机制、明确各级政府在环境治理中的事权与支出责任、提高外资准入门槛、从高级化与合理化两个层面优化产业结构、环境规制强度要适应现阶段经济发展特征等政策建议。

目　　录

第1章 绪 论

1.1 研究背景与意义

1.1.1 研究背景

改革开放以后，中国经济迅速崛起，2011 年中国的经济总量超越日本，成为仅次于美国的第二大经济体。1979—2016 年，中国经济总量平均增长速度为9.6%，创造了经济发展的“中国奇迹”，在世界范围内引起广泛的关注。中国的高速发展离不开工业化推动，目前中国的人口中有一半以上居住在城市（Xu and Lin，2015）。除了工业化进程的拉动，学术界普遍认为，经济增长的内在源泉、更深层次的决定因素是一个国家的制度安排（周黎安，2007）。伊斯特利（Easterly，2001）对比了世界多个国家经济增长的经验，认为制度安排为经济高速增长提供了强大的激励。中国特有的政府治理结构调动了各地方政府发展当地经济的积极性，从而展开“为经济增长而竞争”的模式（张军，2005），造成这种形式的主要原因就是中国特色的财政分权体制。财政分权使得地方政府拥有较强的经济决策权，地方政府具备大力发展经济、推动经济增长的基本条件。同时，以 GDP 为主要绩效的考核机制使地方政府形成自上而下的标尺竞争（张晏、龚六堂，2005），为了能在晋升锦标赛中获胜，地方政府有足够的动力去发展当地经济，比如大规模兴建基础设施、采取优惠政策吸引外商投资等。

环境作为公共物品，往往是地方政府发展当地经济的牺牲品。长期以来，依靠高投入、高消耗、高排放的粗放型经济发展模式使我国为经济增长付出了巨大的环境与资源代价。2006 年全球污染最严重的 20 个城市中，中国占据了

16 个（世界银行，2006），2007 年中国成为世界上最大的碳排放国家。中国最大的 500 个城市中，只有不到 1% 的城市达到世界卫生组织推荐的空气质量标准（张庆丰、Crooks，2012）。环保重点城市空气质量情况显示，2015 年北京空气质量达到及好于二级的天数仅为 186 天，天津为 216 天，石家庄、唐山、邯郸和保定分别为 180 天、156 天、149 天和 126 天。统计的 113 个城市中，有 18 个城市的空气质量达到及好于二级的天数不足 200 天，占统计城市总数的 15. 93%；空气质量达到及好于二级的天数超过 300 天的城市有 27 个，占统计城市的 23. 89%；统计中空气质量最差的淄博达到及好于二级的天数仅为 88 天。[①] 2003 年以来，我国废水、烟粉尘以及固体废弃物的排放量呈波动式增长，二氧化硫的排放量虽然有所控制，但排放总量依然很大，2015 年二氧化硫的排放量为 1859. 12 万吨。图 1. 1 给出了 2003—2015 年我国废水、二氧化硫、烟粉尘及固体废弃物的排放情况。

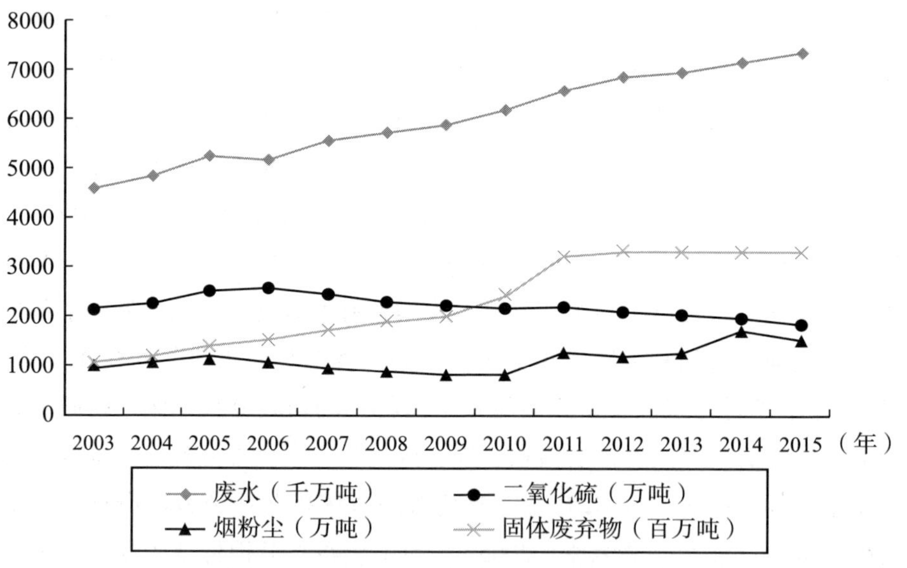

图 1. 1　2003—2015 年主要污染物排放量

数据来源：历年《中国统计年鉴》和《中国环境统计年鉴》。

① 数据来源：《2016 年中国统计年鉴》。

环境污染带来了巨大的经济成本，2005年中国经济增长的资源环境成本为32665亿元，而2010年这一成本增长为49471亿元，比2005年增加51.5%，年均增速为8.7%，虽然略低于同期的GDP增长率，但这一结果警示人们，如果不重视转变这种粗放型经济发展方式，降低对资源消耗的过度依赖，持续高速的经济增长将很难继续（石敏俊，2014）。现有分税制的财政体制下，很难保证地方政府的各种行为是环境友好的，而且我国目前环境税体系不完善（邓子基、杨志宏，2011）。在这种环境污染不断加剧的情况下，环境问题日益引起国家相关部门的高度重视。党的十八大提出了包括生态文明建设在内的“五位一体”总体布局。十八届三中全会进一步指出要完善环境治理，用制度保护生态环境。2014年政府工作报告明确提出“出重拳强化污染防治，坚决向污染宣战”，更是将环境治理提升到国家战略的高度。十八届五中全会指出要坚持绿色发展、坚持保护环境的基本国策，强调“铁腕治理”环境污染。党的十九大进一步强调了要“推进绿色发展、着力解决突出环境问题”。由于环境具有公共物品属性，改善和治理环境问题离不开政府的参与，环境污染治理和政府行为策略之间的关系引起了众多学者的广泛关注。本书在众学者研究的基础上，根据当前环境污染现状，探究财政分权体制下政府行为与环境污染的关系。

1.1.2 研究意义

在理论层面上，本书将环境污染放在中国财政分权框架下进行研究，在梳理政府干预环境污染的理论基础上，探讨了财政分权影响环境污染的机理及渠道。财政分权通过三种渠道影响地方政府行为，进而影响环境污染：一是财政分权影响地方政府竞争，进而影响地方政府的环境污染制定标准，最终影响环境污染；二是财政分权影响地方政府的产业政策，从而影响当地的产业结构水平，并最终通过产业结构影响当地的环境污染；三是财政分权会影响政府的财政支出选择，进一步影响政府在环境治理领域的投资，从而影响环境污染。此外，本书从省级层面和地级市层面两个角度对中国环境污染状况进行综合评估，为我国各省（区、市）环境污染治理的定位提供理论支撑，通过研究财政分权通过政府行为影响环境污染的渠道，为地方政府强化政府职能、优化政策体系、提升政策效果、合理选择政策着力点与政策工具提供一定的参考。

在实践层面上，环境污染问题造成了巨大的经济成本，已经引起了党和政府的高度重视，而目前我国的财政分权体制对环境污染具有不可忽略的推动作用，因此，对分权体制下政府行为与环境污染的关系进行研究，具有以下重要现实意义：第一，对我国环境污染的状况进行全面、系统的分析，揭示我国各省（区、市）环境污染存在的问题及差异；第二，通过计量模型验证了分权体制下地方政府通过政府竞争、产业结构以及财政支出策略等路径影响环境污染，为地方政府污染治理明确政策思路，整合与调整现有的政策措施，以确保政策的系统性、针对性、时效性为目标，设计出一套针对当地环境污染治理实际的政策支持体系，充分发挥政府的宏观调控作用和引导作用，促进绿色经济发展。

1.2 研究综述与评述

1.2.1 研究综述

对财政分权与环境污染之间关系的研究，国外侧重从联邦主义的角度探讨财政分权与环境污染的关系，被称为“环境联邦主义”。与国外相比，国内学者对这一问题的研究起步相对较晚，并且侧重点在财政分权与环境污染的程度。本书从以下四个方面来梳理财政分权与环境污染的已有文献：“竞争到底”还是“竞争到顶”之争；财政分权与环境污染的溢出效应；财政分权、经济增长与环境污染；财政分权、政府治理和环境质量。

1. 财政分权与政府行为选择：“竞争到底”还是“竞争到顶”

在财政分权制度下，地方政府可能会为了留住有发展前景的企业而降低进入准则，放松环境管制，纵容企业的污染排放行为，导致环境恶化，这被称为“竞争到底”效应。同时，也有学者认为，地方政府可能会提高本地环境标准，通过采取更严格的环境政策将污染物转移到其他地区，使得本地区环境质量提升，即“竞争到顶”效应。

在“竞争到底”方面，斯图尔特（Stewart，1977）认为由于资本具有流动性，如果一个地区的环境规制较为严格，资本就会向其他环境规制相对宽松的地区流动，因此财政分权导致的结果是各地区会制定较低的环境标准，最终导致环境规制的趋劣竞争。奥茨和施瓦布（Oates and Schwab，1988）构建了一个资本竞争模型，在该模型中，如果资本税是正的，则地方政府有通过放松环境规制来增加财政收入的动机，进而导致环境污染的“竞争到底”效应。怀尔德森（Wildasin，1989）从财政正外部性的角度出发，认为一个地区如果增加税收会导致资本流向其他的地区，从而地区之间为争取资本流入而形成“竞争到底”。威尔逊（Wilson，1996）通过建立一个福利最大化政府管理生产污染物排放的模型，分析得出移动资本政府间的竞争会导致环境标准效率低下。张涛、邹恒甫（Zhang and Zou，1998）认为财政分权会降低地方政府在环境保护等公共服务领域投入的激励，不利于经济长期持续发展。法盖（Faguet，2004）利用玻利维亚的数据考察了财政分权对公共投资的影响，实证结果表明财政分权度的提高会导致人力资本和部分社会服务投资发生明显的变化，但是对于贫困城市，政府会倾向于将资金投入经济效益明显的项目而忽略环境保护等基本的公共服务，随后其通过研究哥伦比亚和玻利维亚财政分权对公共教育的影响，也得出了类似的结论。西格曼（Sigman，2007）利用跨国数据研究了财政分权对水污染的影响，结果发现财政分权程度的提高会导致水污染的恶化。法扎纳甘和门内尔（Farzanegan and Mennel，2012）运用跨国的面板数据分析了财政分权对环境污染的影响效应，研究结果支持“竞争到底”这一假说。陈霞、刘建民（Chen and Liu，2020）运用空间杜宾模型，从收入分权和支出分权两个角度分析了财政分权对环境污染的影响作用，多种空间权重矩阵加权下均证实了财政分权度的提高会加剧环境污染。

国内也有众多学者的研究支持“竞争到底”这一观点。第二代财政分权理论代表人物之一的钱颖一和温加斯特（Qian and Weingast，1997）认为，财政分权体制下，地方政府会为了追求自身利益最大化而忽略经济效益较低的公共服务供给，放松对环境监管力度，纵容高污染企业，从而加剧当地的环境污染。国内学者主要从以下几个方面验证“竞争到底”这一观点：

（1）从公共服务的角度研究财政分权与环境污染的关系。陈抗等（2002）通过构建中央和地方政府的博弈模型，并运用省级层面数据实证得出分税制以后很多政府从“援助之手”向“攫取之手”转变，公共福利呈现出恶化趋势。乔宝云等（2005）对改革开放以来中国财政分权与小学义务教育的分析发现，财政分权没有提高小学教育的有效供给。李齐云、刘小勇（2010）通过对公共卫生服务的供给及均等化进行研究，也证实了财政分权度的提高会降低社会总福利的观点。傅勇、张晏（2007）认为，分权体制下，由于地方政府过度注重经济发展，通常会选择投资经济产出见效较快的项目，而忽略教育、环境治理等公共服务。范子英、张军（2009）构建了非期望产出模型，发现财政分权的强化使地方政府更加倾向于生产性的基础设施投入，而忽略了对公共产品的投入。余长林、杨惠珍（2016）通过构建三部门的一般均衡模型来研究分权体制下地方财政支出规模对环境污染的影响，结果显示地方财政支出规模通过增长效应提高了环境污染，而通过结构效应和替代效应降低了环境污染，同时提高社会公共服务型支出有利于降低环境污染。

（2）从晋升激励的视角研究财政分权与环境污染的关系。郭志仪、郑周胜（2013）以1997—2010年中国30个省（区、市）的面板数据为研究样本，从政治晋升的视角分析了财政分权下我国的环境污染问题。其研究结果表明，财政分权度的提高会促进工业“三废”的排放量，同时污染企业向地方政府寻租也会增加环境污染的程度，进一步加剧环境污染“竞争到底”。吴俊培等（2015）首先运用熵权法来计算环境污染综合指数，而后分析了财政分权对环境污染的影响，结果显示在晋升机制诱导地方政府赶超激励下，财政分权会导致环境质量恶化。踪家峰、杨琦（2015）在分权体制下构建了一个同时包含中央政府和地方政府征税努力与环境污染模型，以中国地级市的面板数据进行实证分析，验证了分权体制下的“竞争到底”，进而提出了改变环境污染现状的关键在于改革现有的财政体制，实施更为完善与科学的晋升、绩效评估体系等观点。彭小兵、涂君如（2016）基于省级面板数据，用熵值法构建综合指标来衡量环境污染程度，借助计量模型从财政分权的视角对中国的环境污染问题作出解释，发现中国的财政分权造成地方政府的激励扭曲，进而加重了环境污染。田艳芳（2018）运用省级层面面板数据分析了财政分权、政治晋升与环境污染的诱发机制，实证结果显示晋升机制导致的市场失灵是环境冲突的主要原因。

（3）实证分析财政分权与环境污染的影响。潘孝珍（2009）通过对中国30个省（区、市）1992—2007年的面板数据进行分析，得出了财政分权程度与该地区的环境污染程度呈正相关的结论。薛钢、潘孝珍（2012）利用中国省级面板数据，对收入分权和支出分权与环境污染的关系分别进行实证研究，结果表明以支出分权度衡量的财政分权指标与污染物排放规模呈稳健性负相关，以收入分权度衡量的财政分权指标与污染物排放规模的关系不确定。俞雅乖（2013）基于固定效应模型，运用2001—2010年中国省级面板数据对财政分权与环境污染的关系进行研究，实证结果显示财政分权度的提高会增加污染物的排放，恶化当地的环境质量。吴顺恩（2014）从全国和区域层面的视角分析了财政分权与环境污染之间的关系，实证结果表明财政分权度的提高加剧了污染物的排放、恶化了环境质量。陈宝东、邓晓兰（2015）以长三角26个城市为研究样本，运用动态面板模型分析了财政分权对环境污染的影响，实证结果显示财政分权度的提高会增加污染物的排放，进而提出完善财政体制等政策建议。贺俊等（2016）将环境污染引入生产和效用函数中，理论上得出财政分权对环境质量有负向影响的结论，而后运用中国的面板数据进行实证研究，验证了这一结果。张根能等（2016）以人均工业废气排放量作为环境污染指标，从收入分权和支出分权两个角度实证分析了我国财政分权对环境污染的影响，结果发现两种方法衡量的财政分权指标与环境污染之间均呈正相关关系，财政分权度的提高会恶化环境质量。毛德凤等（2016）以中国的地级市为研究样本，运用系统GMM方法研究了城市扩张、财政分权与环境污染之间的关系，结果显示财政分权能够加剧环境污染，但是随着人口城市化的推进，财政分权对环境污染的加剧作用在一定程度会减弱。任海芝、于越（2017）运用空间计量模型，探讨了引起“绿色悖论”的因素，结果表明财政分权对本地区的环境污染有显著的正向影响作用。田时中（2017）从全国和地区层面分别分析了财政分权对环境污染的影响，结果显示提高财政分权度会加剧环境污染，进而提出跨越环境库兹涅茨曲线需要转变经济发展方式来加速经济发展等政策建议。丁鹏程等（2019）基于中国省级层面数据，运用固定效应模型检验了财政分权对空气污染的影响，实证结果表明财政分权确实加剧了空气污染。王育宝、陆扬（2020）通过构建包含财政分权和环境质量的内生增长模型，分析财政分权影响环境的机制，同时运用面板模型进行实证研究，结果表明财政分权会导致环境污染加剧。宋美喆、刘寒波（2020）运用动态空间滞后回归模型分析了长江中游城市群省以下财政分权对环境质量的影响，实证结果显示财政分权通过政府竞争降低了地方政府的环保意愿，加剧了环境污染。

（4）财政分权下地方政府行为对环境污染的影响。刘津汝（2013）运用省级面板数据分析了中国财政分权、外商直接投资和单位 GDP 能耗的关系，发现财政分权制度导致各省（区、市）在节能减排问题上产生了“竞次”现象，降低了各省（区、市）节能减排的意愿。祁毓等（2014）对环境分权进行了测算，并运用静态及动态面板模型分析了环境分权与环境污染之间的关系，研究发现环境分权加剧了财政分权对环境保护的激励不足，进一步加剧了环境污染。刘建民等（2015）以中国地级市面板数据为研究样本，从异质性和动态效应两方面分析了财政分权、地方政府竞争和环境污染的关系，实证结果表明随着财政分权度的提高，环境质量存在明显的恶化，财政分权与地方政府竞争对环境污染起到明显的“竞次”效应。金春（2020）基于中国省级层面的面板数据，引入治理环境污染的财政补贴，分析财政分权对环境污染的影响，实证结果表明财政分权能够促进污染物的排放，但是治理环境污染的补贴能够对这一影响效应起到抑制作用。

在“竞争到顶”方面，施蒂格勒（Stigler，1957）认为根据“用脚投票”理论，政府有为居民提供更好公共服务的激励，其中改善环境质量就是一项重要的内容。马库森（Markusen，1995）提出一个两地模型，认为如果污染成本较高，两个地区都会试图使环境管制标准高于最优标准，从而将污染企业驱赶到其他地区。韦利施和里克特（Wellisch and Richter，1995）假定研究的各地区高度开放，当地的居民对本地企业并不完全拥有，但是本地居民却要完全承担当地企业所造成的环境污染成本，因此每个居民都有保护本地环境的激励，最终会导致环境质量的过度保护。格莱泽（Glazer，1999）构建了保护两个地区的联邦政府模型，该模型假说从全国层面来看中位投票者反对管制，但是就某一具体地区的居民来说，存在着中位投票者对环境有着较高的偏好，这就会促使该地区地方政府制定相对较为严格的环境标准，这种标准可能比中央政府的管制更严格，即使所有投票者和地区的偏好都相同，资本的跨地区流动能带来比中央政府管制下更严格的环境标准。利斯特和格金（List and Gerking，2000）对美国联邦制监管的环境政策进行了讨论，证据表明里根总统的新联邦制政策并没有导致环境质量的下降，特别是 20 世纪 80 年代，环境污染没有呈现出“竞争到底”的现象。弗雷德里克松和米利米特（Fredriksson and Millimet，2002）研究了美国州政府环境管制政策与当地环境质量的关系，结果显示环境管制政策具有空间相关性，某一个州的环境管制政策会受到邻近州相应政策的影响，但是这种影响是非对称的，如果相邻的州提高环境管制标准，本州也只能跟随着提高环境管制标准，否则本州将会面临更多的污染物排放，从而恶化环境质量。米利米特（Millimet，2003）通过对美国的分权体制与环境污染进行分析，发现20世纪80年代中期财政分权导致了环境质量的“竞争到顶”，这与利斯特和格金（List and Gerking，2000）的分析一致。萨韦纳（Saveyn，2008）指出，如果中央政府统一制定环境政策，则会忽略各个区域地理位置以及环境状况、环境偏好等因素的差异，很难制定符合各地方特征的环境策略，因此财政分权能够促使地方政府制定出更有效的环境政策，潜在地增进社会福利。

国内支持“竞争到顶”这一观点的学者相对较少，且主要从财政分权是否会提高公共服务这一角度来阐述。刘长生等（2008）以义务教育为例分析了财政分权与我国公共服务供给效率的关系，发现财政分权度的提高总体上有利于义务教育效率的提高，但存在着显著的区域差异性。谭志雄、张阳阳（2015）运用投入产出模型分析了财政分权与环境污染的关系，结果表明财政分权度与环境污染呈负相关，主要是由于财政分权度高的地区资金充足，污染治理的力度比较大，这也从侧面揭示了东部地区环境污染得到缓解而西部地区污染物排放量持续增加的原因。贲友红、李向东（2017）基于省级面板数据，运用空间计量模型对财政分权与环境污染的关系进行实证分析，结果显示以支出法衡量的财政分权有助于降低环境污染，提高当地的环境质量。刘海英、李勉（2017）认为财政分权下地方政府能够更好地发挥信息优势，进而提供更好的公共服务，改善环境质量，但是政府间竞争会使政府行为产生扭曲。陆凤芝、杨浩昌（2019）基于中国省级层面的面板数据，分别使用静态面板、动态面板、面板分位数及空间计量模型等计量模型实证检验了环境分权对中国环境污染的影响，实证结果显示环境分权有助于改善生态环境污染状况。

2. 财政分权与环境污染的溢出效应

联邦主义认为，如果考虑到环境污染的跨地区溢出效应，地方政府可能选择跨界的高污染排放水平，财政分权对环境质量的影响也是负的（Silva and Caplan，1997）。戈登（Gordon，1983）认为，由于环境污染具有外溢性，当本地的污染物排放波及相邻的多个地区时，地方政府通常会忽略这种负外部性，进而导致环境政策的无效率。奥茨（Oates，2001）从环境污染的产品性质出发，认为本地环境污染是地方性的公共产品，因此对这类环境污染的治理应该根据分权原则由地方政府实施，而对于那些具有跨地区溢出效应的环境污染和具有纯公共产品性质的环境污染，则需要中央政府进行干预，制定相应的治理政策。格雷和谢德贝希安（Gray and Shadbegian，2004）考察了409家美国造纸厂的环境监管活动及其对空气和水污染的影响，发现外资企业具有生产率的外溢效应，如果外资企业通过技术水平提高了当地企业的生产效率，有助于改善东道国的环境质量情况。西格曼（Sigman，2001）对美国国内和跨州的河流污染情况进行研究，结果发现跨界河流的污染程度高于非跨界河流的污染程度，即跨国河流的污染程度高于国内河流，国内跨州河流的污染程度高于州内河流。这表明由于环境污染具有溢出效应，本地政府对辖区内污染物的管理是低效率的，很难控制污染物的排放，需要由更高层级的政府部门进行干预，制定相应的统一管理政策。西格曼（Sigman，2005）通过对美国跨州河流的污染进行分析发现，如果一个州被授权实施《水清洁法》，会出现州政府“搭便车”的现象。当一个州被授权时，该州内河流水质量比其他州河流水质量下降了4%，而当该河流为跨州河流时，这一值为6%。以洛克伍德（Lockwood）为代表的研究学者认为，中央政府的干预可以解决外部性问题。洛克伍德（Lockwood，2002）发现，当公共产品具有足够大的地区溢出效应时，即使在中央立法规则下授权地方政府实施中央统一的环境政策仍可能是无效的，这时集权能够产生公共产品的统一供给，降低污染的地区差异。孔斯（Kunce，2008）同样认为环境具有显著外部性，分权监管环境会产生“竞次”现象，促使地方政府放松环境监管标准。利普斯科姆和莫巴拉克（Lipscomb and Mobarak，2017）在分权体制框架下对基层地方政府的公共服务职能进行研究，通过对巴西河流污染的边界效应进行分析，认为跨地区的边界污染会使地方政府公共服务职能的低效率。阙薇等（Que et al.，2018）运用省级面板数据，构建了两区域模型来分析财政分权与环境污染的关系，实证结果显示收入分权和支出分权对环境污染的影响存在差异，且财政分权对环境污染的影响存在明显的跨地区溢出效应。

国内学者从污染的溢出效应对财政分权与环境污染的研究起步相对较晚。闫文娟、钟茂初（2012）运用面板数据对工业废水、废气和固体废弃物排放进行分析，发现中国财政分权增加了外溢性公共物品（如废水、废气等）的排放强度，但对地方污染公共物品（固体废弃物）的污染排放强度影响不明显。邓慧慧、桑百川（2015）认为，环境污染物的扩散性以及沉积性使得各地方政府环境保护的责任难以得到明确的界定，即使能够确定，较轻的惩罚措施使得环境部门执法效力大打折扣，此外，环境保护的正外部性也是导致分权体制下地方政府不作为的一个重要因素，地方政府推出的减排措施不仅能改善当地的福利，同时也会提高其他省（区、市）的环境质量，各地政府都期望“搭便车”的环保服务。王立平等（2016）基于我国省级面板数据，在GIS技术下构建纳入空间因素的EBA模型，实证结果表明财政分权对工业水污染具有显著的正向影响，因为工业水污染具有显著的空间溢出效应，财政分权促使地方政府在发展经济的过程中对经济增长效益较好的外企降低环境执行标准，从而加剧污染排放，恶化环境质量。还有学者从边界效应来讨论环境污染的溢出效应，如李静等（2015）运用2004—2013年中国9大水系重点监测断面的周数据，通过最小二乘和最邻匹配的方法考察了行政边界对河流污染程度的影响，结果显示边界监测点的污染水平明显高于非边界监测点的污染水平，河流污染确实存在较为明显的边界效应，其对淮河流域污染问题的研究也得出类似的结论。吴俊培、万甘忆（2016）运用地市级2007—2014年的面板数据研究了财政分权对环境污染的影响及其内在传导机制，结果发现财政分权对环境污染外溢性的影响效应在不同城市间存在显著的差异性，进而提出制定地区污染差异化等环境保护政策。李香菊、刘浩（2016）将污染物按照其外溢性特征分为非外溢性污染物、双向外溢性污染物和单向外溢性污染物三类，进而运用门槛模型对我国1997—2013年的省级面板数据进行分析，结果发现财政分权对不同类型污染物的影响效应具有显著的差异。徐辉、杨烨（2017）运用动态固定效应和门槛模型分析了财政分权对环境污染影响的异质性，结果发现财政分权对不同污染排放物的影响存在显著的异质性，财政分权水平与工业水污染呈倒“U”型非线性关系，财政分权水平与大气污染呈现出“U”型的非线性关系。徐辉等（2017）运用STIRPAT模型，以中国十大城市群为研究样本，分析了财政分权对环境污染的影响路径，也得出了类似的结论。洪源等（2018）基于省级层面数据，运用空间计量模型对财政分权影响地方环境污染的空间外溢效应进行了实证分析，研究发现邻近地区的财政分权会通过空间“模仿效应”和“示范效应”对本地区的环境污染产生显著的空间外溢效应。郑洁等（2018）对财政分权与环境污染的关系给出了新结构经济学视角的解释，并利用省级层面面板数据进行实证检验，结果表明二氧化碳和二氧化硫的排放存在显著的“搭便车”现象，一个地区财政分权度的提高不仅会加剧本地的环境污染，而且会对周边地区的环境污染起到恶化效应。韩君、孟冬傲（2018）基于中国省级层面面板数据，运用空间面板模型分析了财政分权对生态环境的空间效应，实证结果显示财政收入分权和财政支出分权对二氧化硫排放均有显著的负向空间溢出效应，且支出分权的影响效应大于收入分权。

3. 财政分权、经济增长与环境污染

经济增长与环境污染的关系一直是学术界研究的热点。经济发展会加速对自然资源的开采利用，导致环境质量下降，同时资源的有限性以及环境污染的加剧也会限制经济的持续发展。库兹涅茨（Kuznets，1995）认为，在经济发展的初级阶段，环境质量会随着经济发展水平的提高而降低，但是当经济发展水平超越某一阈值，环境质量将随着经济发展水平的提高而提高，也就是著名的库兹涅茨倒“U”型曲线（EKC 曲线）。彭水军、包群（2006）运用我国省级面板数据研究了经济增长与 6 类环境污染指标之间的关系，实证结果显示环境库兹涅茨倒“U”型曲线受污染指标以及估计方法选取的影响，除工业废水中污染物化学需氧量以外，其他的污染物均符合库兹涅茨倒“U”型曲线。包群、彭水军（2006）构建包括产出方程与环境污染方程在内的联立方程组分析环境污染与经济增长的双向反馈机制，也得出了类似的结论。刘金全等（2009）对人均污染指标与人均收入的关系进行分析，研究结果表明人均废水排放量随人均收入增加呈现出倒“U”型曲线，而人均固体废弃物产生量和人均废气排放量则随人均收入增加而增加。韩玉军、陆旸（2009）用二氧化碳表示环境指标，对 165 个国家进行分组检验，结果发现环境库兹涅茨曲线是否会出现与国家的工业化与发展水平有关。高宏霞等（2012）运用省级面板数据分析了经济增长与废气及二氧化硫排放量之间的关系，研究结果与环境库兹涅茨曲线吻合，即经济增长与废气及二氧化硫排放量之间存在倒“U”型曲线关系。王飞成、郭其友（2014）通过主成分分析法构建了环境污染综合指标，运用动态面板模型分析了经济增长和环境污染的关系，实证结果显示环境库兹涅茨曲线与不同区域有关，东部和中部地区环境污染与经济增长存在倒“U”型曲线关系，而西部地区环境污染与经济增长呈现“N”型关系。也有一些学者的研究并不支持倒“U”型曲线假说。丁继红、年艳（2010）以江苏省为例分析了环境污染与经济增长的关系，实证结果显示江苏省环境污染与人均 GDP 之间呈现出“N”型曲线。王敏、黄滢（2015）选取 112 座城市为研究样本，考察了经济增长与大气污染的关系，得出大气污染浓度与经济增长呈现“U”型曲线关系。随着人们对经济发展与环境污染问题研究的深入，一些学者开始将制度因素纳入研究范畴，特别是对中国式财政分权下的经济增长与环境污染进行研究。范丽红等（2015）运用省级面板数据分析了财政分权视角下经济增长和环境污染的协调性，研究结果表明财政分权会促使地方政府重视发展经济效应较强的产业而忽略环境保护，并提出相应的推动经济增长和环境保护协调发展的政策建议。谢波、项成（2016）以 2003—2013 年中国 112 个地级市的面板数据为研究样本构建联立方程，探讨财政分权下经济增长和环境污染之间的关系，结果发现财政分权在促进经济增长的同时会加剧城市环境污染。贺俊等（2016）构建了带有环境污染约束的内生增长模型，在模型中引入财政分权这一调节变量，对经济增长和环境污染的关系进行分析，发现财政分权弱化了人均收入水平对环境污染的影响程度。胡东滨、蔡洪鹏（2018）基于中国省级层面数据，运用固定效应模型分析了财政分权、经济增长对环境污染的影响，实证结果表明财政分权对环境污染的影响方向依赖于经济发展水平，当经济发展水平较低时，财政分权不会加剧环境污染，而当经济发展水平达到一定程度时，财政分权会加剧环境污染，中国的经济在 2007 年达到这一临界值，2007 年以后，随着财政分权度的提高，中国的环境污染越严重。

4. 财政分权、政府治理和环境质量

基恩和马钱德（Keen and Marchand，1997）认为财政分权能够影响地方政府竞争，进而影响公共物品的供给。与之持同样观点有特雷斯曼（Treisman，2000）、蔡洪斌和特雷斯曼（Cai and Treisman，2005）等。莫里斯（Morriss，2000）认为美国批准各州独立实施《空气清洁法》，使各州实施有利于本地产业的环境政策，造成了各州环境政策差异更大，这意味着财政分权导致环境污染的地区差异较大。雷夫斯等（Revesz et al.，2001）同样认为，在财政分权下，利益集团会更容易影响地方政府的环境政策，当利益集团的支出超过一定阈值时，会促使中央政府的环境政策更有利于企业发展。阿塞托等（Assetto et al.，2003）将政治体制纳入研究范畴，考察了财政分权与政治体制综合作用对环境污染的影响情况。通过对财政分权下墨西哥和匈牙利环境污染情况进行比较分析，认为财政分权在很大程度上能够影响地方政府的政治决策，并且民主制度能够促进地方政府保护环境。奥茨和波特尼（Oates and Portney，2003）通过对环境监管政治决定的文献进行广泛的回顾与评估，认为在联邦政府和州与地方政府在环境治理的职责划分中，地方政府应承担更多的环境治理责任。卡特和德谢佐（Cutter and DeShazo，2007）运用资源保护与恢复法案在加利福尼亚州下放的数据，建立一个双重选择过程，其中较低级别的政府可能承担上层政府的决策权，使用此模拟方法将政策的后果与两种替代性权力下放政策的后果进行比较，发现每次下放政策都会影响各级政府对公共物品的供给，环境作为典型的公共物品，不可避免地受到各级政府决策的影响。雅各布森等（Jacobsen et al.，2012）提出了一种自愿提供公共物品的理论，在完全竞争的市场中，比较集权和分权在处理两种辖区间外部性问题的环境绩效差异，认为财政分权是解决环境偏好异质性的较为有效手段。法扎纳甘和门内尔（Farzanegan and Mennel，2012）将本地政府的腐败程度作为影响财政分权对环境污染控制的政策，通过估计财政分权对本地和全球污染的影响发现，当腐败程度较低时，财政分权对环境质量有正向影响，反之，当腐败程度较高时，财政分权对环境质量的负向影响较为明显。班茨哈夫和丘普（Banzhaf and Chupp，2012）以大气污染为例检验了美国各级政府行为对环境污染的影响，研究结果表明地方政府治理环境污染的效率明显优于中央政府。

随着环境问题在中国的凸显，许多研究开始关注地方政府在制定环境政策和实施环境污染治理等方面的具体作用。一些学者从地方政府官员晋升激励的角度来阐述我国环境质量恶化的原因（Guo and Zheng，2012），还有学者从“理性人”的角度探讨了地方政府的环境政策，分析了在中国式财政分权制度下，面对政治激励和财政约束，地方政府的环境监管困境（张凌云、齐晔，2010）。大多数学者支持“竞争到底”的观点，即随着财政分权度的提高，环境质量将会进一步恶化。面临以经济增长作为绩效考核的主要指标，地方政府均有为本地经济增长而竞争的激励，环境作为公共物品，短期内的经济效应不明显，因此地方政府在很大程度上会选择牺牲部分环境来换取经济的快速增长，放松环境管制，以吸引外资流入，进而导致环境质量的进一步恶化（王永钦等，2007；陶然等，2009）。此外，中国的财政分权以及基于政绩考核下的政府竞争造成了地方政府公共支出结构“重基本建设、轻人力资本投资和公共服务”的明显扭曲，地方政府对经济发展以外的问题关注度不够，甚至牺牲环境以换取经济的快速增长（傅勇、张晏，2007）。杨瑞龙等（2007）首次运用动态面板数据模型研究了中国式财政分权对环境质量的影响，结果显示财政分权程度的提高对环境质量具有显著的负面影响，分权改革可能降低了地方政府环境管制的努力，同时自身特点和公众偏好等因素也会对地方政府的环境政策产生影响。蔡昉等（2008）认为中国的环境问题主要源于粗放式的经济发展模式，而这种粗放型发展模型的根源又是中国式财政分权下的政府行为，目前大多数省（区、市）距库兹涅茨转折点还比较遥远，不能被动等待库兹涅茨转折点的到来，环境治理问题更要依赖经济增长方式转变的内在动力和相关的政策激励，这需要完善区域之间、中央与地方政府之间的转移支付，更有效和更加激励相容地实施减排。李猛（2009）运用联立方程组估计了环境污染与收入分权的反馈机制，发现中国环境污染程度与人均地方财政能力之间呈现显著的倒“U”型曲线关系，由于现阶段几乎所有省（区、市）的人均财政能力与倒“U”型曲线拐点值相差甚远。面对这种情况，需要中央政府改善财税激励以优化地方政府的环境监管行为，实现经济发展方式的顺利转变。张克中等（2011）从碳排放的角度考察了财政分权与环境污染之间的关系，研究结果表明分权度的提高不利于碳排放的减少，在中央政府的激励与约束下，地方政府对地方事务具有较大的自主权，这对环境规划和保护产生了重要的影响，而且财政分权对碳排放的影响在不同的能源消费结构、不同地理区位、不同环境政策的省（区、市）之间存在显著差异。闫文娟（2012）从地方政府环境保护努力的角度入手，加入财政分权和地方政府竞争的交叉项，用以表示二者的相互影响作用，通过省级面板数据对工业“三废”投资治理的经验研究发现，财政分权会降低地方政府对环境污染治理的努力程度，减少污染治理投入，且在政府竞争的作用下，这一影响作用增加。刘琦（2013）运用省级面板数据，分别研究分析了财政分权对环境污染和地方政府污染治理投资的影响，实证结果表明，财政分权度的提高对污染排污量具有正向的促进作用，对地方政府污染治理投资具有负向的影响，因而财政分权度的提高会恶化环境质量。郭平、杨梦洁（2014）运用省级面板数据分析了财政分权对环境污染治理的影响，实证结果显示财政分权对政府工业污染治理投资具有显著的负向影响。何其春（He，2015）运用1995—2010年中国省级层面的面板数据分析了财政分权对环境污染的影响效应，结果发现财政分权本身对环境污染的影响并不显著，但是财政分权能够通过影响政府污染治理支出进而影响环境质量。周建仁、陈盈盈（2016）运用2000—2013年中国省级面板数据，构建空间计量及面板门槛模型对现代化进程中财政分权对地区环境污染的影响进行分析，结果显示财政分权体制会导致城乡差距扩大，且这种差距会加剧环境污染；此外，财政分权容易刺激地方政府发展高经济效益、高污染产业，因此需要合理的政府治理措施来缓解分权体制导致的环境压力。管芳芳、韩瑜（2016）运用中国省级面板数据分析了财政分权体制下地方政府竞争对环境污染的影响，实证结果显示财政分权提高了工业“三废”的排放量，地方政府竞争弱化了地方政府对环境的监管力度。王华春、于达（2018）运用中国地级市面板数据分析了财力与支出责任匹配对地方政府环境治理的影响，研究结果显示地方政府的财力缺口会加剧当地的环境污染。李强、李新华（2020）基于中国省级层面面板数据分析了政府在环境治理上的策略互动行为，实证结果表明地方政府环境治理呈现出“竞争到底”的现象，同时财政分权对地方政府的环境治理具有正向调节作用。

5. 财政分权、环境规制与环境污染

波特假说认为，合理的环境规制能够激发企业技术创新，进而降低成本（Porter，1991）。在环境规制如何影响污染排放的研究中，多数学者认为环境规制有利于环境质量的提高。拉普兰特和里拉斯通（Laplante and Rilstone，1996）通过对加拿大纸制品行业进行研究，得出了环境规制会降低污染排放的结论。谭娟等（2013）运用VAR模型，通过构建政府环境规制与碳排放之间动态关系发现环境规制投入是引起碳排放总量降低的Granger原因。徐圆（2014）在环境服务“需求—供给”理论框架中加入行业的异质性，分析非正式环境规制对中国环境污染的影响，研究结果表明非正式环境规制的影响要比正式环境规制小很多，但是确实也显著地促进了中国污染的治理。王书斌、徐盈之（2015）从企业投资偏好的视角分析了环境规制对环境污染的作用机制，验证不同环境规制能否通过影响企业投资偏好来实现雾霾污染脱钩，实证结果显示环境规制能够通过企业技术投资偏好和金融投资偏好两条路径实现雾霾脱钩。

也有学者从能源效率的角度研究环境规制与环境污染的关系。李胜文等（2010）运用省级面板数据研究了环境规制对能源效率的影响，实证结果显示环境规制在东部地区较为有效。沈能（2012）检验了环境规制与环境效率之间的非线性关系，研究结果表明环境规制对清洁生产型行业当期环境效率具有明显的促进作用，而对污染密集型行业的影响存在滞后效应。李强（2018）基于长江经济带104个城市的面板数据，运用系统广义矩估计方法研究了环境规制对长江经济带环境污染的影响效应，实证结果显示正式和非正式环境规制对长江经济带城市具有显著的减排效应。彭代彦、张俊（2019）基于中国省级层面数据研究了环境规制与能源效率的关系，实证结果表明环境规制有利于提升能源效率。李颖等（2019）基于中国省级面板数据，运用动态面板模型分析了环境规制对能源效率的影响，研究结果表明环境规制与能源效率之间存在着“U”型关系，当环境规制强度较低时，不利于能源效率的提高，但当环境规制增加到一定程度跨越拐点后，环境规制能够显著促进能源效率的提升。王欣、杨丽（2019）通过Tobit模型也验证了环境规制与环境污染存在着“U”型关系这一结论。刁心薇、曾珍香（2020）从显性和隐性两个方面构建衡量环境规制强度的指标体系，并运用中国省级面板数据实证分析了环境规制对能源效率的直接影响和间接影响，实证结果表明显性环境规制不利于能源效率的提高，而隐性环境规制对能源效率的提高有正向影响。周四军等（2020）基于中国省级层面数据，运用PSTR模型分析了环境规制强度对能源效率影响，实证结果显示环境规制强度对我国能源效率的影响存在非线性，当环境规制强度小于门槛值时，环境规制对能源效率产生补偿效应，而当环境规制强度高于门槛值时，环境规制对能源效率遵循成本效应。

将财政分权、环境规制和环境污染纳入统一分析框架的研究相对较少。李胜兰等（2014）将环境规制作为影响财政分权对环境污染的路径，认为受到晋升激励的制约，地方政府会争夺流动性要素，促进本地经济增长，因而环境政策存在着“竞争到底”的现象。罗能生、王玉珏（2017）运用动态空间杜宾模型检验了财政分权、环境规制对生态的影响，实证结果表明财政分权对生态效率的影响随着环境规制度的提高而发生变化。游达明等（2018）基于中国省级面板数据，采用空间杜宾模型分析财政分权、环境规制对环境污染的影响，结果表明费用型和投资型环境规制能够显著抑制地区环境污染，但是非正式环境规制对环境污染的抑制作用不明显。徐鹏杰、卢娟（2018）探究了财政分权通过异质性环境规制对雾霾污染的作用机理并通过空间杜宾模型和分位数回归进行实证检验，实证结果表明财政分权作用下，经济规制加速了雾霾污染物的排放，个人规制能够抑制雾霾污染。徐晓雯等（2019）基于中国省级层面数据，使用系统 GMM 和门槛回归等方法分析了财政分权背景下地方政府的环境规制行为对环境污染的影响效应，发现环境规制有利于环境质量的改善，但是该效应随着财政分权度的提高而减弱。

6. 财政分权、对外贸易与环境污染

在财政分权与对外贸易的关系方面，许煜等（2007）认为财政分权是导致我国贸易顺差的一个重要因素，已有的研究忽略了这一变量，从而研究结果不具有可信性，因而其研究采用多变量的协整方法来检验财政分权对国家贸易的影响，实证结果表明财政分权对贸易顺差具有显著的正向影响，中国式财政分权是贸易顺差的制度根源。周心怡、龚锋（2016）基于省级层面面板数据，运用联立方程组模型分析了进出口贸易、外商直接投资和财政分权之间的交互影响效应，实证结果显示财政分权度的提高有利于外商直接投资水平的提高，但不利于进出口贸易，同时进出口贸易额的提高也不利于财政分权程度的提高。郑展鹏、王丽芳（2018）运用省级面板数据模型分析了财政分权对中国出口贸易的影响，实证结果显示财政分权通过地方政府竞争能够刺激出口。杨武等（2018）基于“一带一路”沿线 39 个国家的贸易数据，运用贸易引力模型探究财政分权对国际贸易的关系，实证结果显示财政分权对国际贸易两国均有显著的促进作用，且支出分权的促进作用大于收入分权。

在国际贸易与环境污染的关系方面，宋马林等（2012）基于中国省级层面数据，运用变系数面板数据模型检验了外贸进出口增长率对环境效率影响的空间特征，实证结果表明对外贸易导致环境效率整体不高，且贸易对环境效率的影响存在显著的空间异质性。张舜等（Zhang et al.，2017）以十个新兴工业国家作为样本研究了贸易开放对碳排放的影响，研究结果表明贸易开放能够显著减少碳排放。周靖、胡秋红（2018）在内生增长理论的框架下利用 Hamilton 函数推导出对外开放、财政分权与环境污染的关系，理论模型显示对外开放与财政分权的交叉项对环境污染起到显著抑制作用，而后基于省级面板数据实证检验财政分权、对外开放与环境污染之间的关系，实证结果验证了理论推导，且财政分权与对外开放的交叉项存在明显的地区异质性，对东部地区的影响程度小于中部和西部地区。康益敏（2019）运用面板门槛模型研究了制度约束下对外贸易对环境污染的影响，实证结果表明国际贸易对环境污染的影响依赖于制度水平的高低，当制度质量低于一定水平时，对外贸易正向促进环境污染，但是当制度质量高于一定水平时，对外贸易对环境污染起到改善作用。黄媛、陈晓春（2019）基于中国省级面板数据，运用面板分位数模型分析了国际贸易对二氧化碳排放的影响，实证结果表明对外贸易总体上加剧了环境污染，在各分位点，对外贸易对碳排放的影响均为负，但仅在高分位点显著。宣东等（Xuan et al.，2020）运用准自然实验方法研究了碳排放权交易对中国碳排放的影响，研究结果表明碳排放交易政策和对外开放程度都能显著降低二氧化碳的排放强度，促进减排效果。

1.2.2 文献评述

从研究内容来看，通过对国内外有关文献的回顾，对于财政分权与环境污染之间关系，已有的研究十分丰富。国外学者对环境污染的关注较早，研究的理论框架主要以环境联邦主义为主，但是国外的文献侧重研究发达国家的环境污染及治理问题，很少单独讨论中国的环境现状及治理措施。与国外相比，国内学者起步较晚，但是随着环境问题的日益严峻，环境污染问题亦逐渐成为国内学者研究的热点。综合国内外研究可知，目前学者们的研究主要侧重于财政分权本身是否会加剧环境污染以及财政分权通过政府治理模式影响环境污染等方面，涉及财政分权影响环境污染的机制及渠道分析的文献相对较少，并且在研究中国环境污染的具体问题时，主要选取一种或几种特定的污染物作为环境污染的指标，没有从多个角度构成环境污染综合体系。

从研究方法来看，以往文献对环境污染和财政分权的关系研究多是基于线性以及同质性假设，这有待于进一步的检验分析。以往的研究主要用某一产业产值占比来表示产业结构情况，而考虑产业结构高级化和产业结构合理化的研究中主要只考虑劳动力投入要素，由于资本投入具有和劳动力投入同等重要的作用，这一投入指标的缺失使测算结果的可行度较低。

因此，本书在已有文献的基础上，试图完成以下几个方面内容：（1）对我国环境污染进行综合、全面的评价；（2）探讨财政分权影响环境污染的路径；（3）从异质性、溢出性、非线性等多个角度实证分析财政分权对环境污染的影响作用。

1.3 基本思路、主要内容与研究方法

1.3.1 基本思路

本书遵循从一般理论分析到现实考察，再到实证检验与解释，最后完成对策研究的逻辑思路予以展开，即“文献梳理—机理分析—现状考察—实证分析—经验借鉴—政策建议”。首先，对财政分权与环境污染关系的研究文献进行归纳、梳理以及拓展；其次，研究与探讨政府干预环境污染的理论基础以及财政分权通过地方政府行为影响环境污染的理论模型，根据政府干预环境污染的理论基础，总结出财政分权影响环境污染的路径；而后，对环境污染及中国财政分权的现状进行分析，通过环境污染综合指数以及支出分权、收入分权分别测算我国环境污染和财政分权的程度。在以上分析的基础上，从地方政府竞争、产业结构、污染治理支出、环境规制以及对外贸易等方面实证分析分权体制下地方政府的行为对环境污染的影响程度，对财政分权与环境污染的关系进行实证研究。在实证分析上，分别采用固定效应面板模型、分位数回归、动态效应面板计量模型 GMM 估计方法、面板联立方程组模型、空间面板模型和面板平滑迁移等计量模型，分析了政府竞争、产业结构、污染治理支出、环境规制以及对外贸易等对我国环境污染的影响效应。接着，通过对美国、日本和德国的财税政策在治理环境污染中职能的分析，得出我国能够借鉴的相关经验启示。最后，结合理论分析和实证分析结论，提出缓解环境污染相应的财税政策。本书的结构安排如图 1.2 所示。

1.3.2 主要内容

本书首先从研究背景剖析开始，指出现阶段环境污染的严重性；然后从理论上分析政府干预环境污染治理的必要性以及财政分权影响环境污染的路径；接着对我国环境污染与财政分权现状分析；最后运用实证研究，从政府竞争、

绪论
（第1章）
研究背景及意义，研究综述与评述，研究内容、
框架及研究方法
理论分析
（第2章）
政府干预污染治理的理论基础
财政分权影响环境污染的中介机制
财政分权通过地方政府竞争影响环境污染
财政分权通过产业结构影响环境污染
财政分权通过财政支出影响环境污染
财政分权通过政府规制影响环境污染
财政分权通过对外贸易影响环境污染
现状分析
（第3章）
中国财政分权现状分析：省级层面和地级市层面
财政分权与环境污染现状分析
中国环境污染现状分析：省级层面和地级市层面
实证分析
（第4~8章）
财政分权通过地方政府竞争影响环境污染（第4章）：
异质性
动态效应
内生关系
财政分权通过产业结构政策影响环境污染（第5章）：
单因素PSTR模型
多因素PSTR模型
财政分权通过污染治理支出影响环境污染（第6章）：
溢出效应
非线性效应
财政分权通过环境规制政策影响环境污染（第7章）：
基于综合污染指数的分析
基于工业“三废”的分析
基于碳排放的分析
财政分权通过对外贸易影响环境污染（第8章）：
基于全国层面的分析
基于地区层面的分析
国外经验借鉴
（第9章）
美国的财税政策与环境污染治理
日本的财税政策与环境污染治理
德国的财税政策与环境污染治理
对策分析
（第10章）
改变考核机制，避免“竞争到底”
优化产业结构，从“质”和“量”两个层面促进经济发展
明确中央和地方污染治理的支出责任，避免“搭便车”行为
其他配套措施

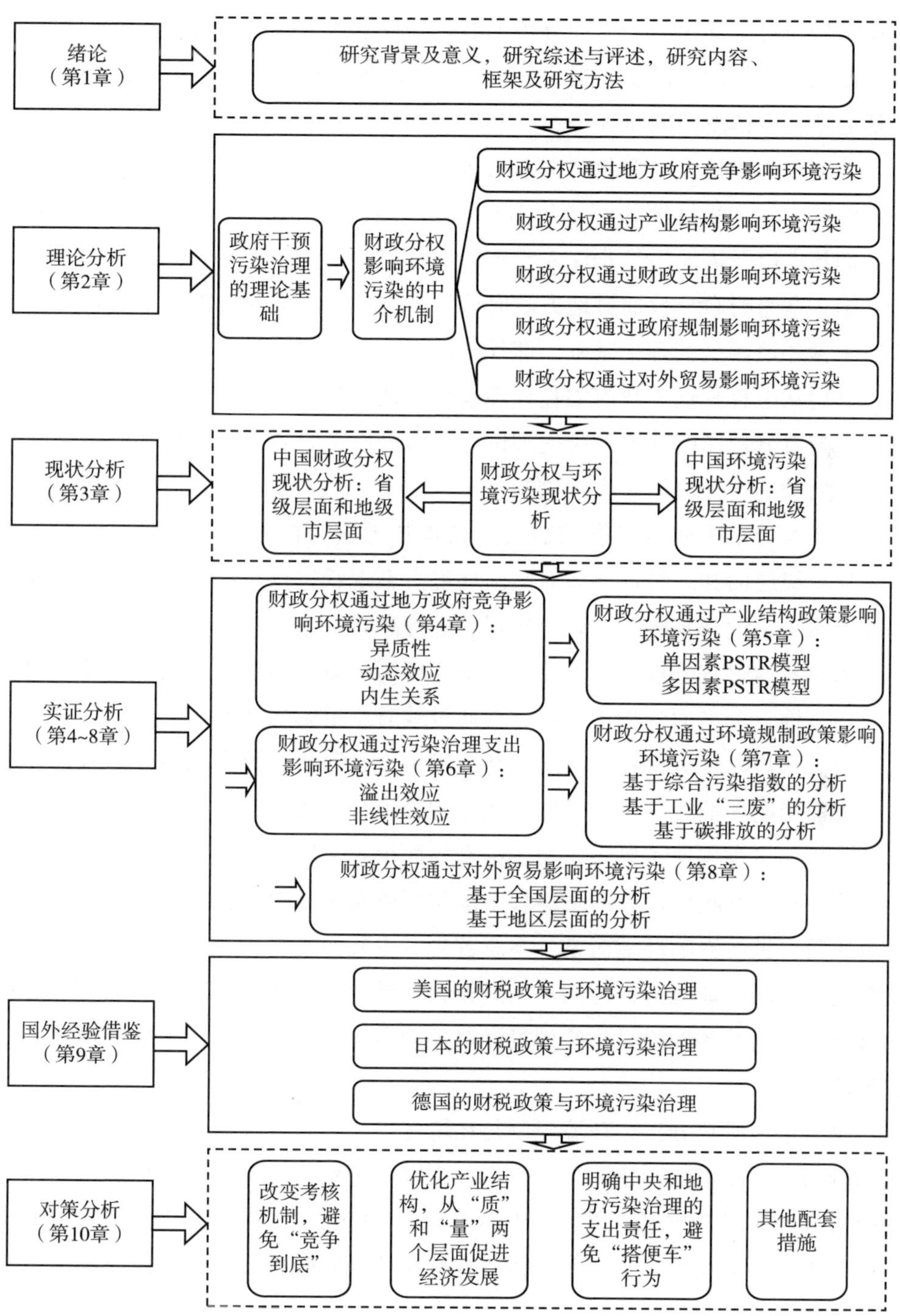

图 1.2 研究技术路线

产业结构与财政支出三个方面分析了财政分权下地方政府行为对环境污染的影响。在以上分析的基础上，提出分权体制下缓解环境污染的对策建议。本书共包括七章，具体章节安排如下：

第 1 章为绪论。主要包括本书的研究背景和研究意义，对财政分权与环境污染的国内外文献按照研究内容进行梳理归纳，全文的研究内容概况以及框架，创新点以及需要进一步深入完善的不足点。

第 2 章为财政分权通过地方政府行为影响环境污染的机理分析。首先阐述政府干预环境污染的理论基础，即外部性理论、公共物品理论和可持续发展理论，之后从中央—地方政府委托代理模型和地方政府—企业博弈模型两个方面介绍了财政分权影响环境污染的理论，最后分析了财政分权影响环境污染的路径，为后续的实证分析提供理论基础。

第 3 章为中国环境污染与财政分权现状考察。首先构造环境污染综合指数，从省级层面和地级市层面对我国环境污染现状进行对比分析，而后从收入和支出两个角度对我国的财政分权现状进行测算。

第 4 章为财政分权、地方政府竞争与环境污染。本章从异质性、动态效应以及内生性三个方面分析了财政分权通过政府竞争影响环境污染。

第 5 章为财政分权、产业结构与环境污染。财政分权影响地方政府产业政策，进而影响环境污染。这里的产业结构分为合理化和高级化两个方面，为了对比分析，本章构建了单因素与多因素的面板平滑转换模型。

第 6 章为财政分权、污染治理支出与环境质量。财政分权影响地方政府的支出决策，进而影响环境污染。本章首先对主要污染物排放以及环境污染综合指数进行空间特征分析，进而从空间相关性及空间异质性两个方面对环境污染治理总投资以及各种污染物治理投资对环境污染和主要工业污染物处理量进行实证研究。

第 7 章为财政分权、环境规制与环境污染。财政分权影响地方政府的环境规制行为，进而影响环境污染。本章首先以环境污染综合指数为环境污染指标来分析分权体制下政府的规制行为如何影响环境污染，进而分别探究环境规制对工业废水、工业废气和工业固体废弃物排放的影响差异，最后研究环境规制对低碳经济的影响。

第 8 章为财政分权、对外贸易与环境污染。财政分权可能会通过影响地方政府的贸易行为来影响当地的环境污染。本章首先从全国层面分析了财政分权下对外贸易与环境污染的关系，接着从东、中、西三大区域来分析国际贸易与当地环境污染的关系，并比较区域的差异性。

第 9 章为财税政策促进污染治理的国际经验及启示。通过对美国、日本和德国的财税政策在治理环境污染中职能的分析，得出我国能够借鉴的相关经验启示。

第 10 章为加强环境污染治理的政策建议。在前面分析的内容基础上，归纳总结研究的主要结论，并提出改善我国环境污染的相关政策建议。

1.3.3　研究方法

本书综合运用理论分析、比较分析、计量分析等方法展开研究。

（1）理论分析方法。首先分析政府干预环境污染的理论基础，有外部性理论、公共物品理论、可持续发展理论等；进而构建财政分权通过地方政府行为影响环境污染的理论模型，即多任务委托代理模型和博弈分析模型，在以上分析的基础上，归纳地方政府影响环境污染的路径。

（2）比较分析方法。在研究中，对国际贸易对环境污染的影响方面，既分析了全国层面的影响，又分析了东、中、西三个区域的影响，并对影响效应进行比较分析。

（3）计量分析方法。分别采用固定效应面板模型、分位数回归、动态效应面板计量模型 GMM 估计方法、面板联立方程组模型、空间面板模型和面板平滑转换等计量模型，分析了政府竞争、产业结构、污染治理支出、环境规制以及对外贸易等对我国环境污染的影响效应。

1.4　创新与不足

1.4.1　研究创新

本书的创新点主要体现在以下三个方面：

（1）财政分权影响环境污染机理方面。本书不仅阐述了政府干预环境污染的理论基础，而且从中央与地方多任务委托代理模型及地方政府与排污企业的博弈模型两个层面分析了财政分权如何影响环境污染，并对财政分权影响环境污染的路径进行了具体说明。

（2）财政分权对环境污染的计量分析方面。财政分权与环境污染的研究主要是建立在线性假设的基础上，本书从非线性的角度阐释财税政策对环境污染的影响效应，以期揭示财税政策的环境污染效应随着影响财税政策环境污染效应的因素变化而渐进转变的过程。此外，本书从异质性、动态性、内生互动性、溢出性等多个角度实证分析财政分权对环境污染的影响作用。

（3）指标构建方面。①环境污染评价指标。分别从省级层面和地级市层面构建环境污染综合指数，对我国的环境污染现状进行较为全面的评价。②产业结构指标。在分析财政分权通过产业结构影响环境污染的过程中，将资本存量纳入产业结构的考虑范畴，从产业结构高级化和产业结构合理化两个方面阐述财政分权通过产业结构影响环境污染水平的作用机制，以往的研究主要用某一产业产值占比来表示产业结构情况，而考虑产业结构高级化和产业结构合理化变迁的研究主要考虑劳动力投入要素。

1.4.2 研究不足

由于省级以下政府决策对当地环境问题的影响不容忽略，本书尝试对省级以下地方政府财政分权与环境污染的关系进行研究，但是受限于一些指标的数据可得性，本书只对财政分权通过地方政府竞争以及国际贸易影响环境污染这些方面进行了地级市层面的研究，而对于财政分权通过产业结构影响环境污染以及财政分权通过污染治理支出、环境规制影响环境质量等方面的研究则选用的是省级层面数据。尽可能将数据细化是接下来应该努力的方向，也是目前存在的不足之处。

第 2 章　财政分权通过地方政府行为影响环境污染的机理分析

环境是典型的公共物品，具有排他性和非竞争性的特点，如果没有适当的政策引导，将会出现消费主体的“搭便车”行为而产生过度消费，导致环境承载力下降，环境污染加剧。财政分权虽然是一种制度安排，本身不会直接影响环境污染，但是它能通过一定的传导机制影响政府行为，进而对环境污染产生影响。因此，本章首先阐述政府干预环境污染的理论基础，接着分析财政分权影响环境污染的路径。一个地区的财政分权度越高，当地政府就拥有更高的财政自主权，从而在当地经济的发展模式中拥有更大的决策权。财政分权通过地方政府行为影响环境污染主要体现在三个方面：第一，财政分权通过影响地方政府竞争，进而影响地方政府的环境污染制定标准，最终影响环境污染；第二，财政分权影响地方政府的产业政策，从而影响当地的产业结构水平，而一个地区的产业结构会直接影响当地的环境污染；第三，财政分权会影响中央及地方政府对公共服务供给的偏好，进一步影响政府在环境治理领域的投资，从而影响环境污染。

2.1　政府干预环境污染的理论基础

2.1.1　外部性理论

1890 年，新古典经济学家马歇尔在《经济学原理》中指出，一个厂商的生产成本不仅取决于该工业的规模，同时也受到各个厂商本身规模的影响。在分析此问题时，马歇尔首次引入了外部经济的概念，从而奠定了外部性理论的里程碑。在其基础上，庇古从“公共产品”入手，认为厂商生产过程中社会成本与私人成本之间的差异是构成外部性的根源，应对正外部性给予补贴，即“庇古税”方案，进一步丰富了外部性理论。外部性是指经济主体的经济活动会影响他人或者给社会造成一定的影响，但经济活动主体并不会因此而承担成本的现象，其表现形式通常有两种，即正外部性与负外部性。正外部性是指，经济主体的经济活动使得其他社会参与者受益，但是其他参与者并不用为这种受益行为买单，也就是说，产品的价格不能充分反映该种产品的社会边际收益，其价格需求曲线如图 2. 1 所示。在完全竞争条件下，MC 为边际成本曲线，即产品的生产曲线；MPB 表示不考虑外部效应时的私人边际收益曲线；MSB 表示包含外部效应的整个社会对产品的边际收益曲线。在外部经济的情况下，私人活动水平 Q0 低于社会所要求的最优水平 Q1。

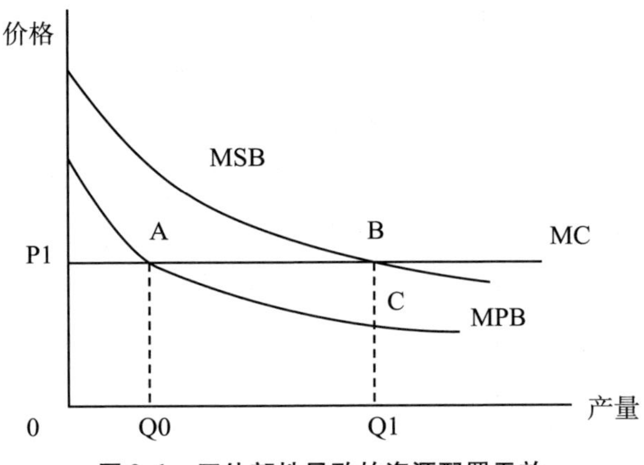

图 2. 1　正外部性导致的资源配置无效

负外部性是指，经济主体的经济活动影响了其他个人或企业，使之支付了额外的成本费用，但是无法获得相应的补偿，而经济主体本身并不用为这种对这种侵害行为承担成本，其价格需求曲线如图 2. 2 所示。在完全竞争条件下，MB 为企业的边际收益曲线，MSC、MPC 分别表示边际社会成本、边际私人成本，企业的最优产量是 Q0，社会的最优产量是 Q1，在外部不经济的情况下，私人活动水平高于社会所要求的最优水平，造成生产过剩。

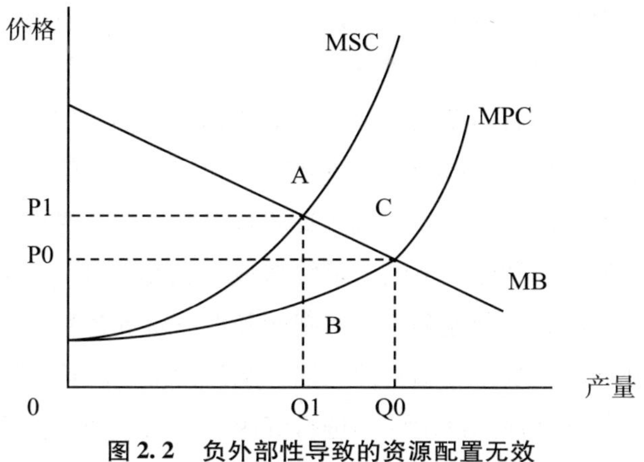

图 2.2　负外部性导致的资源配置无效

2.1.2　公共物品理论

1954 年，萨缪尔森指出，公共物品是指每个人对这种物品的消费不会造成任何其他人对该物品消费的减少的物品。由此定义可见，相对于私人物品，公共物品具有效用的不可分割性、消费的非竞争性、消费的非排他性等特点。效用的不可分割性是指公共物品的效用为整个社会的成员共同享用，不能将其效用分为很多部分；消费的非竞争性是指，在一定范围内，一个主体使用此公共物品时，不影响其他个人或者厂商享用该公共物品的数量和质量；消费的非排他性是指，在一定条件下，公共物品一旦被提供，就有很多的受益者来共同享用这项公共物品，无法人为地排除任何人对该物品的消费。根据非排他性和非竞争性的特点，公共产品可以分为三类，即纯公共产品、公共资源和俱乐部产品，具体如表 2.1 所示。

表 2.1　　产品的分类

项目	排他性	非排他性
竞争性	纯私人产品	公共资源
非竞争性	俱乐部产品	纯公共产品

环境资源具有不可分割性，很难界定产权，即便能够界定产权，也需要付

出很高的成本，因此往往属于纯公共物品，人们能够共同使用环境资源，同时不具有排他性。由于仅从自身利益出发，一些环境资源（如清洁空气、开阔空间、干净的水源）变得日益稀缺，最终可能会出现人们无节制地争夺有限的环境资源这一现象。如果没有道德约束或者法律制度限制自然资源享用者，自然资源将会被没有保护地滥用，随着自然资源状况的恶化，在损害他人利益的同时也将使自己的经济福利受到影响，最终造成“公地悲剧”。这种悲剧在现实中频发，比如人们没有节制地利用江河湖库和地下水等各种水资源，将江河当作天然的垃圾处理厂，最终导致水源枯竭、水体污染等环境问题。这需要政府建立一整套资源分配和使用制度，如进行资源开发的费用效益评价、引入环境影响的经济评价和持续发展影响评价等。

2.1.3 可持续发展理论

可持续发展理论的核心思想是资源的永续利用，这就要求人们在使用自然资源时首先要考虑环境的承载力。这一理论倡导的是代际公平，在探讨环境污染、水资源缺乏等生态问题时，不仅从当前视角出发，还需要考虑子孙后代的生存发展，尽量避免产生代际外部不经济的情况。代际外部性反映的是当期的行为对未来某一时期可能会产生的影响。由于在当期不可观测，市场的自发行为很难消除这种代际不经济行为，需要政府运用税收手段进行调节，比如建立代际补偿专项环境税等。将所得收入用于环境资源保护、新的清洁能源研发等，从而缓解当代人的资源消耗对后代造成的不利影响，这种措施就是可持续发展理论的具体应用，即政府运用财税政策干预、调节环境保护。可持续发展理论扩展了经济学中外部性的考虑空间，将以往经济中对资源优化配置的范围从人与人之间扩展到人与自然之间，同时将外部性的时间范畴从当代延伸到后代。财税政策应用于可持续发展战略中，在调节环境资源的合理使用、优化资源的当期及代际分配方面能够发挥很好的作用，有利于保护环境和资源，从而实现减少当代人向后代人延伸外部性（彭高旺，2008）。

2.1.4 公共选择理论

公共选择理论产生于20 世纪 40 年代末，在 60 年代形成基本的理论框架并得到迅速发展。公共选择理论主要以微观经济学的理性人假设作为假设前提，以微观经济学的基本原理、方法作为分析工具，来分析政治市场上主体的行为与市场运行的规律。首先，面临决策时，作为“理性人”的政府中的主导主体会首先考虑自身利益最大化，这不仅包含政策制定者本身的利益，还包括政府内部工作人员的个人利益以及以政府部门利益为代表的地方利益及小团体利益等（黄锡生、邓禾，2010）。由于政府既承担着经济发展的职能，也是公共环境的管理者，如果不对政府的环境管理职责赋予相应的环境法律责任，以经济发展为导向的晋升机制会使地方政府只追求其经济利益的最大化，从而忽略环境管理，甚至不惜以牺牲环境为代价来发展经济。其次，公共选择理论认为政治治理本质上也是一个交易过程，与经济市场一样。“理性人”假设的政府会运用自己的权力与政策、制度交换，如果政府的环境职责没有相应的法律约束，政府权力就可能异化为可交换的商品，从而出现决策错误、权力腐败等问题。

2.2　财政分权通过地方政府行为影响环境污染的理论分析

2.2.1　中央与地方多任务委托代理模型

中国的财政分权是探索性改革的制度安排，是“摸着石头过河”指导思想下的产物。在探索性发展的过程中，中央政府把握着对地方政府的激励，由于受到市场不完备等现实因素的制约，中国的财政分权的发展历程必然存在着激励扭曲等问题，其中环境污染就是我国财政分权下激励扭曲的一个典型表现。这里以霍尔斯特隆和米尔格龙（Holmstrom and Milgrom，1991）的多任务委托代理模型为基础，建立如下博弈模型来分析财政分权通过政府行为影响环境污染的内在机制。

为了简化起见，假设经济系统中包含中央政府和地方政府两个主体，中央政府是经济社会的规划者，在财政分权激励机制下，中央政府委托地方政府的任务包括经济增长和环境保护两个方面，分别记为 x_1、x_2，两个任务对应的产出分别为 y_1、y_2，作为代理人的地方政府的努力程度分别为 e_1、e_2，两种努力组合对应的成本为 $C(e_1, e_2)$，是关于 e_1、e_2 的二阶函数。当既有产出为 y_1、

y_2 时，代理人从委托人处得到的收益为 $w(y_1, y_2)=\alpha+\beta_1 y_1+\beta_2 y_2$，其中 β_1、β_2 分别为地方政府对经济增长和环境保护取得产出的权重。此外，地方政府在外部市场上有保留效用 $\overline{w}$。假定代理人总产出与努力程度存在简单的线性关系 $y_1=e_1+\varepsilon_1$、$y_2=e_2+\varepsilon_2$，其中 ε_1 和 ε_2 表示除了代理人努力程度之外的其他影响产出的随机变量，服从零均值、同方差的正态分布，其方差分别为 σ_1^2 和 σ_2^2。

中央政府的效用函数为：

$$E(e_1, e_2)=e_1+e_2-\alpha-\beta_1 e_1-\beta_2 e_2 \tag{2.1}$$

假定地方政府是风险规避型且具有不变的绝对风险规避程度 ρ，地方政府的等价确定性效用可以表示为（平新乔，2001）：

$$CE=\alpha+\beta_1 e_1+\beta_2 e_2-\frac{1}{2}\rho\beta_1^2\sigma_1^2-\frac{1}{2}\rho\beta_2^2\sigma_2^2-C(e_1, e_2) \tag{2.2}$$

对地方政府等价确定性效用中地方政府努力程度求一阶导数，令其为零，可以得到：

$$\begin{cases}\dfrac{\partial(CE)}{\partial e_1}=\beta_1-\dfrac{\partial C}{\partial e_1}=0\\[2ex]\dfrac{\partial(CE)}{\partial e_2}=\beta_2-\dfrac{\partial C}{\partial e_2}=0\end{cases} \tag{2.3}$$

由式（2.3）可得：

$$\beta_1=\frac{\partial C}{\partial e_1},\ \beta_2=\frac{\partial C}{\partial e_2} \tag{2.4}$$

在参与约束和激励相容约束条件下求中央政府的最大化效用：

$$\begin{aligned}&\max\quad e_1+e_2-\alpha-\beta_1 e_1-\beta_2 e_2\\&\text{s.t.}\ (IR)\,\alpha+\beta_1 e_1+\beta_2 e_2-\frac{1}{2}\rho\beta_1^2\sigma_1^2-\frac{1}{2}\rho\beta_2^2\sigma_2^2-C(e_1, e_2)\geqslant\overline{w}\\&(IC)\,\beta_1=\frac{\partial C}{\partial e_1},\ \beta_2=\frac{\partial C}{\partial e_2}\end{aligned} \tag{2.5}$$

式（2.5）可等价转换为：

$$\max\quad e_1+e_2-\overline{w}-\frac{1}{2}\rho\beta_1^2\sigma_1^2-\frac{1}{2}\rho\beta_2^2\sigma_2^2-C(e_1, e_2) \tag{2.6}$$

其中，$\beta_1=\dfrac{\partial C}{\partial e_1}$，$\beta_2=\dfrac{\partial C}{\partial e_2}$。

式（2.6）中对 e_1、e_2 分别求导可得：

$$\begin{cases} 1-\beta_1-\beta_1\rho\sigma_1^2\dfrac{\partial^2 C}{\partial e_1^2}-\beta_2\rho\sigma_2^2\dfrac{\partial^2 C}{\partial e_1 e_2}=0 \\ 1-\beta_2-\beta_2\rho\sigma_2^2\dfrac{\partial^2 C}{\partial e_2^2}-\beta_1\rho\sigma_1^2\dfrac{\partial^2 C}{\partial e_1 e_2}=0 \end{cases} \tag{2.7}$$

由式（2.7）可得：

$$\beta_1=\frac{1-\beta_2\rho\sigma_2^2\dfrac{\partial^2 C}{\partial e_1 e_2}}{1+\rho\sigma_1^2\dfrac{\partial^2 C}{\partial e_1^2}},\ \beta_2=\frac{1-\beta_1\rho\sigma_1^2\dfrac{\partial^2 C}{\partial e_1 e_2}}{1+\rho\sigma_2^2\dfrac{\partial^2 C}{\partial e_2^2}} \tag{2.8}$$

令 $C_{11}=\dfrac{\partial^2 C}{\partial e_1^2}$，$C_{12}=\dfrac{\partial^2 C}{\partial e_1 e_2}$，$C_{22}=\dfrac{\partial^2 C}{\partial e_2^2}$

由式（2.8）可得：$\beta_1=\dfrac{1+\rho\sigma_1^2C_{22}-\rho\sigma_2^2C_{12}}{1+\rho\sigma_1^2C_{11}+\rho\sigma_2^2C_{22}+\rho^2\sigma_1^2\sigma_2^2C_{11}C_{12}-\rho^2\sigma_1^2\sigma_2^2C_{12}^2}$，

$$\beta_2=\frac{(1+\rho\sigma_1^2C_{11}+\rho\sigma_2^2C_{22}+\rho^2\sigma_1^2\sigma_2^2C_{11}C_{12}-\rho^2\sigma_1^2\sigma_2^2C_{12}^2)-\rho\sigma_1^2C_{12}(1+\rho\sigma_1^2C_{22}-\rho\sigma_2^2C_{12})}{(1+\rho\sigma_1^2C_{11}+\rho\sigma_2^2C_{22}+\rho^2\sigma_1^2\sigma_2^2C_{11}C_{12}-\rho^2\sigma_1^2\sigma_2^2C_{12}^2)(1+\rho\sigma_2^2C_{22})}$$

化简，可得：

$$\beta_1=\frac{\dfrac{1}{\rho\sigma_2^2C_{22}}+1-\dfrac{C_{12}}{C_{22}}}{\dfrac{1}{\rho\sigma_2^2C_{22}}+\dfrac{\sigma_1^2C_{11}}{\sigma_2^2C_{22}}+1+\rho\sigma_1^2\left(C_{11}-\dfrac{C_{12}^2}{C_{22}}\right)} \tag{2.9}$$

从式（2.9）可以看出，地方政府在经济增长和环境保护两项任务的努力程度分配过程中，受可观测变量（σ_1^2，σ_2^2）和 C_{11}、C_{12}、C_{22} 的影响。作为成本函数对努力程度的偏导数，C_{12} 受经济增长和环境保护两项任务之间关系的影响，当两项任务相互冲突时，$C_{12}>0$；当两项任务互不影响时，$C_{12}=0$；当两项任务互补时，$C_{12}<0$。

由于环境保护的成效很难像经济增长那么明显、直观，我们假设环境保护是不可观测的，即 $\sigma_2^2=\infty$。由于政府的精力有限，经济增长和保护环境相互争夺政府的努力，因此这两项任务是相互冲突的，$C_{12}>0$。因此，

$$\beta_1=\frac{1-\dfrac{C_{12}}{C_{22}}}{1+\rho\sigma_1^2\left(C_{11}-\dfrac{C_{12}^2}{C_{22}}\right)} \tag{2.10}$$

由于成本函数 C（e_1，e_2）是关于 e_1、e_2 的二阶函数，且成本函数具有单调性，因此 C_{11} 和 C_{22} 是正的固定常数，β_1 只受 C_{12} 影响，C_{12} 越大，β_1 也越大（郑周胜，2012）。在分权体制下，地方政府能够自主安排自己的努力搭配，为了得到更多的晋升机会，地方政府会将精力主要放在促进当地的经济增长上，从而减少对当地环境保护的投入。

2.2.2 地方政府与排污企业的博弈分析

借鉴洛佩斯和米雷亚（Lopez and Mitra，2000）的研究，建立分权体制下地方政府与排污企业的博弈模型。假定整个博弈过程中只有地方政府和污染企业两个参与方，双方均为理性人且以实现自身利益最大化为目标。

基本假设为：

（1）企业有污染和不污染两个策略，地方政府有监管和纵容两个策略；

（2）企业的收益 R 与地方政府的税收 T 均是产量 Q 的函数；

（3）企业选择污染环境时可以获得额外收益 r，但是企业污染环境会造成一系列的潜在成本，如企业的荣誉受到损害、面临居民的指责等，将这些潜在成本记为 h。如果地方政府对企业污染行为实施监管，企业将产生罚款 m；

（4）企业选择污染环境来提高收益时，地方政府也会有额外的税收收入 t，但是如果企业选择污染环境，地方政府可能面临媒体曝光等一系列压力，进而产生隐性政治成本，记为 f。如果地方政府选择对企业实施监管，需要支出监管成本 c，同时会有额外的收益，即罚金 m。

综上，可以构建污染企业与地方政府在不同策略下的收益矩阵，如表 2.2 所示。

表 2.2　污染企业与地方政府的收益矩阵

企业	当地政府	
	监管	不监管
不污染	R，T－c	R，T
污染	R＋r－m－h，T＋t－c＋m	R＋r－h，T＋t－f

当企业污染所得的额外收益 r 大于地方政府对其污染的罚金 m 与潜在成本 h 之和时，无论政府监管与否，企业都会选择污染环境。事实上，目前我国地方政府对环境监管的成本很高，并且由于环境税费法律法规文件不健全，很多企业在污染环境之后并没有被处罚罚金。当地企业排放污染物以后，环境问题并不会立刻显现出来，而地方政府官员都有一定的任职期限，不难看出，从理性人的角度出发，污染企业和地方政府的纳什均衡为（污染，不监管）。

2.3　财政分权通过地方政府行为影响环境污染的路径

2.3.1　财政分权通过政府竞争影响环境污染

随着财税体制改革的深入，我国财政分权特征显著，由于我国主要以当地的经济总量作为绩效考核的主要标准，地方政府因此会就当地的 GDP 总量与相邻区域形成竞争（仲大军、程晓农，2003）。财政分权使得地方政府拥有更高的财政自主权，在有限财力的情况下，地方政府会努力争取提升能够被中央政府重视的竞争优势，即提高当地的经济总量。在为 GDP 增长的“锦标赛”式竞争中，为了能够在短期内高效地提高 GDP 总量，地方政府在多种政策之间进行博弈，进而导致地方政府重经济建设，使非经济性公共产品供给不足（傅勇，2010），环境作为典型的公共物品，成为“为 GDP 的增长而竞争”体制下的牺牲品。第一，环境污染治理具有显著的正外部性，特别是对于一些容易跨界流动的污染物，如工业废水、工业废气等，当地政府对其进行治理，往往对改善本地的环境质量的作用不明显，显著的正外部性使得受益的往往是其邻近地区，因此以经济增长作为主要目标的地方政府不会主动选择投入环境保护。第二，随着对外开放的深入，外商直接投资成为拉动经济增长的新引擎，外资能够提供更多的就业机会、增加财政收入、促进本地区经济发展。为了吸引外商到本地投资，地方政府之间展开竞争，往往给出一定的优惠政策，甚至用环境政策作为工具来换取短期的经济增长，如放松环境管制标准、降低污染物排放门槛，采取优惠措施吸引高污染企业到本地区投资等，纵容企业的污染排放行为，进而造成环境污染的加剧。

2.3.2 财政分权通过产业结构影响环境污染

财政分权能够影响地方政府的产业策略抉择，改变当地的产业结构，进而影响环境污染。随着分权度的提高，当地政府对地方经济发展拥有更多的决策权，同时也面临着更多的事权以及责任和义务。对于经济发展比较落后的地区，为了增加当地的生产总值，同时也为了增加财政收入、缓解财政压力，当地政府会试图发展高污染产业，通过高污染企业的高产值来促进当地经济总量的增长。分税制改革以后，增值税和所得税成为地方政府主要税种，因此，地方政府会选择大力发展对税收贡献比较大的企业，而这些企业以重化工企业居多，其污染排放通常都较为严重，如钢铁、化工、建材企业等。由于消费税对地方政府税收贡献不大，因而地方政府缺乏对新兴服务业培育的激励，这样极不利于产业结构的调整升级，因此导致产业结构呈现较强的阳性也是环境污染难以缓解的一个主要因素。

2.3.3 财政分权通过财政支出影响环境污染

经典的财政分权理论认为，财政分权使得地方政府有提高对公共物品的财政支出的激励，因为在“用脚投票”的机制下，公众能够更好地表达对公共福利的偏好，从而达到帕累托最优，因此，完善的基础设施能够更好地吸引各种生产要素流入（Tiebout，1956）。然而，由于我国国情的特殊性，这种帕累托最优状态在我国难以实现，1994 年分税制改革以来，中央及地方政府财权上移事权下放的局面导致基层政府面临着较重的支出事务和拮据的财政收入，财力与事权相背离的直接结果是地方政府很难把有限的财权投入有效刺激经济增长以外的其他公共设施上（贾俊雪等，2011）。面对财权与事权的不对称性，地方政府一方面寻求预算以外的各种财政收入，另一方面缩减开支，减少财政支出，特别是对经济总量促进作用较低的公共支出，逐渐从“援助之手”变为“攫取之手”（陈抗等，2002）。环境保护和污染治理是典型的公共福利项目，而且目前我国一直是由地方政府来承担环境保护的责任，环境保护支出存在着中央和地方政府责任不明确的问题，因此，地方政府很难主动增加在此方面的财政支出，最终导致环境污染的加剧。

2.3.4　财政分权通过政府规制影响环境污染

经济发展作为地方政府考核的重要指标，如果将地方政府看作“理性人”假设的行为主体，那么在“晋升锦标赛”的模式下，地方政府官员会着重发展地区 GDP，从而忽略环境，甚至以牺牲环境为代价来促进地区经济的增长，导致一批高能耗、高污染型企业进入和发展，在“劣币驱逐良币”的效应下，分权体制将导致地区环境污染加剧。因此，财政分权通过政府官员晋升锦标赛模式将加剧当地的环境污染，不利于环境质量的改善。然而，当环境污染情况过于严重，环境治理供给缺口过大时，财政分权还会通过中央政府对环境规制产生加强的影响。“九五”“十五”和“十一五”规划都将环境保护列为对我国经济发展规划的一项重要内容，为各级地方政府明确了经济建设工作中环境保护的重要性。环境规制是作用于地方政府的一个约束因子，约束了地方政府对经济增长数量上的盲目追求和忽视发展质量的倾向，环境规制的施者与受者是上下级政府，因此这一因素发挥作用是以行政命令的权威性与强制性为基础的。环境规制对环境污染在理论上应当具有负向的约束效应，对环境质量的改善具有积极的影响。同时，财政分权可以反过来成为中央政府加强环境规制力度的一个因素，环境规制力度是中央政府和财政分权的综合影响结果。

2.3.5　财政分权通过对外贸易影响环境污染

分权体制下，对外贸易对环境污染的影响主要集中在贸易有益论、贸易有害论和贸易中性论。

贸易有益论的代表假说是污染光环假说。根据该假说，发展中国家通过自由贸易，可以从发达国家引进前沿的生产和环保技术，改进产品的生产方式，获得技术进步，制定更高的环境标准，从而促进本国环保技术的发展，改善当地的自然环境。贸易自由化有利于全球范围内环境资源的优化配置，因此自由贸易不会恶化环境，反而会促进环境质量的改善。格雷斯曼和克鲁格（Grossman and Krueger，1995）对国际贸易影响一国环境状况的结构效应、技术效应和规模效应进行了计量回归分析。结果表明，结构效应和技术效应对环境产生的正向影响大于规模效应产生的负向影响。格雷特和让（Grehter and Jean，2003）对 52 个国家的污染密集型企业在 1981—1998 年间的国际贸易和环境污染数据进行了实证分析，发现污染密集型产业的贸易壁垒普遍较高，故发达国家的高污染企业并不会转移到发展中国家，贸易并不会加剧发展中国家的环境污染。黄菁（2010）对我国2003—2006年217个城市的工业污染数据进行了实证分析，发现自由贸易有利于我国先进生产技术和清洁能源的引进，从而减少环境污染。李子豪、刘辉煌（2011）通过对我国2000—2008年30个省（区、市）的面板数据进行回归分析，证实了国际贸易能够有效减少西部地区的碳排放，从而缓解当地的环境污染状况。赵秋银（2019）也通过省级面板数据的回归分析，得出自由贸易有利于缓解我国环境污染状况，区域化的对外贸易能够产生积极的外部效应，从而改善我国的生态环境，提高环境质量的结论。

贸易有害理论的代表假说是污染避难所假说。与发展中国家相比，发达国家的环境规制往往更为严格。因此，为了减少污染治理的成本，发达国家的投资者往往选择将高污染的企业转移到环境管制相对松弛的发展中国家，在发展中国家进行产品的生产加工，将污染源留在了发展中国家。同时，为了刺激经济的加速发展，发展中国家通常会选择降低本国的环境标准和市场准入门槛，从而吸引外商在本国进行投资设厂，以牺牲环境为代价来提高本国的国际竞争力。这样会进一步加重该国的环境污染，使之成为发达国家的污染避难所，最终导致全球环境的恶化（Copeland and Taylor，1994）。周茂荣、祝佳（2008）基于1992—2004年我国30个省（区、市）的面板数据，得出贸易自由化总体上恶化了我国的环境状况的结论。康雨（2016）基于1998—2012年中国31个省（区、市）的PM2.5的数据，探究发现发达国家将我国视作“污染避难所”，通过自由贸易向我国转移污染，进一步恶化了我国的生态环境。胡艺、张晓卫、李静（2019）基于2004—2013年我国274个地级市的经贸和环境数据，实证发现出口贸易会进一步恶化我国的自然环境，并且对我国环境的影响在地理区位上存在显著的异质性。辛悦、李学迁（2019）基于1998—2016年长江三角洲地区的贸易和环境数据，探究发现自由贸易在整体上恶化了长江三角洲地区的生态环境，且出口贸易对环境的影响大于进口贸易。

贸易中性理论认为，贸易对环境污染影响的方向不确定。贸易对一国或地区环境的影响较为复杂，受到规模、结构和技术效应的综合影响。同时，研究者在进行研究时，受到研究时间、数据收集、研究方向等多种因素的影响，得到的结果可能出现方向相反的情况，因此贸易对环境污染的影响方向不确定（Grossman and Krueger，1991；Copeland and Taylor，1994）。安特威勒等（Antweiler et al.，2001）构建了污染—贸易一般均衡模型，系统分析了贸易对环境污染的规模、结构和技术效应，由于技术效应和规模效应的方向相反，因此贸易对环境污染的影响不确定。刘林奇（2009）基于 2000—2006 年中国 30 个省（区、市）的贸易和环境数据，分析发现规模和结构效应进一步污染和恶化了我国的生态环境，技术效应则有效地改善了我国目前的环境质量；同时，贸易自由化对中国生态环境的影响在不同区域之间有着明显的差异，其有利于改善东部经济发达地区的环境质量，但加剧了中部和西部的环境污染。王舒鸿、王小青（2019）基于 2005—2016 年中国 30 个省（区、市）的面板数据，得出贸易在整体上加剧了我国环境污染的结论。

第3章　中国环境污染与财政分权现状考察

本章首先描述了我国环境污染的现状，从省级层面和地级市层面两个角度对我国各区域环境污染进行综合评价。其次，分别从收入分权和支出分权对目前我国财政分权的现状进行分析，为后面的实证研究提供相应基础。

3.1　中国环境污染现状分析

3.1.1　我国当前面临的环境问题

当前我国污染物排放总量依然很大，环境污染形势严峻。2014 年，中国的二氧化硫排放总量为 1974.42 万吨，其中工业二氧化硫排放量为 1740.35 万吨，占二氧化硫排放总量的 88.14%。氮氧化物排放总量为 2078.00 万吨，其中工业氮氧化物排放量为 1404.79 万吨，占氮氧化物排放总量的 67.60%。烟（粉）尘排放总量为 1740.75 万吨，其中工业烟（粉）尘排放量为 1456.13 万吨，占烟（粉）尘排放总量 83.65%。废水排放总量为 716.18 亿吨，其中工业废水排放量为 205.34 亿吨，占总的废水排放量的 28.67%。化学需氧量排放总量为 2294.59 万吨，其中工业化学需氧量排放总量为 311.35 万吨，占化学需氧量排放总量的 13.57%。氨氮排放总量为 238.53 万吨，其中工业氨氮排放量为 23.16 万吨，占氨氮排放总量的 9.71%。全国工业固体废物产生量为 325620.0 万吨，工业固体废弃物综合利用量 204330.25 万吨，工业固体废物处置量为 80387.54 万吨，工业固体废弃物综合利用率为 62.75%。[①]

2015 年，中国的二氧化硫排放总量为 1859.12 万吨，其中工业二氧化硫

① 数据来源：《中国环境统计年鉴》《中国统计年鉴》。

排放量为 1556. 74 万吨，占二氧化硫排放总量的 83. 74%。氮氧化物排放总量为 1851. 87 万吨，其中工业氮氧化物排放量为 1180. 90 万吨，占氮氧化物排放总量的 63. 77%。烟（粉）尘排放总量为 1538. 01 万吨，其中工业烟（粉）尘排放量为 1232. 60 万吨，占烟（粉）尘排放总量 80. 14%。废水排放总量为 735. 32 亿吨，其中工业废水排放量为 199. 50 亿吨，占总的废水排放量的 27. 13%。化学需氧量排放总量为 2223. 50 万吨，其中工业化学需氧量排放总量为 293. 45 万吨，占化学需氧量排放总量的 13. 20%。氨氮排放总量为 229. 91 万吨，其中工业氨氮排放量为 21. 74 万吨，占氨氮排放总量的 9. 46%。全国工业固体废物产生量为 327079 万吨，工业固体废弃物综合利用量 198807 万吨，工业固体废物处置量为 73034 万吨，工业固体废弃物综合利用率为 60. 78%。[①]

从以上分析可以看出，工业二氧化硫、工业烟（粉）尘和工业氮氧化物是空气污染的主要来源。与 2014 年相比，2015 年我国的二氧化硫、氮氧化物、氨氮、化学需氧量等污染物排放总量有一定程度的降低，但总体来看我国的污染物排放总量巨大，环境问题凸显。以下从大气污染、水污染和工业固体废弃物污染等方面来具体阐述。

1. 大气污染问题

“十二五”期间，虽然全国二氧化硫排放量有所下降，但中国仍是世界二氧化硫排放大国。2013 年，全国二氧化硫排放总量为 2043. 9 万吨，氮氧化物排放总量为 2227. 3 万吨，全国酸雨污染面积约占国土面积的 10. 6%。2013 年全国平均霾日数为 35. 9 天，比 2012 年增加 18. 3 天，创 1961 年以来的最高值，按照《环境空气质量标准》，256 个尚未执行新标准的地级及以上城市环境空气质量达标比例仅占 69. 5%。《2016 中国环境状况公报》数据显示，2016 年中国 338 个地级及以上城市中，空气质量达标的仅 84 个，占全部城市数量的 24. 9%，空气质量超标的城市为 254 个，占全部城市数量的 75. 1%。338 个地级及以上城市平均优良天数比例为 78. 8%，平均超标天数比例为 21. 2%。发生重度污染 2464 天次、严重污染 784 天次。474 个监测降水的城市（区、县）中，酸雨频率平均值为 12. 7%，出现酸雨的城市占总监测城市的 19. 8%，

① 数据来源：《中国环境统计年鉴》《中国统计年鉴》。

酸雨类型依然表现以硫酸为主。

2018 年，全国共有 121 个城市的空气环境质量达到标准，占比约 35%，相较于 2017 年上升了 6 个百分点，但仍然有 217 个城市的环境质量没有达标，因此环境污染问题依然十分严重。目前，我国的经济发展模式依旧是高污染排放的粗放式增长模式，这种增长方式过于追求经济效益，而忽视了对我国的自然生态和资源环境的保护。随着我国工业化进程的不断加快，工业污染物的排放量迅速增长。我国的工业废气及二氧化硫和烟（粉）尘排放如图 3.1 和图 3.2 所示。

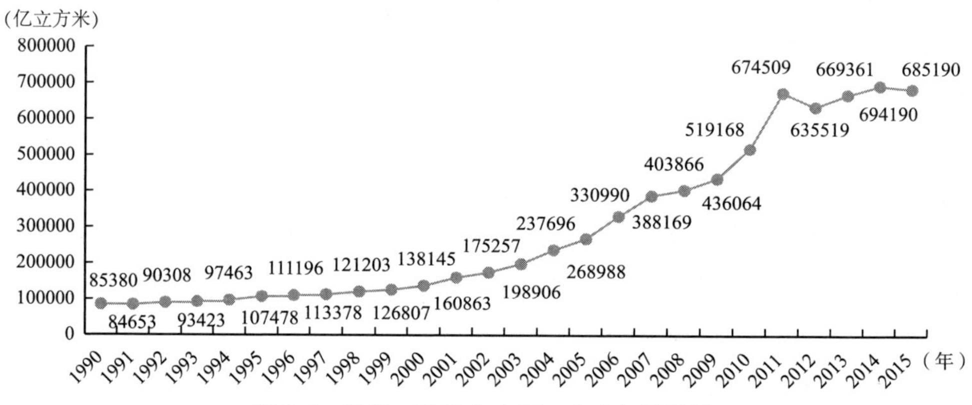

图 3.1 1990—2015 年中国工业废气排放量

数据来源：历年《中国统计年鉴》和《中国环境统计年鉴》。

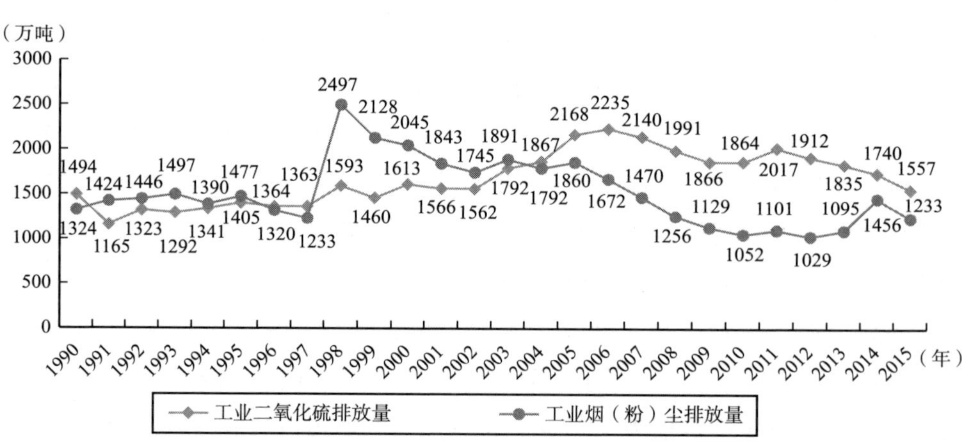

图 3.2 1990—2015 年中国工业二氧化硫和工业烟（粉）尘排放量

数据来源：历年《中国统计年鉴》和《中国环境统计年鉴》。

从图 3. 1 和图 3. 2 可以看出，工业废气的排放量由 1990 年的 85380 亿立方米上升到 2015 年的 685190 亿立方米，上升了八倍多。1990—2017 年，工业二氧化硫和工业烟（粉）尘排放量的波动幅度较大。工业二氧化硫排放量从 1990 年的 1494 万吨上升至 2015 年的 1557 万吨，其中在 2006 年达到峰值（2235 万吨），之后逐渐下降；工业烟（粉）尘排放量由 1991 年的 1424 万吨下降到 2015 年的 1233 万吨，其中于 1998 年达到峰值（2497 万吨），之后缓慢下跌，这期间有小幅的波动。

2. 水污染问题

2013 年，中国 4778 个地下水环境质量中，水质优良的监测点比例为 10. 4%，良好的监测点比例为 26. 9%，较好的监测点比例为 3. 1%，较差的监测点比例为 43. 9%，极差的监测点比例为 15. 7%。2014 年 3 月 14 日，环境保护部发布的首个全国性研究结果显示，中国有 2. 5 亿居民的住宅区靠近重点排污企业和交通干道，有 2. 8 亿居民使用不安全饮用水。2016 年，全国 1940 个地表水监测断面（点位）中，Ⅳ、Ⅴ及劣Ⅴ类水质断面达到 16. 8%、6. 9% 和 8. 6%。6124 个地下水监测点位中，水质为较差级和极差级的监测点分别占 45. 4% 和 14. 7%。地级及以上城市 897 个集中式生活饮用水水源监测断面（点位）中，不达标的有 86 个，占 9. 6%。[①] 1990—2017 年我国工业废水排放如图 3. 3 所示。

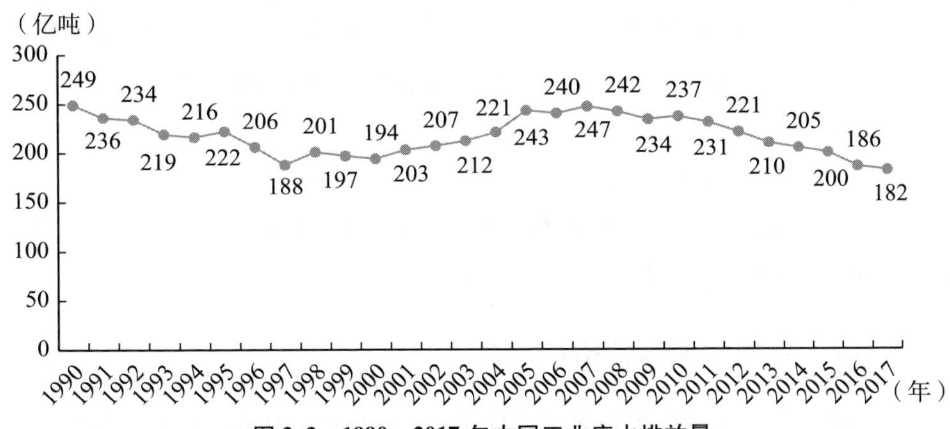

图 3. 3　1990—2017 年中国工业废水排放量

数据来源：历年《中国统计年鉴》和《中国环境统计年鉴》。

① 数据来源：《中国环境统计年鉴》《中国统计年鉴》。

从图 3. 3 可以看出，工业废水排放量的波动幅度不大，由 1990 年的 249 亿吨平稳下降至 2017 年的 182 亿吨，在 2000—2005 年间有过短暂而缓慢的上升，但在整体上呈现出平稳下降的变化趋势。

3. 固体废弃物污染

目前，中国每年产生的工业废物和生活垃圾达 10 亿多吨，并呈逐年上升趋势。每年约有 3000 吨工业危险废物被排放到环境中，全国 600 多座城市中有 200 余座处于垃圾包围之中，由此造成的污染和二次污染事故时有发生。2013 年，全国工业固体废弃物产生量为 327701. 9 万吨，2015 年为 327079 万吨[①]。图 3. 4 列出了我国工业固体废弃物的排放情况。

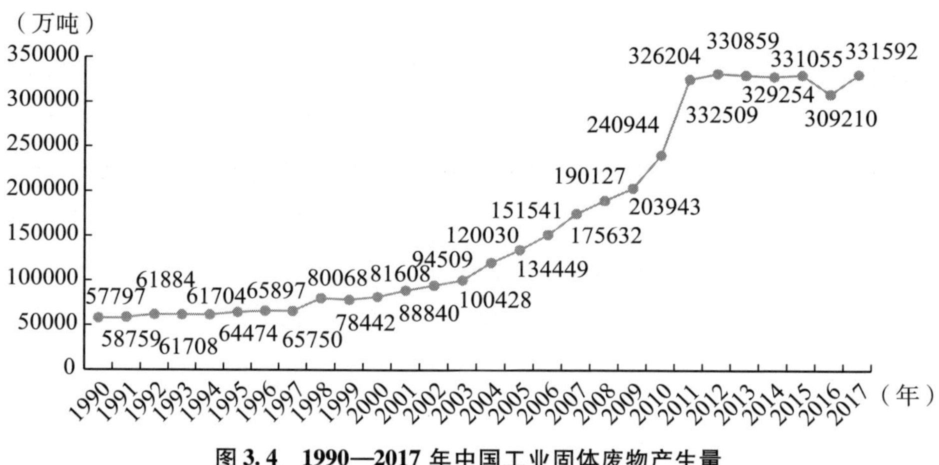

图 3. 4 1990—2017 年中国工业固体废物产生量

数据来源：历年《中国统计年鉴》和《中国环境统计年鉴》。

从图 3. 4 可以看出，工业固体废物产生量由 1990 年的 57797 万吨跃升至 2017 年的 331592 万吨，上升了约 5. 7 倍。

3. 1. 2 环境污染综合指数测算

由于单一的污染指标很难客观地反映一个地区的环境污染情况，这里综合考虑了工业废水、工业二氧化硫、工业烟（粉）尘和工业固体废弃物排放量。

① 由于噪声污染不具有持续性，本书中的环境污染均不包含噪声污染。

为了避免人为主观因素对环境污染评价的干扰，借鉴杨万平（2010）的研究，运用纵横向档次拉开法对我国不同区域的环境污染情况进行综合评价。该方法充分运用多种污染物排放指标，从而能够更加准确地反映一个地区的环境污染总体水平。

（1）数据标准化处理。不同的指标有不同的测量单位，对数据进行标准化，能够消除量纲的影响，从而使结果具有可比性。标准化处理公式如(3.1）所示。

$$x_{ij}'(t_k)=\frac{x_{ij}(t_k)-\overline{x_j(t_k)}}{s_j(t_k)}\quad i=1,\ 2,\ \cdots,\ m;\ j=1,\ 2,\ \cdots,\ n;\ k=1,\ 2,\ \cdots,\ T \tag{3.1}$$

其中，i 表示地级及以上城市，j 表示污染指标，k 表示年份；$\{x_{ij}(t_k)\}$ 表示污染指标集合；$x_{ij}(t_k)$ 表示 t_k 年第 i 市的第 j 个污染指标原值；$x_{ij}'(t_k)$ 为 $x_{ij}(t_k)$ 标准化之后的值；$\overline{x_j(t_k)}$ 和 $s_j(t_k)$ 分别表示第 j 个污染指标在 t_k 年的均值与标准差。

（2）计算实对称矩阵。实对称矩阵 H_k 的定义为：

$$H_k=X_k^tX_k(k=1,\ 2,\ \cdots,\ T) \tag{3.2}$$

其中，$X_k=\begin{bmatrix} x'_{11}(t_k) & \cdots & x'_{1n}(t_k) \\ \cdots & \cdots & \cdots \\ x'_{m1}(t_k) & \cdots & x'_{mn}(t_k) \end{bmatrix}$，$k=1,\ 2,\ \cdots,\ T$。

（3）求解实对称矩阵 H 的最大特征值及对应的特征向量 α。其中：

$$H=H_1+H_2+\cdots+H_k(k=1,\ 2,\ \cdots,\ T) \tag{3.3}$$

（4）计算不同污染指标的权重。将最大特征值对应的特征向量 α 进行归一化处理，确定各个污染指标对应的组合权重 w_j。

（5）根据计算出的组合权重 w_j 计算环境污染综合指数 P。

$$P_i(t_k)=\sum_{j=1}^{n}w_jx'_{ij}(t_k)\quad i=1,\ 2,\ \cdots,\ m;\ k=1,\ 2,\ \cdots,\ T \tag{3.4}$$

其中，w_j 为第 j 种污染物的权重值，环境污染指数越大，表示当地的环境污染越严重。

3.1.3　环境污染综合评价：基于省级层面

本节选取 31 个省（区、市）的工业废水、工业二氧化硫、工业烟（粉）

尘和工业固体废弃物排放量作为环境污染综合评价指标，考察的时间为2003—2015年，数据来源于2004—2016年的《中国环境年鉴》。

根据3.1.2节环境污染综合评价模型计算出的实对称矩阵 H 为：

$$H=\begin{bmatrix} 406.38 & 249.40 & 160.61 & 120.57 \\ 249.40 & 407.96 & 333.09 & 299.28 \\ 160.61 & 333.09 & 414.03 & 325.23 \\ 120.57 & 299.28 & 325.23 & 399.67 \end{bmatrix}$$

实对称矩阵 H 的最大特征值为1170.3，其所对应的特征向量为：

$$\alpha=(0.3756 \quad 0.5576 \quad 0.5421 \quad 0.5041)^T$$

将最大特征向量归一化处理可得到权重：

$$\alpha'=(0.1897 \quad 0.2817 \quad 0.2739 \quad 0.2547)^T$$

即工业废水、工业二氧化硫、工业烟（粉）尘和工业固体废弃物对应的权重分别为 $w_1=0.1897$、$w_2=0.2817$、$w_3=0.2739$ 和 $w_4=0.2547$。

根据权重矩阵计算出我国31个省（区、市）2003—2015年的环境污染综合指数 $P_i(t_k)$。为了便于直观比较，又不失一般性，将 $P_i(t_k)$ 分别向右平移2个单位，结果如表3.1所示。

表3.1　2003—2015年中国31个省（区、市）环境污染综合指数

地区	2003年	2004年	2005年	2006年	2007年	2008年	2009年	2010年	2011年	2012年	2013年	2014年	2015年
北京	0.97	0.98	0.90	0.84	0.82	0.78	0.76	0.78	0.81	0.81	0.78	0.75	0.71
天津	1.09	1.07	1.09	1.02	1.02	1.00	1.00	1.03	1.01	1.00	0.99	1.00	0.95
河北	3.50	3.87	3.63	3.52	3.58	3.53	3.63	3.60	4.41	4.34	4.37	4.20	3.83
山西	3.58	3.40	3.37	3.41	3.35	3.33	3.46	3.24	3.47	3.52	3.48	3.44	3.27
内蒙古	2.36	2.46	2.78	2.81	2.93	2.93	3.06	3.29	2.92	3.07	3.00	3.03	3.14
辽宁	2.80	2.59	2.90	3.03	3.14	3.24	3.36	2.97	3.04	3.08	2.98	3.27	3.47
吉林	1.35	1.43	1.55	1.58	1.58	1.59	1.64	1.58	1.58	1.41	1.44	1.48	1.53
黑龙江	1.90	1.82	1.83	1.88	1.90	1.94	2.04	1.88	1.70	1.81	1.80	1.65	1.59

续表

地区	2003年	2004年	2005年	2006年	2007年	2008年	2009年	2010年	2011年	2012年	2013年	2014年	2015年
上海	1. 35	1. 34	1. 26	1. 21	1. 19	1. 14	1. 14	1. 08	1. 10	1. 09	1. 07	1. 08	1. 05
江苏	3. 21	3. 19	3. 21	3. 22	3. 04	3. 05	3. 18	3. 09	2. 91	2. 83	2. 88	2. 96	3. 00
浙江	2. 19	2. 21	2. 14	2. 17	2. 15	2. 17	2. 24	2. 23	2. 11	2. 05	2. 09	2. 04	2. 07
安徽	1. 83	1. 77	1. 77	1. 83	1. 87	1. 99	2. 05	1. 97	1. 96	1. 94	1. 94	2. 05	2. 11
福建	1. 65	1. 66	1. 72	1. 70	1. 68	1. 70	1. 72	1. 76	1. 80	1. 73	1. 76	1. 69	1. 70
江西	2. 01	1. 96	1. 95	1. 95	1. 90	1. 88	1. 91	1. 84	1. 96	1. 94	1. 96	1. 93	2. 11
山东	3. 50	3. 34	3. 35	3. 38	3. 32	3. 42	3. 54	3. 48	3. 52	3. 46	3. 45	3. 74	3. 87
河南	2. 96	3. 09	3. 36	3. 37	3. 39	3. 36	3. 54	3. 32	2. 93	2. 89	2. 97	2. 95	3. 01
湖北	2. 05	2. 02	1. 90	1. 94	1. 86	1. 88	1. 93	1. 84	1. 93	1. 88	1. 88	1. 92	1. 94
湖南	2. 37	2. 39	2. 25	2. 19	2. 21	2. 14	2. 24	2. 08	2. 01	1. 96	1. 97	1. 94	1. 98
广东	2. 44	2. 52	2. 63	2. 62	2. 70	2. 74	2. 87	2. 63	2. 22	2. 28	2. 27	2. 32	2. 26
广西	2. 66	2. 62	2. 56	2. 43	2. 51	2. 61	2. 72	2. 49	1. 79	1. 88	1. 78	1. 77	1. 73
海南	0. 75	0. 77	0. 75	0. 70	0. 69	0. 67	0. 65	0. 68	0. 75	0. 74	0. 73	0. 72	0. 71
重庆	1. 68	1. 69	1. 62	1. 61	1. 56	1. 55	1. 59	1. 51	1. 42	1. 41	1. 42	1. 41	1. 42
四川	3. 30	3. 21	2. 92	2. 80	2. 66	2. 49	2. 56	2. 57	2. 20	2. 12	2. 11	2. 18	2. 18
贵州	1. 82	1. 75	1. 72	1. 96	1. 91	1. 75	1. 79	1. 71	1. 84	1. 85	1. 83	1. 81	1. 71
云南	1. 59	1. 59	1. 58	1. 63	1. 66	1. 70	1. 72	1. 60	2. 09	2. 09	2. 08	1. 92	1. 93
西藏	0. 69	0. 72	0. 70	0. 64	0. 64	0. 62	0. 60	0. 63	0. 70	0. 68	0. 67	0. 66	0. 65
陕西	1. 91	1. 96	1. 97	1. 96	2. 02	1. 94	1. 99	1. 80	1. 98	1. 96	2. 01	1. 99	2. 02
甘肃	1. 45	1. 39	1. 36	1. 30	1. 27	1. 28	1. 29	1. 36	1. 48	1. 44	1. 43	1. 48	1. 49
青海	0. 82	0. 88	0. 90	0. 86	0. 88	0. 89	0. 89	0. 93	1. 24	1. 27	1. 28	1. 24	1. 37
宁夏	1. 10	1. 07	1. 11	1. 09	1. 14	1. 14	1. 16	1. 28	1. 30	1. 29	1. 30	1. 24	1. 24
新疆	1. 15	1. 25	1. 23	1. 32	1. 44	1. 56	1. 61	1. 76	1. 83	2. 16	2. 29	2. 10	1. 96

为了更直观地反映各省（区、市）环境污染的变动情况，根据表 3.1 的数据做出环境污染的时间趋势图，即图 3.5。

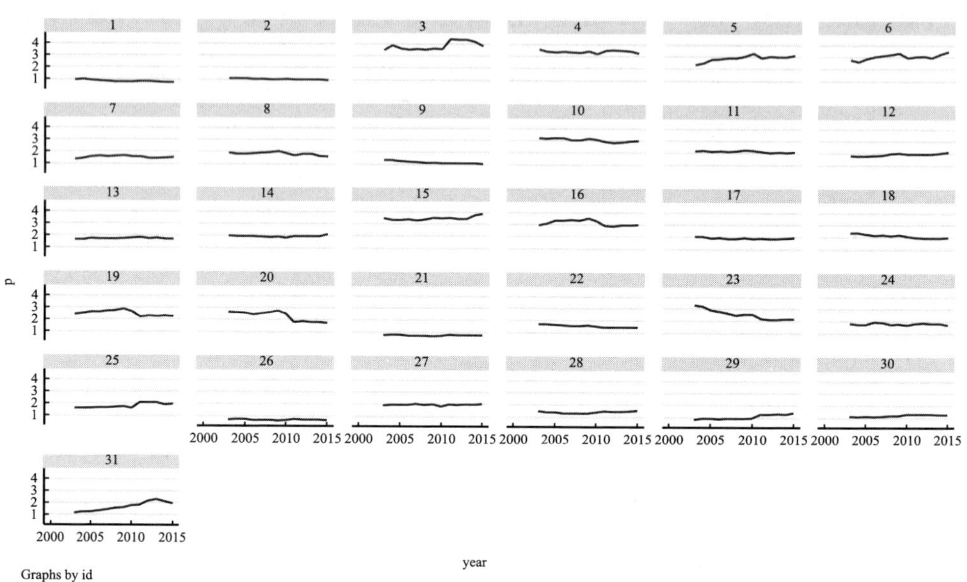

图 3.5　环境污染的时间趋势

注：1～31 分别表示北京、天津、河北、山西、内蒙古、辽宁、吉林、黑龙江、上海、江苏、浙江、安徽、福建、江西、山东、河南、湖北、湖南、广东、广西、海南、重庆、四川、贵州、云南、西藏、陕西、甘肃、青海、宁夏、新疆的环境污染变动情况。

从动态结果来看（见表 3.1 和图 3.5），2003—2015 年我国各省（区、市）的环境污染状况可以总结为：广西和四川的污染状况有明显的好转；内蒙古、辽宁、山东和新疆的环境污染加剧；其他省（区、市）的环境质量变动幅度相对较小。

从静态结果来看（见图 3.6），分析 2003—2015 年环境污染综合指数的平均值可知，河北、山西、内蒙古、辽宁、江苏、山东、河南等省（区、市）的环境污染较为严重，海南、西藏的环境质量在所有省（区、市）中居于最优。

3.1.4　环境污染综合评价：基于地级市层面

鉴于部分城市的数据严重缺失，本节选取 272 个地级及以上城市的工业废水、工业二氧化硫、工业烟（粉）尘排放量作为环境污染综合评价指标，考

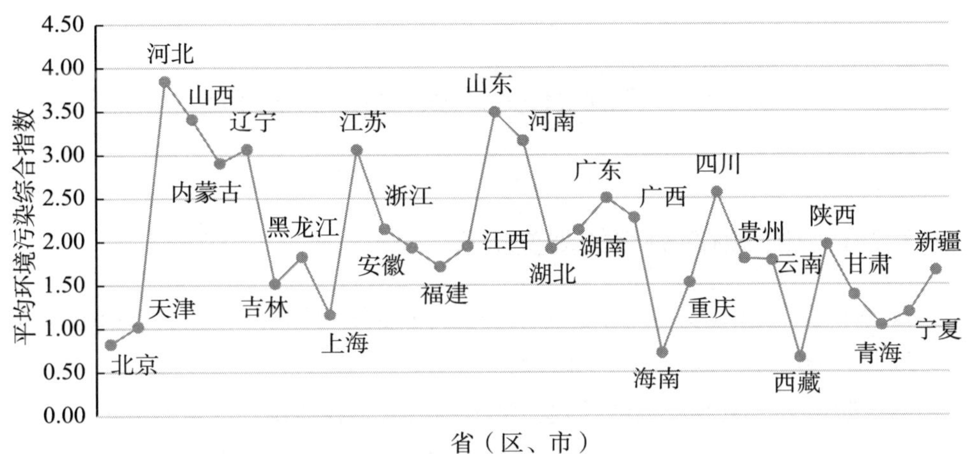

图 3.6　2003—2015 年平均污染物排放指数

察的时间为 2003—2015 年，数据来源于 2004—2016 年的《中国城市统计年鉴》。

根据 3. 1. 2 节环境污染综合评价模型计算出的实对称矩阵 H 为：

$$H=\begin{bmatrix} 3523 & 1647.80 & 676.53 \\ 1647.80 & 3523 & 1724.95 \\ 676.53 & 1724.95 & 3522 \end{bmatrix}$$

实对称矩阵 H 的最大特征值为 6270. 11，其所对应的特征向量为：

$$\alpha=(0.5266 \quad 0.6557 \quad 0.5412)^{T}$$

将最大特征向量归一化处理可得到权重：

$$\alpha'=(0.3055 \quad 3805 \quad 0.3140)^{T}$$

即工业废水、工业二氧化硫、工业烟（粉）尘排放量对应的权重分别为 $w_1=0.3055$、$w_2=0.3805$、$w_3=0.3140$。

根据权重矩阵计算出我国 272 个地级及以上城市 2003—2015 年的环境污染综合指数 $P_i(t_k)$，部分地级市的环境污染综合指数数据如附表 1 所示。为了便于直观比较，又不失一般性，将 $P_i(t_k)$ 分别向右平移 2 个单位，从附表 1 可以看出，河北、山西、山东的环境污染程度较为严重的城市集聚，海南、西藏的环境质量一直是最优的，这与省级层面分析的结果基本一致。

3.2 中国财政分权的现状分析

3.2.1 中国财政分权的演变历程

自1978年以来，中国改革开放的40多年也是中国财政体制变迁的40多年，按照时间顺序可以分成三个阶段：

第一阶段：改革开放之前计划经济下的财政集权体制。改革开放前期，中国实行“统收统支”模式，财政体制高度集中，中央政府掌握着所有的财政预算，各级地方政府作为中央政府在各个地方的派出机构，只负责组织收入，没有自己单独的预算安排。在财政收入方面，地方政府仅有少量的地方税收入，其他的收入都要上缴中央政府；在财政支出方面，由中央政府统一审核、逐级拨付款项给各级地方政府；在体制管理方面，税收的制定、财政收入和支出程序等均由中央政府制定。

第二阶段：1994年之前的计划经济与市场经济相结合的财政体制。1978年12月，党的十一届三中全会召开。根据会议精神，我国将进行经济体制改革，确立了“放权让利”的基本主调，其核心内容是下放财政管理权限，把权限下放到各级地方政府和企业，调整中央和地方之间的关系。1983年，国家对内资企业进行了第一步“利改税”改革，国营企业所得税是对国营企业的生产经营所得和其他所得征收的一种税，自1983年6月1日起对全国大部分国营企业征收所得税。1985年实行第二步“利改税”后，根据集体企业的发展情况和经济体制改革的要求，国务院于1985年4月11日颁布《中华人民共和国集体企业所得税暂行条例》。两步“利改税”改革之后，税种设置划分中央和地方的固定收入以及共享收入，按照隶属关系划分中央和地方财政支出，除了中央财政固定收入外，将地方财政收入和中央、地方财政共享收入一起按照财政支出挂钩，确定各自分成比例，实行总额分成。但是，这种财政体制也存在一些问题，比如有些地方政府收入多则上缴的也多，有些地方政府收入少则上缴的也少，收入短缺的地方则由中央政府进行财政补贴，这不利于调动地方政府尤其是经济发达地区的生产积极性；同时，经过多年的财权下放和收入分成，中央政府财政收入占比逐年下降，但其负担却在增加，容易导致中央政府财政赤字的发生。1988 年国务院发布了《关于地方实行财政包干办法的决定》，全国实行“收入递增包干”“总额分成”“总额分成加增长分成”“上缴递增包干”“定额上缴”和“定额补助”六种不同形式的包干办法。与 1980 年和 1985 年的财政体制相比，1988 年的财政体制最大的特点在于达到基数的前提下，超收部分地方政府可以得到大头，从而能够极大地调动地方政府增收的积极性，并保证中央的财政收入。

第三阶段：1994 年后市场经济下的分税制财政体制。1994 年中国实行的分税制改革是中央政府与地方政府财政关系方面的一次根本性改革，此次改革根据中央政府与地方政府的事权划分，确定了各级政府的财政支出范围。2002 年中央进一步对分税制财政体制进行完善，对企业所得税和个人所得税收入在中央政府和地方政府之间按照一定的比例共享，改革了以前按照企业隶属关系划分所得税收入的办法。2003 年，党的十六届三中全会提出要按照“简税制、宽税基、低税率、严征管”的原则进行税制改革。2004 年，在东北老工业基地试点八大行业增值税转型，2007 年试点范围扩展到中部地区部分城市。2012 年率先在上海实施了交通运输业和部分现代服务业“营改增”试点，2016 年 5 月 1 日起，营业税改征增值税全面推开。表 3.2 列出了现阶段我国分税制下中央与地方政府税收收入划分。

表 3.2　　分税制下中央与地方税收入划分

中央固定收入	消费税；关税；车辆购置税；海关代征增值税；中央企业所得税；地方银行、外资银行和非银行金融企业所得税；铁道部门、各银行总行、各保险总公司集中交纳的城市维护建设税、所得税
地方固定收入	地方企业所得税（不含上述地方银行和外资银行及非银行金融企业所得税）；个人所得税；城镇土地使用税；城市维护建设税（不含铁道部门、各银行总行、各保险总公司集中交纳的部分），耕地占用税；土地增值税；房产税；车船税；契税；筵席税；资源税
中央与地方共享收入	增值税（中央分享 75%，地方分享 25%）；印花税

改革开放以后，中国的财政收入大幅度增加。在 2007 年之前，中国的财政收入增长率呈波动式增长，2012 年以后，财政收入增长率逐渐降低，2016 年的财政收入增长率低于 5% （图 3.7）。2002 年之后，中国的税收收入不断创造纪录，2003 年首次突破 2 万亿元，2005 年首次突破 3 万亿元，2008 年超过 5 万亿元，2012 年突破 10 万亿元大关，到 2016 年，中国的税收总额超过 13 万亿元。可以看出，我国税收总量每年的增长量都非常可观，而随着财政收入的增加，中央和地方政府的财政收支相继呈现出财权和事权不匹配的问题，特别是营业税改征增值税以来，地方政府的收入来源将会减少，但地方政府没有设立税种的权力，因此，如何在“分权与集权”中找到合适的界限，将是下一步改革的目标。

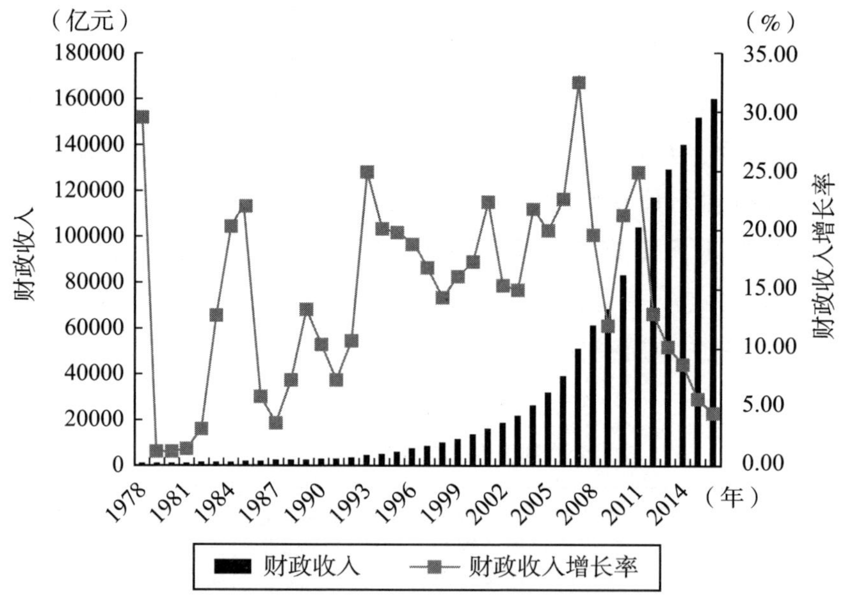

图 3.7 1978—2016 年中国财政收入及其增长率

数据来源：历年《中国统计年鉴》。

图 3.8、图 3.9 给出了改革开放以来中央政府和地方政府在财政收入与支出中的占比。从图 3.8 可以看出，1994 年分税制改革以后，中央政府的财政收入占比大幅度提高，且一直保持在较高的水平，而中央政府财政支出的占比却呈现出逐渐下降的趋势。

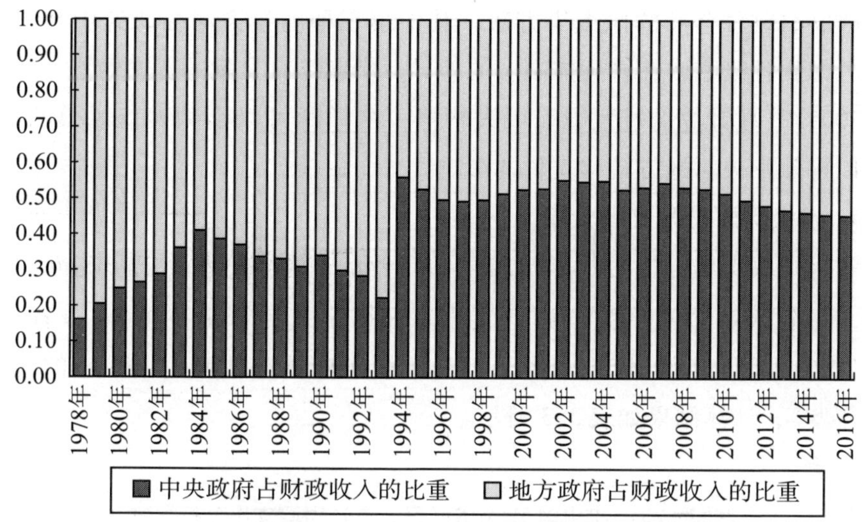

图 3.8　1978—2016 年中央与地方财政收入比重变化

数据来源：根据历年《中国统计年鉴》数据计算得来。

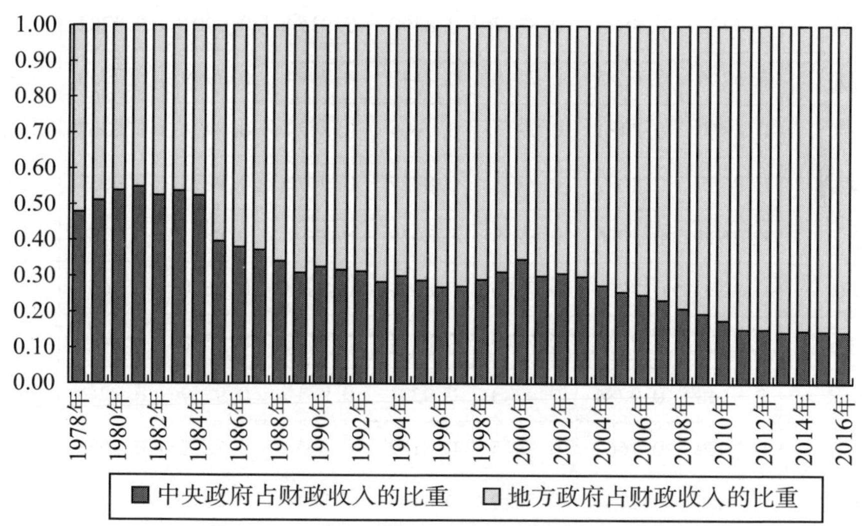

图 3.9　1978—2016 年中央与地方财政支出比重变化

数据来源：根据历年《中国统计年鉴》数据计算得来。

3.2.2　中国财政分权的测度：基于支出视角

财政分权常用的度量主要有平均分成率、边际分成率、本级政府财政金额占该政府财政总金额的比重等方法，其中第三种度量方法在研究中被广泛使用。考虑到各级财政在管理体制上的差异，借鉴已有文献的普遍做法（乔宝云等，2005），在计算的过程中采用人均值，这样既可以剔除人口规模的影响，也可以排除中央对地方转移支付的影响。

1. 省级层面财政支出分权

省级财政支出分权的计算公式为 $FD_z = fdp_z/(fdp_z + fdf_z)$，其中 fdp_z 和 fdf_z 分别表示省级和中央的人均财政支出。根据公式计算出我国 31 个省（区、市）2003—2015 年的财政支出分权 FD_z，数据来源为 2004—2016 年的《中国统计年鉴》，计算结果如表 3. 3 所示。

表 3. 3　　2003—2015 年中国 31 个省（区、市）财政支出分权指数

地区	2003 年	2005 年	2007 年	2009 年	2011 年	2013 年	2014 年	2015 年
北京	0. 8978	0. 9111	0. 9191	0. 9160	0. 9292	0. 9292	0. 9272	0. 9343
天津	0. 8432	0. 8634	0. 8747	0. 8890	0. 9154	0. 9201	0. 9202	0. 9183
河北	0. 6246	0. 6805	0. 7148	0. 7449	0. 7994	0. 7999	0. 7933	0. 8032
山西	0. 6860	0. 7481	0. 7814	0. 7994	0. 8429	0. 8473	0. 8367	0. 8341
内蒙古	0. 7655	0. 8087	0. 8373	0. 8727	0. 9076	0. 9075	0. 9037	0. 9011
辽宁	0. 7644	0. 8096	0. 8258	0. 8439	0. 8791	0. 8873	0. 8752	0. 8462
吉林	0. 7250	0. 7759	0. 7890	0. 8253	0. 8673	0. 8690	0. 8651	0. 8628
黑龙江	0. 7206	0. 7545	0. 7819	0. 8111	0. 8560	0. 8538	0. 8445	0. 8502
上海	0. 9148	0. 9284	0. 9243	0. 9221	0. 9315	0. 9257	0. 9248	0. 9324
江苏	0. 7099	0. 7667	0. 7925	0. 8182	0. 8653	0. 8672	0. 8658	0. 8673
浙江	0. 7628	0. 7907	0. 8019	0. 8148	0. 8516	0. 8512	0. 8502	0. 8659
安徽	0. 5891	0. 6345	0. 7013	0. 7535	0. 8187	0. 8274	0. 8229	0. 8211
福建	0. 6922	0. 7130	0. 7443	0. 7711	0. 8282	0. 8439	0. 8404	0. 8487
江西	0. 6100	0. 6609	0. 7052	0. 7551	0. 8217	0. 8361	0. 8382	0. 8387
山东	0. 6586	0. 7026	0. 7360	0. 7511	0. 8090	0. 8204	0. 8163	0. 8185

续表

地区	2003 年	2005 年	2007 年	2009 年	2011 年	2013 年	2014 年	2015 年
河南	0.5635	0.6393	0.6977	0.7282	0.7869	0.7976	0.7947	0.7942
湖北	0.6234	0.6702	0.7213	0.7618	0.8200	0.8336	0.8372	0.8494
湖南	0.5999	0.6729	0.7115	0.7511	0.8133	0.8233	0.8186	0.8197
广东	0.7672	0.7877	0.7907	0.7892	0.8391	0.8401	0.8380	0.8642
广西	0.6140	0.6616	0.7048	0.7450	0.8172	0.8188	0.8160	0.8202
海南	0.6936	0.7313	0.7702	0.8311	0.8787	0.8825	0.8806	0.8799
重庆	0.6797	0.7218	0.7591	0.7981	0.8778	0.8727	0.8700	0.8712
四川	0.6094	0.6626	0.7142	0.7933	0.8257	0.8361	0.8350	0.8310
贵州	0.5993	0.6753	0.7166	0.7724	0.8410	0.8540	0.8596	0.8573
云南	0.7004	0.7195	0.7439	0.7889	0.8377	0.8532	0.8509	0.8425
西藏	0.9033	0.9079	0.9167	0.9329	0.9533	0.9558	0.9577	0.9582
陕西	0.6648	0.7207	0.7665	0.8121	0.8647	0.8662	0.8642	0.8613
甘肃	0.6731	0.7154	0.7537	0.8101	0.8507	0.8560	0.8560	0.8596
青海	0.7992	0.8232	0.8552	0.8843	0.9329	0.9339	0.9333	0.9327
宁夏	0.7606	0.8002	0.8207	0.8581	0.9001	0.9036	0.9016	0.9017
新疆	0.7684	0.7937	0.8142	0.8452	0.8941	0.9000	0.8974	0.8967

2. 地级市层面财政支出分权

城市财政支出分权的计算公式为 $FD_z = fdc_z/(fdc_z + fdp_z + fdf_z)$，其中 fdc_z、fdp_z 和 fdf_z 分别表示城市、省级和中央的人均财政支出。为了保持全文数据的一致性，这里也不考虑数据缺失严重的城市，与 3. 1. 4 节一样，选取 272 个地级及以上城市的数据进行分析。根据公式计算出的 2003—2015 年城市财政支出分权数据，测算结果如附表 2 所示。为了便于直观分析，借鉴郭庆旺、贾俊雪（2010）的做法，采用非参数的高斯正态 Kernel 分布曲线对城市财政支出分权水平进行核密度估计，如图 3. 10 所示。该图中横轴的数值是市级政府财政支出分权值，纵轴表示对应的 Kernel 密度值。

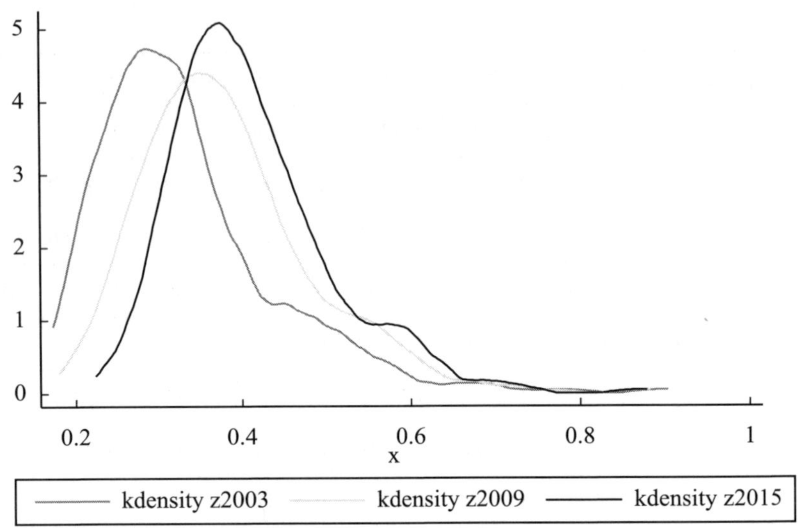

图 3.10 市级地方政府财政支出分权的核密度

从图 3.10 可以看出，市级地方政府财政支出分权核密度图均呈现单峰分布形态，且 2003—2015 年，财政支出分权的主峰往右平移，表明中国市级地方政府财政支出分权水平有所提高。

3.2.3 中国财政分权的测度：基于收入视角

1. 省级层面财政收入分权

省级财政支出分权的计算公式为 $FD_s = fdp_s/(fdp_s + fdf_s)$，其中 fdp_s 和 fdf_s 分别表示省级和中央的人均财政支出。根据公式计算出我国 31 个省（区、市）2003—2015 年的财政支出分权 FD_s，数据来源为 2004—2016 年的《中国统计年鉴》，计算结果如表 3.4 所示。

表 3.4 2003—2015 年中国 31 个省（区、市）财政收入分权指数

地区	2003 年	2005 年	2007 年	2009 年	2011 年	2013 年	2014 年	2015 年
北京	0.8159	0.8252	0.8092	0.8019	0.7963	0.7965	0.7988	0.8120
天津	0.6878	0.7155	0.6977	0.7132	0.7382	0.7615	0.7697	0.7738
河北	0.3508	0.3730	0.3511	0.3605	0.3865	0.4144	0.4127	0.4145

续表

地区	2003 年	2005 年	2007 年	2009 年	2011 年	2013 年	2014 年	2015 年
山西	0. 3794	0. 4645	0. 4563	0. 4663	0. 4699	0. 5145	0. 5142	0. 4708
内蒙古	0. 3877	0. 4771	0. 4912	0. 5626	0. 5893	0. 6090	0. 6095	0. 6082
辽宁	0. 5363	0. 5583	0. 5453	0. 5766	0. 6129	0. 6326	0. 6066	0. 4907
吉林	0. 3828	0. 3760	0. 3587	0. 3978	0. 4480	0. 4873	0. 4811	0. 4698
黑龙江	0. 4154	0. 3969	0. 3542	0. 3839	0. 4058	0. 4295	0. 4186	0. 3777
上海	0. 8453	0. 8556	0. 8272	0. 8103	0. 7932	0. 7937	0. 8004	0. 8193
江苏	0. 5382	0. 5793	0. 5798	0. 6057	0. 6312	0. 6516	0. 6584	0. 6664
浙江	0. 6131	0. 6281	0. 6037	0. 6014	0. 6022	0. 6095	0. 6135	0. 6328
安徽	0. 2806	0. 3013	0. 2973	0. 3436	0. 3916	0. 4375	0. 4361	0. 4422
福建	0. 4866	0. 4900	0. 4797	0. 4859	0. 5145	0. 5594	0. 5683	0. 5681
江西	0. 3010	0. 3167	0. 2982	0. 3277	0. 3812	0. 4476	0. 4677	0. 4849
山东	0. 4600	0. 4783	0. 4599	0. 4631	0. 4849	0. 5143	0. 5213	0. 5270
河南	0. 2758	0. 3117	0. 3049	0. 3061	0. 3250	0. 3671	0. 3811	0. 3870
湖北	0. 3323	0. 3419	0. 3303	0. 3461	0. 4104	0. 4607	0. 4835	0. 5048
湖南	0. 3051	0. 3305	0. 3125	0. 3296	0. 3765	0. 4069	0. 4160	0. 4239
广东	0. 6152	0. 6083	0. 5786	0. 5724	0. 5795	0. 6006	0. 6146	0. 6315
广西	0. 3135	0. 3243	0. 2949	0. 3221	0. 3488	0. 3869	0. 3882	0. 3854
海南	0. 4080	0. 3959	0. 3790	0. 4339	0. 5044	0. 5484	0. 5659	0. 5776
重庆	0. 3856	0. 4204	0. 4281	0. 4599	0. 5724	0. 5631	0. 5768	0. 5864
四川	0. 3096	0. 3158	0. 3327	0. 3478	0. 4000	0. 4370	0. 4437	0. 4480
贵州	0. 2596	0. 2788	0. 2721	0. 3044	0. 3691	0. 4378	0. 4524	0. 4581
云南	0. 3630	0. 3569	0. 3392	0. 3621	0. 3864	0. 4373	0. 4331	0. 4308
西藏	0. 2459	0. 2532	0. 2493	0. 2743	0. 3215	0. 4077	0. 4535	0. 4565
陕西	0. 3447	0. 3709	0. 3790	0. 4230	0. 5127	0. 5122	0. 5150	0. 5187
甘肃	0. 2734	0. 2772	0. 2629	0. 2942	0. 3154	0. 3471	0. 3551	0. 3622

续表

地区	2003 年	2005 年	2007 年	2009 年	2011 年	2013 年	2014 年	2015 年
青海	0.3290	0.3297	0.3286	0.3691	0.4122	0.4669	0.4778	0.4739
宁夏	0.3606	0.3874	0.3844	0.3987	0.4745	0.5158	0.5214	0.5260
新疆	0.4193	0.4148	0.3938	0.4009	0.4613	0.5298	0.5420	0.5281

2. 地级市层面财政收入分权

城市财政收入分权的计算公式为 $FD_s = fdc_s/(fdc_s + fdp_s + fdf_s)$，其中 fdc_s、fdp_s 和 fdf_s 分别表示城市、省级和中央的人均财政收入。城市财政收入分权的计算结果见附表 3。同 3.2.1 节，城市财政收入分权的核密度估计如图 3.11 所示。

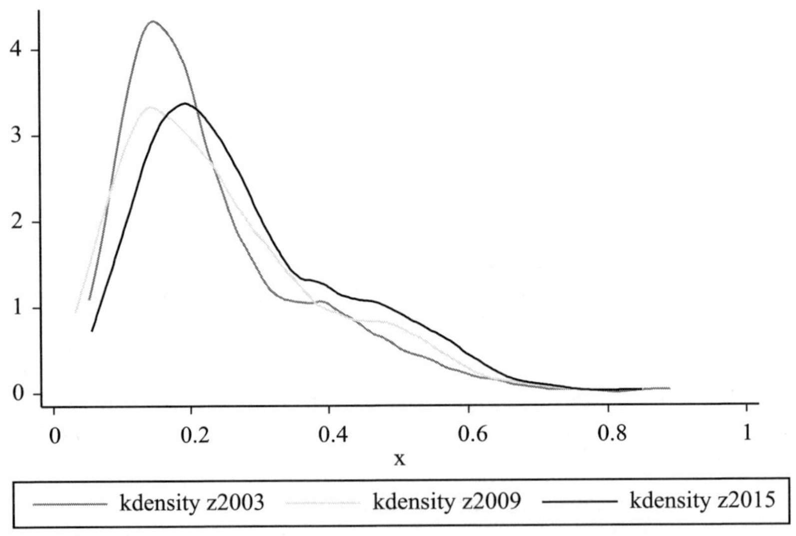

图 3.11 市级地方政府财政收入分权的核密度

从图 3.11 可以看出，市级地方政府财政收入分权核密度图均呈现单峰分布形态，且 2003—2015 年，财政收入分权的主峰平移幅度不大，但峰值逐渐减小，波峰变得平缓，表明中国市级地方政府财政收入分权水平的集中程度有所下降。

3.3 本章小结

本章从宏观层面对我国环境污染现状进行概述，并运用环境污染综合指数从省级和市级两个层面对我国环境污染进行综合评价。结果显示，除广西和四川的污染状况有明显好转外，其他省（区、市）的环境污染呈现出不同程度的恶化；此外，同一省（区、市）内的地级市之间的污染状况也存在很大的差异。支出分权和收入分权衡量的财政分权度在数值及变动趋势上都存在着一定的差异，从两个角度为后面的实证分析提供了依据。

第4章 财政分权、地方政府竞争与环境污染

在政府竞争不断加剧的背景下，中国的环境污染问题越来越严峻。本章从地级及以上城市的角度，加入财税政策与地方政府竞争的空间滞后项与交互效应，分别从异质性、动态效应和内生互动性三个角度分析财政分权、地方政府竞争对环境污染的影响作用。

改革开放以来，中国加大引入外资的力度，外商直接投资也成为中国经济增长的重要引擎。与此同时，具有明显导向性的外商直接投资在一定程度上加剧了环境污染，经济快速发展与环境污染之间的矛盾日益凸显。在中国特色财政分权的治理模式下，地方政府行为对当地的环境质量不容忽视（张克中等，2011），因此优化财政分权结构、合理引导地方政府行为来缓解环境污染与经济发展间的矛盾，将成为我国环境治理的一个重要思路。

传统环境联邦主义认为，如果考虑到环境污染的跨地区溢出效应，地方政府可能选择跨界的高污染排放水平，且分权管理促使地方政府为吸引外资放松环境监管标准，进而导致环境质量下降（Silva and Caplan，1997；Kunce and Shogren，2008）。另外，以格莱泽（Glazer，1999）、弗雷德里克松和米利米特（Fredriksson and Millimet，2002）等为代表的学者认为，在分权体制下如果污染成本较高，地方政府都会试图使环境管制标准高于最优标准，并将污染企业驱赶到其他地区。结合中国的具体情况，国内学者就财政分权、地方政府竞争与环境污染的关系展开了深入的探讨。傅勇、张晏（2007）认为，中国财政分权以及基于政绩考核下的政府竞争使得地方政府出现“重基本建设、轻公共服务”的明显扭曲，环境问题往往被忽略。闫文娟（2012）引入了财政分权与政府竞争的交叉项，发现财政分权通过政府竞争显著地减少了环境治理投资。刘琦（2013）同时检验了财政分权对环境污染和地方政府治理污染投资的影响，结果表明财政分权对污染排放量具有正向的促进作用，且财政分权会

降低地方政府对环境治理的投资，进而加剧环境污染。刘津汝（2013）通过分析中国财政分权、外商直接投资和单位 GDP 能耗之间的关系，也得出了类似的结论。金晶（2015）基于中国 109 个城市的经济与环境数据，通过超 SBM 模型测算各城市的环境效率，继而采用 GMM 方法研究了财政分权、外商直接投资对环境效率的影响，结果显示财政分权、外商直接投资对环境效率均有显著的正效应。李斌等（2016）运用省级面板数据，也得出了类似的结论。叶阿忠、郑万吉（2016）通过构建半参数空间面板 VAR 模型及时空脉冲响应函数，分析了财政分权体制下的经济增长、外商直接投资及环境污染在时空上的传导过程，结果发现地方政府在拥有一定财政权力的基础上，通过引入外商直接投资来促进经济增长，同时外商直接投资与经济增长在长期内伴随着环境污染，三者发展趋势相似。

现有的文献对财政分权、地方政府竞争与环境污染关系的研究主要是基于省级层面来讨论的，且环境污染的衡量以分别采用工业废水、工业废气和工业烟（粉）尘进行实证分析为主。由于污染源的多样性，环境污染的区域性十分明显，地方政府尤其是市县级基层一级政府在环境治理中的角色与地位显得尤其突出，仅限于省级层面的分析很可能忽略掉省域内客观存在的差异性。因此，本章试图从地级及以上城市的角度，选取 272 个城市工业废水、工业废气和工业烟（粉）尘排放数据，并以环境污染综合指数作为环境质量的衡量指标，确保分析刻画的细致性与精确性。同时，考虑到地方政府环境治理动机以及地方政府间可能存在的策略互动行为，本章加入财税政策与地方政府竞争的空间滞后项与交互效应，分别从异质性、动态效应和内生互动性三个角度分析财政分权、地方政府竞争对环境污染的影响作用，以期更为全面地揭示现有财政体制、地方政府竞争与环境污染的关系。

鉴于数据连续性的需求，本章选取数据较齐全的 272 个地级及以上城市 2003—2015 年的数据作为数据样本，数据来源于《中国城市统计年鉴》和《中国环境年鉴》。

（1）环境污染（P）。环境污染指标采用 3.1.4 节计算出的环境污染综合指数表示。

空间滞后项 WP 用来考察环境污染的集群现象，反映了环境污染的溢出效应，衡量邻近地区间污染排放对本地区环境质量的影响，其中 W 表示空间权重（邓玉萍、许和连，2013）。

（2）财政分权（FD）。财政分权度是反映地方政府财政自主性大小的重要指标，目前文献中最常用的方法是使用财政支出和财政收入度量财政分权度。这里借鉴张曙霄、戴永安（2012）的做法，以财政支出分权作为主要的解释变量。财政分权的计算及数值参见3.2.2节和3.2.3节。

空间滞后项WFD用来测度地方政府间的财政策略互动对环境污染的影响，反映了地区财政政策的空间溢出效应。当WFD估计结果显著时，表明邻近地区的财政政策对本地的环境质量具有明显的影响。

（3）地方政府竞争（FDI）。外商直接投资是推动经济增长的一个重要引擎，招商引资因而也成为地方政府竞争行为的重要表现，因此实际利用外资额在一定程度上能够衡量地方政府的竞争程度（张军等，2007），依据当年人民币兑美元的年平均汇率将其转换为人民币。为了减少正常经济增长带来外商直接投资额增加的影响，使用当地外商直接投资额占当地经济总值的比重来表示当地使用外资的情况。

WFDI用来衡量邻近地区的外商直接投资对本地区环境质量的影响，反映了FDI的空间溢出效应。当内外资企业处于不同的地理单元时，外商投资的溢出效应不仅局限于本空间单元的产业之间，也会扩展到相邻的维度（钟昌标，2010），进而对其相邻地区的环境状况产生影响。

FD×FDI表示财政分权与地方政府竞争的交互项，用来反映财政分权体制下地方政府通过外商投资的竞争行为对环境污染的影响效应。

（4）其他控制变量（Z）。①经济发展水平（PGDP），用人均GDP表示当地的经济发展水平。环境库兹涅茨曲线假说指出，环境污染与人均收入之间存在倒“U”型非线性关系，因此本章同时考虑人均GDP及其平方项。②产业结构（SEC）。工业化进程中第二产业特别是重工业的能源消耗量大、污染严重，用第二产业产值占GDP的比重衡量当地的产业结构情况。

空间权重矩阵度量了不同地区环境质量以及经济发展、政策变动等联系的紧密程度，常用的经济空间权重矩阵W的设定方法是根据Rook相邻规则判定的简单二分权重矩阵，即以两个地区拥有共同边界作为相邻的条件，相邻则为1，否则为0。

4.1 财政分权、地方政府竞争与环境污染：基于异质性分析

4.1.1 面板分位数回归模型

分位数回归的思想最早是由肯克和巴塞尔（Koenker and Basserr，1978）提出的。由于分位数回归模型能够考虑到参数的异质性，能纠正传统固定效应模型造成偏差（Koenker，2004），不需要对数据的分布类型做特别的假定，且在数据出现异常值时具有稳健性等优点，在截面数据和面板数据的分析处理中都得到了广泛的应用，面板分位数回归模型基本表达如式（4.1）所示。

$$Q_{Y_{it}}(\tau_j \mid X_{it},\ \alpha_i) = X'_{it}\beta(\tau_j) + \alpha_i \tag{4.1}$$

其中，$Q_{Y_{it}}(\tau_j \mid X_{it},\ \alpha_i)$表示在解释变量取值为$X_{it}$的条件下，被解释变$Y_{it}$的$\tau_j$分位数的期望；$\alpha_i$为不随时间和分位点变化的不可观测的个体效应。系数$\beta$（$\tau_j$）满足约束关系：

$$\{[\hat{\beta}(\tau_j,\ \lambda)]_{j=1}^{J},\ [\hat{\alpha}(\lambda)]_{i=1}^{N}\} = \underset{\beta,\alpha}{\operatorname{argmin}} \sum_{j=1}^{J}\sum_{t=1}^{T}\sum_{i=1}^{N}\omega_j \rho_{\tau_j}(y_{it} - x'_{it}\beta(\tau_j) - \alpha) + \lambda\sum_{i=1}^{N}|\alpha_j|,$$

$\rho_{\tau_j}(u) = u(\tau_j - I(u \leqslant 0))$是分位损失函数，$I$（）为示性函数，运用面板数据的bootstrap方法来估计系数的标准误（Lamarche，2010）。

4.1.2 财政分权、地方政府竞争与环境污染的异质性分析

为了避免伪回归现象，在回归之前对数据的平稳性进行检验。由于本节所用面板数据属于典型的短面板，这里采用LLC检验、HT检验和Fisher－ADF检验三种方法对各变量进行单位根检验，检验结果如表4.1所示。从表4.1可以看出，三种检验方法均在5%及以上水平拒绝原假设，因此所有回归变量均为平稳变量。

表 4.1 单位根检验结果

变量	LLC 检验		HT 检验		Fisher - ADF	
	统计量（t）	概率值	统计量（z）	概率值	统计量（z）	概率值
P	-10.7121	0.0000	-31.0061	0.0000	-19.4533	0.0000
FD	-13.7633	0.0000	-10.4278	0.0000	-18.3949	0.0000
FDI	-12.4158	0.0000	-25.6026	0.0000	-17.3845	0.0000
SEC	-2.7398	0.0000	-13.7563	0.0000	-15.4065	0.0000
PGDP	-15.0572	0.0000	-4.8013	0.0451	-12.4122	0.0000

由于分位数回归可以排除极端值的干扰，更加全面地反映条件分布的整体特征，这里通过272个城市数据的分位数回归进一步验证不同分位点财政分权、地方政府竞争对环境污染的影响是否存在差异，选取具有代表性的五个分位点（0.1、0.25、0.5、0.75、0.9）进行说明，具体的回归结果如表4.2所示。

表 4.2 财政分权、地方政府竞争与环境污染的分位数回归结果

分位点	变量	系数	标准误	T统计量	P > |t|	95%的置信限
Q10	CONS	-0.1806	4.3405	-0.0400	0.9670	[-8.6907, 8.3296]
	WP	0.1910***	0.0142	13.4500	0.0000	[0.1632, 0.2189]
	FD	-0.1408	0.8765	-0.1600	0.8720	[-1.8594, 1.5778]
	WFD	0.2057**	0.0896	2.3000	0.0220	[0.02998, 0.3815]
	FDI	0.0275	0.8746	0.0300	0.9750	[-1.6873, 1.7425]
	WFDI	-2.9996***	0.4619	-6.4900	0.0000	[-3.9052, -2.0939]
	FD × FDI	0.0456	0.8738	0.0500	0.9580	[-1.6676, 1.7590]
	SEC	0.1609***	0.0321	5.0000	0.0000	[0.0978, 0.2240]
	PGDP	-0.1991	0.0836	-1.0800	0.2780	[-0.5591, 0.1609]
	$PGDP^2$	0.1453	0.0091	1.5900	0.1110	[-0.0033, 0.3243]

续表

分位点	变量	系数	标准误	T 统计量	P > |t|	95% 的置信限
Q25	CONS	-0.0630	16.0078	-0.0000	0.9970	[-31.4486, 31.3226]
	WP	0.2245***	0.0169	13.2400	0.0000	[0.1912, 0.2577]
	FD	-0.0506	3.4492	-0.0100	0.9880	[-6.8133, 6.7121]
	WFD	0.1738	0.1744	1.0000	0.3190	[-0.1682, 0.5159]
	FDI	0.1028	3.4527	0.0300	0.9760	[-6.6667, 6.8724]
	WFDI	-3.1874***	0.5465	-5.8300	0.0000	[-4.2590, -2.1157]
	FD × FDI	-0.0397	3.4513	-0.0100	0.9910	[-6.8065, 6.7271]
	SEC	0.2213***	0.3104	7.1300	0.0000	[0.1604, 0.2822]
	PGDP	0.3316**	0.1679	1.9700	0.0480	[-0.6609, 0.0024]
	$PGDP^2$	-0.0221**	0.0085	-2.5700	0.0100	[-0.0052, 0.0389]
Q50	CONS	-0.6018	39.3442	-0.0200	0.9880	[-77.7416, 76.5379]
	WP	0.3635***	0.0252	14.4300	0.0000	[0.3142, 0.4129]
	FD	0.2900	8.5121	0.0300	0.9730	[-16.3992, 16.9792]
	WFD	-0.1647	0.1647	-1.0000	0.3180	[-0.4878, 0.1583]
	FDI	0.2212	8.5121	0.0300	0.9790	[-16.4879, 16.9104]
	WFDI	-4.7812***	0.5736	-8.3300	0.0000	[-5.9060, -3.6565]
	FD × FDI	-0.1511	8.5115	-0.0200	0.9860	[-16.8392, 16.5368]
	SEC	0.3360***	0.0366	9.1600	0.0000	[0.2641, 0.4079]
	PGDP	0.4669*	0.2632	1.7700	0.0760	[-0.9831, 0.0492]
	$PGDP^2$	-0.0275**	0.0133	2.0600	0.0400	[-0.0013, 0.0537]
Q75	CONS	2.0893	69.8222	0.0300	0.9760	[-134.8068, 138.9855]
	WP	0.5931***	0.0480	12.3300	0.0000	[0.4988, 0.6874]
	FD	0.7263	15.1473	0.0500	0.9620	[-28.9721, 30.4248]
	WFD	-0.2635	0.2652	-0.9900	0.3200	[-0.7837, 0.2565]
	FDI	0.3750	15.1422	0.0200	0.9800	[-29.3135, 30.0635]

续表

分位点	变量	系数	标准误	T统计量	P > |t|	95%的置信限
Q75	WFDI	-4.0659***	1.1263	-3.6100	0.0000	[-6.2743, -1.8575]
	FD × FDI	-0.3125	15.1416	-0.0200	0.9840	[-29.9997, 29.3746]
	SEC	0.4655***	0.0551	8.4500	0.0000	[0.3575, 0.5735]
	PGDP	-1.3760***	0.3877	-3.5500	0.0000	[-2.1363, -0.6157]
	$PGDP^2$	0.0727***	0.0195	3.7200	0.0000	[0.0344, 0.1110]
Q90	CONS	4.4877	105.9305	0.0400	0.9660	[-203.2035, 212.1789]
	WP	0.7941***	0.0795	9.9900	0.0000	[0.6382, 0.9501]
	FD	1.4107	22.9936	0.0600	0.9510	[-43.6714, 46.4930]
	WFD	0.3362	0.4059	0.8300	0.4070	[-0.4595, 1.1321]
	FDI	0.5805	22.9736	0.0300	0.9800	[-44.4624, 45.6235]
	WFDI	-3.9998**	1.6916	-2.3600	0.0180	[-7.3165, -0.6831]
	FD × FDI	-0.5020	22.9725	-0.0200	0.9830	[-45.5428, 44.5387]
	SEC	0.4979***	0.1162	4.2800	0.0000	[0.2698, 0.7259]
	PGDP	-2.2818***	0.5989	-3.8100	0.0000	[-3.4562, -1.1075]
	$PGDP^2$	0.1136***	0.0303	3.7500	0.0000	[0.0542, 0.1731]

注：***、**和*分别表示在1%、5%和10%水平下显著。

为了更直观地观察各变量的系数随分位数变动情况，把分位数回归系数随着分位数的变化情形用图4.1所示。

由表4.2的检验结果可以看出：

首先分析财政分权度对环境质量的影响效应。在不考虑相邻地方政府间的策略互动时，财政分权（FD）对环境污染的影响系数除0.4分位数外均为正且在1%的水平通过显著性检验，表明财政分权度的提高对环境污染起到促进作用，与郭志仪、郑周胜（2013）的研究结果一致。观察各分位数水平上环境污染对财政分权度的弹性变动趋势可以很明显地看出，随着财政分权分位数水平由低分位点到高分位点变动，弹性呈明显的上升趋势（见图4.1）。这意味着随着财政分权度的提升，进一步加剧了环境质量的恶化，印证了财政分权体制下的"竞争到底"效应。考虑到地方政府间的财政策略互动效应时，财政分权的空间滞后项（WFD）对环境污染的影响效应随着分位点由低到高呈现出"U"型的变化趋势，但系数均没有通过显著性检验，这表明相邻地区政府的财政政策对本地区环境质量没有显著稳定的影响效应。

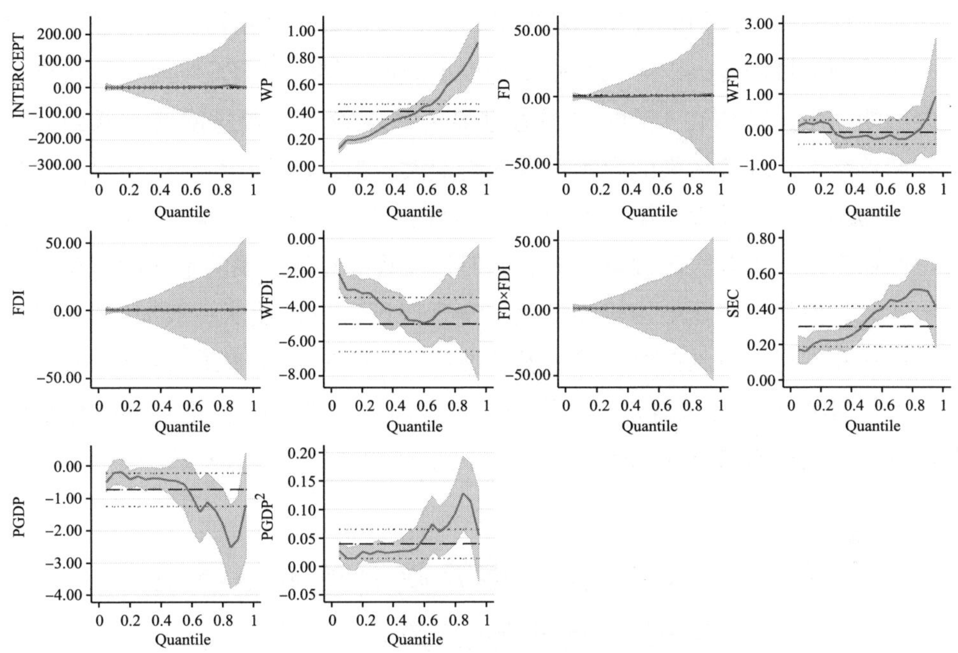

图 4.1　财政分权、地方政府竞争与环境污染的回归系数动态变化趋势

进而分析以外商直接投资衡量的地方政府竞争对环境质量的影响效应。在不考虑相邻地方政府间的策略互动时，外商直接投资对环境质量的影响系数为 0.02 ~ 0.58；考虑到相邻地区的外商直接投资对本地区环境污染的影响时，外商直接投资的空间滞后项（WFDI）对环境污染的影响系数为负，在所有的分位点均没有通过显著性检验，表明外商直接投资的环境溢出效应不明显；财政分权与外商直接投资的交叉项（FD × FDI）的估计系数为负，说明分权体制下地方政府的外商投资竞争行为并没有进一步加深财政分权对环境质量的负面影响，随着财政分权水平的不断提高，外商直接投资的引入在一定程度上会阻碍环境质量的进一步恶化，主要由于外商直接投资更倾向于使用较为先进的生产技术和污染排放系统，优化区域的产业结构升级，降低单位产出的资源消耗量和污染排放量（许和连、邓玉萍，2012）。

环境污染空间滞后项（WP）均为正且在1%的水平上通过显著性检验，环境污染存在空间溢出效应，容易形成污染集聚的俱乐部现象。随着分位点的增加，环境污染空间滞后项呈近似几何增加趋势，表明邻近区域环境污染越严重，对本地环境污染的促进作用越明显，进一步印证了环境污染集聚理论。

从控制变量来看，以第二产业比重表示的产业结构（SEC）对环境污染呈正向影响作用，且均在1%的水平通过显著性检验。随着分位点由低到高增加，产业结构对环境污染的影响系数逐渐增大，第二产业比重越高，对当地环境污染的影响效应越大。第二产业是污染排放的主要来源，虽然2013年我国第三产业产值比重首次超过第二产业，但目前我国经济发展的主导动力源于第二产业，如何引导产业结构转型升级，实现我国第二产业从一般加工向研发、高端设计和高附加值制造业领域拓展是进一步亟须解决的问题。除0.9分位点外，人均GDP的估计系数正，其平方项的估计系数为负，验证了环境库兹涅茨假说，即人均GDP与环境污染程度之间呈现倒“U”型的关系。

4.2　财政分权、地方政府竞争与环境污染：基于动态效应分析

4.2.1　动态面板模型设定

财政体制与政府竞争影响环境污染是一个动态积累的过程，不仅取决于当前的一些影响因素，还与前期的污染相关，存在一定的路径依赖，而动态面板数据模型是一种将滞后项引入面板数据模型的反映动态滞后效果的模型，据此，本节建立如下的基本模型：

$$P_{it} = \alpha_0 + \alpha_1 P_{it-1} + \alpha_2 FD_{it} + \alpha_3 FDI_{it} + \beta Z + \eta_i + v_{it} \tag{4.2}$$

其中，P_{it}表示当年的环境污染综合指数，P_{it-1}表示上一年的环境污染综合指数，α_1 反映了上一年的环境污染对当期环境污染的影响作用，FD_{it}和 FDI_{it}

分别表示一个地区当年的财政分权度和外商投资情况，Z 表示其他影响环境污染的控制变量。

4.2.2　财政分权、地方政府竞争与环境污染的动态效应分析

根据表 4.1 可知，各变量是平稳的，可以进一步进行动态效应的面板回归。为了避免有限样本产生的偏差，解决估计中可能存在的内生性问题，本节采用滞后三期作为工具变量，用 AR 检验和 Sargan 检验来判断工具变量的合理性。AR 检验中，残差项允许存在一阶序列相关，但不允许存在二阶序列相关；Sargan 检验的原假设为工具变量是有效的，首先对不考虑空间滞后项和交互效应的模型进行估计，进而依次加入空间滞后项和交互效应，采用两阶段系统 GMM 的估计方法，估计结果如表 4.3 所示。

表 4.3　　财政分权、地方政府竞争与环境污染的系统 GMM 估计

解释变量	模型Ⅰ	模型Ⅱ	模型Ⅲ	模型Ⅳ
P_L（1）	0.4889*** (0.0010)	0.4119*** (0.0013)	0.4543*** (0.0008)	0.4115*** (0.0016)
WP		0.2534*** (0.0038)		0.2544*** (0.0050)
FD	0.6428*** (0.0066)	0.4786*** (0.0051)	0.5323*** (0.0079)	0.4512*** (0.0034)
WFD		-0.0679*** (0.0214)		-0.0708*** (0.0213)
FDI	0.0092*** (0.0004)	0.0098 (0.0003)	0.0004 (0.0069)	0.0299*** (0.0021)
WFDI		-0.5994*** (0.0791)		-0.6352*** (0.1183)
FD × FDI			-0.0055 (0.0069)	-0297*** (0.0021)
SEC	0.0608*** (0.0039)	0.0198*** (0.0040)	0.0285*** (0.0041)	0.0208*** (0.0041)

续表

解释变量	模型Ⅰ	模型Ⅱ	模型Ⅲ	模型Ⅳ
PGDP	0.1816*** (0.0095)	0.1584*** (0.0046)	0.0298*** (0.0046)	0.1597*** (0.0058)
$PGDP^2$	-0.0059*** (0.0005)	-0.0099*** (0.0003)	-0.0041*** (0.0003)	-0.0100*** (0.0003)
CONS	-1.3355*** (0.0588)	-2.3597*** (0.0324)	-1.9074*** (0.0429)	-2.2381*** (0.0360)
AR（1）P值	0.0012	0.0018	0.0013	0.0018
AR（2）P值	0.8143	0.7691	0.4872	0.0769
Sargan	0.8993	0.9995	0.9993	0.9994

注：***、**和*分别表示在1%、5%和10%水平下显著；括号内的数值表示标准差。

表4.3显示，所有的AR检验中，AR（1）显著地通过序列相关的假设，AR（2）则拒绝序列相关的原假设，表明残差项存在一阶序列相关，但不存在二阶序列相关。Sargan检验在5%的显著水平上，无法拒绝“所有工具变量均有效”的原假设，工具变量的选择以及模型估计是有效的。

环境污染的时间滞后一期，即P_L(1)，无论在基准模型还是在扩展模型中均为正数且在1%的水平上通过显著性检验，表明我国环境污染存在时间惯性，前期遗留污染对当期环境质量具有明显的影响。环境污染空间滞后项的系数显著为正，环境污染存在空间溢出效应，进一步印证了我国环境污染集聚的俱乐部现象。财政分权和地方政府竞争对环境污染在所有的模型中均表现出促进作用且在1%的水平上通过显著性检验，财政分权和外商直接投资的空间滞后项对环境污染的影响效应为负，相邻地区政府的财政政策没有加剧本地的环境污染。财政分权与外商直接投资的交叉项的估计系数为负，以第二产业比重衡量的产业结构对环境污染起到显著的促进作用，以人均GDP衡量的经济发展水平与环境污染之间呈现出典型的倒“U”型关系，以上结论与4.2节异质性的研究结论基本一致。

4.3　财政分权、地方政府竞争与环境污染：基于内生关系分析

4.3.1　面板联立方程模型设定

由于中国锦标赛式的晋升机制促使各级政府展开“为经济增长而战”的竞争，财政分权引起地方政府为争夺外资而降低环境保护偏好，从而对环境质量产生直接或间接的影响。具体来说，一方面，外商直接投资本身的生产活动会影响周围的环境质量；另一方面，外商直接投资会在很大程度上影响当地及邻近区域的经济发展，而经济发展水平会影响当地的产业布局、技术结构等，从而影响污染排放。此外，环境污染也将通过消费者偏好等影响外商投资的选择，所以有必要系统分析分权体制下环境污染与外商直接投资的内生互动关系。

联立方程模型能够更好地分析变量之间的相互作用关系，客观系统地反映经济现象，因此本节选用面板联立方程来系统分析分权体制下的外商直接投资和环境污染之间的内在影响关系。借鉴洛佩斯（Lopez，1994）和迪安（Dean，1999）的研究思路，将财政分权、外商直接投资和环境污染放在一个框架中进行讨论，利用联立方程的原理，构建环境污染方程和外商直接投资方程，具体如下所示：

1. 环境污染方程

格罗斯曼和克鲁格（Grossman and Krueger，1991）通过研究经济增长与环境污染的关系，提出了著名的环境库兹涅茨曲线。这里的研究在其基础上，考虑到污染产业存在着空间的转移性，各区域之间的环境质量存在相关性，因此加入空间环境污染变量，反映的是环境污染空间相关性（Braulke and Endres，1985）。综合考虑财政分权及外商直接投资等因素，环境污染方程可以表示为：

$$P_{it} = \alpha_0 + \alpha_1 FDI_{it} + \alpha_2 FD_{it} + \alpha_3 GDP_{it} + \alpha_4 GDP_{it}^2 + \alpha_5 WP_{it} + \alpha_6 SEC_{it} + \alpha_7 WFDI_{it} + v_{it} \tag{4.3}$$

其中，P_{it}表示当年的环境污染综合指数，FD_{it}和 FDI_{it}分别表示一个地区当年的财政分权度和外商投资情况，WP_{it}表示加入空间权重的环境污染变量。

2. 外商直接投资方程

“污染避难所”假说认为，相对于发达国家而言，发展中国家更容易降低环境标准来吸引外资以达到经济增长的目的，因而发展中国家容易变成高污染企业的污染排放所，加剧环境污染。“污染天堂”假说认为，外商直接投资引进了先进的排污技术以及管理经营理念，可以改善发展中国家落后的生产方式，有利于抑制污染排放，推动绿色经济发展。“综合环境效应”理论认为，外商直接投资通过规模、结构等渠道对环境污染产生影响，因此其影响效应并非恒定不变。外商直接投资回归方程如式（4.4）所示：

$$FDI_{it} = \beta_0 + \beta_1 FD_{it} + \beta_2 WFD_{it} + \beta_3 GDP_{it} + \beta_4 P_{it} + \beta_5 WFDI_{it} + u_{it} \quad (4.4)$$

式（4.4）中各变量的含义同式（4.3）。因此，环境污染与外商直接投资的静态面板联立方程组形式为：

$$\begin{cases} P_{it} = \alpha_0 + \alpha_1 FDI_{it} + \alpha_2 FD_{it} + \alpha_3 GDP_{it} + \alpha_4 GDP_{it}^2 + \alpha_5 WP_{it} + \alpha_6 SEC_{it} + \alpha_7 WFDI_{it} + v_{it} \\ FDI_{it} = \beta_0 + \beta_1 FD_{it} + \beta_2 WFD_{it} + \beta_3 GDP_{it} + \beta_4 P_{it} + \beta_5 WFDI_{it} u_{it} \end{cases} \quad (4.5)$$

考虑到时间滞后性，动态面板联立方程组形式为：

$$\begin{cases} P_{it} = \alpha_0 + \rho P_{it-1} + \alpha_1 FDI_{it} + \alpha_2 FD_{it} + \alpha_3 GDP_{it} + \alpha_4 GDP_{it}^2 + \alpha_5 WP_{it} \\ \qquad + \alpha_6 SEC_{it} + \alpha_7 WFDI_{it} + v_{it} \\ FDI_{it} = \beta_0 + \eta FDI_{it-1} + \beta_1 FD_{it} + \beta_2 WFD_{it} + \beta_3 GDP_{it} + \beta_4 P_{it} + \beta_5 WFDI_{it} + u_{it} \end{cases} \quad (4.6)$$

4.3.2 财政分权、地方政府竞争与环境污染的互动效应分析

本节基于布莱克威尔（Blackwell，2005）的研究，运用 xtivreg2 命令展开静态和动态面板联立方程组模型估计。静态面板联立方程估计结果如表 4.4 所示。

表 4.4 财政分权、外商直接投资与环境污染静态联立方程模型估计

环境污染方程				外商直接投资方程			
变量	参数	标准差	95% 置信区间	变量	参数	标准差	95% 置信区间
FDI	0.0161***	0.0035	[0.01，0.05]	P	-0.0908***	0.0313	[-0.15，-0.02]
FD	0.1941*	0.1021	[-0.04，0.43]	FD	0.1940**	0.0951	[0.01，0.38]

续表

环境污染方程				外商直接投资方程			
变量	参数	标准差	95%置信区间	变量	参数	标准差	95%置信区间
PGDP	0.1395	0.2522	[-0.35, 0.63]	WFD	-0.0170	0.0231	[-0.06, 0.03]
$PGDP^2$	-0.0083	0.1246	[-0.03, 0.02]	PGDP	0.0889***	0.0251	[0.40, 0.14]
WP	0.1465***	0.0566	[0.03, 0.26]	WFDI	0.0705***	0.0143	[0.04, 0.12]
SEC	0.0798***	0.0079	[-0.11, 0.26]				
WFDI	-0.0013	0.0017	[-0.04, 0.01]				

注：*、** 和 *** 分别表示在 10%、5% 和 1% 水平通过显著性检验。

表 4.4 左侧为财政分权下环境污染方程估计结果，右侧为财政分权下外商直接投资方程估计结果。静态联立方程组模型环境污染方程参数估计显示，外商直接投资对环境污染的影响系数为 0.0161，且在 1% 的水平通过显著性检验，这说明外商直接投资确实加剧了本地区的环境污染程度，这一结果证实了“污染避难所”假说。财政分权对环境污染的影响系数为 0.1941，在 10% 的水平上通过显著性检验，一个地区的财政分权度越高，当地政府拥有越大的财政自主权，在以经济发展为绩效考核指标的背景下，环保部门的环境制约措施难以得到有效执行，同时环境污染治理的正外部效应容易造成当地政府的“搭便车”行为，从而影响地方政府治理环境污染的积极性。经济发展水平，即人均 GDP 的估计系数正，其平方项的估计系数为负，验证了环境库兹涅茨假说，即经济发展水平与环境污染程度之间呈现倒“U”型的关系。环境污染的空间滞后项对环境污染的影响系数为 0.1465 且在 1% 的水平通过显著性检验，表明环境污染存在显著的“局域俱乐部集团”现象，这与 4.2.2 节的异质性分析结果一致。第二产业比重对环境污染的影响系数为 0.0798 且在 1% 的水平通过显著性检验，一个地区第二产业比重越高，越容易导致当地的环境污染加剧，这也符合目前我国环境污染的总体特征。外商直接投资的空间滞后项对环境污染的影响系数为负，但是没有通过显著性检验，表明相邻地区的外商直接投资不会加剧本地区的环境污染程度，即外商直接投资的空间溢出效应不显著。

静态联立方程组模型外商直接投资选址方程参数估计显示，环境污染对外商直接投资的影响系数为 -0.0908，且在 1% 的水平通过显著性检验，表明一个地区的环境污染严重会显著降低外资的资本流入，由于环境沉没成本的存在，外商投资更倾向于选择在环境质量较高的地区。财政分权对外商直接投资的影响系数为0.1940，在5%的水平通过显著性检验，表明财政分权度提高能够促进外资的流入，这可能是由于财政分权度较高，地方政府拥有更高的财政自主权，在引进外资的谈判中能够更自主地决策和更灵活地变通。财政分权的空间滞后项对外商直接投资的影响为负，表明邻近地区的财政分权度较高，对本地的外资有一定的吸引作用，但是这部分影响作用没有通过显著性检验。经济发展水平对外商直接投资的影响系数为0.0889，且在1%的水平通过显著性检验，说明经济发展水平较高有利于外商投资的流入，符合我国目前外商资本流入的特点，这是由于经济发展水平越高的区域，环境基础设施建设较完善，城市污染控制水平较高，此外，城市规模相对较大，上下产业链之间的衔接较为协调，资本市场环境更为成熟，因此更容易吸引外资流入。外商直接投资的空间滞后项对外商直接投资的影响系数为0.0705，且在1%的水平通过显著性检验，这表明外商直接投资具有明显的集聚效应，这是因为本地及邻近的外资流入能够促进技术外溢，形成集聚效应。

动态面板联立方程估计结果如表4.5所示。

表4.5 财政分权、FDI与环境污染动态联立方程模型估计

环境污染方程				外商直接投资方程			
变量	参数	标准差	95%置信区间	变量	参数	标准差	995%置信区间
P_{t-1}	0.3692***	0.0296	[0.31, 0.42]	FDI_{t-1}	0.4319***	0.1283	[0.40, 0.46]
FDI	-0.0211	0.0129	[-0.37, 0.13]	P	-0.0258***	0.0087	[-0.08, 0.03]
FD	0.1168	0.1117	[-0.10, 0.33]	FD	-0.0605	0.1131	[-0.28, 0.16]
PGDP	0.2369	0.2403	[-0.23, 0.71]	WFD	-0.4345	0.5209	[-1.45, 0.58]
$PGDP^2$	-0.0126	0.1184	[-0.04, 0.01]	PGDP	0.1518***	0.0293	[0.09, 0.20]
WP	0.0618**	0.0301	[-0.04, 0.16]	WFDI	0.0893***	0.0152	[0.06, 0.13]
SEC	0.0036***	0.0014	[0.07, 0.16]				
WFDI	-0.0009	0.0131	[-0.04, 0.03]				

注：*、**和***分别表示在10%、5%和1%水平通过显著性检验。

环境污染的时间滞后一期对当期的环境污染影响系数为 0. 3692，外商直接投资的时间滞后一期对当期的外商直接投资影响系数为 0. 4319，且均在 1% 的水平通过显著性检验，环境污染和外商直接投资均存在着显著的时间惯性。对比表 4. 4 和表 4. 5 可以发现，在引入被解释变量时间滞后项之后，解释变量参数值及统计显著性均有不同程度的变化。从环境污染方程估计结果来看，污染的空间滞后项和第二产业比重对环境污染的影响为正且在 1% 的水平通过显著性检验，表明在分税制体系下环境污染和外商直接投资的动态演化系统中，环境污染的空间集聚效应显著存在，且第二产业是引起环境污染的主要因素。外商直接投资及其空间滞后项对环境污染的影响系数为负，但没有通过显著性检验，这与静态联立方程组中的估计结果有所差异，表明在环境污染的动态演化系统中，外商直接投资不是影响环境污染直接因素。财政分权对环境污染的影响系数为正，财政分权度的提升会加剧环境污染。经济发展水平和环境污染直接存在着倒“U”型关系，进一步验证了环境污染库兹涅茨曲线的存在。从外商直接投资方程估计结果来看，环境污染对外商直接投资的影响系数为 -0. 0258，且在 1% 的水平通过显著性检验，表明在外商直接投资的动态演化系统中，环境污染是区位选择的重要原因。财政分权及其空间滞后项对外商直接投资的影响系数均为负，但这两部分影响结果没有通过显著性检验。经济发展水平对外商直接投资的影响系数为 0. 1518，且在 1% 的水平通过显著性检验，进一步说明经济发展水平较高的地区更容易吸引外资流入。外商直接投资的空间滞后项对外商直接投资的影响系数为 0. 0893，且在 1% 的水平通过显著性检验，表明在外商直接投资的动态演化系统中，依然存在着显著的外商直接投资的空间集聚效应。

4.4　本章小结

本章基于 2003—2015 年中国 272 个地级及以上城市的数据，运用工业废水、工业废气和工业烟（粉）尘排放构建的环境污染综合指数，从异质性、动态效应和内生互动性三方面分析了财政分权、地方政府竞争对环境污染的影响效应，实证结果表明：

第一，我国环境污染存在时间惯性和正向的空间溢出特征，前期遗留污染对当期环境质量具有明显的影响，邻近区域环境污染越严重，对本地环境污染的促进作用越明显，我国的环境污染存在“局域俱乐部”现象；第二，财政分权对环境污染具有明显的“竞次”效应，且随着财政分权度的提升，环境质量将进一步恶化，但相邻地区政府的财政政策不会直接加剧本地的环境污染状况；第三，地方政府存在着为吸引外商直接投资而降低本地环境质量标准的情况，地方政府竞争对本地的环境污染具有显著的加剧作用，邻近地区的外资使用情况没有加剧本地的环境污染，目前我国地方政府竞争更多地体现在引进外资的竞争上，并没有形成“与邻为壑”的外资使用格局。财政分权与外商直接投资的交叉项的估计系数为负，即分权体制下地方政府的外商投资竞争行为，并没有进一步加深财政分权对环境质量的负面影响；第四，第二产业比重越高，对当地环境污染的影响效应越大，第二产业是污染排放的主要来源，人均 GDP 与环境污染程度之间呈现出库兹涅茨倒“U”型曲线；第五，财政分权下外商直接投资与环境污染的相互影响关系中，外商直接投资确实加剧了环境污染，而一个地区的环境污染严重，在一定程度会抑制外商直接投资的意愿。

第5章　财政分权、产业结构与环境污染

不同的产业对环境质量的要求不同，生产过程中对环境造成的污染程度也有很大差异。中国经济目前已进入转方式、调结构的“新常态”，产业结构与环境问题之间的关系已经成为各级决策部门和学者关注的焦点。国外学者主要从工业化进程分析产业结构与环境污染之间的关系。格罗斯曼和克鲁格（Grossman and Krueger，1991，1995）通过建立模型，将工业化进程和环境污染分成三个阶段。在经济发展的初级及中级阶段，随着第二产业比重增加，工业化带来的环境问题日渐加重；当经济发展水平较高，产业结构逐渐由污染物排放较高的第二产业向污染物排放较低的服务、信息等产业转换，此时经济活动对环境的压力逐渐降低。这就是著名的环境污染库兹涅茨曲线。

国内学者对产业结构和环境污染关系的研究与我国的工业化阶段密切相关，总体上认为工业化水平的提高会加剧环境污染（王磊等，2011；许正松、孔凡斌，2014），也有学者以中国的财政体制为研究背景，分析了财政分权下的产业结构对环境污染的影响，如潘孝珍（2009）、薛钢等（2012）、张克中（2011）、刘建民等（2015）等，用第二产业比重表示产业结构，通过实证得出财政分权下第二产业比重提高会加剧环境污染。

总体来看，工业排放是环境污染的主要来源，工业化的提高会加剧环境污染，但是已有研究主要用第二产业比重来衡量产业结构，由于一个地区的产业结构包含高级化和合理化两个维度，因此本章尝试从产业结构高级化和产业结构合理化两个方面来探索中国财政分权体制下产业结构变迁与环境污染的关系。

5.1 产业结构基本情况

5.1.1 产业结构指标构建

产业结构调整的总体目标是实现产业结构的合理化和高级化，本章从产业结构合理化和高级化两个维度来测度中国产业结构情况，借鉴吕明元、陈维宣（2014）对产业结构评价指标的设计，从多要素生产率的视角测度各省（区、市）的产业结构。

1. 产业结构合理化评价指标

产业结构合理化指的是产业间的聚合质量，一方面反映了产业之间的协调程度，另一方面也反映了资源有效利用的程度，即产业结构合理化是指资源（生产要素）在产业间的转移、配置以及利用的协调能力（干春晖等，2011）。一般采用产业结构的偏离度来表示产业结构是否合理。吕明元、尤萌萌（2013）纳入各产业的经济权重，对产业结构合理化的度量进行改进，但该研究仍是基于投入要素仅为劳动的假设，在前期研究的基础上加入了资本这一投入要素，使得产业结构合理化的指标评价更符合实际经济情况。

基于多要素的偏离度评价指标如下：

$$SD=\left\{\prod_{j=1}^{m}\left[\sum_{i=1}^{n}\left(\frac{Y_i}{Y}\right)\left|\frac{Y_i/Y}{F_{ij}/F_j}-1\right|\right]\right\}^{\frac{1}{m}} \tag{5.1}$$

F 表示生产要素，F_{ij}表示第 i 产业的第 j 种生产要素，m 表示生产要素种类总数，F_{ij}/F_j 表示第 i 产业第 j 种生产要素的要素比重。Y_i 表示第 i 产业的增加值，Y_i/Y 表示第 i 产业产值比重。$\frac{Y_i/Y}{F_{ij}/F_j}$则表示第 i 产业第 j 种生产要素的比较要素生产率。产业结构偏离度反映的是生产要素在生产部门的配置是否合理，产业结构偏离度越低，表示生产要素在各产业部门中的配置更趋合理，产业结构的合理化水平则越高，经济发展更均衡；同理，产业结构偏离度越高，说明生产要素在各产业部门中的配置越不合理，产业结构的合理化水平也就越低，经济发展更倾向于不均衡。可见，产业结构合理化与产业偏离度之间存在反向变动关系，因此本章以产业结构偏离度的倒数形式来表征产业结构合理化水平，即：

$$SR = \frac{1}{SD} \tag{5.2}$$

SR 表示产业结构合理化水平，SR 值越大，表示当地的产业结构越趋向合理化。通过多要素的引入，该指标能更准确地测度中国产业结构合理水平。限于数据可得性，本章对生产要素 F 的拓展仅涉及 $m=2$，且 $F=K$，L，其中，K 为资本，L 为劳动。

2. 产业结构高级化评价指标

产业结构高级化是对产业结构升级的衡量，通常选用第二产业、第三产业产值（从业人数）占总产值（总从业人数）的比重进行描述（钱水土、周永涛，2011），但是这种方法并不能很好地表现产业结构高级化演进的动态过程（刘伟等，2008），产业结构的高级化不仅仅包含量的增加，还要体现质的提升。本章借鉴吕明元等（2014）对产业结构高级化指标的构建，产业结构高级化的公式如下所示：

$$SH = \left\{ \prod_{j=1}^{m} \left[\sum_{i=1}^{n} \left(\frac{Y_i}{Y} \right) \cdot \left(\frac{Y_i}{F_{ij}} \right) \right] \right\}^{\frac{1}{m}} \tag{5.3}$$

其中，SH 表示产业结构高级化，其他变量的含义同式（5.1）。SH 值越大，表示当地的产业结构高级化水平越高。

5.1.2　三次产业资本存量估算

根据 5.2.1 节中指标体系的构建，需要获得各省（区、市）三次产业的资本存量，由于相关的统计年鉴中均没有对这一指标进行公布，必须通过一定的方法进行估计。最普遍的方法是戈德史密斯（Goldsmtith）于 1951 年提出的永续盘存法（Perpetual Inventory Method，PIM）。学者们运用这种方法对中国及省级资本存量的估算取得了显著的成果，比较有代表性的有扬（Young，2000），黄勇峰、任若恩（2002），张军、章元（2003），李治国、唐国兴（2003），张军等（2004），单豪杰（2008）等。但是以上研究主要是针对中国省级资本存量或全国三次产业资本存量进行估算，很少涉及省级三次产业的资本存量估算。徐现祥等（2007）首次对省级三次产业物质资本存量进行估算。

宗振利、廖直东（2014）根据徐现祥的研究，在假设资本品相对效率几何下降的基础上，计算了各省（区、市）的折旧率并估算了1978—2015年省际三次产业的固定资本存量。

本章采用永续盘存法估算中国省际三次产业的资本存量。永续盘存法的基本公式为：

$$K_{it}=\frac{I_{it}}{P_{it}}+(1-\delta_t)K_{i(t-1)} \tag{5.4}$$

其中，K_{it}为第i产业第t年的资本存量，I_{it}为第i产业第t年按当年价格计算的投资总额，δ_t为第t年的折旧率，P_{it}第i产业第t年投资缩减指数。

从式（5.4）可以看出，对资本存量的测算集中在四个变量，即基年投资I、投资缩减指数P、经济折旧δ以及基年的资本存量K。

（1）当年投资总额的选取。借鉴张军等（2004）、单豪杰（2008）的研究，采用固定资产形成总额。由于2002年后各省（区、市）三次产业的固定资本形成总额数据无法从相关的年鉴中获得，这里采用通用的做法，用固定资产投资额代替固定资本形成额进行核算。

（2）投资缩减指数的构建。借鉴宗振利等（2014）的方法，第一产业的投资缩减指数用农业生产资料价格指数表示，第二产业的投资缩减指数用工业品出厂价格指数来代替，第三产业的缩减指数通过下式计算得出：

$$\frac{I}{P}=\frac{I_1}{P_1}+\frac{I_2}{P_2}+\frac{I_3}{P_3}\text{，即 }P_3=I_3\Big/\left(\frac{I}{P}-\frac{I_1}{P_1}-\frac{I_2}{P_2}\right) \tag{5.5}$$

其中，I代表固定资本形成总额，I_i为第i产业的固定资本形成总额，$i=1, 2, 3$。P表示总体的投资缩减指数，采用张军等（2004）方法得到，以1978年为基期，由于统计年鉴中统计口径的差异，2002年后P表示固定资产投资价格指数。对于部分缺失某些年份的农业生产资料价格指数和工业品出厂价格指数的省（区、市），如北京，假设其价格变动与全国的趋势一致，用全国的数据代替。

（3）永续盘存法进行资本存量的测算中，折旧率的选取会造成计算结果的较大差异性。同以往研究一样，假定资本是按照几何方式递减的，采用代表几何效率递减的余额折旧法：

$$d_t=(1-\delta)^t,\ t=0, 1, 2, \cdots \tag{5.6}$$

黄勇峰等（2002）采用麦迪逊（Maddison，1993）对中国资本品寿命的设定，将建筑和设备使用年限分别设定为 40 年和 16 年。单豪杰（2008）在已有研究的基础上，将建筑和设备的年限设定为 38 年和 16 年。宗振利等（2014）采用了单豪杰的设定，认为改革开放以后，随着中国经济的迅猛发展，资本品的更新换代较快。这里采用单豪杰和宗振利等的设定。

（4）基期资本存量的估算。借鉴霍尔和琼斯（Hall and Jones，1999）的方法，综合考虑折旧和新增资本的速率，即 $K_{1978}=\frac{I_{1978}}{\delta+g_I}$。$\delta$ 由前面的计算可以得到，g_I 选取 1978—1988 年各省（区、市）三次产业实际固定资本形成总额增长速度的平均值。其他缺失数据的处理参照徐现祥（2007）、宗振利等（2014）的方法。

我国 1978—2015 年省际三次产业的固定资本存量估计结果见表 5.1、表 5.2 和表 5.3 所示。

5.2　模型原理与变量选择

5.2.1　PSTR 模型原理

包含转移效应的回归模型，自 20 世纪 90 年代发展以来就广受关注，特别是时间序列的平滑转移回归模型（STR）和平滑转移自回归模型（STAR）已经被广泛应用于金融、宏观政策等领域。由于时间序列对样本的时间跨度要求较高，汉森（Hansen，1999）提出的面板门限回归（PTR）模型将转移变量的值分为高低两类，如果转移变量低于阈值，函数由一个模型决定；如果转移变量高于阈值，函数由另一个模型决定。简单的两体制 PTR 模型形式可以表示为：

$$y_{it}=\mu_i+\beta'_1x_{it}I(q_{it}\leqslant c)+\beta'_2x_{it}I(q_{it}>c)+\varepsilon_i \tag{5.7}$$

其中，x_{it} 为解释变量，I（）表示指针函数，随着转换变量在门槛值前后，指针函数的表达式会发生突变。q_{it} 为转换变量，参数 c 表示转移函数的位置，即阈值。PTR 模型克服了时间序列模型中对时间长度的限制，同时能够捕捉截

表 5.1　　1978—2015 年各省（区、市）第一产业固定资本存量　　单位：亿元

地区	1978 年	1985 年	1990 年	1995 年	2000 年	2003 年	2005 年	2007 年	2009 年	2011 年	2013 年	2015 年
北京	4.09	8.69	12.55	12.49	11.18	12.68	15.52	19.84	29.72	36.67	68.48	99.58
天津	5.28	14.23	12.66	10.20	9.48	13.00	16.07	19.25	35.31	66.75	113.60	153.97
河北	47.17	50.32	43.66	67.37	156.50	218.35	275.84	332.12	429.87	532.18	667.81	784.51
山西	38.40	34.46	35.96	35.64	32.58	39.75	44.47	59.64	93.22	153.88	273.12	411.40
内蒙古	4.14	7.37	12.40	20.18	42.27	70.55	95.14	136.81	214.29	300.14	409.96	517.82
辽宁	4.45	9.17	16.72	28.77	51.67	82.21	112.56	158.82	220.98	296.36	375.55	434.16
吉林	2.17	3.42	3.94	9.36	12.40	32.27	67.39	108.68	156.31	213.68	299.01	372.77
黑龙江	27.61	41.79	49.80	64.90	92.37	109.72	138.84	181.26	252.28	353.40	477.48	592.97
上海	15.24	19.45	18.51	23.59	21.59	19.64	18.23	19.32	18.89	20.68	20.78	21.79
江苏	13.33	22.15	35.44	60.08	100.39	117.44	113.16	120.20	146.34	187.11	219.76	244.87
浙江	26.37	23.57	23.68	73.47	187.43	174.64	167.47	157.57	151.69	153.62	182.52	213.29
安徽	16.69	22.49	49.03	123.49	139.93	135.79	136.62	153.69	192.91	230.66	306.73	381.47
福建	6.81	14.01	22.58	44.69	104.07	168.56	162.12	158.55	169.79	194.97	249.68	306.56
江西	16.42	23.56	29.40	45.65	69.56	68.98	85.53	104.38	151.07	203.93	266.08	313.82
山东	51.30	81.08	100.04	133.58	283.74	369.43	404.32	475.87	571.75	696.29	866.41	1021.11

续表

地区	1978年	1985年	1990年	1995年	2000年	2003年	2005年	2007年	2009年	2011年	2013年	2015年
河南	36.83	36.61	31.94	54.41	193.32	292.42	306.81	353.99	521.78	678.40	815.00	937.12
湖北	13.76	17.17	21.41	44.29	96.03	122.28	125.33	142.25	189.75	245.92	326.58	387.62
湖南	24.57	21.07	18.17	57.78	67.34	82.03	96.97	113.41	144.63	211.36	294.21	374.06
广东	5.08	11.05	16.69	36.11	57.53	79.55	101.85	120.61	160.24	239.52	337.61	428.10
广西	23.79	23.44	20.61	25.89	48.05	64.60	77.61	108.92	157.35	222.00	325.88	436.78
海南	1.97	2.22	5.22	14.10	18.63	25.58	27.12	29.30	29.77	28.64	29.15	28.58
重庆	1.25	1.42	2.17	2.91	16.57	31.57	41.57	61.72	107.55	178.70	249.41	309.90
四川	41.77	61.61	78.77	116.54	113.94	113.18	127.91	160.30	239.59	309.12	370.26	428.06
贵州	53.53	53.48	54.21	52.38	54.24	48.18	49.85	51.29	64.40	78.74	91.06	102.72
云南	57.71	99.53	140.69	142.29	106.27	105.58	114.95	129.37	177.57	206.26	248.09	299.67
西藏	0.58	1.06	1.46	2.53	5.34	7.50	10.74	16.33	23.40	31.06	40.82	52.32
陕西	19.14	40.35	53.47	61.94	80.06	101.57	102.62	111.18	143.28	208.36	311.70	417.08
甘肃	13.58	18.56	27.13	30.99	30.88	39.05	47.25	59.63	80.76	102.79	136.35	171.50
青海	8.69	11.22	13.91	15.89	15.47	21.38	23.69	28.69	37.56	54.88	66.96	79.33
宁夏	1.88	3.17	5.19	7.08	9.91	20.28	25.32	31.59	38.44	42.69	52.92	62.07
新疆	10.99	18.83	25.05	51.13	96.95	123.62	148.48	169.63	186.86	213.21	243.45	264.30

表 5.2 1978—2015 年各省（区、市）第二产业固定资本存量 单位：亿元

地区	1978 年	1985 年	1990 年	1995 年	2000 年	2003 年	2005 年	2007 年	2009 年	2011 年	2013 年	2015 年
北京	75.5	143.5	269.7	377.2	527.5	585.1	726.7	876.7	980.5	1222.3	1459.8	1673.5
天津	60.5	112.0	214.7	384.5	614.8	767.9	971.2	1359.6	2249.0	3585.0	4806.8	5776.4
河北	178.9	246.8	392.3	659.1	1198.8	1497.9	1965.1	2924.1	4352.1	5923.2	8441.2	10361.5
山西	86.9	175.0	273.5	339.6	453.6	635.1	887.3	1224.0	1558.3	2030.4	2883.4	3493.7
内蒙古	46.9	89.7	153.7	249.1	290.2	442.5	932.6	1645.0	2625.4	3797.0	5442.2	6882.7
辽宁	101.1	238.8	444.3	634.7	734.1	883.9	1250.9	1953.2	3063.6	4388.1	6017.4	7312.1
吉林	75.4	147.1	250.5	377.4	473.1	572.4	782.5	1337.0	2434.1	3684.2	5067.4	6150.4
黑龙江	104.9	233.8	350.3	437.5	515.1	557.1	589.9	669.4	857.8	1161.2	1628.9	1980.0
上海	125.9	304.2	533.4	742.7	1094.3	1500.4	1847.5	2283.5	2680.1	2960.6	3125.3	3238.9
江苏	122.2	322.9	541.3	1246.2	2270.2	3539.3	5148.3	7692.2	11514.8	16163.6	22059.2	27046.7
浙江	45.5	131.5	256.3	683.7	2035.1	2984.4	4279.6	5907.0	7606.4	9183.4	11431.3	13402.8
安徽	53.7	213.6	380.0	423.3	554.5	705.1	992.6	1684.1	2901.1	4629.8	6781.7	8592.9
福建	22.8	62.8	139.8	309.5	617.4	850.0	1202.3	1806.9	2834.1	4315.2	6623.0	8711.0
江西	102.1	175.5	233.0	308.7	323.0	472.1	718.2	1108.7	2138.5	3432.0	4963.2	6261.1
山东	91.6	251.1	584.6	1061.5	1897.6	2862.8	4307.9	6248.0	8278.5	10773.6	14257.2	17282.3

续表

地区	1978年	1985年	1990年	1995年	2000年	2003年	2005年	2007年	2009年	2011年	2013年	2015年
河南	142.8	356.9	617.0	851.7	1123.1	1329.1	1857.4	2997.2	4849.4	7005.5	9894.0	12401.6
湖北	112.6	223.9	352.7	528.2	797.2	1050.0	1313.8	1682.0	2436.0	3739.8	5904.7	7879.0
湖南	95.5	154.9	268.4	362.2	443.7	608.3	869.2	1274.8	2038.5	3229.4	5004.3	6608.2
广东	98.2	367.6	731.9	1250.3	1545.0	2168.2	3289.6	4539.6	5969.6	7692.7	9649.3	11351.7
广西	72.9	110.3	177.2	278.8	361.5	468.9	639.2	995.9	1557.7	2292.9	3509.8	4582.1
海南	5.3	8.7	20.7	64.9	80.7	101.7	150.3	175.0	215.7	302.4	452.1	565.4
重庆	54.0	64.9	101.8	163.0	254.1	385.7	613.1	1024.7	1743.8	2814.4	3959.4	4969.4
四川	122.1	263.0	373.7	634.2	926.5	1308.0	1911.8	2800.9	4345.3	6291.8	8522.3	10394.7
贵州	32.6	67.6	121.6	181.8	289.5	411.7	522.4	683.9	896.0	1235.5	1612.9	1928.5
云南	44.8	89.6	139.8	267.0	372.2	468.5	679.4	1001.4	1493.4	2084.0	2917.5	3617.9
西藏	5.9	7.3	9.0	13.5	22.3	33.0	41.3	51.0	81.1	132.0	224.0	308.6
陕西	77.9	148.8	263.1	335.8	444.5	561.0	707.0	991.5	1532.4	2271.8	3357.3	4237.7
甘肃	98.2	121.6	158.7	178.7	233.2	313.0	374.6	477.0	690.4	1059.1	1727.0	2249.0
青海	32.0	44.9	55.7	68.3	101.4	141.3	175.7	218.5	284.3	392.7	617.0	815.9
宁夏	29.5	41.0	53.1	61.1	84.6	125.1	183.3	256.7	399.8	581.8	854.0	1080.2
新疆	39.4	94.2	167.5	282.2	368.9	422.6	465.9	540.7	658.4	827.2	1173.8	1436.7

表 5.3 1978—2015 年各省（区、市）第三产业固定资本存量

单位：亿元

地区	1978 年	1985 年	1990 年	1995 年	2000 年	2003 年	2005 年	2007 年	2009 年	2011 年	2013 年	2015 年
北京	54. 5	193. 3	703. 6	1513. 9	3393. 2	5273. 0	6786. 5	8853. 1	10891. 0	13349. 2	15961. 6	18558. 2
天津	40. 0	102. 5	129. 3	181. 1	356. 6	534. 3	699. 7	992. 4	1407. 5	2024. 9	3151. 7	4414. 8
河北	51. 3	145. 7	253. 0	685. 7	1806. 3	2623. 7	3408. 8	4764. 0	7246. 4	10911. 6	15063. 3	19229. 6
山西	31. 8	75. 9	112. 3	386. 2	1050. 4	1615. 2	2296. 2	3375. 8	5137. 6	7655. 1	11154. 3	14985. 3
内蒙古	32. 7	88. 4	130. 1	317. 0	660. 6	1140. 2	1950. 1	3291. 9	5407. 3	8188. 4	11379. 1	13558. 5
辽宁	66. 0	157. 1	321. 2	643. 5	1145. 2	1615. 8	2328. 3	3646. 6	5745. 8	8773. 2	12715. 1	15548. 7
吉林	14. 4	40. 3	57. 0	168. 0	396. 9	641. 3	860. 0	1376. 4	2158. 4	2989. 4	3965. 0	4870. 6
黑龙江	30. 4	98. 7	152. 0	286. 5	901. 6	1362. 4	1768. 0	2471. 4	3696. 6	5470. 2	7947. 2	10542. 0
上海	44. 0	115. 9	243. 0	777. 6	1869. 8	2409. 6	2920. 6	3559. 9	4226. 5	4714. 5	5264. 6	5829. 3
江苏	47. 4	275. 7	867. 4	1974. 2	4161. 0	5800. 6	7439. 4	9818. 7	12818. 5	17143. 4	22931. 5	28189. 6
浙江	35. 7	140. 2	339. 6	736. 0	1019. 3	1964. 2	2711. 0	3484. 1	4276. 6	5691. 6	8046. 2	10177. 8
安徽	8. 0	16. 8	43. 1	178. 5	528. 2	872. 5	1219. 3	1903. 0	2970. 1	4267. 7	8254. 8	13179. 1
福建	31. 9	74. 8	80. 7	122. 8	340. 5	434. 4	490. 4	651. 7	761. 1	978. 7	1208. 5	1395. 6
江西	34. 7	73. 8	145. 8	458. 7	1085. 5	1746. 6	2544. 3	3655. 0	5438. 5	8028. 0	11027. 1	13831. 2
山东	153. 5	290. 7	406. 3	986. 2	2052. 5	3115. 3	4253. 2	5788. 2	8508. 9	12310. 9	16829. 6	21277. 6

续表

地区	1978 年	1985 年	1990 年	1995 年	2000 年	2003 年	2005 年	2007 年	2009 年	2011 年	2013 年	2015 年
河南	25. 8	64. 7	124. 3	420. 0	1230. 7	1897. 7	2565. 1	3845. 7	5957. 0	8670. 6	12085. 4	15588. 1
湖北	27. 8	64. 1	113. 4	340. 8	1145. 3	1669. 8	2127. 4	2942. 1	4288. 8	6291. 6	8888. 2	11402. 6
湖南	32. 6	84. 1	101. 7	151. 0	502. 4	735. 9	925. 4	1206. 4	1650. 1	2236. 5	2958. 8	3653. 3
广东	64. 3	90. 9	131. 1	993. 0	2960. 5	4308. 1	5191. 0	6570. 1	8474. 9	11084. 7	14034. 3	16930. 1
广西	22. 6	34. 7	21. 6	146. 6	393. 1	552. 9	737. 8	1063. 6	1684. 9	2784. 6	4013. 6	5275. 4
海南	9. 1	17. 2	30. 2	75. 0	132. 3	165. 6	192. 3	269. 1	376. 6	539. 7	646. 6	663. 1
重庆	51. 6	84. 3	90. 5	122. 0	249. 3	414. 3	581. 4	815. 9	1145. 2	1580. 0	2216. 1	2814. 2
四川	106. 3	221. 3	293. 0	687. 3	2930. 4	4878. 1	6656. 5	9340. 0	14080. 9	20512. 4	28920. 1	36442. 3
贵州	14. 7	44. 9	47. 5	59. 0	152. 1	297. 0	400. 9	555. 0	815. 7	1296. 4	2415. 8	3534. 5
云南	17. 2	32. 6	43. 6	191. 9	574. 8	819. 7	1038. 5	1462. 7	2060. 2	3000. 3	4152. 8	5203. 3
西藏	5. 9	9. 3	14. 3	24. 2	34. 7	39. 8	55. 7	78. 9	87. 3	86. 8	84. 2	88. 2
陕西	25. 1	58. 7	136. 1	231. 7	439. 4	647. 0	891. 8	1321. 5	2045. 8	3133. 8	4663. 4	6080. 3
甘肃	51. 4	55. 6	106. 4	212. 1	430. 0	704. 3	1003. 5	1393. 2	2068. 0	3179. 5	4863. 2	6566. 5
青海	15. 7	19. 8	32. 4	50. 8	136. 4	235. 5	309. 3	418. 3	572. 9	847. 8	1295. 5	1709. 0
宁夏	11. 4	19. 9	32. 4	60. 4	107. 2	170. 3	226. 1	294. 4	405. 1	599. 8	881. 3	1152. 6
新疆	17. 9	40. 9	57. 0	185. 0	430. 0	712. 8	978. 9	1324. 6	1800. 8	2560. 9	3923. 1	5288. 6

面单元的异质性，但实际的经济运行通常是连续、渐进变化的过程，而不是离散跳跃的，在阈值前后发生跳跃性突变的假设不符合实际情况。冈萨雷斯等（González et al.，2005）放松了转换函数在阈值前后呈现线性关系的假定，引入一个连续的转换函数替代 PTR 模型中离散的指针函数，此模型的参数可以随着一个含有外生变量的函数平滑转换，从而避免了突变性，更加符合经济的现实情况。PSTR 模型的基本形式如式（5.8）所示：

$$y_{it} = \mu_i + \beta_i x_{it} + \sum_{j=1}^{r} \beta'_j x_{it} g_j(q_{it}^j;\ \gamma_j,\ c) + \varepsilon_i$$

$$i = 1,\ 2,\ \cdots,\ N;\ t = 1,\ 2,\ \cdots,\ T;\ j = 1,\ 2,\ \cdots,\ r \tag{5.8}$$

式（5.8）表示一个具有 $r+1$ 体制的 PSTR 模型。其中，$g(q_{it};\ \gamma,\ c)$ 是值介于 0 ~ 1 之间连续变化的转换函数；γ_j 为平滑参数，决定了转换的速度；q_{it}、c 的含义同式（5.7）；$g(q_{it};\ \gamma,\ c)$ 通常采用逻辑函数形式 $g(q_{it};\ \gamma,\ c) = \{1 + \exp[-\gamma \prod_{j=1}^{m} (q_{it} - c_j)]\}^{-1}$，$c_1 \leqslant c_2 \leqslant \cdots \leqslant c_m$，$\gamma_j > 0$。特别地，当 $m = 1$，$q_{it}^j = q_{it}$，$\gamma_j \to \infty$ 时，该模型转化为一个有 $r+1$ 体制的 PTR 模型；当 $\gamma_j \to 0$ 时，转换函数的值为 0.5，转变为线性固定效应模型（贺胜兵，2008）。

在运用 PSTR 模型进行估计之前，首先需要检验模型数据中是否存在非线性的机制转移效应。线性检验是对原假设 H_0: $\gamma = 0$ 或 $\beta_1 = \beta_2 = \cdots = \beta_r$ 是否成立进行检验，当 $r \geqslant 2$ 时，模型存在无法识别的冗余参数，经典的检验统计不符合标准分布，不能直接进行检验，为解决这一“戴维斯问题（Davies Problem）”（Davies，1987），冈萨雷斯等（González et al.，2005）提出了构建辅助回归方程的方法，将转移函数 $g(q_{it};\ \gamma,\ c)$ 在 $\gamma = 0$ 处进行一阶泰勒近似展开，以展开式代替 PSTR 中的转移函数，构建辅助回归模型：

$$y_{it} = \mu_i + \varphi'_0 x_{it} + \xi'_1 x_{it} q_{it} + \cdots + \xi'_m x_{it} q_{it}^m + \varepsilon_{it} \tag{5.9}$$

式（5.9）中，PSTR 模型的线性假设可以转为检验 H_0: $\xi_1 = \xi_2 = \cdots = \xi_m = 0$。$LM$ 检验统计量和 LMF 检验统计量均可以用于以上检验：

$$LM = TN(SSR_0 - SSR_1)/SSR_0 \tag{5.10}$$

$$LMF = [(SSR_0 - SSR_1)/Km]/[SSR_0/(TN - N - mK)] \tag{5.11}$$

其中，SSR_0 表示 H_0 在固定效应线性面板下残差平方和，SSR_1 表示 H_1 在两体制 PSTR 条件下面板模型的残差平方和，K 为解释变量的个数，LM 检验

服从 $\chi^2(mK)$ 分布，LMF 检验服从 $F(mK, TN-N-mK)$ 分布。此外，这里运用同样服从 χ^2 的 LRT 检验进行对比：

$$LRT = -2[\log(SSR_1) - \log(SSR_0)] \tag{5.12}$$

如果检验拒绝原假设 $H_0: r=0$，需要“剩余非线性效应检验”的验证，即确定转换函数的个数，直到不能拒绝原假设 $H_0: r=r^*$ 为止，此时 $r=r^*$ 为 PSTR 模型包括的转换函数个数。进而确定位置参数的个数 m 的值。冈萨雷斯（González et al.，2005）论证得出，通常情况下参数只发生一次或者两次转变，在实证研究中验证 $m=1$ 或 $m=2$ 即可，但 m 的具体取值还需要进一步检验确定。这里借鉴泰雷斯维尔塔（Teräsvirta，1994）在平滑转换自回归研究中的研究思想，将 $m=3$ 代入原假设，依次检验零假设 $H_{01}^*: \beta_1^*=0 \mid \beta_2^*=\beta_3^*=0$、$H_{02}^*: \beta_2^*=0 \mid \beta_3^*=0$、$H_{03}^*: \beta_3^*=0$，根据假设检验的拒绝程度，选取拒绝程度最强的 m 的值。

5.2.2　变量选择和数据

1. 环境污染

为了比较财政分权下产业结构对不同污染物排放的影响差异，分别选取工业废水、工业二氧化硫、工业烟（粉）尘和工业固体废弃物排放量作为环境污染的代理指标，同时运用环境污染综合指数作为环境污染的总体指标，分析财政分权下产业结构对环境污染的总体影响。

2. 产业结构

产业结构包括合理化和高级化两个方面，这里选用产业结构合理化和产业结构高级化两个指标来衡量我国产业结构情况。运用表 5.1 至表 5.3 的三次产业固定资本存量数据，根据式（5.2）和式（5.3）计算出我国各省（区、市）的产业结构合理化和产业结构高级化指数，其时间趋势如图 5.1、图 5.2 所示。

3. 其他变量

（1）人均收入（PGDP，单位：万元/人）。环境库兹涅茨曲线假说指出，环境污染与人均收入之间存在倒“U”型非线性关系，在不同的收入阶段，人们对环境的关注度有所差异。

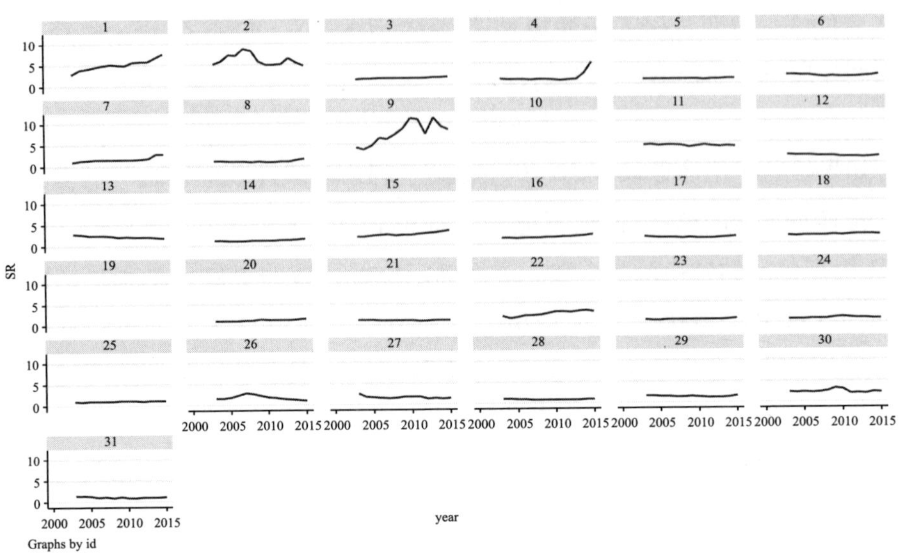

图 5.1　产业结构合理化指数的时间趋势

注：1～31 分别表示北京、天津、河北、山西、内蒙古、辽宁、吉林、黑龙江、上海、江苏、浙江、安徽、福建、江西、山东、河南、湖北、湖南、广东、广西、海南、重庆、四川、贵州、云南、西藏、陕西、甘肃、青海、宁夏、新疆的产业结构合理化指数的时间趋势。

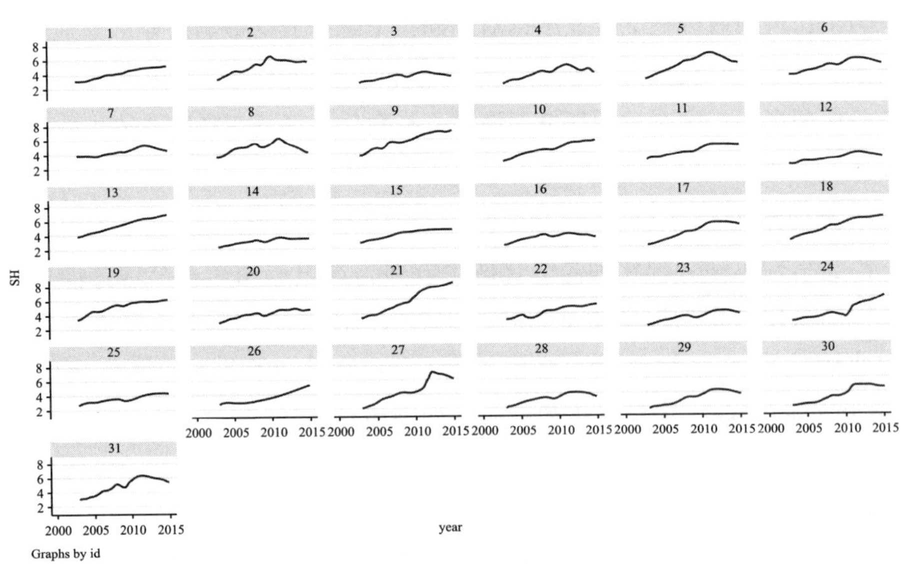

图 5.2　产业结构高级化指数的时间趋势

注：1～31 分别表示北京、天津、河北、山西、内蒙古、辽宁、吉林、黑龙江、上海、江苏、浙江、安徽、福建、江西、山东、河南、湖北、湖南、广东、广西、海南、重庆、四川、贵州、云南、西藏、陕西、甘肃、青海、宁夏、新疆的产业结构高级化指数的时间趋势。

（2）能源消费结构（ESTR）。能源消耗是导致污染物排放的主要途径，煤炭等非清洁类能源消费总量比重较高是我国环境污染日益加剧的一个重要原因（张同斌等，2016）。不同种类能源所产生的工业废气排放量不同，因此需要考虑能源消费结构对环境污染的影响（Zhang，2000）。本章借鉴奥夫哈默和卡森（Auffhammer and Carson，2008）所采用的方法，用各省（区、市）煤炭消费量占该省（区、市）一次能源消费总量的比重来表示能源消费结构。从理论上看，一个地区煤炭能源消费量越多，污染物排放量也就越高，能源消费结构对环境污染起到促进作用。

（3）能源强度（EINT，单位：吨标煤/万元）。煤炭、石油、天然气等化石燃料燃烧后会排放出大量的工业废气，因此能源强度会影响一个地区废气污染物排放。单位 GDP 利用的化石燃料能源越多，同等条件下当地的废气排放量也越多。本章用能源消费总量与当地 GDP 总量的比值来反应能源强度，预期能源强度对环境污染起正向促进作用。

（4）城市化水平（CITY）。城市化推进的过程中需要大规模的基础设施建设，会大量排放工业污染，同时城镇化也改变人们的生活习惯，化石燃料的消费量相比农村人口大幅增加。本章用城镇人口占总人口的比重来表示一个地区的城镇化水平。

（5）对外开放程度（OP）。国际贸易对相应污染物排放的影响是各国制定环保政策必须考虑的因素（张连众等，2003）。本章借鉴王群伟等（2010）的研究，用贸易总额占当地 GDP 总量的比重表示对外开放程度。

环境污染的相关数据来源于《中国环境统计年鉴》；产业结构的计算用到的数据来源于《中国国内生产总值核算历史资料》《新中国六十年统计资料汇编》《中国固定资产投资统计年鉴》《中国统计年鉴》，部分缺失的数据参照各省（区、市）的统计年鉴，其中 2010 年后的各地区三次产业从业人数数据来源于各省（区、市）的统计年鉴；其他的相关数据主要来源于《中国统计年鉴》，能源结构及能源强度数据来源于《中国能源统计年鉴》。由于《中国能源统计年鉴》中没有统计西藏的数据，《中国环境统计年鉴》仅能查到 2003 年之后的数据，鉴于平衡面板的需求，本章用 2003—2015 年除西藏外的 30 个省（区、市）的数据作为分析样本。为了消除异方差的问题，对相关变量取自然对数。变量的描述性统计如表 5. 4 所示。

表 5.4 变量的描述性统计

变量	文中表述	均值	标准差	最小值	最大值
工业废水排放量（万吨）	Liq	10.825	0.982	8.147	12.599
工业二氧化硫排放量（万吨）	Gas	3.882	0.905	0.742	5.145
工业烟（粉）尘排放量（万吨）	Fumes	3.058	1.021	-0.357	4.977
工业固体废物排放量（万吨）	Solid	8.481	1.054	4.511	10.727
环境污染综合指数	P	2.049	0.839	0.650	4.408
财政分权（%）	FD	0.803	0.080	0.563	0.936
产业结构合理化	SR	2.082	1.614	0.671	9.707
产业结构高级化	SH	4.246	1.210	1.678	8.378
经济发展水平（万元/人）	PGDP	10.128	0.702	8.216	11.589
能源消费结构（%）	ESTR	0.838	0.073	0.493	0.958
能源消费强度	EINT	1.236	0.738	0.297	5.229
对外开放程度	OP	0.339	0.424	0.036	1.843
城市化水平（%）	CITY	0.502	0.145	0.247	0.896

5.3 单因素 PSTR 模型分析

5.3.1 模型参数确定

分析随着产业结构的变迁，财政分权对单一污染物排放的影响。这里分别将工业废水排放量、工业二氧化硫排放量、工业烟（粉）尘排放量和工业固体废弃物排放量作为被解释变量，用 y_{it} 表示；将财政分权作为主要解释变量，即 fd_{it}；将产业结构合理化和产业结构高级化作为转换变量，用 q_{it} 表示。在不考虑控制变量的情况下，单因素 PSTR 模型如式（5.13）所示：

$$y_{it}=\mu_i+\beta_{01}fd_{it}+(\beta_{j1}fd_{it})g(q_{it};\ \gamma_j,\ c)+\varepsilon_{it} \tag{5.13}$$

根据式（5.13），构建单因素 PSTR 模型 A 至模型 H，具体含义如表 5.5 所示。

表 5.5　模型 A－H 的参数含义

模型	被解释变量	转换变量	模型	被解释变量	转换变量
A	工业废水排放量	产业结构合理化	E	工业废水排放量	产业结构高级化
B	工业二氧化硫排放量	产业结构合理化	F	工业二氧化硫排放量	产业结构高级化
C	工业烟（粉）尘排放量	产业结构合理化	G	工业烟（粉）尘排放量	产业结构高级化
D	工业固体废弃物排放量	产业结构合理化	H	工业固体废弃物排放量	产业结构高级化

首先判断转换函数的个数，即 r 的值，分别采用 LM、LMF 和 LRT 检验统计量对模型进行线性检验。如果线性检验拒绝原假设，就仍然采用上述三个统计量进一步进行剩余非线性检验，以确定 PSTR 中转换函数的最优个数，检验结果如表 5.6 所示。

由表 5.6 可以看出，模型 A 至模型 H 的线性检验统计量 LM、LMF、LRT 均能在 1% 的水平上显著拒绝两者为线性关系的原假设，说明模型 A－H 均具有明确的非线性特征，这一检验证实了使用 PSTR 模型进行估计的正确性。从表 5.6 中剩余非线性检验结果可以看出，除模型 B 外，其他模型的 LM、LMF、LRT 检验统计量在 10% 的水平上均不能拒绝 $r=1$ 的原假设，因此，除模型 B 外，所有方程最优的转换函数个数都是 1，模型 B 的最优的转换函数个数是 2。

在确定了转换函数的个数 r 之后，下一步需要确定位置参数的个数 m。由于大多数情况下参数只发生一次货两次转变，因此通常考虑 $m=1$ 或者 $m=2$ 就足够了。借鉴泰雷斯维尔塔（Teräsvirta，1994）的方法，依次检验 $H_{01}^*: \beta_1^*=0 \mid \beta_2^*=\beta_3^*=0$、$H_{02}^*: \beta_2^*=0 \mid \beta_3^*=0$ 和 $H_{03}^*: \beta_3^*=0$ 是否成立，从而减少计算的工作量，具体的检验结果如表 5.7 所示。

表 5.6 线性检验与非线性检验结果

检验类型		模型 A			模型 B			模型 C		
		LM	LMF	LRT	LM	LMF	LRT	LM	LMF	LRT
线性检验	H0：r = 0 H1：r = 1	73.833 (0.000)	27.789 (0.000)	81.851 (0.000)	23.368 (0.000)	7.585 (0.000)	24.098 (0.000)	38.613 (0.000)	13.077 (0.000)	40.661 (0.000)
剩余非线性检验	H0：r = 1 H1：r = 2	4.590 (0.101)	2.120 (0.122)	4.617 (0.099)	9.120 (0.003)	8.548 (0.004)	9.228 (0.002)	0.639 (0.424)	0.586 (0.444)	0.640 (0.396)
	H0：r = 2 H1：r = 3				0.269 (0.604)	0.246 (0.620)	0.270 (0.604)			

检验类型		模型 D			模型 E			模型 F		
		LM	LMF	LRT	LM	LMF	LRT	LM	LMF	LRT
线性检验	H0：r = 0 H1：r = 1	22.198 (0.000)	7.182 (0.000)	22.854 (0.000)	66.239 (0.000)	24.346 (0.000)	72.595 (0.000)	49.240 (0.000)	17.196 (0.000)	52.638 (0.000)
剩余非线性检验	H0：r = 1 H1：r = 2	0.192 (0.662)	0.175 (0.676)	0.192 (0.662)	0.419 (0.811)	0.192 (0.826)	0.420 (0.811)	0.591 (0.744)	0.270 (0.764)	0.591 (0.744)

检验类型		模型 G			模型 H					
		LM	LMF	LRT	LM	LMF	LRT			
线性检验	H0：r = 0 H1：r = 1	51.969 (0.000)	18.295 (0.000)	55.774 (0.000)	55.890 (0.000)	19.906 (0.000)	60.324 (0.000)			
剩余非线性检验	H0：r = 1 H1：r = 2	0.852 (0.653)	0.390 (0.677)	0.853 (0.653)	4.079 (0.130)	1.881 (0.154)	4.100 (0.129)			

注：括号内为对应的 P 值。

表 5.7 确定 m 取值的零假设检验结果

LM 假设	模型 A	模型 B	模型 C	模型 D	模型 E	模型 F	模型 G	模型 H
H_{03}: B3 = 0	8.176 (0.000)	3.636 (0.013)	3.704 (0.012)	1.654 (0.177)	0.006 (0.999)	0.607 (0.611)	0.879 (0.452)	0.152 (0.928)
H_{02}: B2 = 0 | B3 = 0	13.358 (0.015)	2.224 (0.085)	0.390 (0.761)	0.034 (0.991)	22.910 (0.000)	15.431 (0.000)	16.057 (0.000)	13.834 (0.000)
H_{01}: B1 = 0 | B2 = B3 = 0	4.550 (0.004)	1.593 (0.191)	8.722 (0.000)	5.447 (0.001)	1.260 (0.288)	0.994 (0.396)	1.132 (0.336)	5.347 (0.001)

注：括号内为对应的 P 值。

由表 5.7 中模型 A 至模型 H 的 LM 统计量对应的 P 值可以看出，模型 A 和模型 B 中，H_{03}最强拒绝原假设，而模型 C 和模型 D 中，H_{01}最强拒绝原假设，因此模型 A 至模型 D 中 m 的取值均为 1；模型 E 至模型 H 中，H_{02}最强拒绝原假设，因此模型 E 至模型 H 中 m 的取值均为 2。

5.3.2 模型参数估计

表 5.8 给出了运用 Matlab 2011a 对面板平滑转换模型 A 至模型 H 估计的结果。

表 5.8　　PSTR 模型估计结果

指标	模型 A	模型 B	模型 C	模型 D	模型 E	模型 F	模型 G	模型 H
β_{01}	9.769 (11.79)	6.342 (6.723)	7.086 (7.478)	6.383 (6.392)	10.692 (14.241)	7.337 (10.56)	9.793 (13.66)	8.618 (12.51)
β_{11}	2.058 (9.667)	-1.153 (-6.869)	-1.288 (-6.344)	-1.068 (-5.165)	2.743 (10.271)	-3.178 (-18.08)	-3.391 (-15.18)	-3.190 (-16.43)
β_{21}		0.471 (3.683)						
γ_1	6.857	683.567	2.214	1.519	-0.492	0.908	0.812	0.854
γ_2		7.191						
c1	0.995	4.668	4.529	4.542	2.781	1.952	1.872	2.041
c2					7.619	7.342	7.367	7.273
c3		1.623						
c4								
RSS	189.452	217.292	229.935	258.773	190.097	199.341	211.558	222.581
AIC	-0.681	-0.528	-0.495	-0.376	-0.677	-0.630	-0.571	-0.506
BIC	-0.630	-0.457	-0.454	-0.336	-0.626	-0.579	-0.519	-0.455

注：括号内为对应的 t 统计量；*、** 和 *** 分别表示在 10%、5%、1% 水平下显著。

从表 5.8 可以看出，在以产业结构合理化为转换变量的单因素 PSTR 模型中，模型 A、模型 C 和模型 D 均是两体制模型，包含一个转换函数，对应一个平滑参数和一个位置参数；模型 B 是三体制模型，包含两个转换函数，其中每个转换函数包含一个位置参数。

模型 A 中，平滑参数为 6. 857，转换函数变动幅度较为平缓（见图 5. 3），当产业结构合理化水平高于位置参数 0. 995 时，模型处于高体制，而处于高体制的样本点有 333 个，占总样本点的 85. 38%。财政分权对工业废水排放量影响系数的线性部分 β_{01} 为 9. 769，非线性部分 β_{11} 为 2. 058。由于财政分权对工业废水排放量影响系数的线性部分和非线性部分均为正，转换函数的取值范围在 0. 5 ~ 1，因此 $\beta_{01}+\beta_{11}\times g>\beta_{01}>0$，将非线性效应纳入分析范畴，财政分权对工业废水排放量的促进作用明显增加。

模型 B 中，第一个转换函数的平滑参数为 683. 567，转换函数变动较为陡峭，在门槛值附近转换函数跳跃的幅度较大，其变动趋势接近简单的两体制门槛模型，转换函数值是一个动态跳跃的过程（见图 5. 4a）；第二个转换函数的平滑参数为 7. 191，转换函数变动趋势较为平缓（见图 5. 4b）。第一个转换函数的位置参数为 4. 668，第二个转换函数的位置参数为 1. 623。当产业结构合理化 $SR_{it}>4.668$ 时，模型处于高体制，此时第一个转换函数和第二个转换函数的取值均为 1，而处于高体制的样本点有 33 个，占总样本点的 8. 54%；当产业结构合理化 $SR_{it}<1.623$ 时，模型处于低体制，而处于低体制的样本点有 54 个，占总样本点的 13. 85%，此时两个转换函数的取值均为 0；当产业结构合理化 $1.623\leqslant SR_{it}\leqslant 4.668$ 时，模型处于中间体制，此时第一个转换函数的取值为 0，第二个转换函数的取值为 1。财政分权对工业二氧化硫排放量影响的线性部分参数 β_{01} 的估计值为 6. 342，第一个转换函数对应的 β_{11} 的估计值为 -1. 153，第二个转换函数对应的 β_{21} 的估计值为 0. 471，均在 1% 的水平通过显著性检验。在不考虑非线性影响时，财政分权对工业二氧化硫排放量的影响效应为 6. 342，纳入非线性效应，当样本处于低体制时，由于两个转换函数的值均为 0，财政分权对二氧化硫排放量的影响效应为与不考虑非线性效应时相同；当样本处于中间体制时，财政分权对二氧化硫排放量的影响效应 $\beta_{01}+\beta_{21}\times g_2>\beta_{01}$，财政分权对二氧化硫排放量的影响效应高于低体制；当样本处于高体制时，财政分权对二氧化硫排放量的影响效应 $\beta_{01}+\beta_{11}\times g_1+\beta_{21}\times g_2<\beta_{01}$，随着产业结构合理化水平的提高，虽然财政分权对二氧化硫排放量依然呈现出显著的促进作用，但这种影响效应受到一定程度的抑制。

模型 C 和模型 D 中，平滑参数分别为 2. 214 和 1. 519，转换函数变动幅度较为平缓（见图 5. 5 和图 5. 6），财政分权对工业烟（粉）尘排放量和工业固体废弃物排放量影响系数的线性部分 β_{01} 显著为正，非线性部分 β_{11} 均为负，对所有样本点，$\beta_{01}+\beta_{11}\times g>0$，考虑到非线性效应，财政分权度的增加对工业烟（粉）尘排放量和工业固体废弃物排放量依然起到显著的促进作用，但是随着产业结构合理化水平的提高，财政分权对工业烟（粉）尘排放量和工业固体废弃物排放量的促进作用有所减弱。

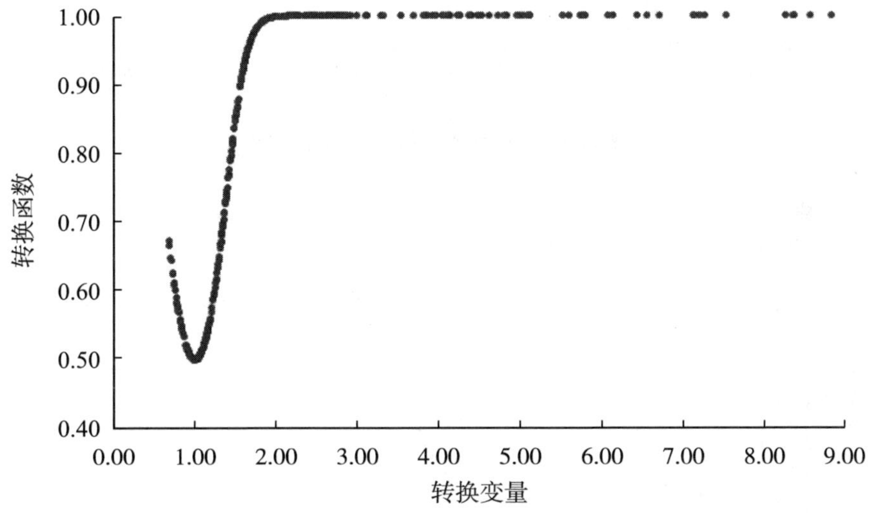

图 5.3　模型 A 的转换函数

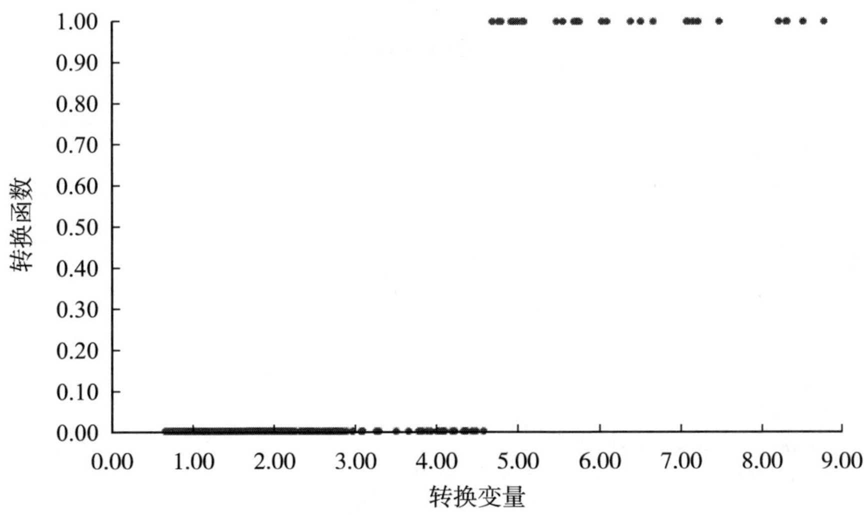

图 5.4a　模型 B 的第一个转换函数

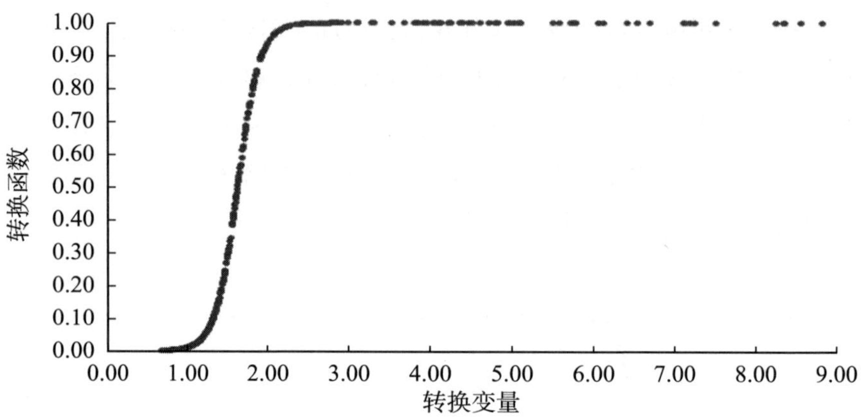

图 5.4b 模型 B 的第二个转换函数

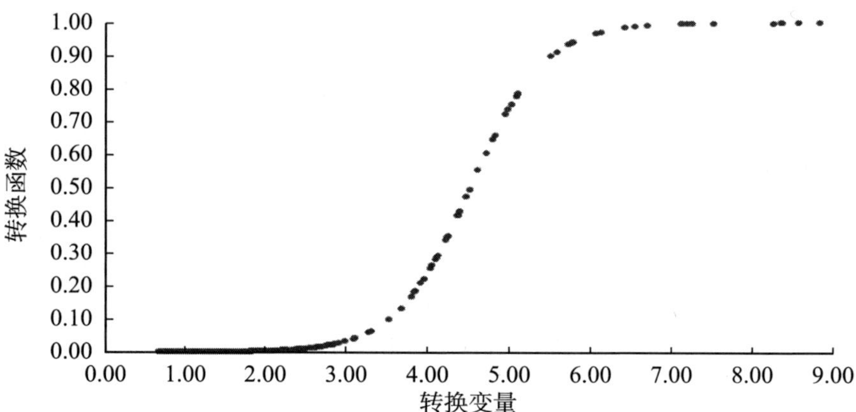

图 5.5 模型 C 的转换函数

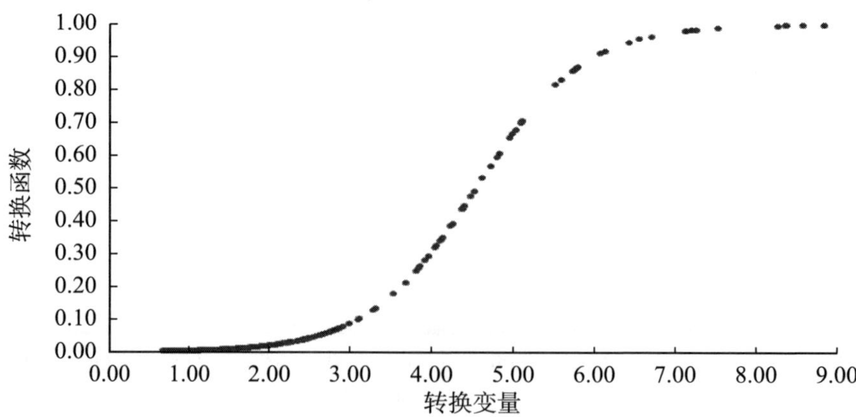

图 5.6 模型 D 的转换函数

在以产业结构高级化为转换变量的单因素 PSTR 模型中，模型 E 至模型 H 均是两体制模型，包含一个转换函数，每个转换函数包含两个位置参数。

模型 E 中，平滑参数为 -0.492，位置参数为 2.781 和 7.619。当产业结构合理化 $SR_{it}<2.781$ 或 $SR_{it}>7.619$ 时，模型处于外体制，此时转换函数的取值较小；当产业结构高级化水平 $2.781 \leqslant SR_{it} \leqslant 7.619$ 时，模型处于中间体制，此时转换函数的取值较大（见图 5.7），处于中间体制的样本点有 351 个，占总样本点的 90%。财政分权对工业废水排放量影响系数的线性部分 β_{01} 为 10.692，非线性部分 β_{11} 为 2.743。由于财政分权对工业废水排放量影响系数的线性部分和非线性部分均为正，转换函数的取值范围在 0～1，因此 $\beta_{01}+\beta_{11}\times g>\beta_{01}>0$，将非线性效应纳入分析范畴，财政分权对工业废水排放量的促进作用明显增加，但是随着产业结构高级化水平的提高，这种促进作用呈现出先增加后降低的趋势。

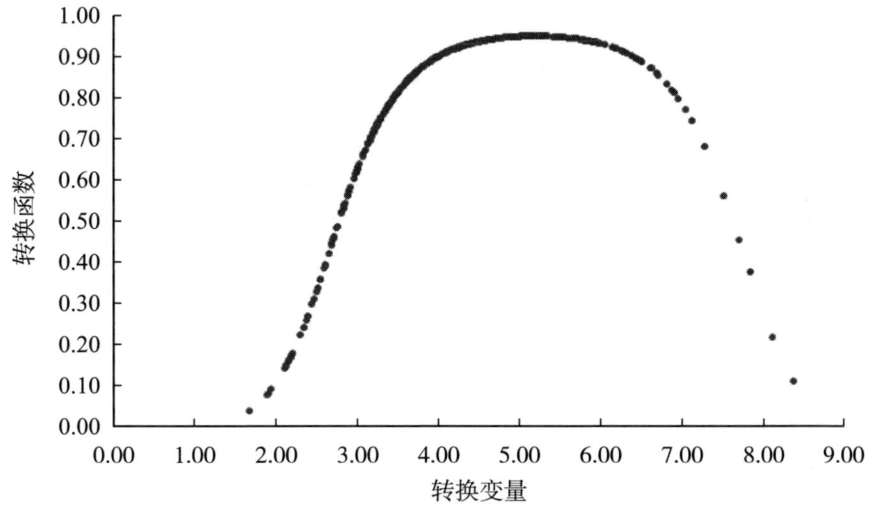

图 5.7　模型 E 的转换函数

模型 F、模型 G 和模型 H 中，转换函数变化趋势相似，三个模型转换函数的第一个位置参数均在 1.9 附近。第二个位置参数均在 7.3 附近。当产业结构高级化水平小于 1.9 或大于 7.3 时，模型处于外体制，此时转换函数的取值较高；当产业结构高级化水平处于两个位置参数之间时，模型处于中间体制，此时转换函数的取值较低（见图 5.8、图 5.9、图 5.10）。财政分权对工业二氧化硫、工业烟（粉）尘和工业固体废弃物排放量影响系数的线性部分 β_{01} 显著为正，非线性部分 β_{11} 均为负，对所有样本点，$\beta_{01}+\beta_{11}\times g>0$，考虑到非线性效应，财政分权度的增加对工业二氧化硫、工业烟（粉）尘和工业固体废弃物排放量依然起到显著的促进作用，但是随着产业结构高级化水平的提高，这

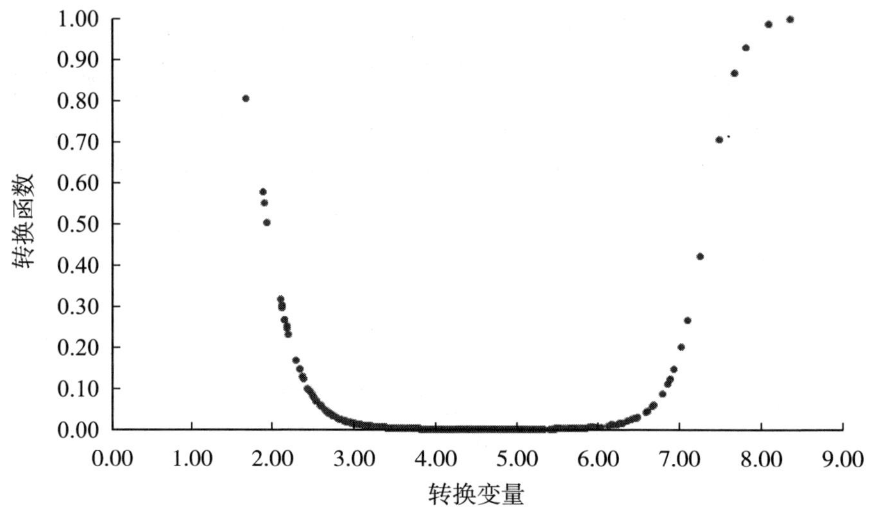

图 5.8 模型 F 的转换函数

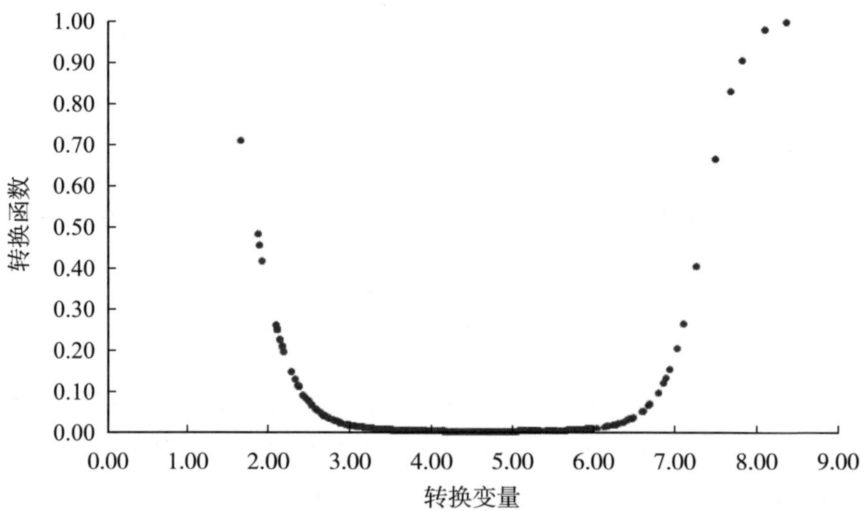

图 5.9 模型 G 的转换函数

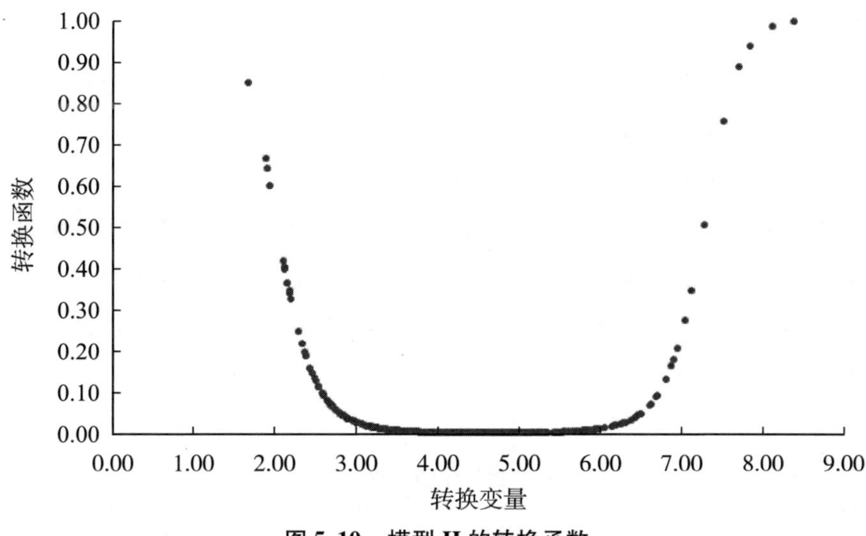

图 5.10　模型 H 的转换函数

种影响作用先升高后降低。当产业结构高级化水平跨越第一个位置参数进入模型中间体制时，转换函数的值达到最小，此时财政分权的影响效应 $\beta_{01}+\beta_{11}\times g$ 增加；当产业结构高级化水平跨越第二个位置参数时，转换函数的值增加，财政分权的影响效应 $\beta_{01}+\beta_{11}\times g$ 降低。

5.4　多因素 PSTR 模型分析

5.4.1　模型参数确定

在现实经济中，财政分权的环境污染效应受当地区综合条件的影响，因此这里加入影响环境污染的其他因素变量，如经济发展水平、能源消费等，分别以产业结构合理化和产业结构高级化为转换变量构建如下 PSTR 模型：

模型 AA：

$$\begin{aligned} P_{it} = & \mu_i + \beta_{01}FD_{it} + \beta_{02}PGDP_{it} + \beta_{03}ESTR_{it} + \beta_{04}EINT_{it} + \beta_{05}CITY_{it} \\ & + \beta_{06}OP_{it} + (\beta_{j1}FD_{it} + \beta_{j2}PGDP_{it} + \beta_{j3}PGDP^2_{it}\beta_{j4}ESTR_{it} \\ & + \beta_{j5}EINT_{it} + \beta_{j6}CITY_{it} + \beta_{j7}OP_{it})g(SR_{it};\ \gamma_j,\ c) + \varepsilon_{it} \end{aligned} \tag{5.14}$$

模型 BB：

$$P_{it}=\mu_i+\beta_{01}FD_{it}+\beta_{02}PGDP_{it}+\beta_{03}ESTR_{it}+\beta_{04}EINT_{it}+\beta_{05}CITY_{it}$$
$$+\beta_{06}OP_{it}+(\beta_{j1}FD_{it}+\beta_{j2}PGDP_{it}+\beta_{j3}PGDP_{it}^{2}\beta_{j4}ESTR_{it}$$
$$+\beta_{j5}EINT_{it}+\beta_{j6}CITY_{it}+\beta_{j7}OP_{it})g(SH_{it};\ \gamma_j,\ c)+\varepsilon_{it} \tag{5.15}$$

首先判断转换函数的个数，即 r 的值，分别采用 LM、LMF 和 LRT 检验统计量对模型进行线性检验，如果线性检验拒绝原假设，接着采用 LM、LMF 和 LRT 三个检验统计量进行剩余非线性检验，来确定 PSTR 中转换函数的最优个数，检验结果如表 5.9 所示。

表 5.9　线性检验与非线性检验结果

检验类型		模型 AA			模型 BB		
		LM	LMF	LRT	LM	LMF	LRT
线性检验	H0：r=0 H1：r=1	106.087 (0.000)	7.100 (0.000)	123.817 (0.000)	88.448 (0.000)	5.573 (0.000)	100.310 (0.000)
剩余非线性检验	H0：r=1 H1：r=2	26.762 (0.000)	4.200 (0.000)	27.724 (0.000)	5.981 (0.425)	0.888 (0.504)	6.028 (0.420)
	H0：r=2 H1：r=3	15.599 (0.161)	2.333 (0.092)	15.919 (0.142)			

注：括号内为对应的 P 值。

由表 5.9 可以看出，所有模型的线性检验统计量 LM、LMF、LRT 均能在 1% 的水平上显著拒绝两者为线性关系的原假设，说明以上模型均具有明确的非线性特征，也进一步证实了使用 PSTR 模型进行估计的正确性。从剩余非线性检验结果可以看出，模型 AA 的 LM、LMF、LRT 检验统计量在 1% 的水平上均不能拒绝 $r=2$ 的原假设，因此模型 A 的最优的转换函数个数是 2；模型 BB 的 LM、LMF、LRT 检验统计量在 1% 的水平上均不能拒绝 $r=1$ 的原假设，因此模型 BB 的最优的转换函数个数是 1。

对 m 值的确定，冈萨雷斯等（González et al.，2005）指出，大多数情况下参数发生一次或者两次转变，通常考虑 m=1 或 m=2 就足够了，借鉴泰雷斯维尔塔（Teräsvirta，1994）的方法，将 m = 3 代入原假设，具体的检验结果如表 5. 10 所示。

表 5. 10　　确定 m 取值的零假设检验结果

假设	模型 AA		模型 BB	
零假设	LM	P 值	LM	P 值
H_{03}: B3 = 0	1. 450	0. 106	0. 289	0. 998
H_{02}: B2 = 0 | B3 = 0	1. 373	0. 142	0. 744	0. 765
H_{01}: B1 = 0 | B2 = B3 = 0	3. 611	0. 000	4. 460	0. 000

注：括号内为对应的 P 值。

由表 5. 10 中 AA、BB 模型的 LM 统计量对应的 P 值可以看出，模型 AA 和模型 BB 中，H_{01}最强拒绝原假设，因此模型 AA 和模型 BB 中 m 的取值均为 1。

5. 4. 2　模型参数估计

运用 Matlab 2011a，采用网络搜索法进行 NLS 估计使数值优化，模型的估计结果如表 5. 11 所示。

表 5. 11　　PSTR 模型估计结果

变量			系数	模型 AA	模型 BB
线性部分参数估计		FD	β_{01}	9. 4116*** (12. 9735)	9. 3766*** (8. 7736)
		PGDP	β_{02}	2. 2613*** (16. 5608)	2. 6908*** (16. 4505)
		$PGDP^2$	β_{03}	−0. 5796*** (−5. 4556)	−0. 4825*** (−4. 2112)
		ESTR	β_{04}	2. 4587*** (4. 9968)	−2. 4357 (−1. 6283)

续表

变量			系数	模型 AA	模型 BB
线性部分参数估计		EINT	β_{05}	0.4377*** (5.3019)	0.1667* (1.8726)
		CITY	β_{06}	-2.3430*** (-3.2792)	-4.4272*** (-3.1115)
		OP	β_{07}	0.5824*** (3.6579)	-0.1142 (-0.2773)
非线性部分估计	第一个转换函数	FD	β_{11}	-4.2049** (-2.2774)	-3.2943* (-1.8556)
		PGDP	β_{12}	-1.3340*** (-5.5119)	-0.5161** (-2.5950)
		$PGDP^2$	β_{13}	-8.6883*** (-5.7403)	0.1555* (1.8278)
		ESTR	β_{14}	17.9065*** (8.9121)	3.1698 (1.5440)
		EINT	β_{15}	-1.9799*** (-6.1511)	1.2252*** (5.6385)
		CITY	β_{16}	2.1719 (0.7461)	0.6189 (0.3158)
		OP	β_{17}	-0.0530 (-0.1644)	0.4543 (0.8125)
	位置参数		c	1.9865	3.7538
	平滑参数		γ	342.4125	1.2807
	第二个转换函数	FD	β_{21}	-2.4818 (-1.4341)	
		PGDP	β_{22}	1.4609*** (6.6481)	
		PGDP2	β_{23}	8.6882*** (5.7381)	

续表

变量			系数	模型 AA	模型 BB
非线性部分估计	第二个转换函数	ESTR	β_{24}	-16.9831*** (-8.3712)	
		EINT	β_{25}	1.7527*** (5.2545)	
		CITY	β_{26}	-6.6609** (-2.4279)	
		OP	β_{27}	0.4644 (1.3673)	
	位置参数		c	1.7268	
	平滑参数		γ	10.4201	
AIC				-1.4521	-1.3140
BIC				-1.2283	-1.1717
RSS				76.7440	93.7943

注：括号内为对应的 t 统计量；*、** 和 *** 分别表示在 10%、5% 和 1% 水平下显著。

模型 AA 是以产业结构合理化为转换变量三体制 PSTR 模型，包含两个转换函数，同时每个转换函数均含有一个位置参数。第一个转换函数的平滑参数为 342.4125，转换函数变动较为陡峭，在门槛值附近转换函数跳跃的幅度较大，其变动趋势接近简单的两体制门槛模型，转换函数值是一个动态跳跃的过程（见图 5.11a）。第二个转换函数的平滑参数为 10.4201，转换函数的值在门槛值附近变动幅度也较大，但不同于第一个转换函数的跳跃式变动，第二个转换函数呈现出比较平滑的变动特征（见图 5.11b）。第一个转换函数的位置参数为 1.9865，第二个转换函数的位置参数为 1.7268。综合可知，当产业结构合理化 $SR_{it}>1.9865$ 时，模型处于高体制；当产业结构合理化 $SR_{it}<1.7268$ 时，模型处于低体制；当产业结构合理化 $1.9865\leqslant SR_{it}\leqslant 1.9865$ 时，模型处于中间体制。处于模型高体制的样本观测点有 118 个，占样本总数的 30.25%；处于模型低体制的样本观测点有 235 个，占样本总数

的60.25%。表5.12左列为2003—2015年全国30个省（区、市）产业结构合理化水平高于门槛值的省（区、市）。到2015年，北京、天津、山西、吉林、上海、江苏、浙江、山东、河南、广东、重庆、宁夏12个省（区、市）的产业结构合理化水平高于门槛值。

表5.12 各年份产业结构合理化和高级化处于高体制的地区统计

年份	产业结构合理化处于高体制的地区		产业结构高级化处于高体制的地区	
	越过位置参数（1.9865）的地区	高体制越过率（%）	越过位置参数（3.7538）的地区	高体制越过率（%）
2003	北京、天津、上海、浙江、福建、陕西、宁夏	23.33	上海、福建、广东	10.00
2010	北京、天津、上海、江苏、浙江、福建、山东、广东、重庆、宁夏	33.33	北京、天津、山西、内蒙古、辽宁、吉林、黑龙江、上海、江苏、浙江、福建、山东、湖北、湖南、广东、广西、海南、重庆、陕西、新疆	66.67
2015	北京、天津、山西、吉林、上海、江苏、浙江、山东、河南、广东、重庆、宁夏	40.00	北京、天津、内蒙古、辽宁、吉林、黑龙江、上海、江苏、浙江、福建、山东、湖北、湖南、广东、广西、海南、重庆、四川、贵州、云南、陕西、宁夏、新疆	76.67

财政分权对环境污染的线性部分参数β_{01}的估计值为9.4116，第一个转换函数对应的β_{11}的估计值为-4.2049，第二个转换函数对应的β_{21}的估计值为 -2.4818。在不考虑非线性影响时，财政分权对环境污染的影响效应为9.4116，纳入非线性效应，财政分权对环境污染的促进作用受到一定程度的抑制，由于转换函数的取值在0~1，对所有样本点，虽然$\beta_{01}+\beta_{11}\times g_1+\beta_{21}\times g_2>0$，但是产业结构合理化水平低于1.7268时，转换函数g_1的取值为0，转换函数g_2的值低于0.5，而随着产业结构合理化水平的提高，跨越位置参数1.9865时，模型处于高体制，此时转换函数g_1和g_2的取值均接近1，$\beta_{01}+\beta_{11}\times g_1+\beta_{21}\times g_2>\beta_{01}+\beta_{11}\times 1+\beta_{21}\times 1$，财政分权对环境污染的影响效应低于模型处于低体制，由此可见，财政分权度的增加会促进环境污染的加剧，但是随着产业结构合理

化水平的提高，这种促进作用会相对降低。

人均收入对环境污染影响的线性部分参数 β_{02} 的估计值为 2.2613，第一个转换函数对应的 β_{12} 的估计值为 -1.3340，第二个转换函数对应的 β_{22} 的估计值为 1.4609，其平方项对应的估计值依次是线性部分 β_{03} 为 -0.5796，第一个转换函数 β_{13} 为 -8.6883，第二个转换函数 β_{23} 为 8.6882，综合图 5.3a、图 5.3b 可知，处于低体制和中间体制的样本点，$\beta_{02}+\beta_{12}\times g_1+\beta_{22}\times g_2<0$，$\beta_{03}+\beta_{13}\times g_1+\beta_{23}\times g_2>0$；而处于高体制的样本点，$\beta_{02}+\beta_{12}\times g_1+\beta_{22}\times g_2>0$，$\beta_{03}+\beta_{13}\times g_1+\beta_{23}\times g_2<0$。与以往的研究不同，本章的研究证实，人均 GDP 与环境污染的库兹涅茨关系与当地的产业结构合理化水平有关，当一个地区的产业结构较为合理，当地环境污染与人均 GDP 的关系呈现出倒“U”型的环境库兹涅茨曲线（EKC 曲线）；一个地区产业结构合理化水平较低时，当地的环境污染与人均 GDP 的关系呈现出正“U”型，随着人均 GDP 的增加，环境污染经历短暂下降后又持续上升。对产业部门中资源配置不合理，特别是以高能耗产业作为当地经济发展支柱的地区，不能被动地等待环境库兹涅茨曲线的到来，只有主动转型，优化当地的产业结构，提高产业结构合理化水平，才能实现经济发展与环境友好的双赢局面。

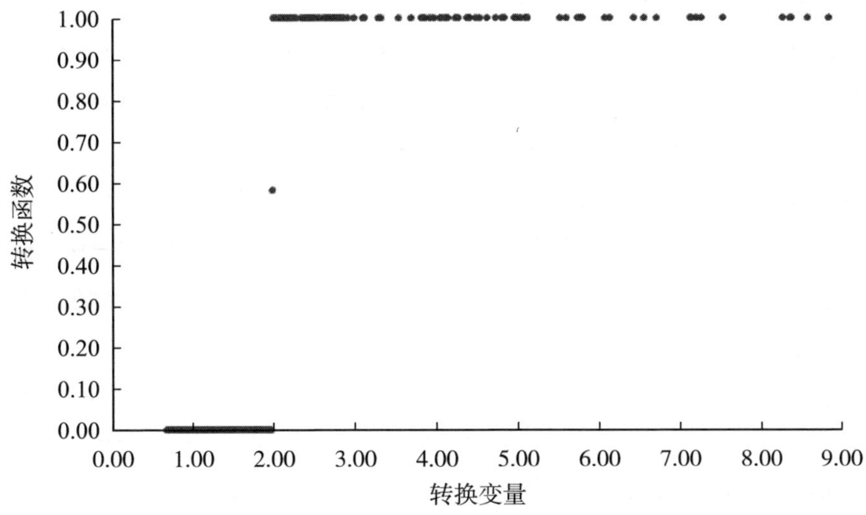

图 5.11a　以产业结构合理化为转换变量的转换函数

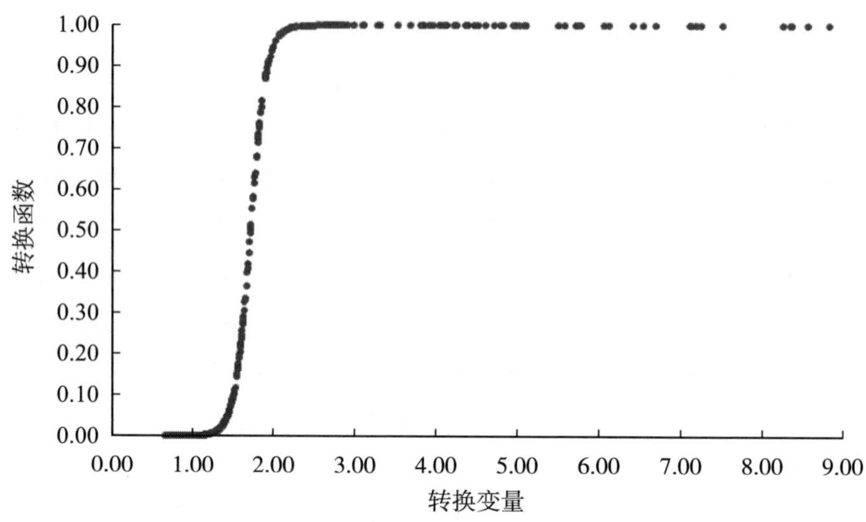

图 5.11b 以产业结构合理化为转换变量的转换函数

考虑非线性效应时，用各省（区、市）煤炭消费量占该省（区、市）一次能源消费总量的比重来表示能源消费结构、能源消费总量与 GDP 的占比表示的能源强度对环境污染起到显著的促进作用，这与预期一致。城镇人口占比表示的城市化水平对环境污染的影响作用为负，这表明城镇化的建设并没有进一步加剧环境污染，这可能和指标的选取有关，以户籍表示的人口比重不能完全代表城市的居住人口。开放程度对环境污染影响的线性部分为 0.5824，但非线性部分局没有通过显著性检验，综合考虑线性部分和非线性部分的影响，对外贸易对我国环境污染也起到了加剧作用。

模型 BB 是以产业结构高级化为转换变量的两体制 PSTR 模型，包含一个转换函数和一个位置参数（图 5.12）。转换函数的平滑参数为 1.2807，模型转换的速度相对比较平缓，不同机制之间的转换比较平滑。转换函数的位置区参数为 3.7538，当产业结构高级化水平 $SH_{it}<3.7538$ 时，模型处于低体制，处于模型低体制的样本点有 161 个，占总样本的 41.28%；当产业结构高级化水平 $SH_{it}\geqslant 3.7538$ 时，模型处于高体制，处于模型高体制的样本点有 229 个，占总样本的 58.72%。表 5.12 右列为 2003—2015 年全国 30 个省（区、市）产业结构高级化水平高于门槛值的省（区、市）。2003 年，仅上海、福建、广东 3 个省（市）的产业结构高级化水平高于门槛值，到 2015 年，北京、天津、内

蒙古、辽宁、吉林、黑龙江、上海、江苏、浙江、福建、山东、湖北、湖南、广东、广西、海南、重庆、四川、贵州、云南、陕西、宁夏、新疆 23 个省（区、市）的产业结构高级化水平跨越门槛值。

财政分权对环境污染的线性部分参数 β_{01} 的估计值为 9. 3766，转换函数对应的 β_{11} 的估计值为 -3. 2943，在不考虑非线性影响时，财政分权对环境污染的影响效应为 9. 3766，纳入非线性效应，财政分权对环境污染的促进作用受到一定程度的抑制，但仍然呈现出显著的促进作用。人均收入对环境污染影响的线性部分参数 β_{02} 的估计值为 2. 6908，转换函数对应的 β_{12} 的估计值为 -0. 5161，其平方项对应的估计值依次是线性部分 β_{03} 为 -0. 4825，转换函数 β_{13} 为 0. 1555，随着产业结构高级化水平的变化，人均收入与环境污染的关系始终呈现出倒“U”型。经济发展水平、能源结构以及城市化等变量在以产业结构高级化为转换变量的模型 BB 中得到的结论与模型 AA 基本一致。

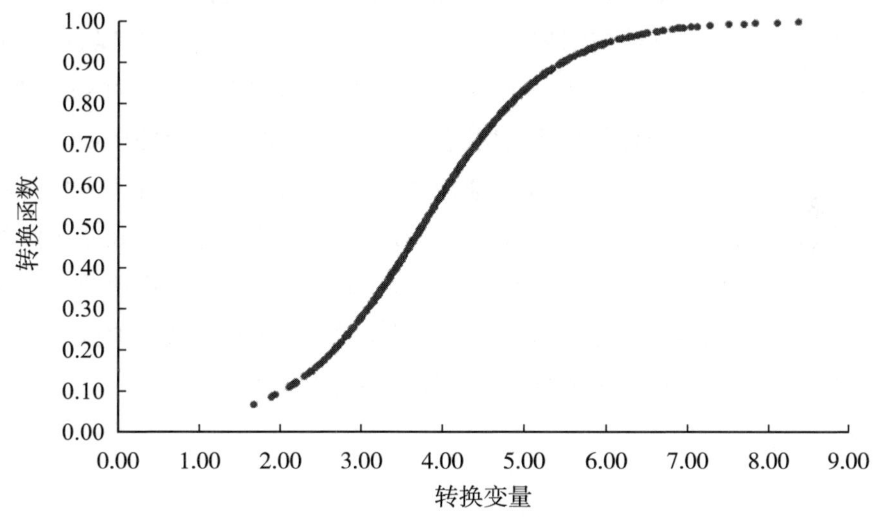

图 5. 12　以产业结构高级化为转换变量的转换函数

5. 5　本 章 小 结

本章基于我国 30 个省（区、市）2003—2015 年数据，运用 PSTR 模型分析了财政分权、产业结构合理化、产业结构高级化和环境污染之间的关系。不考虑控制变量，分析财政分权对环境污染影响的单因素 PSTR 模型中，财政分权对不同污染物的影响效应存在一定的差异，无论是否考虑非线性效应，财政分权对各种污染物排放量的影响均有促进作用。在以产业结构合理化和产业结构高级化为转换变量的模型中，考虑非线性效应时，财政分权对工业废水排放量的影响效应有所增强，而对工业二氧化硫、工业烟（粉）尘和工业固体废弃物排放量的影响效应却存在不同程度的抑制作用。

包含控制变量，分析财政分权对环境污染影响的多因素 PSTR 模型中，以产业结构合理化和产业结构高级化作为转换变量时，财政分权对环境污染均具有非线性的影响效应，产业结构合理化的最优值为 1.9865，产业结构高级化的最优值为 3.7538。以产业结构合理化作为转换变量时，模型包含两个转换函数；在以产业结构高级化作为转换变量时，模型包含一个转换函数。无论是否考虑非线性效应，财政分权度的提升对环境污染均起到显著的促进作用，但将非线性效应纳入考虑范畴，财政分权对环境污染的正向促进作用受到一定程度的抑制。当一个地区的资源配置较合理，产业结构合理化和产业结构高级化水平较高，当地环境污染与人均 GDP 的关系呈现出倒“U”型的 EKC 曲线；一个地区产业结构合理化和产业结构高级化水平较低时，当地的环境污染与人均 GDP 的关系呈现出正“U”型。能源消费结构、能源强度和对外开放程度对环境污染均起到促进作用，这与预期一致。综合考虑线性部分和非线性部分的影响，促进我国绿色经济的发展关键点在于制定循序渐进的产业政策，促进我国的产业结构结构合理化和高级化，同时，政府需要根据各个地区产业结构变迁的实际情况，合理制定适合当地发展的环境规制政策。

第6章 财政分权、污染治理支出与环境质量

环境具有公共物品属性，改善和治理环境问题离不开政府资金的支持，因此把握当前环境污染现状，明确环境污染治理财政支出责任成为政府所面临的严峻而又现实的问题。基于此，本章从空间相关性和异质性两个角度实证分析环境污染治理总投资以及各种污染物治理投资对环境污染和主要工业污染物处理量的空间特征，以期为环境污染治理提供参考。

地方政府行为与环境污染之间关系的研究最早主要集中在“竞争到顶”和“竞争到底”之争。在“竞争到顶”方面，支持者认为地方政府可能会提高本地环境标准，通过更严格的环境政策将污染转移到其他地区，以使本地的环境质量得到提升（Markusen et al.，1995；Fredriksson and Millimet，2002）；而“竞争到底”理论认为，地方政府为了保障本地企业获得竞争优势或留住有发展前景的企业，可能会降低环境排放标准，放松环境管制力度（Esty and Dua，1997；张文彬等，2010）。而后，学者将环境污染的跨地区溢出效应纳入政府行为与环境污染之间的研究范畴（Silva et al.，1997），认为本地环境污染是地方性的公共产品，对具有跨地区溢出效应的环境污染治理需要中央政府的干预（Oates，2001），西格曼（Sigman，2005）通过对美国国内和跨州河流污染进行的研究证实了这一观点。古普塔（Gupta et al.，2009）构建内生经济增长模型分析了财政支出、环境污染和经济增长的关系，政府在污染治理和公共生产支出之间分配税收收入，公共性生产支出的最佳比例与全国公众意见的最后输出竞争份额一致。洛佩斯等（Lopez et al.，2011）通过对空气污染和水污染的财政治理效应进行的研究表明，财政支出结构和财政支出规模共同作用影响财政支出的环境治理效应，且增加政府环境支出中公共产品的比重能够显著地降低二氧化硫浓度，单纯地增加财政支出规模对空气污染和水污染的治理效应不明显。也有学者从效用最大化目标出发，通过分析地方政府间策略博弈与跨期预算约束条件下地方环境支出的供给路径，得出环境支出增长在较低

水平上依靠时间上积累，但随着支出水平提高到某一阈值后，各地区之间的环境政策竞争一定程度上促进了环保支出的结论（张征宇、朱平芳，2010）。总体来看，在整个公共财政支出体系中，环境保护财政支出处于弱势地位，需要不断优化环境保护财政支出路径，提高基本公共服务保障能力，扭转生态环境恶化趋势，有效提高基本环境质量（卢洪友、祁毓，2012）。从治理效率的角度来看，目前大多数省（区、市）的城市环境治理处于规模报酬递减的状态，因此优化政府支出结构、合理配置各种环境治理资源对于提高城市环境治理效率具有重要的作用（王宝顺、刘京焕，2011）。陈明艺、裴晓东（2013）则认为我国环境治理效率低下的原因在于技术水平的局限，大规模实施高新技术改造是解决环境治理效率低下的有效途径。

上述有关环境污染及其治理的研究文献为本章提供了重要的理论参考和方法借鉴。但就财税政策与环境污染之间关系的研究中，学者们更多地侧重对财政体制下政府行为进行探讨或者对财政支出如何影响环境污染治理及其治理效率进行分析，而对环境污染治理的中央和地方政府责任划分的研究较少，特别是针对我国样本运用实证手段进行阐述的文献更为鲜见。基于此，本章在已有文献的基础上，从空间相关性和空间异质性两个角度对这一问题进行分析。

这里讨论的环境污染治理的空间相关性是指，本地区对不同污染物的治理投资会对相邻地区的环境污染产生溢出效应或者竞争效应。溢出效应是指，本地区对不同污染物治理的投资会缓解邻近地区的环境污染状况。竞争效应是指，本地区对不同污染物治理的投资加剧了周围邻近地区的环境污染状况。

出现溢出效应主要有以下两个方面的原因：一是地区之间的财政竞争以及模仿学习效应。王美今等（2010）认为地方政府间财政支出规模和基本建设支出存在相互模仿的策略互动，周亚虹等（2013）运用地级市的数据也证实了地方政府在教育支出上存在着模仿激励的标尺竞争。一个地区的环境质量较好，可能会带来诸如旅游业等红利，从而引发经济发展水平和人文环境相似的邻近省（区、市）竞相效仿，地方政府之间表现出模仿竞争的现象。二是污染物的流动性。空气和水具有较强的流动性，某个地区加大对空气污染和水污染的治理能够缓解与之相邻省（区、市）的环境压力，这种污染治理的正外部性也是通过溢出效应表现出来的。

出现竞争效应的主要原因是环境污染治理的“竞争到底”。环境污染的竞争到底主要表现在以下两个方面：一是通过降低环境门槛来吸引外资。外商直接投资是拉动经济发展的重要引擎，因此外商直接投资的竞争也成为而地方政府之间竞争的重要表现形式，而地方政府为了吸引外资在本地投资，可能会降低环境监管标准。二是污染治理的外部性引发的“搭便车”心理。由于某些污染物如空气和水等具有很强的流动性，对本地污染物治理会产生很强的正外部性，治理成本大于收益，在没有其他补贴措施的条件下，地方政府缺乏污染治理投资的激励。

环境污染治理的空间异质性主要是指，由于各地区之间经济发展水平和要素禀赋不同，污染治理投资的环境效应在地区层面也有所差异。本章从经济发展水平和产业结构两个方面来分析环境污染治理的空间异质性。随着经济发展水平和产业结构的变化，主要污染物污染治理投资的环境效应存在显著的异质性（黄茂兴、李军军，2009）。

与已有文献相比，本章的可能贡献如下：第一，分别对环境污染总体状况和主要污染物的污染治理投资效应进行分析，对比不同污染治理投资的空间溢出效应，根据污染治理投资溢出效应划分中央和省级地方政府的污染治理责任；第二，根据样本单元经济环境的差异，分别分析了污染治理投资的环境效应随经济发展水平、产业结构合理化和产业结构高级化的变化而呈现出的空间异质性。

6.1 模型原理与变量选择

6.1.1 空间面板模型原理

1. 空间面板模型的几种基本形式

解释空间交互作用时，根据空间滞后因子的不同，空间面板模型一般可以分为空间滞后模型（SAR）和空间误差模型（SEM）（Elhorst，2010a）。

空间滞后模型（SAR）的基本形式如下：

$$y_{it} = \delta \sum_{j=1}^{N} w_{ij} y_{jt} + \alpha + X_{it}\beta + \mu_i + \lambda_t + \varepsilon_{it} \tag{6.1}$$

其中，y_{it}表示因变量，δ 为空间自回归系数，w_{ij}是空间权重矩阵对应的元素，X_{it}表示解释变量，β 为解释变量的系数，$\sum_{j=1}^{N} w_{ij}y_{jt}$表示空间交互项，$\mu_i$ 和 λ_t 分别表示空间和时间的特定效应，ε_{it}为零均值同方差的误差项。空间滞后模型中某一单元因变量的值由这个单元和与他相邻的单元共同决定（Anselin et al.，2006）。

空间误差模型（SEM）的基本形式如下：

$$y_{it} = x_{it}\beta + \alpha + \mu_i + \lambda_t + \varphi_{it}，\ \varphi_{it} = \rho \sum_{j=1}^{N} w_{ij}\varphi_{it} + \varepsilon_{it} \tag{6.2}$$

其中，ρ 称为空间自相关系数，φ_{it}反映的是空间自相关误差项，其他参数的含义与式（6.1）相同。

在空间滞后模型和空间误差模型的基础上，勒萨热和佩斯（LeSage and Pace，2009）指出空间杜宾模型（SDM）是空间滞后模型和空间误差模型的一般形式，能够同时考虑空间滞后被解释变量和空间滞后解释变量对被解释变量的影响，很好地捕捉不同的来源所产生的外部性和溢出效应，其基本形式为：

$$y_{it} = \delta \sum_{j=1}^{N} W_{ij}y_{jt} + c + X_{it}\beta + \sum_{j=1}^{N} W_{ij}X_{jt}\theta + \mu_i + \lambda_t + \varepsilon_{it} \tag{6.3}$$

空间滞后模型和空间误差模型是空间杜宾模型的特殊形式，对空间杜宾模型施加一定假设条件约束可将空间杜宾模型简化为空间滞后模型或空间误差模型。考虑两个假设条件：H_0^1: $\theta = 0$ 和 H_0^2: $\theta + \delta\beta = 0$，在假设条件 H_0^1 下，空间杜宾模型可简化为空间滞后模型；在假设条件 H_0^2 下，空间杜宾模型可简化为空间误差模型。

2. 固定效应和随机效应

由于空间面板的固定效应不仅仅指在空间上或是时间上是固定的，还包含空间和时间均是固定的情况，因此空间面板的 Hausman 检验的设定形式应依据模型设定的不同有所差异，埃尔霍斯特（Elhorst，2010a）给出了空间面板模型固定效应和随机效应的 Hausman 检验。普通面板的 Hausman 检验原假设为：

$$H_0: h = 0 \tag{6.4}$$

其中，$h = d^T[var(d)]^{-1}d$，$d = \hat{\beta}_{FE} - \hat{\beta}_{RE}$，$var(d) = \hat{\sigma}_{RE}^2(X^{\cdot T}X^{\cdot})^{-1} - \hat{\sigma}_{FE}^2$

$(X^{*T}X^{*})^{-1}$，$\hat{\beta}_{FE}$和$\hat{\beta}_{RE}$分别为固定效应和随机效应下模型的参数估计值（不含常数项），h 统计量服从自由度为 K 的卡方分布。当扩展到空间面板时，$d=[\hat{\beta}^T,\ \hat{\delta}]_{FE}^T-[\hat{\beta}^T,\ \hat{\delta}]_{RE}^T$，此时 h 统计量服从自由度为 $K+1$ 的卡方分布。

3. 直接效应和间接效应

空间回归模型包含了观测单元空间的结构关系，单个空间单元的解释变量对该空间单元被解释变量本身的影响称为直接效应，但是这种效应可能通过空间依赖性影响与之邻近的其他空间单元，这种间接的影响效应称为间接效应（溢出效应）。由于空间交互效应是空间计量模型的一个重要部分，勒萨热和佩斯（LeSage and Pace，2009）提出利用求解偏微分的方法检验解释变量的空间效应，并将其应用到横截面空间计量模型中，埃尔霍斯特（Elhorst，2010b）对该检验方法进行进一步扩展，将其应用至空间面板模型中，基本形式为：

$$Y=(I-\delta W)^{-1}(X\beta+WX\beta)+R \tag{6.5}$$

其中，Y 为被解释变量向量矩阵，X 为解释变量矩阵，R 是包含了干扰项和其他误差项的剩余部分。不同空间的单元解释变量对第 k 个变量的在不同空间单元(X_{ik}，$i=1$，…，N)特定时刻 t 的偏微分矩阵形式为：

$$\left[\frac{\partial Y}{\partial x_{1k}}\ \cdots\ \frac{\partial Y}{\partial x_{Nk}}\right]_t=\begin{bmatrix}\frac{\partial y_1}{\partial x_{1k}} & \cdots & \frac{\partial y_1}{\partial x_{Nk}}\\ \vdots & \ddots & \vdots\\ \frac{\partial y_N}{\partial x_{1k}} & \cdots & \frac{\partial y_N}{\partial x_{Nk}}\end{bmatrix}_t=(I-\delta W)^{-1}\begin{bmatrix}\beta_k & W_{12}\theta_k & \cdots & W_{1N}\theta_k\\ W_{21}\theta_k & \beta_k & \cdots & W_{2N}\theta_k\\ \vdots & \vdots & \ddots & \vdots\\ W_{N1}\theta_k & W_{N2}\theta_k & \cdots & \beta_k\end{bmatrix}_t \tag{6.6}$$

其中，w_{ij}是空间权重矩阵 W 的第（i，j）个元素，式（6.6）中右侧矩阵对角线元素的均值为直接效应；除对角元素外的行或列之和的均值为对应的间接效应（Elhorst，2010）。

6.1.2 变量选择和数据

1. 被解释变量

环境污染治理情况：我国的环境污染主要来源于工业污染，限于数据的可得性，这里主要选取工业废水、工业废气和工业固体废弃物作为环境污染的代理变量。由于本章侧重对环境污染治理的效果进行分析，因而采用工业废水处理量、工业二氧化硫处理量和工业固体废物综合利用量作为被解释变量，同时选取工业“三废”综合利用产品产值表示污染治理的总体效应。

2. 解释变量

环境污染治理投资：工业污染是环境污染的主要体现，以工业污染治理完成投资额来表示对环境污染治理的财政投入情况。采用各地区治理工业废水治理完成投资额、工业废气治理完成投资额和工业固体废弃物治理完成投资额分别表示工业污染治理的投资情况，同时选取的环境污染治理完成投资总额来反映当地环境污染治理的总体情况。

3. 控制变量

（1）财政分权：采用省级人均支出占省级人均支出与中央级人均支出的比来衡量支出分权（陈硕、高琳，2012）。

（2）经济发展水平（PGDP）：采用人均 GDP 作为当地经济发展水平的衡量指标。

（3）产业结构：产业结构调整的总体目标不仅仅是劳动力要素在第一、二、三产业之间的变动，同时也包含资本要素的协调转移，即实现产业结构的合理化和高级化。因此，本章纳入资本投入要素，从产业结构合理化和高级化两个维度来考察当地的产业结构对环境污染治理的影响效应。其中，对我国各省（区、市）三次产业的资本存量进行估算，见 5. 2. 2 节。

（4）外商直接投资（FDI）：运用实际利用外资额表示当地的外商直接投资情况，依据当年人民币兑美元的年平均汇率转换为人民币。

（5）城市化水平（CITY）：城镇化改变人们的生活习惯，本章运用城镇人口占总人口的比重来表示一个地区的城镇化水平。

综合考虑最终所选取的各种变量及数据的可得性，本章选取我国 31 个省（区、市）2003—2015 年的面板数据展开分析，个别统计变量（如“三废”综合利用产品产值）在 2010 年以后没有统计，以能得到的最长时间为准进行分析。数据均来自《中国统计年鉴》《中国环境年鉴》和《中国环境统计年鉴》，为了消除异方差的影响，对相关数据进行对数化处理，变量的描述性统计如表 6. 1 所示。

表 6.1　变量的描述性统计

变量	文中表述	均值	标准差	最小值	最大值
“三废”综合利用产品产值（万元）	PV	12.026	1.694	4.874	14.868
工业废水处理量（万吨）	Liq	11.421	1.507	5.380	13.750
工业二氧化硫处理量（吨）	Gas	12.624	1.459	8.294	14.964
工业固体废物综合利用量（万吨）	Solid	7.936	1.074	4.025	9.915
环境污染治理完成投资总额（万元）	inv	4.371	1.305	-1.609	7.256
工业废水治理完成投资额（万元）	inv_Liq	10.121	1.435	4.556	12.597
工业废气治理完成投资额（万元）	inv_Gas	10.620	1.485	4.942	13.461
工业固体废弃物治理完成投资额（万元）	inv_Solid	7.7469	1.755	0.5878	11.2644
财政分权（%）	FD	0.7968	0.083	0.5635	0.9558
经济发展水平（万元/人）	PGDP	0.7803	0.067	-0.994	2.2986
产业结构合理化	SR	2.2452	2.987	0.6716	9.125
产业结构高级化	SH	4.085	1.155	1.678	7.826
外商直接投资（万元）	FDI	14.095	1.781	8.121	16.932
城市化水平（%）	CITY	0.4828	0.148	0.2261	0.8960

6.2 财政分权、污染治理支出与环境质量：基于溢出效应分析

6.2.1 环境污染的探索性空间数据分析

为了验证我国环境污染可能存在空间集聚现象，本节运用 Moran's I 指数和局部 Moran's I 指数分别测算环境污染的空间相关性。

全局 Moran's I 是描述整个研究领域的所有地理单元整体空间关系的指数，反映了研究变量的总体特征（Moran，1948），可以根据式（6.7）计算（Qian et al.，2014）：

$$Moran's\ I = \frac{n\sum_{i=1}^{n}\sum_{j=1}^{n} w_{ij}(x_i - \bar{x})(x_j - \bar{x})}{\sum_{i}^{n}\sum_{j=1}^{n} w_{ij}\sum_{i=1}^{n}(x_i - \bar{x})^2} \tag{6.7}$$

其中，x_i 和 x_j 分别表示地理单元 i 和 j 的指标；n 表示地理单元的总个数，这里指 31 个省（区、市）；w_{ij}表示空间权重；在 Moran's I 指数的计算过程中选取 Rook 邻接矩阵，即两个地理单元 i 和 j 地理相邻时，w_{ij} 取 1，否则取 0（LeSage and Pace，2009）。Moran's I 指数的显著性和期望值分别用 Z 统计量和 E(I) 来测度，标准化的 Z 统计量和 E(I) 分别用式（6.8）表示（Chakravorty et al.，2003）：

$$Z = \frac{I - E(I)}{\sqrt{VAR(I)}},\ E(I) = -\frac{1}{n-1} \tag{6.8}$$

其中，$VAR\ (I) = \frac{n^2 w_1 + n w_2 + 3 w_0^2}{w_0^2\ (n^2 - 1)} - E^2\ (I)$，

$$w_0 = \sum_{i=1}^{n}\sum_{j=1}^{n} w_{ij}, w_1 = \frac{1}{2}\sum_{i=1}^{n}\sum_{j=1}^{n}(w_{ij} + w_{ji})^2, w_2 = \sum_{i=1}^{n}(w_i + w_j)^2$$

由式（6.7）可知，Moran's I 指数的取值范围在 -1 ~ 1。若地区之间呈现出正相关，则 Moran's I 值在 0 ~ 1，值越接近 1，表明空间正相关性越强，反之亦然。

根据式（6.7），对第 3 章中我国 31 个省（区、市）的环境污染数据进行分析，环境污染综合指数的全局 Moran's I 指数的具体结果如表 6.2 所示。

表 6.2 环境污染综合指数的全局 Moran's I 指数

年份	Moran's I	VAR（I）	Z 值	P 值
2003	0.1845	0.0118	2.0062	0.0448
2004	0.1700	0.0117	1.8816	0.0599
2005	0.2065	0.0118	2.2103	0.0271
2006	0.2130	0.0117	2.2731	0.0230
2007	0.1898	0.0117	2.0618	0.0392

续表

年份	Moran's I	VAR（I）	Z 值	P 值
2008	0. 2173	0. 0118	2. 3082	0. 0210
2009	0. 2139	0. 0118	2. 2742	0. 0230
2010	0. 1937	0. 0117	2. 1016	0. 0356
2011	0. 2173	0. 0109	2. 3979	0. 0165
2012	0. 1898	0. 0111	2. 1212	0. 0339
2013	0. 1768	0. 0109	2. 0104	0. 0444
2014	0. 2035	0. 0114	2. 2180	0. 0266
2015	0. 2195	0. 0116	2. 3505	0. 0188

为了分析具体污染物排放的空间特征情况，同表 6. 1 中环境污染综合指数的全局 Moran's I 指数，表 6. 3 给出了主要污染物工业废水、工业废气和工业固体废弃物排放量的全局 Moran's I 指数。

表 6. 3　工业废水、废气、固体废物的全局 Moran's I 指数

年份	工业废水				工业废气				工业固体废物			
	Moran's I	VAR (I)	Z 值	P 值	Moran's I	VAR (I)	Z 值	P 值	Moran's I	VAR (I)	Z 值	P 值
2003	0. 1962	0. 0109	2. 1992	0. 0279	0. 3027	0. 0117	3. 1126	0. 0019	0. 2155	0. 0112	2. 3530	0. 0186
2004	0. 1894	0. 0108	2. 1395	0. 0324	0. 2678	0. 0114	2. 8203	0. 0048	0. 2107	0. 0090	2. 5734	0. 0101
2005	0. 1460	0. 0107	1. 7331	0. 0831	0. 3123	0. 0112	3. 2731	0. 0011	0. 2625	0. 0102	2. 9226	0. 0035
2006	0. 1637	0. 0107	1. 9005	0. 0574	0. 2991	0. 0103	3. 2706	0. 0011	0. 2769	0. 0114	2. 9116	0. 0036
2007	0. 1911	0. 0112	2. 1186	0. 0341	0. 1931	0. 0097	2. 2940	0. 0218	0. 2641	0. 0110	2. 8345	0. 0046
2008	0. 1962	0. 0114	2. 1518	0. 0314	0. 2833	0. 0110	3. 0251	0. 0025	0. 2773	0. 0110	2. 9620	0. 0031
2009	0. 2458	0. 0113	2. 6227	0. 0087	0. 2378	0. 0100	2. 7080	0. 0068	0. 2882	0. 0108	3. 0871	0. 0020
2010	0. 2452	0. 0112	2. 6284	0. 0086	0. 2462	0. 0103	2. 7537	0. 0059	0. 2442	0. 0095	2. 8412	0. 0045
2011	0. 2912	0. 0113	3. 0500	0. 0023	0. 2492	0. 0103	2. 7863	0. 0053	0. 2363	0. 0096	2. 7549	0. 0059
2012	0. 2534	0. 0112	2. 7097	0. 0067	0. 2345	0. 0105	2. 6076	0. 0091	0. 2261	0. 0095	2. 6644	0. 0077

续表

年份	工业废水				工业废气				工业固体废物			
	Moran's I	VAR (I)	Z值	P值	Moran's I	VAR (I)	Z值	P值	Moran's I	VAR (I)	Z值	P值
2013	0.2852	0.0111	3.0179	0.0025	0.2090	0.0097	2.4596	0.0139	0.2178	0.0097	2.5476	0.0108
2014	0.2622	0.0112	2.7931	0.0052	0.2740	0.0110	2.9367	0.0033	0.2606	0.0101	2.9233	0.0035
2015	0.2971	0.0110	3.1436	0.0017	0.3191	00112	3.3342	0.0000	0.2545	0.0107	2.7823	0.0054

从表6.2、表6.3可以看出，环境污染综合指数及工业废水、工业废气、工业固体废物的Moran's I指数均为正值，且在10%及以上水平通过了显著性检验，表明我国31个省（区、市）的环境污染在空间分布上具有显著的正相关性，环境污染在空间分布上存在显著的集群现象。

全局Moran's I揭示了环境污染及主要污染物排放的总体特征，但无法反映每个省（区、市）的具体情况，而局部Moran's I可以反映异质性，揭示各个省（区、市）的具体情况。局部Moran's I指数公式为：

$$Local\ Moran's\ I_i = \frac{n(y_i - \bar{y}) \sum_{j=1}^{n} d_{ij}(y_j - \bar{y})}{\sum_{j=1}^{n} d_{ij}(y_j - \bar{y})^2} \tag{6.9}$$

式（6.9）中各符号所代表含义与全局Moran's I相同。根据各个省（区、市）Moran's I值做出的Moran's I指数散点图，可以将各省（区、市）的环境污染状况分成四个象限的空间关联模式：第一象限（HH）表示环境污染严重地区被同是环境污染严重的其他省（区、市）所包围；第二象限（LH）表示环境污染不严重地区被环境污染严重的其他省（区、市）所包围；第三象限（LL）表示环境污染不严重地区被同是环境污染不严重的其他省（区、市）所包围；第四象限（HL）表示环境污染严重的地区被环境污染不严重的其他省（区、市）所包围。第一象限和第三象限表现出正向的空间自相关性，第二象限和第四象限表现出负向的空间自相关性。环境污染综合指数和工业废水、工业废气、工业固体废弃物的Moran's I散点图分别如图6.1、图6.2、图6.3、图6.4所示。

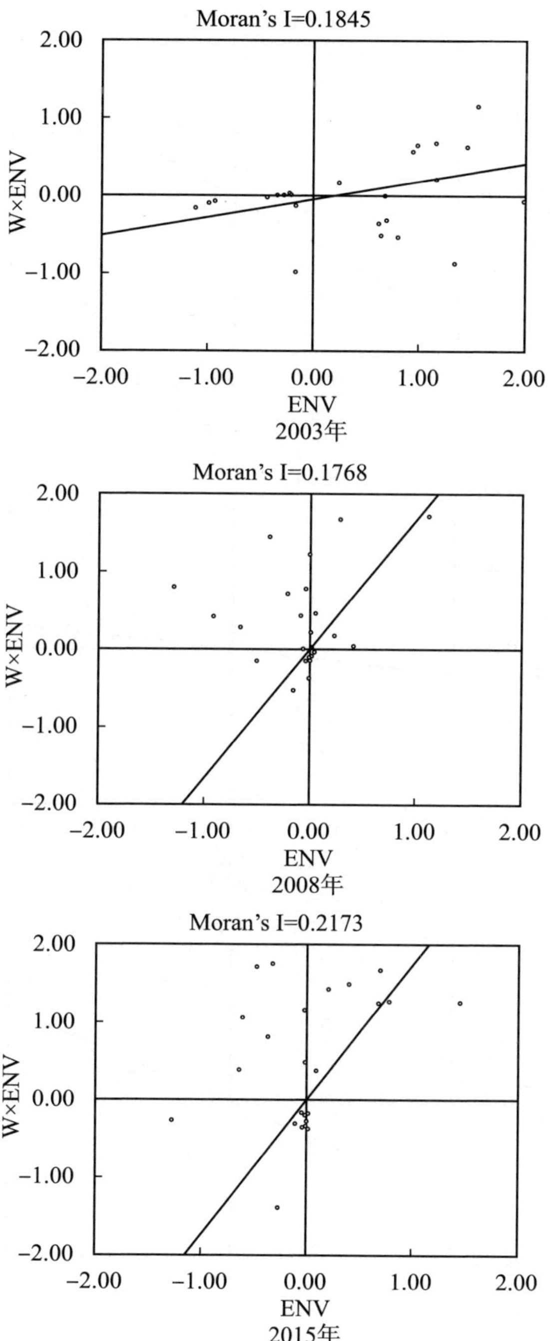

图 6.1　环境污染综合指数的 Moran's I 散点图

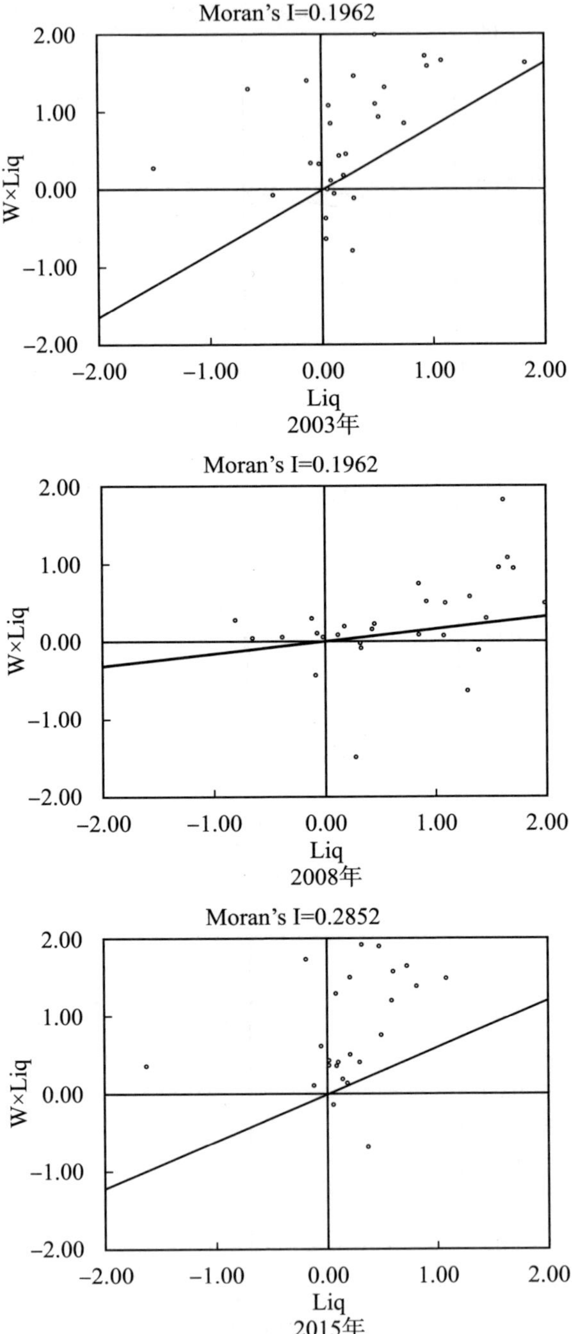

图 6. 2 工业废水排放量的 Moran's I 散点图

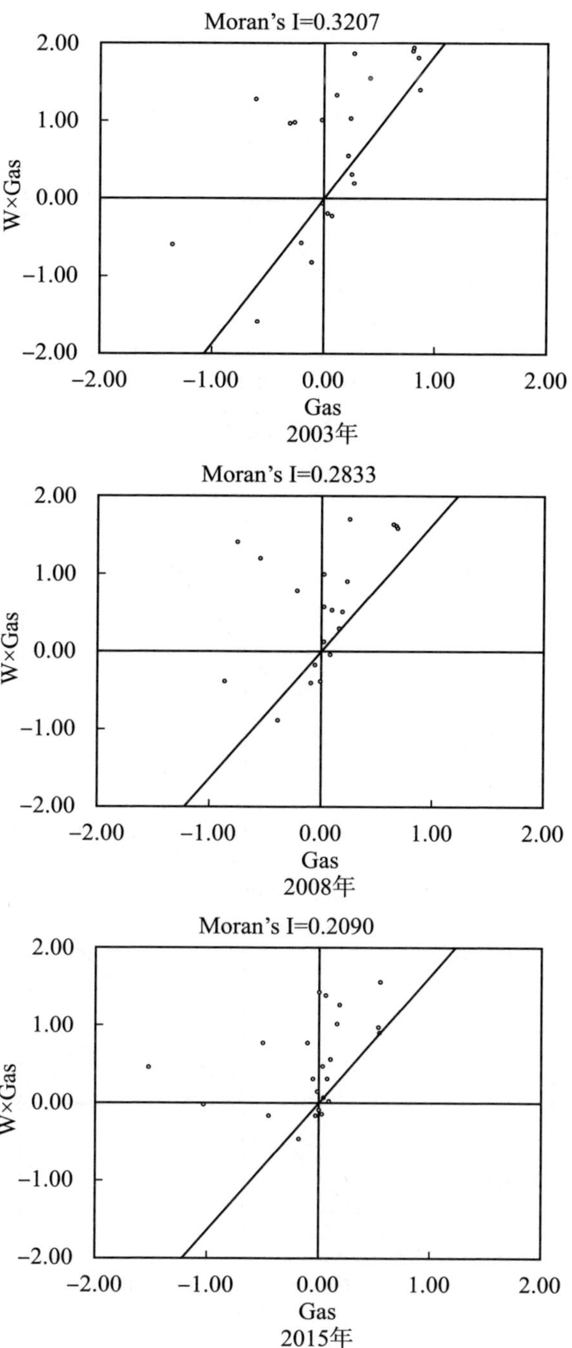

图 6.3　工业废气排放量的 Moran's I 散点图

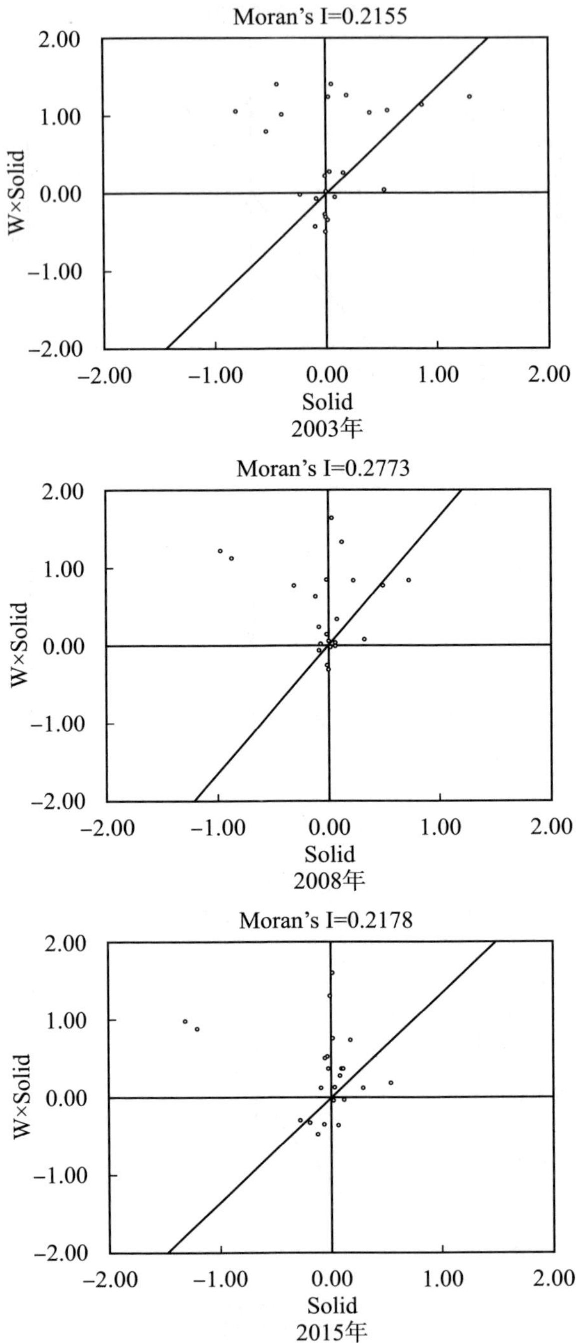

图 6.4 工业固体废弃物排放量的 Moran's I 散点图

由图6.1可以看出，在环境污染综合指数的集群检验中，2003年有13个省（区、市）处于第一象限，6个省（区、市）处于第三象限；2008年位于第一象限的省（区、市）与2003年相同，位于第三象限的省（区、市）比2003年多一个；2015年有14个省（区、市）处于第一象限，有4个省（区、市）处于第三象限，位于第一象限和第三象限的省（区、市）合计占样本总数的58.06%。图6.2、图6.3、图6.4显示，与环境污染综合指数的集群检验类似，工业废水、工业废气和工业固体废弃物排放量的Moran's I散点图中大部分省（区、市）位于第一象限（HH）和第三象限（LL），进一步证实了我国环境污染存在显著的空间正相关性，大部分省（区、市）与其邻近省（区、市）表现出相似的集群特征，即高环境污染的省（区、市）被高环境污染的邻近省（区、市）所包围，低环境污染省（区、市）被低环境污染的邻近省（区、市）所包围。

6.2.2　基于空间面板的实证分析

一个地区的环境状况不仅与污染治理有关，还受到财政体制以及当地经济发展水平的影响，因此在环境库兹涅茨曲线检验的基础上，引入环境污染治理变量来考察不同污染物投资额对环境质量影响程度及溢出效应的差别。

为了更准确合理地反映污染治理投资对环境质量的影响作用，在建立空间面板模型之前，首先进行非空间面板模型估计，检验空间自相关性存在性。如果LM或稳健LM检验接受空间自相关性存在的原假设，则表明空间依赖性存在，进一步通过Wald检验和LR检验来确定适用于所研究数据的合适空间面板形式（Elhorst，2010a）。非空间面板的形式为：

$$y_{it} = \alpha_0 + \alpha_1 inv_{it} + \alpha_2 X_{it} + \varepsilon_{it} \tag{6.10}$$

式（6.10）中，i和t分别表示第i个省（区、市）第t年的数据，y为环境污染指标，inv为环境污染治理变量，X为影响环境污染的其他控制变量集合。当y表示“三废”综合利用产品产值，对应的环境污染治理变量inv为环境污染治理总额；当y指污染指标工业废水、工业废气和工业固体废物的处理量时，对应的环境污染治理变量inv分别表示工业废水、工业废气和工业固体废物的治理投资额。非空间面板参数估计及空间自相关性检验结果如表6.4所示。

表 6.4 环境污染治理非面板混合回归模型估计

因变量	PV				Liq			
自变量	混合回归模型	空间固定效应模型	时间固定效应模型	空间和时间固定效应模型	混合回归模型	空间固定效应模型	时间固定效应模型	空间和时间固定效应模型
inv	1.1531*** (18.0883)	0.0329 (0.5310)	1.1263*** (18.4175)	0.1045* (1.7308)				
inv_Liq					0.5103*** (9.8126)	0.1688*** (5.3260)	0.5369*** (11.2243)	0.1528*** (5.3982)
FD	-4.5372*** (-3.0850)	-2.0808* (-1.7830)	-5.5453*** (-3.8770)	1.5279 (0.9579)	-9.0655*** (-4.8956)	0.1978 (0.1106)	-11.179*** (-6.4563)	0.0729 (0.0358)
PGDP	0.2184 (0.7008)	1.4560*** (5.8059)	-0.2664 (-0.8785)	1.0690*** (3.0662)	1.1741*** (2.9197)	0.9100*** (3.0247)	0.3751 (0.9635)	0.9029** (2.1566)
$PGDP^2$	0.0027 (0.0259)	-0.1781** (-2.5503)	0.0349 (0.3333)	0.0265 (0.3402)	-0.1923 (-1.3871)	-0.2980*** (-3.9392)	-0.2646** (-2.0282)	-0.2593*** (-2.7896)
SR	0.0075 (0.2828)	-0.0060 (-0.4315)	0.0065 (0.2610)	-0.0018 (-0.1349)	0.0267 (1.5104)	-0.0016 (-0.1516)	0.0279* (1.7311)	-0.0016 (-0.1365)
SH	0.0774 (1.2251)	0.1049 (1.4856)	-0.0406 (-0.6344)	0.0278 (0.3914)	-0.1521*** (-2.6834)	-0.0446 (-0.8052)	-0.2452*** (-4.5873)	-0.0495 (-0.8211)

续表

因变量	PV				Liq			
自变量	混合回归模型	空间固定效应模型	时间固定效应模型	空间和时间固定效应模型	混合回归模型	空间固定效应模型	时间固定效应模型	空间和时间固定效应模型
FDI	0.0316 (0.5777)	-0.0322 (-0.6640)	0.0481 (0.9370)	-0.0980* (-2.0337)	0.2280*** (3.8100)	-0.1381** (-2.6125)	0.1868*** (3.4042)	-0.1355** (-2.5322)
CITY	-2.5874*** (-4.0876)	1.0765 (1.3243)	-0.6684 (-0.8697)	-0.2859 (-0.3506)	-0.2049 (-0.2912)	-0.6437 (-0.6594)	3.4165*** (4.1397)	-0.4509 (-0.4427)
constant	11.1913*** (6.7735)				10.1555*** (4.6419)			
σ^2	0.3885	0.0689	0.3379	0.0609	0.4785	0.0678	0.3914	0.0664
R^2	0.8691	0.7698	0.8760	0.1338	0.7962	0.2570	0.8322	0.2267
LogL	-230.0771	-16.1025	-213.2956	-0.7340	-255.9099	-14.0705	-231.5076	-11.4831
LM_{lag}	0.0008	0.0002	6.0310**	6.9253***	0.5172	16.7110***	2.7070	14.2614***
LM_{error}	1.8822*	0.0861	0.9534	4.0390**	2.1286	7.0539***	0.3845	6.1039**
R - LMlag	0.6197	0.4965	5.1335**	6.4327***	3.8504**	18.1350***	5.5671**	17.3081***
R - LM_{error}	2.5012*	0.5825	0.0560	3.5463*	5.4618**	8.4779***	3.2446*	9.1506***
联合显著性检验	空间固定效应		LR = 425.1231，P = 0.000			LR = 440.0491，P = 0.000		
	时间固定效应		LR = 30.7368，P = 0.000			LR = 5.1748，P = 0.073		

续表

因变量	Gas				Solid			
自变量	混合回归模型	空间固定效应模型	时间固定效应模型	空间和时间固定效应模型	混合回归模型	空间固定效应模型	时间固定效应模型	空间和时间固定效应模型
inv_Gas	0.4642*** (7.7273)	0.1055*** (3.1059)	0.1050*** (9.0548)	0.1177*** (3.3181)				
inv_Solid					0.1692*** (7.1789)	0.0390*** (3.4597)	0.1945*** (8.2515)	0.0409*** (3.5585)
FD	-1.9878 (-0.8933)	-3.6351* (-1.8718)	-5.9756*** (-2.8921)	-3.7401* (-1.8311)	-4.3445*** (-3.3590)	-5.3230*** (-4.5780)	-6.6628*** (-5.0140)	-7.6144*** (-5.8422)
PGDP	0.6522 (1.4392)	2.0142*** (6.2592)	-0.4034 (-0.9342)	2.4638*** (5.5760)	2.0581*** (8.1442)	1.9996*** (10.5353)	1.6313*** (6.0980)	2.2428*** (8.4402)
$PGDP^2$	0.5946*** (3.5748)	-0.0294 (-0.3363)	0.3869** (2.4787)	-0.0156 (-0.1612)	-0.1156 (-1.3559)	-0.2926*** (-6.7395)	-0.2658*** (-2.8973)	-0.4019*** (-7.3054)
SR	0.0241 (0.5905)	0.0647*** (4.1104)	0.0291 (0.7937)	0.0714*** (4.2980)	0.0035 (0.2149)	-0.0175** (-2.0757)	0.0034 (0.2157)	-0.0203** (-2.1954)
SH	0.0077 (0.0776)	0.0216 (0.2701)	-0.2199** (-2.2960)	0.0678 (0.7986)	-0.1683*** (-3.3807)	0.0356 (0.8638)	-0.2480 (-4.8911)	0.0333 (0.7840)
FDI	0.2626*** (3.1033)	-0.0374 (-0.6680)	0.2537*** (3.3285)	-0.0245 (-0.4216)	0.1631*** (3.3846)	-0.1207*** (-3.4463)	0.1391*** (2.9740)	-0.1122*** (-3.2164)

续表

因变量	Gas				Solid			
自变量	混合回归模型	空间固定效应模型	时间固定效应模型	空间和时间固定效应模型	混合回归模型	空间固定效应模型	时间固定效应模型	空间和时间固定效应模型
CITY	−8.7212*** (−8.0527)	0.5198 (0.4588)	−2.4833* (−1.9349)	0.8576 (0.7322)	−5.4180*** (−9.0627)	0.4841 (0.6051)	−2.1613** (−2.5226)	1.1487 (1.4088)
constant	8.7587*** (3.3204)				9.5511*** (6.7231)			
σ^2	0.9208	0.0877	0.7381	0.0852	0.4532	0.0623	0.4163	0.0592
R^2	0.5821	0.7986	0.6041	0.1962	0.6167	0.7975	0.5682	0.3631
LogL	−326.0565	−44.4076	−300.0384	−40.9092	−333.0948	−6.1623	−319.6072	2.3130
LM_{lag}	12.1361***	1.5716	0.2951	2.1898	15.7713***	16.7976***	6.4422**	14.6569***
LM_{error}	1.6971	2.9445*	1.0467	1.3552	14.1603***	13.8281***	19.6347***	6.0556**
R−LMlag	18.5564***	0.4399	5.5891**	1.3546	2.8015*	3.1633*	2.5294	12.1909***
$R-LM_{error}$	8.1174***	1.8127	6.3406**	0.5200	1.1905	0.1939	15.7218***	3.5896*
联合显著性检验	空间固定效应		LR = 518.2585，P = 0.537		空间固定效应		LR = 643.8404，P = 0.000	
	时间固定效应		LR = 6.9968，P = 0.000		时间固定效应		LR = 16.9507，P = 0.0193	

注：括号内为t统计量；*、** 和 *** 分别表示在10%、5%和1%水平通过显著性检验。

通过表 6.4 的混合估计及联合显著性检验可知，非空间面板数据模型的原假设被拒绝，工业“三废”综合利用产品产值、工业废水处理量和工业固体废物利用量方程的时间和空间双边固定效应空间均显著，工业废气处理量的时间固定效应优于空间固定效应。建立相应的空间杜宾模型，其基本形式为：

$$y_{it} = c + \delta \sum_{j=1}^{31} W_{ij}y_{jt} + \alpha_1 inv_{it} + \alpha_2 X_{it} + \alpha_1 \sum_{j=1}^{31} W_{ij}inv_{it} + \alpha_2 \sum_{j=1}^{31} W_{ij}X_{it} + \mu_i + \lambda_t + \varepsilon_{it} \tag{6.11}$$

不同特定效应形式下，环境污染治理的空间杜宾模型的估计结果如表 6.5 所示。

表 6.5 环境污染治理的空间杜宾模型回归结果

变量	PV	Liq	Gas	Solid
	空间和时间固定效应模型	空间和时间固定效应模型	空间随机时间固定效应模型	空间和时间固定效应模型
W × PV	-0.2336** (-2.5640)			
W × Liq		0.1882** (2.3324)		
W × Gas			0.1823** (2.2279)	
W × Solid				0.1573** (2.2374)
inv	0.0800 (1.4064)			
inv_Liq		0.1317*** (4.2853)		
inv_Gas			0.0810*** (2.4585)	
inv_Solid				0.0339*** (3.1306)

续表

变量	PV	Liq	Gas	Solid
	空间和时间固定效应模型	空间和时间固定效应模型	空间随机时间固定效应模型	空间和时间固定效应模型
FD	0. 5981 (0. 3857)	−0. 7080 (−0. 3601)	−5. 4270*** (−2. 7543)	−6. 5287*** (−5. 0352)
PGDP	1. 6743*** (4. 4620)	0. 9480** (2. 1772)	2. 6949*** (5. 9954)	2. 0930*** (7. 3202)
$PGDP^2$	−0. 0521 (−0. 5496)	−0. 2419** (−2. 5087)	−0. 2562** (−2. 1794)	−0. 2715*** (−4. 2672)
SR	−0. 0025 (−0. 1866)	0. 0106 (0. 9339)	0. 0628*** (3. 9801)	−0. 0142 (−1. 5340)
SH	−0. 0182 (−0. 2508)	−0. 1106* (−1. 9082)	0. 0711 (0. 8392)	−0. 0228 (−0. 5303)
FDI	−0. 0994** (−2. 0860)	−0. 1924*** (−3. 7959)	0. 0231 (0. 4073)	−0. 1391*** (−3. 9268)
CITY	−0. 1676 (−0. 2108)	−0. 2413 (−0. 2585)	0. 6097 (0. 5290)	0. 5942 (0. 7292)
W × inv	−0. 1668 (−1. 3145)			
W × inv_Liq		−0. 0132 (−0. 1831)		
W × inv_Gas			−0. 0766 (−1. 2249)	
W × inv_Solid				−0. 0053 (−0. 2620)
W × FD	1. 6826 (0. 5817)	−8. 2514 (−1. 3246)	1. 5525 (0. 4702)	−6. 5977*** (−2. 6629)
W × PGDP	−0. 4860 (−0. 7339)	2. 7166*** (3. 5435)	−1. 7942*** (−2. 6425)	0. 2491 (0. 4843)

续表

变量	PV	Liq	Gas	Solid
	空间和时间固定效应模型	空间和时间固定效应模型	空间随机时间固定效应模型	空间和时间固定效应模型
W × $PGDP^2$	0. 1420 (0. 9300)	-0. 5242 *** (-2. 9253)	0. 3159 * (1. 8560)	-0. 3872 *** (-3. 5812)
W × SR	0. 1178 *** (2. 8918)	0. 0897 *** (2. 7404)	-0. 0015 (-0. 0309)	-0. 0627 (-1. 3901)
W × SH	0. 2556 (1. 5598)	-0. 1257 (-0. 8638)	0. 1207 (0. 7695)	0. 1202 (1. 1570)
W × FDI	-0. 1518 (-1. 2243)	-0. 4889 *** (-3. 6483)	0. 1187 (0. 9979)	-0. 0791 (-0. 9277)
W × CITY	4. 5778 ** (2. 4153)	4. 7249 ** (2. 4914)	4. 4917 (1. 5114)	4. 4729 ** (2. 1740)
σ^2	0. 0510	0. 0510	0. 0756	0. 0511
R^2	0. 9822	0. 9775	0. 8203	0. 9556
LogL	15. 5855	16. 0724	-16545. 855	21. 4738
Wald (SAR)	25. 6962 ***	40. 5417 ***	25. 2831 ***	25. 4711 ***
LR (SAR)	24. 5895 ***	38. 4963 ***	23. 7466 ***	24. 6866 ***
Wald (SEM)	28. 8041 ***	50. 6173 ***	21. 9766 ***	32. 9197 ***
LR (SEM)	27. 0990 ***	46. 5602 ***	21. 8780 ***	31. 7503 ***

注：括号内为 t 统计量；*、** 和 *** 分别表示在 10%、5% 和 1% 水平通过显著性检验。

环境污染治理总体方程、工业废水治理方程和工业固体废物治理方程空间特定效应的 Hausman 检验统计量分别为 32. 2952、19. 9553 和 28. 6651，均服从自由度为 17 的卡方分布（$2 \times K + 1$），在 5% 及以上水平拒绝了空间随机效应的原假设，因而空间时间双向固定模型更适于数据特征的刻画。工业废气治理方程空间特定效应的 Hausman 检验统计量为 2. 2810，服从自由度为 17 的卡方分布，无法拒绝空间随机效应的原假设，因而选择空间随机效应模型更合适。

检验空间杜宾模型简化为空间滞后模型和空间误差模型的 Wald 统计量和 LR 统计量均在1%显著水平拒绝原假设，因此，可以判定空间杜宾模型不能简化为空间滞后或空间误差模型。

环境污染的探索性空间数据分析部分显示，环境污染存在显著的空间相关性。空间杜宾模型显示，某一空间单元的环境污染治理不仅受到本空间单元污染治理投入变量的影响，也受到相邻空间单元环境污染治理水平和污染治理投入的影响。

表6.5的第2列（PV）表示工业“三废”综合利用产品产值与污染治理投资的估计结果。综合利用产品产值的空间滞后项对本空间单元综合利用产值的影响系数（W×PV）为负，且在5%的水平上通过显著性检验。这表明，在综合利用工业“三废”，将其“变废为宝”的过程中，各空间单元尚未形成有机整合，主要原因可能是由于各空间单元均偏向于优先转化便于再利用的废物，而对于在废物转化过程中难度较大、回收利用成本较高的废物，存在被动利用、相互推脱的情况。本空间单元环境污染治理投资对工业“三废”综合利用产品价值的影响为正，相邻空间单元污染治理投入对本空间单元工业“三废”综合利用产品价值的影响为负，但均没有通过显著性检验，表明工业“三废”综合利用产品价值对污染治理投资的依赖度不高，这可能是由于目前阶段综合利用的“三废”产品多数是较易回收利用的，处理成本不高，加工利用后能够产生相对可观的价值。本空间单元与相邻空间单元的财政分权度对工业“三废”综合利用产品价值的影响系数均为正且没有通过显著性检验，表明工业“三废”综合利用产品价值与地方政府财政自主度的关联度不高，也表明了对“三废”产品的综合利用是地方政府的自主行为。本空间单元经济发展水平对工业“三废”综合利用产品价值的影响系数为正，且在1%的水平通过显著性检验，表明一个地区的经济水平越高，对废品回收利用的处理能力越强，其平方项系数为负，经济发展水平与工业“三废”综合利用产品价值之间存在倒“U”型关系曲线；相邻空间单元经济发展水平及其平方项对工业“三废”综合利用产品价值影响系数均没有通过显著性检验，即相邻空间单元经济发展水平对本空间单元工业“三废”综合利用产品价值的影响不大。本空间单元产业结构合理化和产业结构高级化对工业“三废”综合利用产品价值的影响系数没有通过显著性检验，相邻空间单元的产业结构合理化对本空

间单元工业“三废”综合利用产品价值的影响系数为0.1178，且在1%的水平上通过显著性检验，表明相邻空间单元产业结构合理化水平的提高有助于提升本空间单元的工业废品综合利用产品价值，而相邻空间单元产业结构高级化水平对工业废品综合利用产品价值的影响作用不明显。本空间单元外商直接投资对工业“三废”综合利用产品价值的影响系数为负且在5%的水平上通过显著性检验，表明外商直接投资企业没有有效积极地实施废品再利用，相邻空间单元的外商直接投资对本地工业“三废”综合利用产品价值影响作用不大。本空间单元的城市化水平对工业“三废”综合利用产品价值的影响作用不显著，而相邻空间单元的城市化水平对工业“三废”综合利用产品价值的影响系数为正且在5%的水平通过显著性检验，表明目前各省（区、市）的城市化水平已经跨越了对废品利用起到制约作用的阶段，当地对工业“三废”综合利用更多地依赖于周围地区的城市化的协调与统一作用，周围空间单元的城市化对本地的工业“三废”综合利用起到显著的促进作用。

表6.5的第3列（Liq）表示工业废水治理的估计结果。工业废水处理量的空间滞后项对本空间单元工业废水处理量的影响系数（W×Liq）为0.1822，且在5%的水平上通过显著性检验。这与综合利用产品产值的空间滞后项系数显著为负的结果不同，主要原因在于对工业废水的处理需要大量资金的投入，其环境保护效应远远大于经济效应，而废水治理是当地政府的责任所在，因此相邻空间单元没有了相互争夺便利资源的激励，各地废水治理呈现相互促进的格局。本空间单元工业废水治理投资对废水处理量的影响系数为正且在1%的水平上通过显著性检验，对工业废水治理投资的增加能够显著提高当地工业废水的处理量，验证了前文对工业废水处理更多的环保效应这一假说；相邻空间单元工业废水治理投资对本空间单元工业废水处理量的影响系数没有通过显著性检验，即相邻地区的工业废水治理投资对本地区的工业废水处理量的影响作用不大。本空间单元与相邻空间单元的财政分权度对工业废水处理量的影响系数均为负且没有通过显著性检验，表明地方政府的财政自主度对工业废水处理的影响作用不大。本空间单元经济发展水平对工业废水处理的影响系数为正，其平方项对工业废水处理的影响系为负，呈倒“U”型曲线，在经济发展水平较低时，工业废水处理量随着经济发展水平的提高而增加，经济发展水平达到一定高度之后，对工业废水的排放标准提高，工业废水排放总量呈下降趋势，

此时，经济发展水平越高，其工业废水处理量则相对减少；相邻空间单元经济发展水平及其平方项对工业废水处理量的影响也呈现出倒“U”的曲线关系，且在 1% 的水平上通过显著性检验。本空间单元产业结构合理化对工业废水处理的影响作用不显著，而产业结构高级化对工业废水处理量的影响系数为负且在 10% 的水平上通过显著性检验，随着产业结构高级化的提升，生产加工排出的工业废水相对减少，因而工业废水处理量与产业结构高级化之间呈负相关关系；相邻空间单元的产业结构合理化对本空间单元工业废水处理量的影响系数为正且在 1% 的水平上通过显著性检验，说明相邻空间单元产业结构合理化水平的提高有助于提升本空间单元的工业废水处理量，相邻空间单元产业结构高级化水平对工业废水处理量的影响作用不明显，这与产业结构合理化和工业“三废”综合利用产品价值的结论一致。本空间单元及相邻空间单元外商直接投资对工业废水处理量的影响系数均为负且在 1% 的水平上通过显著性检验，外商直接投资与工业废水处理之间呈现出显著的负相关，主要原因可能在于地方政府为争夺外商在本地投资而降低了外商直接投资的环境门槛。本空间单元的城市化水平对工业废水处理量影响作用不显著，而相邻空间单元的城市化水平对工业废水处理量的影响系数为正且在 5% 的水平通过显著性检验，工业废水处理量受当地城市化水平的影响作用不大，而是更多地依赖于周围地区的城市化与协调统一，周围空间单元城市化水平的提升能够促进对本地的工业废水处理能力。

表 6.5 的第 4 列（Gas）表示工业废气治理的估计结果。工业废气处理量的空间滞后项对本空间单元工业废水处理量的影响系数（W × Liq）为 0.1823，且在 5% 的水平上通过显著性检验，工业废气的治理也需要大量的资金投入，这与工业废水处理量的空间滞后项系数的方向及显著性相同。本空间单元工业废气治理投资对废气处理量的影响系数为正且在 1% 的水平上通过显著性检验，对工业废气治理投资的增加能够显著提高当地工业废气处理量，相邻空间单元工业废气治理投资对本空间单元工业废气处理量的影响作用不显著。本空间单元的财政分权度对工业废气处理量的影响系数为负且在 1% 的水平上通过显著性检验，而相邻空间单元的财政分权度对工业废气处理量的影响作用不显著，工业废气的治理受当地政府财政自主度的影响作用较大，当地政府的自主权越高，工业废气治理效果越不理想，这主要是源于工业废气治理的公益环保

性质，在没有其他政策引导的情况下，地方政府缺乏投资大量资金进行废气治理的激励。本空间单元经济发展水平对工业废气处理量的影响系数为正，其平方项对工业废气处理量的影响系数为负，且均在10%及以上水平通过显著性检验，与经济发展水平和工业废气处理量之间的倒“U”型关系曲线相同，经济发展与工业废气治理之间和经济发展与工业废水治理之间存在类似的作用机制；相邻空间单元经济发展水平及其平方项对当地工业废气治理也存在着显著的影响作用。本空间单元产业结构合理化对工业废气处理量的影响系数显著为正，产业结构高级化对工业废气处理量的影响系数不显著，相邻空间单元的产业结构合理化和高级化对工业废气处理量的影响系数均没有通过显著性检验，表明本空间单元的产业结构合理化的提升有利于当地工业废气的治理，而相邻空间单元产业结构合理化与产业结构高级化对本空间单元工业废气处理的影响作用不大。本空间单元以及相邻空间单元的外商直接投资和城市化水平对工业废气处理量的影响作用均不显著。

表6.5的第5列（Solid）表示工业固体废物治理的估计结果。工业固体废物处理量的空间滞后项对本空间单元工业固体废物处理量的影响系数（W×Solid）为0.1573，且在5%的水平上通过显著性检验。工业固体废物的治理也需要大量的资金投入，这与工业废水、工业废气处理量的空间滞后项系数的方向及显著性相同。本空间单元工业固体废物治理投资对工业固体废物处理量的影响系数为正且在1%的水平上通过显著性检验，对工业固体废物治理投资的增加能够显著提高当地工业固体废物的处理量，相邻空间单元工业固体废物治理投资对本空间单元工业固体废物处理量的影响作用不大，这与相邻空间单元工业废水、工业废气治理投资的对本空间单元工业废水、工业废气处理量的影响相同。本空间单元及相邻空间单元的财政分权度对工业固体废物处理量的影响系数为负且在1%的水平通过显著性检验，表明工业固体废物的治理受地方政府财政资助度的影响作用较大，且相邻地区地方政府就工业固体废物治理可能存在“避难就易”的恶性竞争现象。本空间单元经济发展水平对工业固体废物处理量的影响系数为正，其平方项对工业固体废物处理量的影响系数为负，且均在1%及以上水平通过显著性检验，与经济发展水平和工业废水处理量、经济发展水平和工业废气处理量之间的倒“U”型关系曲线相同，经济发展与工业固体废物治理之间和经济发展与工业废水治理、工业废气治理之

间存在类似的作用机制；相邻空间单元经济发展水平及其平方项对工业固体废物处理量的影响也呈现出倒“U”的曲线关系。本空间单元及相邻空间单元产业结构合理化和产业结构高级化对工业固体废物处理量的影响系数均没有通过显著性检验，即产业结构对工业固体废物治理的影响作用不明显。本空间单元外商直接投资对工业固体废物处理量的影响系数为负且在1%的水平上通过显著性检验，与外商直接投资对工业废水处理量的影响效果相同，原因很可能是地方政府在争夺外商直接投资的过程中降低了环境准入门槛，相邻空间单元的外商直接投资情况对工业固体废物处理量的影响作用不明显。本空间单元的城市化水平对工业固体废物处理量影响作用不显著，而相邻空间单元的城市化水平对工业固体废物处理量的影响系数为正且在5%的水平通过显著性检验，这与城市化水平对工业废水处理量的影响作用类似，周围空间单元城市化水平的提升能够促进对本地的工业固体废物处理能力。

空间杜宾模型较非空间面板形式模型能够更精确地刻画数据特征。埃尔霍斯特（Ehlorst，2010b）指出，不能直接比较两种形式下解释变量的参数估计值，因为非空间面板的参数估计值为解释变量变化对被解释变量的边际影响，而在空间杜宾模型中这一影响包含了解释变量对周围地区的影响效应，因此有必要进行直接效应和间接效应的估计。各解释变量的直接效应、间接效应和总效应的估计如表 6.6 所示。

表 6.6　环境污染治理的空间杜宾模型直接效应和间接效应回归结果

变量	PV			Liq		
	空间和时间固定效应模型			空间和时间固定效应模型		
	直接效应	间接效应	总效应	直接效应	间接效应	总效应
inv	0.0919 * (1.9139)	−0.1623 (−0.8799)	−0.0704 (−0.7092)			
inv_Liq				0.1217 *** (4.3311)	0.0146 (0.1659)	0.1363 (1.4786)
inv_Gas						
inv_Solid						

续表

变量	PV			Liq		
	空间和时间固定效应模型			空间和时间固定效应模型		
	直接效应	间接效应	总效应	直接效应	间接效应	总效应
FD	0.5806 (0.3768)	1.2420 (0.4918)	1.8226 (0.7468)	-1.1621 (-0.5685)	-9.7774 ** (-2.3357)	-10.9395 ** (-2.2799)
PGDP	1.7135 *** (4.6490)	-0.7503 (-1.2934)	0.9631 (1.5851)	1.0891 ** (2.4864)	3.4450 *** (3.7418)	4.5342 *** (4.7321)
$PGDP^2$	-0.0574 (-0.5907)	0.1265 (0.8992)	0.0690 (0.6690)	-0.2699 *** (-2.8096)	-0.6748 *** (-3.2329)	-0.9447 *** (-3.9037)
SR	-0.0080 (-0.5943)	0.1015 *** (2.9111)	0.0934 ** (2.6153)	0.0143 (1.2588)	0.1118 *** (2.8433)	0.1262 *** (2.8742)
SH	-0.0279 (-0.3787)	0.2222 (1.5728)	0.1942 (1.3714)	-0.1187 ** (-2.1092)	-0.1745 (-0.9996)	-0.2932 (-1.5776)
FDI	-0.0911 * (-1.9319)	-0.1147 (-1.0891)	-0.2058 * (-1.7286)	-0.2187 *** (-4.2666)	-0.6259 *** (-3.9146)	-0.8447 *** (-4.5559)
CITY	0.0474 (0.0586)	-3.8849 ** (-2.4625)	-3.8375 ** (-2.3647)	-0.4624 (-0.5077)	-5.6942 ** (-2.5727)	-6.1566 ** (-2.5360)
变量	Gas			Solid		
	时间固定效应模型			空间和时间固定效应模型		
	直接效应	间接效应	总效应	直接效应	间接效应	总效应
inv						
inv_Liq						
inv_Gas	0.0836 ** (2.5477)	-0.1101 * (1.9780)	-0.0265 ** (2.5756)			
inv_Solid				0.0349 *** (3.1686)	-0.0001 (-0.0274)	0.0343 (1.2485)
FD	-5.3694 ** (-2.7267)	0.5037 (0.1329)	-4.8657 (-1.1632)	-6.7822 *** (-5.2438)	-8.9049 *** (-3.3054)	-15.6871 *** (-5.0726)
PGDP	2.6274 *** (5.8281)	-1.5152 * (-1.9844)	1.1122 (1.3157)	2.1111 *** (7.1747)	0.6878 (1.2239)	2.7989 *** (4.3979)
$PGDP^2$	-0.2450 ** (-2.1537)	0.3143 (1.6592)	0.0692 (0.4152)	-0.2854 *** (-4.4395)	-0.5004 *** (-4.4293)	-0.7858 *** (-6.4715)

续表

变量	Gas			Solid		
	时间固定效应模型			空间和时间固定效应模型		
	直接效应	间接效应	总效应	直接效应	间接效应	总效应
SR	0.0646*** (3.9764)	0.0119 (0.1990)	0.0766 (1.1810)	-0.0166* (-1.7583)	-0.0734** (-2.3725)	-0.0900** (-2.6039)
SH	0.0773 (0.8883)	0.1554 (0.8589)	0.2327 (1.1884)	-0.0185 (-0.4395)	0.1318 (1.0935)	0.1133 (0.8514)
FDI	0.0299 (0.5173)	0.1520 (1.0730)	0.1819 (1.0693)	-0.1436*** (-3.8428)	-0.1142 (-1.2029)	-0.2578** (-2.2115)
CITY	0.8626 (0.7437)	5.3918 (1.5887)	6.2544* (1.7766)	0.7251 (0.8725)	5.3271** (2.2454)	6.0523** (2.4778)

注：括号内为t统计量；*、**和***分别表示在10%、5%和1%水平通过显著性检验。

由表6.6可以看出，解释变量直接效应与空间杜宾模型的下的系数估计值方向及显著性水平基本相同，但在数值上存在微弱差异，这是由于空间杜宾模型中存在着被解释变量和解释变量空间滞后项，即反馈效应（Elhorst，2014）。环境污染治理投资对工业“三废”综合利用产品产值直接影响系数为0.0919，而非空间面板环境污染治理投资的弹性为0.1045，这意味着非空间面板的环境污染治理投资的弹性被高估了12.05%。空间杜宾模型的环境治理投资系数为0.0800，因此环境治理投资的反馈效应为0.0119，占直接效应的12.95%。工业废水治理投资对工业废水处理量的直接影响系数为0.1217，而非空间面板环境污染治理投资的弹性为0.1528，这意味着非空间面板的环境污染治理投资的弹性被高估了20.35%。空间杜宾模型的环境治理投资系数为0.1317，因此工业废水治理投资的反馈效应为0.0100，占直接效应的8.21%。工业废气治理投资对工业废气处理量的直接影响系数为0.0836，而非空间面板环境污染治理投资的弹性为0.1050，这意味着非空间面板的环境污染治理投资的弹性被高估了20.38%。空间杜宾模型的环境治理投资系数为0.0810，因此工业废气治理投资的反馈效应为-0.0026，占直接效应的3.11%。工业固体废物治理投资对工业固体废物处理量的直接影响系数为0.0349，而非空间面板环境污染治理投资的弹性为0.0409，这意味着非空间面板的环境污染治理投资的弹性被高估了 14.66%。空间杜宾模型的环境治理投资系数为 0.0339，因此工业固体废物治理投资的反馈效应为 -0.0010，占直接效应的 0.10%。财政分权度、经济发展水平、产业结构、外商直接投资和城市化等因素对工业"三废"综合利用产品产值的直接效应与非空间面板模型估计的结果也均存在着一定的差别。

污染治理投资对工业"三废"综合利用产品产值、工业废水处理量和工业固体废物处理量的间接影响效应均没有通过显著性检验，表明本地的污染治理投资对周围邻近地区的废品综合利用、工业废水处理量和工业固体废物处理量的影响作用不大。工业废气治理投资的间接效应为 -0.1101 且通过显著性检验，工业废气治理投资具有显著的溢出效应，即本地区对工业废气治理投资的增加能够显著缓解周围邻近地区的废气治理压力。

6.3 财政分权、污染治理支出与环境质量：基于非线性效应分析

6.3.1 PSTR 模型设定

1. 转换变量的设定

（1）当地的经济发展水平。随着经济发展水平的不同，环境污染治理投资对当地环境质量的影响状况也有所差异，造成异质性的过程主要表现为两种作用过程：第一，某一个地区的经济发展水平越高，该地区一般拥有较完善的基础设施、较高的技术处理能力，当地环境污染的治理对资金投资的依赖程度较经济发展水平低的地区相对较低，而落后地区科技水平相对较低，处理污染物的过程中需要的资金投入相对较高；第二，一个地区的经济发展水平越高，该地区的消费水平、工资成本也相对较高，对污染物进行处理需要更多的成本投入，而经济发展水平较低的地区，这一资金投入相对较低。

（2）产业结构情况。产业结构变迁和能源效率之间存在长期均衡关系（丁建勋、罗润东，2009），工业化比重的提高会显著降低能源效率（史丹，2002；袁晓玲等，2009），而能源效率的提高能够降低污染物的排放，缓解环

境污染（李国璋等，2010），因此产业结构变迁可以通过能源效应影响当地的环境状况。产业结构应同时包括产业结构合理化和产业结构高级化两个维度，产业结构合理化主要反映产业之间的协调程度与资源有效利用程度，而产业结构高级化侧重对产业结构升级的衡量，同时包含比例关系演进和生产率的提高（干春晖等，2011）。一个地区的要素投入结构和产出耦合程度越高，环境污染治理投资较容易形成有机整合，发挥环境治理的最大效用；一个地区产业高级化程度和生产率越高，对相关产业的带动作用相对越强，环境污染治理投资能够发挥的环境治理效应也相对较大。同时，对产业结构合理化和产业结构高级化程度较高的地区，可能会出现污染治理投资边际效应降低的情形。

综上所述，随着经济发展水平和产业结构在各地区之间的变化，污染治理投资对环境质量的影响效应变化是不确定的。因此，本节采用人均 GDP 作为经济发展水平的衡量指标，产业结构合理化指数和产业结构高级化指数作为产业结构的衡量指标，将其作为转换变量进行异质性分析。

2. PSTR 模型设定

根据第 5 章介绍的模型原理，构建如下的 PSTR 模型：

$$Y_{it} = \mu_i + \beta X + (\beta_j X) g(Q_{it};\ \gamma_j,\ c) + \varepsilon_{it} \tag{6.12}$$

其中，Y 表示被解释变量，X 表示解释变量，Q 表示转换变量。

6.3.2 基于 PSTR 模型的实证分析

1. 以经济发展水平为转换变量的回归分析

在使用 PSTR 模型进行分析之前，首先判断转换函数的个数，即 r 的值，分别采用 LM、LMF 和 LRT 检验统计量对模型进行线性检验；如果线性检验拒绝原假设，接着采用 LM、LMF 和 LRT 三个检验统计量进行剩余非线性检验，来确定 PSTR 中转换函数的最优个数，检验结果如表 6.7 所示。

由表 6.7 可以看出，所有模型的线性检验统计量 LM、LMF 和 LRT 均能在 1% 的水平上显著拒绝线性关系的原假设，说明了运用 PSTR 模型的合理性。剩余线性检验结果表明，工业“三废”综合利用产品产值、工业固体废物处理的最优转换函数个数为 2，工业废水处理和工业废气处理的转换函数个数为 1。借鉴泰雷斯维尔塔（Teräsvirta，1994）和冈萨雷斯等（González et al.，2005）的方法确定位置参数个数，检验结果如表 6.8 所示。

表 6.7 以人均 GDP 为转换变量的线性检验与非线性检验结果

检验类型		PV			Liq		
		LM	LMF	LRT	LM	LMF	LRT
线性检验	H0：r = 0 H1：r = 1	93.850 (0.000)	6.731 (0.000)	117.925 (0.000)	92.123 (0.000)	6.534 (0.000)	115.162 (0.000)
剩余非线性检验	H0：r = 1 H1：r = 2	28.162 (0.005)	2.060 (0.021)	29.893 (0.003)	16.868 (0.155)	1.174 (0.304)	17.469 (0.133)
	H0：r = 2 H1：r = 3	14.320 (0.281)	0.955 (0.494)	14.750 (0.255)			
检验类型		Gas			Solid		
		LM	LMF	LRT	LM	LMF	LRT
线性检验	H0：r = 0 H1：r = 1	59.422 (0.000)	3.510 (0.000)	68.274 (0.000)	116.372 (0.000)	8.534 (0.000)	143.503 (0.000)
剩余非线性检验	H0：r = 1 H1：r = 2	20.696 (0.295)	0.944 (0.527)	21.643 (0.248)	20.052 (0.003)	3.041 (0.007)	20.687 (0.002)
	H0：r = 2 H1：r = 3				25.497 (0.112)	1.228 (0.238)	26.536 (0.088)

注：括号内为对应的 P 值。

表 6.8 以人均 GDP 为转换变量的确定 m 取值的零假设检验结果

检验	PV	Liq	Gas	Solid
H_{03}: B3 = 0	1.032 (0.425)	1.499 (0.093)	1.455 (0.100)	1.118 (0.334)
H_{02}: B2 = 0 | B3 = 0	3.274 (0.000)	4.283 (0.000)	0.463 (0.970)	2.088 (0.006)
H_{01}: B1 = 0 | B2 = B3 = 0	1.675 (0.046)	0.213 (1.000)	0.882 (0.141)	4.498 (0.000)

注：括号内为对应的 P 值。

由表 6.8 中 LM 统计量和对应的 P 值可以看出，工业“三废”综合利用产品产值、工业废水处理量中 H_{02} 最强拒绝了原假设，因此二者的位置参数个数为 2，工业废气处理量和工业固体废物处理量的位置参数个数为 1。表 6.9 给出了运用 Matlab 2011a 计算的估计结果。工业废水处理量的平滑参数为 1.6783e-5，趋近于 0，转换函数的值趋近于恒定值 0.5，此时 PSTR 模型退化为线性固定效应模型（Gonzalez et al.，2005）。

表 6.9　以人均 GDP 为转换变量 PSTR 模型估计结果

指标		PV	Liq	Gas	Solid
线性部分参数估计	inv	2.0670*** (13.654)			
	inv_Liq		0.0020** (2.2498)		
	inv_Gas			0.7229*** (7.2720)	
	inv_Solid				0.3855*** (4.6028)
	FD	-10.5184*** (-4.06)	0.0750 (0.9921)	-4.9514** (-2.076)	-12.092*** (-7.423)
	SR	-0.5368*** (-4.798)	-0.0210** (-2.241)	-0.0910 (-0.3025)	-0.3162* (-1.9051)
	SH	0.0960 (0.7106)	-0.0283* (-1.665)	0.0007 (0.0032)	-0.1140 (-0.5546)
	FDI	-0.4146*** (-4.653)	-0.0274*** (-3.09)	0.1309 (1.382)	0.0914 (1.4260)
	CITY	5.8164*** (2.9485)	1.1407*** (6.122)	-5.3355** (-2.119)	0.1632 (0.0611)

续表

指标			PV	Liq	Gas	Solid
非线性部分参数估计	第一个转换函数	inv	2.3353*** (8.8890)			
		inv_Liq		-0.0041 (-0.2498)		
		inv_Gas			-0.4338*** (-3.531)	
		inv_Solid				-0.3162*** (-2.525)
		FD	7.7490** (2.1263)	-0.1500 (-0.9923)	-2.8442 (-1.3523)	10.133*** (5.3157)
		SR	0.8084*** (5.3293)	0.0421** (2.2410)	0.1419 (0.4727)	-0.0012 (-0.0053)
		SH	-0.7518*** (-3.352)	0.0566* (1.6649)	-0.2950 (-1.2184)	-0.5555** (-2.025)
		FDI	1.0114*** (5.9464)	0.0547*** (3.090)	0.3728*** (3.3433)	0.1114 (1.2635)
		CITY	-11.771*** (-4.161)	-2.282*** (-6.122)	4.5032* (1.8077)	-2.8972 (-0.8177)
	位置参数	c_1	-1.1651	1.0699	0.3676	0.5266
		c_2	0.8221	1.6308		
	平滑参数	γ	0.7981	1.6783e-5	13.2572	2.7159
	第二个转换函数	inv	-0.1527* (-1.7625)			
		inv_Liq				
		inv_Gas				
		inv_Solid				0.0326 (0.4340)

续表

指标			PV	Liq	Gas	Solid
非线性部分参数估计	第二个转换函数	FD	1.5082 (1.4293)			-0.9378 (-0.4428)
		SR	-0.1797*** (-3.026)			0.3534*** (4.1681)
		SH	0.2808*** (2.8181)			0.7390*** (4.7419)
		FDI	0.0401 (0.8033)			-0.0906 (-1.0524)
		CITY	-2.8549*** (-3.5520)			-3.5220** (-2.131)
	位置参数	c_1	0.3721			1.4616
		c_2	1.5139			
	平滑参数	γ	3.3879e+4			8.3131
AIC			-1.393	-1.161	-0.375	-1.175
BIC			-1.024	-0.792	-0.143	-0.875
RSS			44.514	56.145	134.154	79.956

注：括号内为对应的 t 统计量；*、** 和 *** 分别表示在 10%、5% 和 1% 水平下显著。

从表 6.9 中可以看出，环境污染治理投资、工业废水治理投资、工业废气治理投资和工业固体废物治理投资回归系数的线性部分均显著为正，非线性部分的估计参数随着转换函数值的变化而转变（工业废水治理模型除外）。为了更直观地展示回归系数随转换变量变化的具体形式，这里采用图示法描述了回归系数的变化情况（见图 6.5）。

从图 6.5 可以看出，随着人均 GDP 对数的变化，环境污染治理投资对工业“三废”综合利用产品产值的系数变化情况呈先上升后下降的过程。当人均 GDP 对数大于 0.4 以后，回归系数呈显著下降的状态，由于人均 GDP 对数低于 0.4 的地区主要集中在西部欠发达省（区、市），因此可以看出，对于经济发展水平较低的省（区、市），增加环境污染治理投资能够显著提高工业“三废”综合利用产品产值，而当经济发展到一定程度后，工业“三废”的利用对环境污染治理投资的依赖越来越低。由于工业废水治理模型可以简化为线性固定效应模型，工业废水治理投资的系数呈现出基本稳定的状态。当人均 GDP 对数低于 0.1 时，工业废气治理投资对工业废气处理量的影响系数基本稳定在 0.7 附近；当人均 GDP 对数高于 0.6 时，工业废气治理投资对工业废气处理量的影响系数稳定在 0.3；人均 GDP 对数处于 0.1 ~0.3 时，工业废气治理投资系数随着人均 GDP 对数的增加而减小。工业固体废物治理投资系数受人均 GDP 对数变化的影响不大。

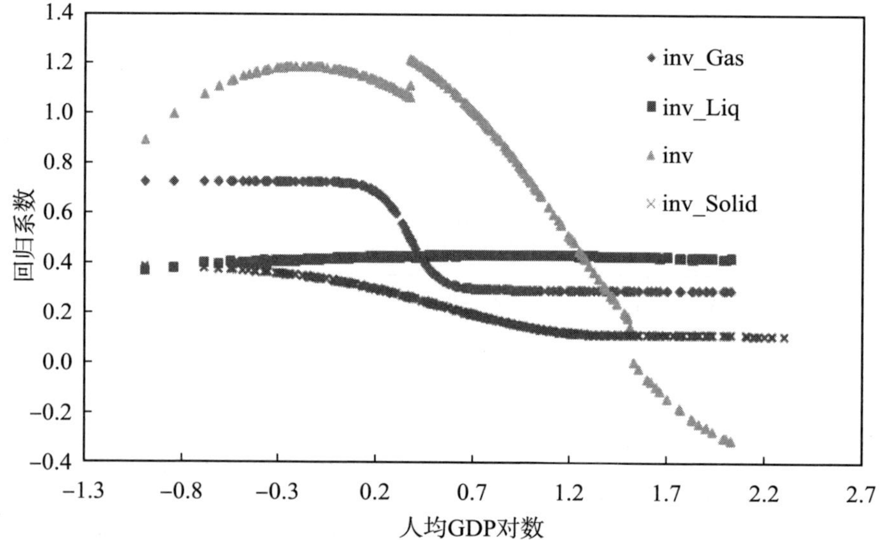

图 6.5　以人均 GDP 对数为转换变量的污染治理投资回归系数变化

2. 以产业结构为转换变量的回归分析

同以人均 GDP 对数为转换变量的回归分析一样，以产业结构合理化和产业结构高级化作为转换变量时，首先要确定转换函数和位置参数的个数。表 6.10 至表 6.13 分别给出了以产业结构合理化和产业结构高级化为转换变量的线性检验与非线性检验结果以及确定 m 取值的零假设检验结果。根据检验结果可知，以产业结构合理化为转换变量时，工业“三废”综合利用产品产值和工业固体废物处理量的转换函数个数为 2，位置参数个数为 1；工业废水处理量和工业废气处理量的转换函数和位置参数个数均为 1。以产业结构高级化为转换变量时，工业“三废”综合利用产品产值的转换函数个数为 1，位置参数个数为 2；工业废水处理和工业固体废物处理量的转换函数个数为 2，位置参数个数为 1。

表 6.10　以 sr 为转换变量的线性检验与非线性检验结果

检验类型		PV			Liq		
		LM	LMF	LRT	LM	LMF	LRT
线性检验	H0：r = 0 H1：r = 1	103.941 (0.000)	6.734 (0.000)	134.715 (0.000)	82.060 (0.000)	4.615 (0.000)	99.647 (0.000)
剩余非线性检验	H0：r = 1 H1：r = 2	42.694 (0.000)	5.823 (0.000)	46.854 (0.000)	5.260 (0.628)	0.607 (0.750)	5.317 (0.621)
	H0：r = 2 H1：r = 3	10.287 (0.173)	1.168 (0.323)	10.506 (0.162)			
检验类型		Gas			Solid		
		LM	LMF	LRT	LM	LMF	LRT
线性检验	H0：r = 0 H1：r = 1	63.563 (0.000)	3.242 (0.000)	73.842 (0.000)	111.16 (0.000)	6.749 (0.000)	135.550 (0.000)
剩余非线性检验	H0：r = 1 H1：r = 2	14.967 (0.306)	1.796 (0.190)	15.454 (0.301)	39.233 (0.000)	5.378 (0.000)	41.768 (0.000)
	H0：r = 2 H1：r = 3				8.118 (0.322)	0.980 (0.446)	8.220 (0.314)

注：括号内为对应的 P 值。

表 6.11　以 sr 为转换变量的确定 m 取值的零假设检验结果

检验	PV	Liq	Gas	Solid
H_{03}: B3 = 0	1.254 (0.211)	0.694 (0.837)	1.936 (0.011)	1.652 (0.038)
H_{02}: B2 = 0 | B3 = 0	1.201 (0.253)	0.502 (0.967)	0.419 (0.989)	0.864 (0.638)
H_{01}: B1 = 0 | B2 = B3 = 0	3.499 (0.000)	3.224 (0.000)	0.689 (0.841)	3.644 (0.000)

注：括号内为对应的 P 值。

表 6.12　　以 sh 为转换变量的线性检验与非线性检验结果

检验类型		PV			Liq		
		LM	LMF	LRT	LM	LMF	LRT
线性检验	H0：r = 0 H1：r = 1	51.657 (0.000)	2.456 (0.001)	57.925 (0.000)	74.547 (0.000)	4.011 (0.000)	88.665 (0.000)
剩余非线性检验	H0：r = 1 H1：r = 2	21.642 (0.086)	1.291 (0.216)	22.645 (0.066)	20.176 (0.005)	2.480 (0.018)	21.044 (0.004)
	H0：r = 2 H1：r = 3				29.511 (0.102)	1.126 (0.326)	31.420 (0.067)
检验类型		Gas			Solid		
		LM	LMF	LRT	LM	LMF	LRT
线性检验	H0：r = 0 H1：r = 1	68.825 (0.000)	3.619 (0.000)	81.109 (0.000)	120.991 (0.000)	7.691 (0.000)	150.716 (0.000)
剩余非线性检验	H0：r = 1 H1：r = 2	21.987 (0.079)	1.311 (0.204)	23.060 (0.059)	36.789 (0.001)	2.438 (0.003)	39.006 (0.000)
	H0：r = 2 H1：r = 3				13.145 (0.515)	0.785 (0.685)	13.414 (0.494)

注：括号内为对应的 P 值。

表 6.13　　以 sh 为转换变量的确定 m 取值的零假设检验结果

检验	PV	Liq	Gas	Solid
H_{03}: B3 = 0	0.622 (0.900)	1.199 (0.255)	0.600 (0.916)	0.557 (0.944)
H_{02}: B2 = 0 | B3 = 0	1.023 (0.074)	1.108 (0.342)	1.724 (0.030)	2.756 (0.000)
H_{01}: B1 = 0 | B2 = B3 = 0	0.709 (0.822)	1.367 (0.137)	1.059 (0.396)	3.615 (0.000)

注：括号内为对应的 P 值。

同以人均 GDP 对数为转换变量的回归分析一样，表 6.14 给出了运用 Matlab 2011a 计算的以产业结构合理化和产业结构高级化为转换变量的 PSTR 模型估计结果。

表 6.14 以产业结构为转换变量 PSTR 模型估计结果

转换变量		SR				SH			
指标		PV	Liq	Gas	Solid	PV	Liq	Gas	Solid
线性部分参数估计	inv	1.0280*** (9.8932)				1.2132*** (13.1254)			
	inv_Liq		0.4895*** (5.1711)				0.4938*** (4.4166)		
	inv_Gas			0.2995*** (3.2879)				0.6832*** (7.0624)	
	inv_Solid				0.2914*** (7.9614)				0.1797*** (4.1462)
	FD	0.9269 (0.6456)	−11.6802*** (−4.8314)	−5.0903* (−1.7815)	−3.1860 (−1.1856)	−7.4233*** (−3.9412)	−22.8222*** (−6.3072)	−6.6753*** (−2.4798)	−7.6894*** (−5.7915)
	PGDP	−0.5955* (−1.8808)	0.9719 (1.1514)	1.0785* (1.8415)	−0.7085 (−1.1880)	−0.5583* (−1.8214)	6.0223*** (5.6016)	−2.5719*** (−4.3069)	0.8791*** (3.3397)
	$PGDP^2$	0.5580*** (4.3112)	0.7176*** (2.5973)	1.2661*** (4.0116)	1.0734*** (5.7755)	0.7187*** (3.6135)	−3.5179*** (−5.8919)	0.5916* (1.9876)	0.5965*** (3.2632)
	SR					−0.0785 (−0.8191)	0.0289 (0.4430)	0.1028 (0.9576)	−0.2318*** (−2.8704)

续表

转换变量			SR				SH			
指标			PV	Liq	Gas	Solid	PV	Liq	Gas	Solid
线性部分参数估计	SH		-0.6233*** (-6.3741)	-0.4583*** (-4.0593)	-1.0920*** (-5.6194)	-0.8484*** (-7.4689)				
	FDI		-0.1205* (-1.7443)	0.0796 (0.8463)	0.0289 (0.2751)	0.2848*** (2.5036)	-0.0444 (-0.9047)	0.0092 (0.0534)	0.1848* (1.8968)	0.2381*** (5.1210)
	CITY		-2.7673*** (-2.9867)	-4.4267*** (-2.6625)	-5.2410* (-1.8056)	-4.2240*** (-2.5721)	-0.1801 (-0.1228)	19.1006*** (3.7947)	0.4768 (0.2660)	-2.8680** (-2.2188)
非线性部分参数估计	第一个转换函数	inv	0.0200 (0.9117)				-0.3568** (-2.4201)			
		inv_Liq		-0.2331 (-0.9608)				-0.0281 (-0.2696)		
		inv_Gas			-0.1573 (-1.2713)				-0.5573*** (-4.4185)	
		inv_Solid				-0.3407*** (-8.8718)				0.2859 (1.4548)
		FD	-1.7964*** (-5.6717)	-15.9125*** (-4.1662)	-9.6830*** (-4.7357)	1.3110 (1.2934)	-0.1570 (-0.1636)	-2.3458 (-1.5926)	0.2969 (0.1167)	-6.8970 (-1.1562)

续表

转换变量			SR				SH			
指标			PV	Liq	Gas	Solid	PV	Liq	Gas	Solid
非线性部分参数估计	第一个转换函数	PGDP	-0.0042 (-0.0463)	-2.2699 (-0.7378)	-0.1948 (-0.4812)	-0.3563 (-1.0878)	1.1566*** (3.0199)	6.1667*** (6.3650)	8.9722*** (4.5222)	23.9717*** (3.2369)
		$PGDP^2$	-0.1564*** (-3.1651)	-1.7577* (-1.8139)	-1.2809*** (-3.9546)	-0.2003 (-1.1085)	-0.8286*** (-3.1626)	-3.0165*** (-7.3760)	-1.9328** (-2.1943)	-5.8192** (-2.1611)
		SR					0.0793 (0.8002)	0.2160*** (2.6084)	-0.0950 (-0.8110)	0.1590* (1.7927)
		SH	0.1598*** (6.2927)	0.5380* (1.8268)	0.8432*** (3.9565)	-0.0539 (-0.5500)				
		FDI	0.0197 (1.2306)	0.3232 (1.1360)	0.2541*** (2.3927)	0.2499*** (4.8918)	0.1022 (1.4742)	-0.0929 (-1.1445)	0.0930 (0.5808)	-1.6361*** (-3.8479)
		CITY	1.0393*** (4.2736)	23.1304*** (6.6164)	5.8944** (2.0881)	-2.5634* (-1.8184)	-0.9977 (-0.5665)	0.1162 (0.0581)	-6.2268* (-1.9835)	6.9391 (0.8332)
	位置参数	c_1	2.7651	3.1867	1.1767	1.5770	2.5228	4.3519	1.3769	6.8808
		c_2					3.7891		4.3480	
	平滑参数	γ	1.8645	0.5855	9.6049	8.435e+3	7.7457	3.6289e-4	0.7003	0.001e-5

续表

转换变量			SR				SH			
指标			PV	Liq	Gas	Solid	PV	Liq	Gas	Solid
非线性部分参数估计	第二个转换函数	inv	−0.0200 (−0.9122)							
		inv_Liq						−0.1780 (−0.7834)		
		inv_Gas								
		inv_Solid				0.1782*** (2.3981)				−0.0340 (−0.6139)
		FD	1.7960*** (5.6716)			−17.5395* (−1.7056)		17.1816*** (2.9962)		0.4857 (0.4735)
		PGDP	0.0043 (0.0468)			10.0774*** (3.8780)		−15.9146*** (−6.3685)		1.8287*** (3.2476)
		$PGDP^2$	0.1563*** (3.1647)			−4.0520 (−5.2688)		9.5243*** (7.1063)		−1.5774*** (−4.8493)
		SR						−0.2338** (−2.1095)		0.1741* (1.9654)

续表

转换变量			SR				SH			
指标			PV	Liq	Gas	Solid	PV	Liq	Gas	Solid
非线性部分参数估计	第二个转换函数	SH	-0.1598*** (-6.2929)			1.8206*** (5.4232)				
		FDI	-0.0197 (-1.2299)			-0.7865* (-1.9279)		0.4476 (1.2413)		-0.0947* (-1.9183)
		CITY	-1.0392*** (-4.2735)			14.4287*** (2.8606)		-32.9114*** (-3.2646)		1.3818 (0.8690)
	位置参数	c_1	2.7649			4.1468		5.2547		3.3674
		c_2								
	平滑参数	γ	1.8650			0.372		0.437		0.287
AIC			-1.667	-1.137	-0.4513	-1.394	-1.132	-0.979	-0.372	-1.211
BIC			-1.256	-0.882	-0.2192	-1.060	-0.877	-0.625	-0.126	-0.923
RSS			32.571	63.535	124.277	62.417	63.846	68.174	132.770	77.817

注：括号内为对应的 t 统计量；*、** 和 *** 分别表示在 10%、5% 和 1% 水平下显著。

从表6.14可以看出，环境污染治理投资、工业废水治理投资、工业废气治理投资和工业固体废物治理投资回归系数同时受到线性部分和包含转换函数的非线性部分的影响，其中线性部分均显著为正，非线性部分的估计参数随着转换函数的值进行平滑转变。同以人均GDP对数为转换变量的处理一样，为了更直观地展示回归系数随转换变量变化的具体形式，以产业结构合理化和产业结构高级化为转换变量的回归系数的具体变化形式如图6.6、图6.7所示。

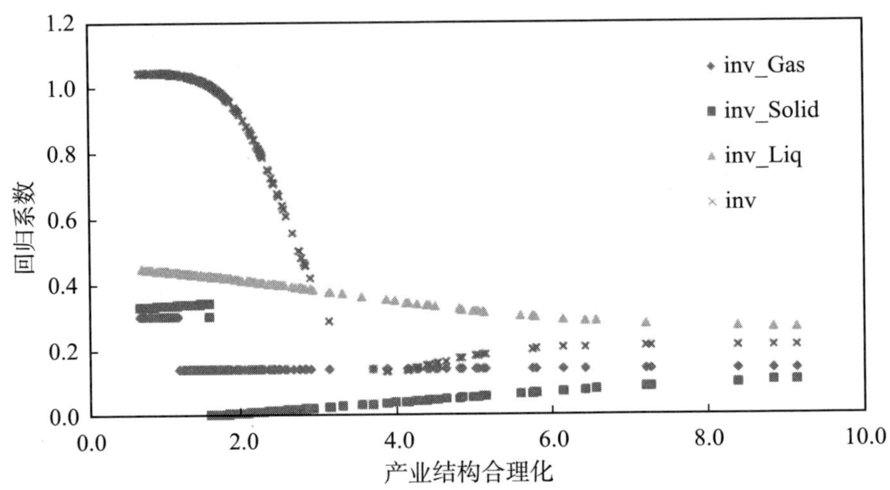

图6.6　以产业结构合理化为转换变量的污染治理投资回归系数变化

从图6.6可以看出，在产业结构合理化水平低于3.8时，环境污染治理投资对工业“三废”综合利用产品产值的系数随着产业结构合理化水平的增加而逐渐降低。当产业结构合理化水平很低时，环境污染治理投资对工业“三废”综合利用产品产值的影响系数很大，最高达到1.0左右，而随着产业结构合理化水平的提高，环境污染治理投资对工业“三废”综合利用产品产值的影响系数逐渐降低，但始终表现为显著的促进作用；当产业结构水平高于3.8时，环境污染治理投资对工业“三废”综合利用产品产值的系数稳定在0.2附近。工业废水治理投资对工业废水处理量的影响系数在平稳中呈下降趋势，但变化幅度较小，保持在0.2～0.4。工业废气治理投资和工业固体废物治理投资对工业废气处理量和工业固体废物处理量的影响系数呈现跳跃式变动趋势，当产业结构合理化水平低于1.1时，工业废气治理投资的影响系数稳定在

0.3 附近；当产业结构合理化水平高于 1.1 时，随着产业结构合理化水平的提高，工业废气治理投资的影响系数在 0 和 0.1 之间呈稳定上升的趋势。当产业结构合理化水平低于 1.6 时，工业固体废物治理投资的影响系数稳定在 0.3 附近；当产业结构合理化水平高于 1.6 时，工业固体废物治理投资的影响系数在 0.1 和 0.2 之间呈稳定趋势。

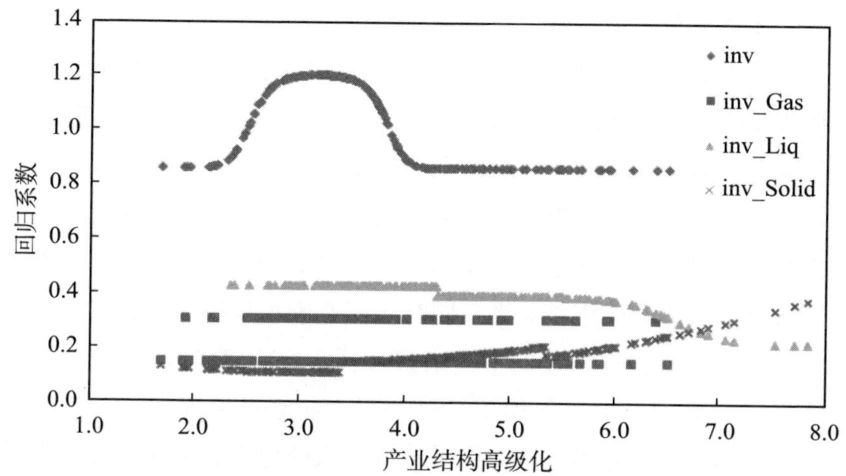

图 6.7　以产业结构高级化为转换变量的污染治理投资回归系数变化

分析图 6.7 可知，当产业结构高级化水平低于 2.2 或产业结构高级化水平高于 4.0 时，环境污染治理投资对工业“三废”综合利用产品产值的系数稳定在 0.8～0.9；当产业结构高级化水平在 2.2～4.0 时，随着产业结构高级化水平的增加，环境污染治理投资系数呈现出先上升后下降的倒“U”型曲线。当产业结构高级化水平低于 6.5 时，工业废水治理投资对工业废水处理量的影响系数呈稳定状态；当产业结构高级化水平高于 6.5 时，随着产业结构高级化水平的提高，工业废水治理投资的影响系数呈缓慢的下降趋势。工业废气治理投资对工业废气处理量的影响系数呈现出 0.1 和 0.3 的稳定值，表明产业结构高级化水平接近相同的地区，工业废气治理投资系数也可能存在较大的差异，造成这种现象的原因可能是工业废气治理投资具有很强的空间外溢性。工业固体废物治理投资对工业固体废物处理量的影响系数随着产业结构高级化水平的提高，呈现出缓慢的上升趋势。

6.4 本章小结

环境污染治理投资支出责任问题一直是政府和学术界关注的热点，关于环境污染治理的研究不断涌现，但是主要集中于规范分析，而运用实证模型进行计量研究的文章相对较少。基于此，本章运用中国31个省（区、市）2003—2013年的面板数据，首先根据工业废水、工业二氧化硫、工业烟（粉）尘和工业固体废物排放量构建的环境污染综合指数，考察了我国环境污染的总体分布特征，同时也对主要污染物排放的空间特征进行分析，进而对环境污染治理总投资以及各种污染物治理投资对环境污染和主要工业污染物处理量进行空间相关性进行实证研究。结果显示：（1）以环境污染综合指数表示的环境污染在空间分布上具有显著的正相关性，同时，工业废水排放、工业废气排放和工业固体废物排放量也存在明显的空间集聚特征；（2）环境污染治理投资对工业“三废”综合利用的促进作用不显著，而工业废水治理投资、工业废气治理投资、工业固体废物治理投资分别对工业废水处理量、工业废气处理量、工业固体废物处理量具有显著的促进作用；（3）由于反馈效应的存在，各种污染治理投资对污染物处理量的直接效应与空间杜宾模型的下的系数估计值方向及显著性水平基本相同，但在数值上存在微弱差异。同时，污染治理投资对工业“三废”综合利用产品产值、工业废水处理量和工业固体废物处理量的间接影响效应均不显著，而工业废气治理投资的间接效应通过显著性检验，即工业废气的治理具有显著的溢出效应。

在环境污染治理表现出空间相关性的同时，还表现出空间异质性，这主要是因为地区间在经济发展水平、产业结构、行为习惯等方面存在巨大的差异。基于数据的可得性，本章主要从经济环境视角分析了环境污染治理效应随着经济发展水平、产业结构合理化与高级化的差异而变化的过程。采用非线性面板数据模型回归方法，本章得到以下结论：（1）以人均GDP对数为转换变量时，随着人均GDP对数的增加，环境污染治理对工业“三废”综合利用产品产值的系数呈现出先上升后下降的趋势，工业废水治理和工业固体废物治理投资系数的变化不大，工业废气治理投资系数呈现出“稳定—下降—稳定”的变化趋势。(2) 以产业结构合理化作为转换变量时，当产业结构合理化水平低于3.8时，环境污染治理投资对工业“三废”综合利用产品产值的系数随着产业结构合理化水平的增加而逐渐降低。工业废水治理投资系数保持在0.2~0.4。工业废气治理投资和工业固体废物治理投资系数呈现跳跃式变动趋势，跳跃点分别出现在产业结构合理化水平为1.1和1.6时；(3) 以产业结构高级化作为转换变量时，当产业结构高级化水平处于2.2~4.0时，环境污染治理投资系数呈现出先上升后下降的倒“U”型曲线。工业废水治理投资系数在产业结构高级化水平低于6.5时呈稳定状态，在产业结构高级化水平高于6.5时表现出缓慢的下降趋势。工业废气治理投资系数和工业固体废物治理投资系数比较稳定，变动幅度较小。

第7章　财政分权、环境规制与环境污染

中国经济已由高速增长阶段转向高质量发展阶段，经济高质量发展对资源配置和环境保护也提出了更高的要求（高培勇等，2019）。由于环境污染具有负外部性，改善和治理环境问题需要政府制定相应的政策，如何运用政府手段干预环境治理，缓解环境污染状况成为政府所面临的严峻而又现实的问题。

中国工业的高消耗和高排放是导致环境问题的主要原因（蔡昉等，2008），而财政分权下的晋升锦标赛激励着地方政府最大限度地发展经济而忽略环境（周黎安，2007）。由于环境污染具有公共物品属性，污染治理离不开政府的干预，因此政府环境规制如何影响当地的环境治理成为学者们研究的热点。谭娟、陈晓春（2011）从三次产业的角度分析了政府环境规制与碳排放的关系，结果表明政府规制是引起第二、三产业碳排放的原因，但对第一产业碳排放的影响作用不明显。刘玉博、汪恒（2016）将环境规制内生化在Copeland－Taylor模型中，分解并考察了外商直接投资对本地环境异质性的影响。钟茂初等（2015）分析了环境规制与企业行为的关系，发现环境规制达到门槛值时会驱动污染产业转型，倒逼产业结构升级。

除了工业污染之外，二氧化碳排放也是环境污染的重要组成部分，其产生的温室效应会诱发全球气候变暖，已成为全世界共同关注的问题。国际能源署（IEA，2009）的统计数据表明，2007年中国二氧化碳排放量已超过美国，成为全球第一大二氧化碳排放国。在这种背景下，碳排放作为约束性指标纳入“十二五”规划中，彰显了我国政府积极应对环境问题、坚持发展低碳经济的决心。

大量文献对二氧化碳排放及其影响因素进行了研究，而政府规制和产业结构变迁与二氧化碳排放量的关系一直以来是学者们研究的热点。在政府规制方面，蔡昉等（2008）通过拟合环境库兹涅茨曲线，考察了中国经济内在的节

能减排要求。对温室气体的减排来说，被动等待库兹涅茨转折点的到来，已无法应对日益增加的环境压力，需要依靠中央政府的决心、地方政府和企业转变增长方式的动机，加大激励力度。李东文、尹传文（2010）通过实证分析得出加强环境规制有利于发展低碳经济的结论，谭娟、陈晓春（2011）在李东文等的研究基础上，从三次产业的角度分析了政府环境规制与低碳经济的关系，结果表明政府规制是引起第二、三产业碳排放的原因，但对第一产业碳排放的影响作用不明显。在产业结构方面，冯之浚等（2009）就低碳经济的概念由来、理论基础和我国发展低碳经济的现状进行阐述，认为调整经济结构、转变发展方式是实现低碳经济的重要途径。张友国（2010）基于投入产出结构分解方法得出了经济发展方式变化对中国碳排放强度的影响，实证结论表明经济发展方式的变化使中国的碳排放强度下降了66.2%。陈诗一（2011）对改革开放以来中国工业二氧化碳排放强度变化的主要原因进行分解，证实了能源结构和工业结构的调整有利于碳排放强度的降低。陈诗一、吴若沉（2011）研究了上海和全国的情况，揭示了产业结构演化有利于减排二氧化碳。

国内外学者就财政分权、环境规制和环境污染的问题进行了大量的研究，为本章提供了重要的理论参考和方法借鉴。由于财政分权会影响地方政府的行为，且地方政府的环境规制行为直接影响环境污染的情况，因此，探讨财政分权下政府环境规制行为如何影响环境污染具有重要的意义。与已有文献相比，本章的贡献如下：第一，将财政支出分权和财政收入分权同时纳入分析的范畴，对比支出分权和收入分权对环境污染的影响；第二，建立环境规制指标和环境污染综合指标体系，测算环境规制强度和环境污染综合指标，运用0－1权重矩阵、距离权重矩阵和经济距离嵌套矩阵三种地理加权方法分析环境规制对环境污染的空间溢出效应；第三，分析了分权体制下环境规制对不同工业污染物的影响作用，比较环境规制对不同污染物的作用差异；第四，分析了环境规制如何通过产业政策影响低碳经济，从非线性的角度出发，揭示不同影响因素在产业结构合理化与高级化影响下对二氧化碳排放的内在机制。

7.1 财政分权、环境规制与环境污染：基于综合污染指数的分析

7.1.1 模型构建与变量选取

1. 模型构建

（1）基本模型构建。环境污染具有空间溢出特征，本章拟使用空间计量方法分析财政分权下环境规制对环境污染的影响。由于空间杜宾模型（SDM）能够同时考虑空间滞后被解释变量和空间滞后解释变量对被解释变量的影响，很好地捕捉不同的来源所产生的外部性和溢出效应（LeSage and Pace，2009），参考赵霄伟（2014）的做法，运用空间杜宾模型进行分析。空间杜宾模型的一般形式为：

$$y_{it}=\delta\sum_{j=1}^{N}W_{ij}y_{jt}+c+X_{it}\beta+\theta\sum_{j=1}^{N}W_{ij}X_{jt}+\mu_i+\lambda_t+\varepsilon_{it} \tag{7.1}$$

其中，y_{it}表示被解释变量，δ表示空间自回归系数，θ表示空间自相关系数，w_{ij}是空间权重矩阵对应的元素，X_{it}表示解释变量，β为解释变量的系数，$\sum_{j=1}^{N}w_{ij}y_{jt}$和$\sum_{j=1}^{N}w_{ij}x_{jt}$表示空间交互项，$\mu_i$和$\lambda_t$分别表示空间和时间的特定效应，$\varepsilon_{it}$为误差项。

（2）空间权重矩阵的设置。为避免单一空间权重矩阵描述经济事务空间相关性的缺陷，并考察回归结果的稳健性，本章除使用传统的0－1相邻权重矩阵外，还运用地理距离矩阵和经济距离嵌套矩阵，三种空间权重矩阵的具体形式如下：

①0－1相邻权重矩阵 $W=\begin{cases}1, & i、j\text{相邻且 } i\neq j;\\0, & \text{其他。}\end{cases}$

②地理距离权重矩阵 $W=\begin{cases}\dfrac{1}{d^2}, & i\neq j;\\0, & i=j\text{。}\end{cases}$

其中，d表示两地区之间的距离（以省会经纬度来衡量）。

③经济距离嵌套矩阵 $W = W_d \cdot \mathrm{diag}\left(\frac{\overline{Y_1}}{\overline{Y}}, \frac{\overline{Y_2}}{\overline{Y}}, \cdots, \frac{\overline{Y_n}}{\overline{Y}}\right)$。

其中，W_d 为地理距离权重矩阵，$\overline{Y_i}$为考察期内地区 i 的 GDP 均值，$\overline{Y}$为考察期内所有地区 GDP 的均值。经济距离嵌套矩阵反映一个地区经济相对更发达，其对周边相对落后地区的空间影响强度与辐射作用也相应更大。

2. 变量选取

（1）被解释变量。

环境污染（P）：环境污染主要是由于工业污染物排放导致的，运用纵横向档次拉开法测算环境污染综合指数能够避免人为主观因素对环境污染评价的干扰（杨万平，2010）。本章选取工业废水排放量、工业废气排放量、工业二氧化硫排放量、工业烟（粉）尘排放量和工业固体废弃物排放量五类环境污染度量指标来构建环境污染综合指数。经计算，工业废水排放量、工业废气排放量、工业二氧化硫排放量、工业烟（粉）尘排放量和工业固体废弃物排放量的组合权重分别为 $w_1 = 0.1526$，$w_2 = 0.2177$，$w_3 = 0.2200$，$w_4 = 0.2076$，$w_5 = 0.2022$。

（2）解释变量。

①环境规制的测度。环境规制是一个多维度的指标，单一的衡量方法容易出现错误。因此，从投入成本和产出效果两个方面来衡量环境规制强度，借鉴任小静等（2018）的研究，采用熵值法测度环境规制综合强度。参考邹志鸿等（Zou et al.，2006）的方法，具体的计算步骤如下：

第一，对原始数据标准化。假设$\{z_{ab}(t_k)\}$是样本 a 的第 b 个指标在时间 t_k 的值（$i=1, 2, \cdots, m$；$j=1, 2, \cdots, n$；$k=1, 2, \cdots, T$）。标准化的方法如式（7.2）所示：

$$z_{ab}'(t_k) = \frac{z_{ab}(t_k)_{\max} - z_{ab}(t_k)}{z_{ab}(t_k)_{\max} - z_{ab}(t_k)_{\min}} \tag{7.2}$$

其中，$z_{ab}'(t_k)$表示第 b 个评价指标，a 表示样本截面，b 表示环境规制指标，$z_{ab}(t_k)$表示环境规制指标的原始值，$z_{ab}(t_k)_{\max}$、$z_{ab}(t_k)_{\min}$分别表示第 b 个指标在时间 t_k 的最大、最小值。

第二，定义熵值法，如式（7.3）所示：

$$h_a(t_k) = -k \sum_{b=1}^{n} f_{ab}(t_k) \ln f_{ab}(t_k), \quad a = 1, 2, \cdots, m \tag{7.3}$$

其中，$k=\frac{1}{\ln m}$，$f_{ab}(t_k)=\frac{x_{ab}'(t_k)}{\sum_{b=1}^{n}x_{ab}'(t_k)}$，假设当 $f_{ab}(t_k)=0$ 时，$\ln f_{ab}(t_k)=0$。

从以上公式可以看出，当每个指标在某一属性下的贡献度趋于相同时，$h_a(t_k)$ 的值接近1。具体来说，如果贡献度相等，则不必考虑目标属性在决策中的作用，属性的权重为0。

第三，计算指标贡献一致性系数，如式（7.4）所示：

$$H_a(t_k)=1-h_a(t_k) \tag{7.4}$$

第四，定义熵的权重。第 a 个指标的熵权可以定义为：

$$w_a(t_k)=\frac{H_a(t_k)}{\sum_{b=1}^{n}H_a(t_k)} \tag{7.5}$$

我们可以看到，对于第 a 个指标的贡献一致性系数越大，其权重越小。

第五，计算综合指标体系，如式（7.6）所示：

$$F_a(t_k)=\sum_{b=1}^{n}w_a(t_k)\times z_{ab}'(t_k) \tag{7.6}$$

综合体系指标值越大，对环境保护的投入产出效果越好，单位污染物排放的经济产出也越多。

②环境规制现状。从环境的人力成本、物力成本和财力成本三个方面选取环境的成本指标：用行政主管部门的人数来衡量人力成本指标，用废水治理设施数与废气治理设施数之和来衡量物力成本指标，用环境污染治理投资占GDP的比重来衡量财力成本指标。在环境规制产出指标方面，选取各地区工业废弃物排放量的经济产出，即用工业增加值与工业废水排放量、工业废气排放量、工业二氧化硫排放量、工业烟（粉）尘排放量和工业固体废弃物排放量的比值来衡量。部分年份的环境规制现状如表7.1所示。

财政分权（FD）：用人均省级财政支出/（人均省级财政支出+人均中央财政支出）来表示支出法衡量的财政分权，用人均省级财政收入/（人均省级财政收入+人均中央财政收入）来表示收入法衡量的财政分权（陈硕、高琳，2012）。

（3）控制变量。

经济发展水平（PGDP）：随着经济发展水平的不同，财政分权与环境规制对当地环境污染的影响状况也有所差异，用人均 GDP 来衡量各个地区的经济发展水平。

产业结构（STR）：环境污染主要是由第二产业产生的，这里考察第三产业的发展是否有利于改善环境污染。

外商直接投资（FDI）：用实际使用外商直接投资额表示一个地区的外资使用情况，运用国际汇率统一转化为人民币。

城市化水平（CITY）：城镇化进程中会产生很多污染，且居民的生活、消费习惯有较大的差别，这里用城镇人口/总人口这一指标表示一个地区的城镇化水平。

表 7.1　2003—2017 年中国 30 个省（区、市）环境规制指数

地区	2003 年	2005 年	2007 年	2009 年	2011 年	2013 年	2015 年	2017 年
北京	0.0513	0.0494	0.0541	0.0551	0.0554	0.0594	0.0689	0.0483
天津	0.0552	0.0402	0.0375	0.0354	0.0325	0.0338	0.033	0.0473
河北	0.0403	0.0381	0.0387	0.039	0.045	0.0455	0.0494	0.0371
山西	0.0279	0.0293	0.0292	0.0309	0.0328	0.0348	0.0366	0.0273
内蒙古	0.0196	0.0188	0.018	0.0185	0.0212	0.0231	0.0251	0.0176
辽宁	0.0379	0.0328	0.0324	0.0327	0.0325	0.0331	0.0346	0.0347
吉林	0.0314	0.0266	0.0249	0.0222	0.0194	0.0201	0.0201	0.0291
上海	0.0456	0.0441	0.0400	0.0364	0.0334	0.0342	0.033	0.0450
江苏	0.0568	0.0528	0.052	0.0502	0.0479	0.0484	0.0514	0.0545
浙江	0.0607	0.0503	0.0484	0.0468	0.0456	0.0478	0.0509	0.0541
安徽	0.0727	0.0633	0.0536	0.0533	0.0513	0.0534	0.0546	0.0656
福建	0.0269	0.0252	0.0223	0.0214	0.0207	0.0237	0.025	0.0247
江西	0.0432	0.0366	0.0307	0.0271	0.0285	0.0268	0.0294	0.0385

续表

地区	2003 年	2005 年	2007 年	2009 年	2011 年	2013 年	2015 年	2017 年
山东	0. 0205	0. 0194	0. 0177	0. 0175	0. 0201	0. 0195	0. 0219	0. 0188
河南	0. 0547	0. 0483	0. 0454	0. 044	0. 0439	0. 0461	0. 0484	0. 0499
湖北	0. 0513	0. 0489	0. 0450	0. 0435	0. 0423	0. 0425	0. 0470	0. 0488
湖南	0. 0371	0. 0317	0. 0295	0. 0285	0. 0287	0. 0235	0. 0268	0. 0346
广东	0. 0370	0. 0339	0. 0302	0. 0295	0. 0253	0. 0273	0. 0316	0. 0344
广西	0. 0983	0. 0797	0. 0725	0. 0652	0. 0628	0. 0646	0. 0696	0. 0867
海南	0. 0205	0. 0195	0. 0179	0. 0191	0. 0169	0. 0183	0. 0198	0. 0194
重庆	0. 0298	0. 0227	0. 0214	0. 0176	0. 013	0. 011	0. 0115	0. 0274
四川	0. 0349	0. 0274	0. 0228	0. 0204	0. 0246	0. 0251	0. 0238	0. 0294
贵州	0. 0304	0. 0298	0. 0249	0. 0269	0. 0271	0. 0264	0. 0305	0. 0285
云南	0. 0173	0. 0176	0. 0167	0. 0154	0. 0151	0. 0154	0. 0161	0. 0173
西藏	0. 0263	0. 0246	0. 0217	0. 023	0. 022	0. 0231	0. 0224	0. 0248
陕西	0. 0573	0. 073	0. 0899	0. 0594	0. 0226	0. 0193	0. 0107	0. 0812
甘肃	0. 0293	0. 0246	0. 0233	0. 0214	0. 0213	0. 0208	0. 0208	0. 0268
青海	0. 0183	0. 0195	0. 0193	0. 0187	0. 0158	0. 0199	0. 0190	0. 0187
宁夏	0. 0171	0. 0115	0. 0102	0. 0087	0. 0083	0. 0089	0. 0083	0. 0140
新疆	0. 0184	0. 0124	0. 015	0. 0106	0. 0111	0. 0113	0. 0123	0. 0156

考虑到平衡面板的需求，本章选取我国 31 个省（区、市）2003—2017 年的数据展开分析。数据均来自《中国统计年鉴》《中国环境年鉴》和《中国环境统计年鉴》，计算过程中对相关数据进行对数化处理，变量的描述性统计如表 7. 2 所示。

表 7.2　变量的描述性统计

变量	文中表述	均值	标准差	最小值	最大值
环境污染综合指数	P	2.004	0.683	0.595	4.408
环境规制	ER	0.0268	0.0004	0.0075	0.1108
财政支出分权（%）	FDE	0.814	0.063	0.563	0.960
财政收入分权（%）	FDR	0.471	0.113	0.245	0.856
经济发展水平（万元/人）	PGDP	1.002	0.602	-1.021	2.557
产业结构（%）	STR	0.426	0.062	0.283	0.805
外商直接投资（万元）	FDI	14.253	1.451	8.121	16.932
城市化水平（%）	CITY	0.507	0.114	0.226	0.896

7.1.2　实证分析

1. 空间自相关检验

根据 6.2.1 节中的全局 Moran's I 指数的定义，计算环境污染和环境规制的全局 Moran's I 指数，如表 7.3 所示。

表 7.3　环境污染和环境规制的全局 Moran's I 指数

年份	环境污染				环境规制			
	Moran's I	VAR（I）	Z 值	P 值	Moran's I	VAR（I）	Z 值	P 值
2003	0.1845	0.0118	2.0062	0.0448	0.1591	0.0093	2.0005	0.0454
2004	0.1700	0.0117	1.8816	0.0599	0.2017	0.0089	2.4971	0.0125
2005	0.2065	0.0118	2.2103	0.0271	0.2372	0.0095	2.7791	0.0055
2006	0.2130	0.0117	2.2731	0.0230	0.2953	0.0105	3.2064	0.0013
2007	0.1898	0.0117	2.0618	0.0392	0.2986	0.0081	3.6786	0.0002
2008	0.2173	0.0118	2.3082	0.0210	0.2391	0.0070	3.2585	0.0011
2009	0.2139	0.0118	2.2742	0.0230	0.2463	0.0100	2.7960	0.0052

续表

年份	环境污染				环境规制			
	Moran's I	VAR (I)	Z值	P值	Moran's I	VAR (I)	Z值	P值
2010	0.1937	0.0117	2.1016	0.0356	0.1685	0.0071	2.3896	0.0169
2011	0.2173	0.0109	2.3979	0.0165	0.2788	0.0114	2.9234	0.0035
2012	0.1898	0.0111	2.1212	0.0339	0.2193	0.0093	2.6154	0.0089
2013	0.1768	0.0109	2.0104	0.0444	0.1519	0.0109	1.7713	0.0765
2014	0.2035	0.0114	2.2180	0.0266	0.1602	0.0106	1.8839	0.0596
2015	0.2195	0.0116	2.3505	0.0188	0.1751	0.0101	2.0737	0.0381
2016	0.2622	0.0112	2.7931	0.0052	0.1931	0.0097	2.2940	0.0218
2017	0.2065	0.0118	2.2103	0.0271	0.1464	0.0115	1.6728	0.0944

从表7.3可以看出，2003—2017年我国环境污染综合指数和环境规制的全局Moran's I指数均为正值，且P值均小于0.1，即在10%及以上水平通过了显著性检验。根据Moran's I指数的定义可知，我国省域环境污染和环境规制均具有空间正相关性，在空间分布上存在显著的集群现象。

根据6.2.1节局域Moran's I指数的公式计算出2003—2017年各省（区、市）的局域Moran's I指数。限于篇幅，这里只给出2003年和2017年环境污染综合指数和环境规制强度指数的Moran's I散点图，分别如图7.1和图7.2所示。

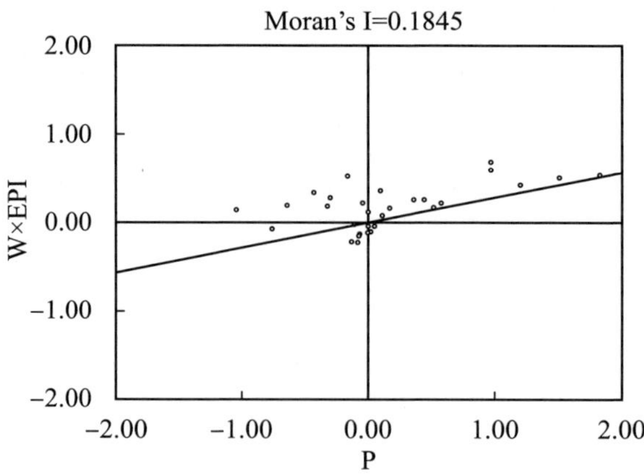

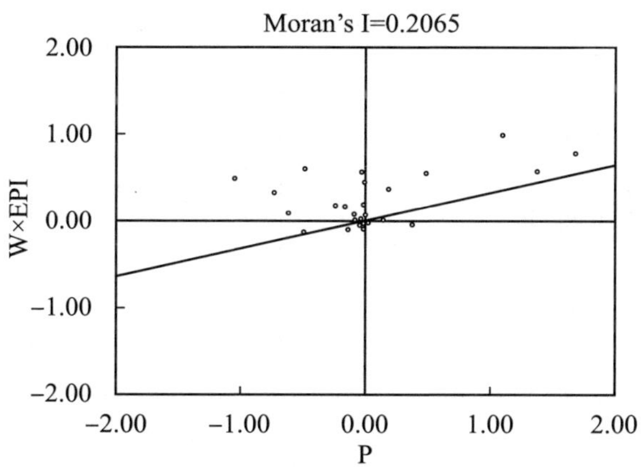

图 7.1　2003 年和 2017 年环境污染综合指数 Moran's I 散点图

由图 7.1 可以看出，在环境污染综合指数的集群检验中，2003 年有 13 个省（区、市）处于第一象限，6 个省（区、市）处于第三象限，位于第一象限和第三象限的省（区、市）占全国总数的 61%；2017 年有 12 个省（区、市）处于第一象限，有 5 个省（区、市）处于第三象限，位于第一象限和第三象限的省（区、市）占全国总数的 54%。第一象限表明一个地区的环境污染严重，其周围同样是环境污染严重的地区（HH）；第三象限表明一个地区的环境质量较好，其周围同样是环境质量较好的地区（LL）；第二象限表明一个地区的环境质量较好，其周围是环境污染较严重的地区（LH）；第四象限表明一个地区的环境污染严重，其周围是环境质量较好的地区（HL）。2003 年和 2017 年环境污染 Moran's I 散点图在第一象限和第三象限的占比超过 50%，散点趋势线呈右上方倾斜，表明环境污染在地域上具有正向的空间集聚性。

由图 7.2 可以看出，在环境规制强度的集群检验中，2003 年有 15 个省（区、市）处于第一象限，7 个省（区、市）处于第三象限；2017 年有 15 个省（区、市）处于第一象限，有 4 个省（区、市）处于第三象限，位于第一象限和第三象限的省（区、市）合计数占样本总数均达到一半以上。散点趋势线呈右上方倾斜，表明环境规制强度在地域上具有正向的空间集聚性。

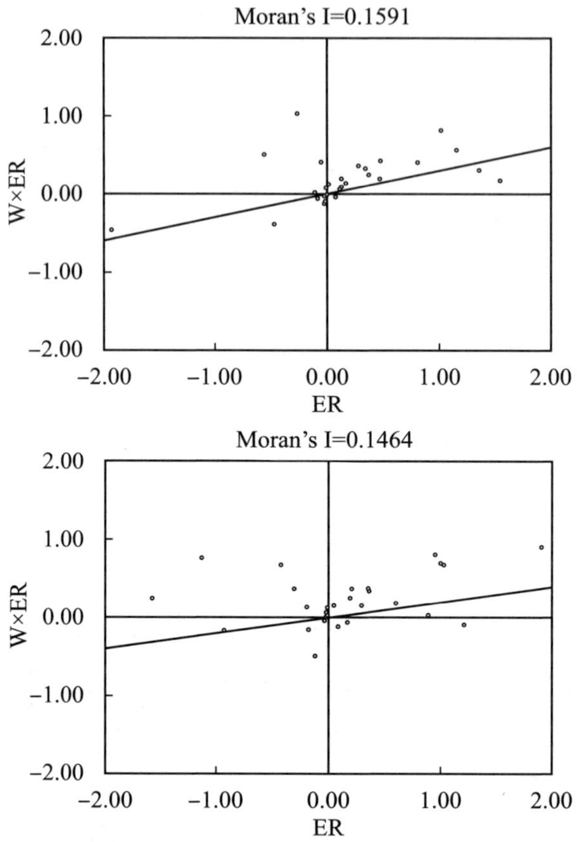

图 7.2 2003 年和 2017 年环境规制强度 Moran's I 散点图

2. 实证结果

在进行空间计量分析之前，首先检验空间自相关是否存在，验证所选空间模型的合理性，最基本面板模型如式（7.7）所示：

$$y_{it} = \alpha_0 + \alpha_1 X_{it} + \alpha_2 Z_{it} + \varepsilon_{it} \tag{7.7}$$

式中，i 和 t 分别表示第 i 个省（区、市）第 t 年的数据，y 为环境污染综合指数，X 为核心解释变量财政分权和环境规制强度及二者的交互项，Z 为影响环境污染的其他控制变量集合，这里指经济发展水平、产业结构、外商直接投资和城市化水平。

非空间面板参数估计及空间自相关性检验结果如表 7.4 所示。

表 7.4　环境污染治理混合回归模型估计

变量	支出衡量财政分权				收入衡量财政分权			
	混合回归模型	空间固定效应模型	时间固定效应模型	空间和时间固定效应模型	混合回归模型	空间固定效应模型	时间固定效应模型	空间和时间固定效应模型
ER	-0.472 * (-1.885)	-0.161 *** (-7.578)	-0.141 *** (-6.550)	-0.146 *** (-6.672)	-0.540 *** (-3.171)	0.191 (-1.559)	-1.531 *** (-5.823)	-0.297 ** (-2.336)
ER^2	0.074 *** (11.073)	0.010 *** (2.618)	0.061 *** (7.511)	0.010 ** (2.545)	0.043 *** (4.418)	0.005 (0.957)	0.088 *** (6.912)	0.009 (1.572)
FD	10.777 *** (8.362)	4.649 ** (2.552)	17.293 *** (4.166)	4.156 ** (2.042)	5.507 (1.533)	2.831 ** (2.001)	5.771 * (1.704)	3.954 *** (2.618)
FD × ER	-1.161 *** (-4.271)	0.059 (0.324)	-1.747 *** (-4.445)	0.088 (0.444)	-0.120 (-0.389)	0.296 ** (2.057)	-0.480 (-1.636)	0.312 ** (2.160)
PGDP	-0.097 (-0.867)	0.039 (0.666)	0.124 (0.812)	0.056 (0.513)	-0.566 *** (-6.891)	-0.168 *** (-3.320)	0.106 (0.597)	-0.390 *** (-2.878)
STR	-2.342 *** (-6.441)	-0.718 *** (-2.824)	-2.140 *** (-5.504)	-0.557 (-1.498)	-1.516 *** (-3.707)	-0.123 (-0.502)	-1.954 *** (-4.203)	-0.092 (-0.242)
CITY	-0.021 (-0.058)	0.961 *** (2.757)	-1.096 ** (-2.168)	1.208 *** (3.271)	-1.493 *** (-3.196)	0.514 (1.470)	-2.012 *** (-4.373)	0.567 (1.592)
FDI	-0.033 (-0.161)	0.470 *** (5.291)	-0.188 (-0.921)	0.495 *** (5.519)	0.200 ** (2.364)	0.171 *** (3.362)	0.034 (0.425)	0.167 *** (3.295)
FD × FDI	0.011 (0.044)	-0.583 *** (-5.465)	0.199 (0.806)	-0.611 *** (-5.687)	-0.223 (-1.178)	-0.460 *** (0.001)	0.017 (0.099)	-0.483 *** (-4.374)
σ^2	0.688	0.028	0.221	0.027	0.281	0.030	0.236	0.109
R^2	0.682	0.157	0.706	0.169	0.627	0.088	0.686	0.029
LogL	-318.856	176.392	-305.001	181.556	-360.335	158.213	-320.008	165.297
LM_{lag}	33.831 ***	0.463	36.003 ***	3.175 *	6.535 **	1.447	11.061 ***	5.750 **
LM_{error}	48.470 ***	0.169	41.406 ***	3.436 *	4.956 **	0.927	3.238 **	5.066 **
联合显著性检验	空间固定效应		LR = 973.129, P = 0.000		LR = 970.611, P = 0.000			
	时间固定效应		LR = 10.327, P = 0.079		LR = 14.167, P = 0.091			

注：括号内为 t 统计量；*、** 和 *** 分别表示在 10%、5% 和 1% 水平通过显著性检验。

通过表 7.4 的混合估计及联合显著性检验可知，不存在空间效应的原假设被拒绝，支出衡量财政分权和收入衡量财政分权的环境规制的污染方程空间特定效应 Hausman 检验统计分别为 27.4982 和 23.4613，均服从自由度为 19 的卡方分布（$2\times K+1$），在 5% 及以上水平拒绝了空间随机效应的原假设，因而空间时间双向固定模型更适于数据特征的刻画。构建相应的空间杜宾模型，其基本形式为：

$$y_{it}=c+\delta\sum_{j=1}^{31}W_{ij}y_{jt}+\alpha_1X_{it}+\alpha_2Z_{it}+\alpha_1\sum_{j=1}^{31}W_{ij}X_{it}+\alpha_2\sum_{j=1}^{31}W_{ij}Z_{it}+\mu_i+\lambda_t+\varepsilon_{it} \tag{7.8}$$

式（7.8）中各参数的含义与式（7.7）相同。不同特定效应形式下环境污染治理的空间杜宾模型的估计结果如表 7.5 所示。

表 7.5　环境规制对环境污染的空间杜宾模型回归结果

变量	支出衡量财政分权			收入衡量财政分权		
	0－1 相邻矩阵	地理距离矩阵	经济距离嵌套矩阵	0－1 相邻矩阵	地理距离矩阵	经济距离嵌套矩阵
	空间和时间固定效应模型	空间和时间固定效应模型	空间和时间固定效应模型	空间和时间固定效应模型	空间和时间固定效应模型	空间和时间固定效应模型
W×P	−0.063 （−0.979）	0.283*** （3.229）	0.237** （2.559）	−0.028 （−0.444）	0.118* （1.686）	0.047* （1.724）
ER	−0.330* （−1.658）	−0.063 （−0.306）	−0.177 （−0.836）	−0.368*** （−3.037）	−0.403*** （−3.441）	−0.350*** （−2.864）
ER^2	0.011*** （3.012）	0.010*** （2.685）	0.012*** （2.929）	0.013** （2.424）	0.014*** （2.650）	0.012** （2.103）
FD	2.696 （1.398）	5.912*** （2.848）	4.724** （2.232）	4.370*** （2.901）	5.131*** （3.463）	5.537*** （3.688）
FD×ER	0.174 （0.849）	0.091* （1.675）	0.007 （0.033）	0.217 （1.535）	0.302** （2.207）	0.287** （2.012）

续表

变量	支出衡量财政分权			收入衡量财政分权		
	0－1相邻矩阵	地理距离矩阵	经济距离嵌套矩阵	0－1相邻矩阵	地理距离矩阵	经济距离嵌套矩阵
	空间和时间固定效应模型	空间和时间固定效应模型	空间和时间固定效应模型	空间和时间固定效应模型	空间和时间固定效应模型	空间和时间固定效应模型
PGDP	0.145 (1.341)	－0.025 (－0.229)	0.008 (0.078)	－0.188 (－1.327)	0.351*** (2.710)	0.266* (1.922)
STR	－0.852** (－2.358)	－1.045*** (－2.671)	－0.648* (－1.670)	－0.232* (－1.675)	－0.245* (－1.684)	－0.170** (2.423)
CITY	1.456*** (4.092)	1.163*** (3.322)	1.045*** (2.890)	1.097*** (3.090)	0.887*** (2.606)	0.625* (1.773)
FDI	0.446*** (4.334)	0.392*** (3.627)	0.407*** (3.944)	0.182*** (3.534)	0.210*** (4.305)	0.212*** (4.290)
FD × FDI	－0.533*** (－4.301)	－0.494*** (－3.780)	－0.506*** (－4.063)	－0.455*** (－4.037)	－0.556*** (－5.101)	－0.574*** (－5.260)
W × ER	－0.889** (－2.134)	－1.667** (－2.425)	－2.994*** (－2.615)	0.412 (1.623)	－0.221 (－0.354)	－0.643 (－0.568)
W × ER^2	－0.005 (－0.737)	－0.007 (－0.276)	0.024 (0.609)	－0.024** (－1.940)	－0.003 (－0.132)	0.012 (0.312)
W × FD	－17.522 (－1.348)	－18.687 (－1.317)	－14.072 (－1.514)	－4.363 (－1.358)	－2.533 (－0.591)	－4.805 (－0.806)
W × FD × ER	1.347*** (3.362)	2.499*** (3.417)	3.019*** (3.300)	0.754** (2.276)	1.116*** (2.845)	0.867* (1.653)
W × PGDP	－0.612*** (－3.272)	－1.142*** (－3.368)	－0.714* (－1.915)	－0.802*** (－3.044)	－0.045 (－0.105)	0.101 (0.201)
W × STR	－2.448*** (－2.762)	－2.261* (－1.817)	－0.947 (－0.579)	－1.142 (－1.217)	－0.450 (－0.352)	－2.381 (－1.415)

续表

变量	支出衡量财政分权			收入衡量财政分权		
	0-1 相邻矩阵	地理 距离矩阵	经济距离 嵌套矩阵	0-1 相邻矩阵	地理 距离矩阵	经济距离 嵌套矩阵
	空间和时间固定效应模型	空间和时间固定效应模型	空间和时间固定效应模型	空间和时间固定效应模型	空间和时间固定效应模型	空间和时间固定效应模型
W×CITY	-1.832** (-2.370)	-1.898 (-1.500)	-0.486 (-0.335)	-2.524*** (-3.262)	-3.799*** (-3.202)	-1.573 (-1.108)
W×FDI	0.010 (0.049)	0.836*** (0.106)	1.504*** (3.772)	0.114 (0.975)	0.415*** (2.867)	0.335 (1.605)
W×FD×FDI	-0.047 (-0.185)	-1.059*** (-3.322)	-1.986*** (-1.986)	-0.314 (-1.286)	-1.113*** (-3.519)	-0.692 (-1.563)
σ^2	0.023	0.022	0.024	0.025	0.024	0.026
R^2	0.768	0.869	0.967	0.965	0.967	0.964
LogL	216.592	218.120	205.224	194.893	205.448	186.422
Wald (SAR)	76.138***	82.435***	56.235***	61.989***	88.960***	44.707***
LR (SAR)	70.064***	73.037***	47.204***	58.452***	79.722***	40.863***
Wald (SEM)	74.754***	74.458***	51.693***	62.263***	87.643***	44.762***
LR (SEM)	69.728***	69.558***	46.782***	59.087***	79.962***	41.418***

注：括号内为t统计量；*、**和***分别表示在10%、5%和1%水平通过显著性检验。

首先分析以支出衡量财政分权的环境污染估计结果。以地理距离矩阵和经济距离嵌套矩阵来进行空间加权时，环境污染的空间滞后项对本空间单元环境污染的影响系数（W×P）为正，且在5%及以上水平通过显著性检验。

以 0－1 矩阵进行空间加权时，环境污染的空间滞后项对本空间单元环境污染的影响系数为负，且没有通过显著性检验。这表明，在考虑环境污染的空间滞后项时应考虑到距离的加权，不应单一地以地理上是否接壤作为两个空间单元是否邻近的判断条件。符号为正表明相邻地区环境污染会加剧本空间单元环境污染的程度，这是由于环境污染具有溢出效应，也反映了环境污染具有空间集聚的特征。

环境规制对环境污染影响的一次项系数（ER）为正，二次项系数（ER^2）为负，环境规制对环境污染的影响呈“U”型曲线，当规制程度较低时，随着强度增加，环境规制会降低环境污染；当规制强度达到一定值时，随着强度增加，环境规制会加剧环境污染，这表明在环保投入较低时，各个地方企业会配合政府节能减排，降低环境污染，但当环保要求很高，企业难以承担时，以产出为导向的企业和以 GDP 考核为导向的政府便开始寻求自身的发展道路，甚至不惜以牺牲环境为代价。环境规制的空间滞后项（W×ER）为负，且在 5% 及以上水平通过显著性检验，这表明环境污染具有公共物品属性，环境污染治理具有明显的溢出效应，一个地区的环境规制对本地区环境污染的影响随着其规制强度发展变化，却会减缓其周围地区的环境污染程度，因此环境污染治理需要国家层面统筹规划，否则容易导致地方政府“搭便车”行为。在以距离矩阵进行空间加权时，财政分权与环境规制的交互项（FD×ER）对环境污染的影响系数为 0.091，且在 10% 的水平上通过显著性检验，说明了分权体制下的环境规制确实加剧了环境污染，这主要是由于分权体制下地方政府的主要激励是提高 GDP，而环境质量并不是政府考核的一个很重要指标。

财政分权（FD）对环境污染的影响为正，表明财政加剧了环境污染，与刘建民等（2015）的研究结果一致，印证了“竞争到底”假说。财政分权的空间滞后项（W×FD）对环境污染的影响效应为负，但系数均没有通过显著性检验，这表明相邻地区政府的财政政策对本地区环境质量没有显著稳定的影响效应。

产业结构（STR）对环境污染的影响为负且在 10% 及以上水平通过显著性检验，表明第三产业比重的提高有助于减缓环境污染，而现阶段我国环境污染的主要来源在于工业污染物的排放。产业结构的空间滞后项（W×STR）为负，这说明第三产业的发展有利于周围空间单元环境的优化，由于环境污染具有溢出与空间集聚特征，在根本上缓解我国环境污染的现状需要政府从根本上调节产业结构，引导产业结构升级，使更多的高能耗、高污染产业向技术与资本密集型产业转型。

城市化（CITY）对环境污染的影响系数为负且在1%的水平通过显著性检验。目前我国的城市化进程加剧了环境污染，主要是由于城市化进程中需要大规模的实施基础设施建设，这些都是污染密集型行业。城市化的空间滞后项（W×CITY）的系数随着权重矩阵的不同，稳定性水平差异较大，表明一个地区的城市化进程对其周围邻近空间单元的环境污染没有显著稳定的影响效应。

以0-1矩阵、地理距离矩阵和经济距离嵌套矩阵来进行空间加权时，外商直接投资（FDI）对环境质量的影响系数均在0.4左右且在1%的水平通过显著性检验，表明外商直接投资确实加剧了环境污染，印证了“污染避难所”假说。外商直接投资的空间滞后项（WFDI）对环境污染的影响系数为正，表明现阶段外商来华投资主要以污染密集型产业为主，存在着明显的污染溢出效应。财政分权与外商直接投资的交叉项（FD×FDI）的估计系数为负且在1%的水平通过显著性检验，表明分权体制下的外商投资行为会减轻环境污染情况，这主要是由于地方政府拥有财政自主权后，更倾向于引进使用较为先进的生产技术和污染排放系统的企业，从而缓解当地环境污染的压力。

以收入衡量财政分权的环境污染估计结果（见表7.5）基本与支出衡量财政分权时一致，反映出该计算结果具有稳健性。

空间杜宾模型不仅包含了一个地区受到空间加权的影响，还反映了一个地区的解释变量对周围地区的影响程度（Elhorst，2012）。表7.6、表7.7分别给出了以支出和收入衡量财政分权的空间杜宾模型的直接效应、间接效应和总效应的估计结果。

表 7.6　环境污染治理的空间杜宾模型直接效应和间接效应回归结果（支出分权）

变量	0－1 相邻矩阵			地理距离矩阵			经济距离矩阵		
	空间和时间固定效应模型			空间和时间固定效应模型			时间固定效应模型		
	直接效应	间接效应	总效应	直接效应	间接效应	总效应	直接效应	间接效应	总效应
ER	－0.308 （－1.467）	－0.807* （－1.996）	－1.115** （－2.542）	0.001 （0.006）	－1.339** （－2.403）	－1.338** （－2.354）	－0.113 （－0.510）	－2.464** （－2.650）	－2.578*** （－2.863）
ER^2	0.011*** （2.869）	－0.006 （－0.874）	0.004 （0.542）	0.011** （2.639）	－0.007 （－0.380）	0.003 （0.142）	0.010** （2.579）	0.019 （0.570）	0.030 （0.926）
FD	2.907 （1.485）	－16.787*** （－4.178）	－13.879*** （－3.101）	6.669*** （3.064）	－16.422** （－2.510）	－9.752 （－1.524）	5.081** （2.340）	－12.444 （－1.615）	－7.363 （－0.975）
FD × ER	0.148 （0.712）	1.270*** （3.282）	1.419*** （3.496）	－0.186 （－0.859）	2.039*** （3.372）	1.852*** （3.348）	－0.058 （－0.260）	2.490*** （3.309）	2.432*** （3.445）
PGDP	0.155 （1.420）	－0.602*** （－3.112）	－0.447** （－2.126）	0.020 （0.182）	－0.923*** （－3.322）	－0.903*** （－3.262）	0.022 （0.200）	－0.594* （－1.914）	－0.571* （－1.781）
STR	－0.822** （－2.257）	－2.328*** （－2.750）	－3.150*** （－3.111）	－0.966** （－2.662）	－1.600* （－1.726）	－2.567** （－2.352）	－0.644 （－1.693）	－0.661 （－0.487）	－1.306 （－0.868）
CITY	1.484*** （4.222）	－1.820** （－2.500）	－0.336 （－0.423）	1.252*** （3.569）	－1.816* （－1.820）	－0.564 （－0.558）	1.054*** （2.926）	－0.576 （－0.479）	0.477 （0.385）
FDI	0.441*** （4.195）	－0.017 （－0.086）	0.423** （2.242）	0.366*** （3.254）	0.587** （2.569）	0.953*** （4.886）	0.377*** （3.487）	1.166*** （3.415）	1.543*** （5.276）
FD × FDI	－0.526*** （－4.194）	－0.013 （－0.054）	－0.539** （－2.334）	－0.459*** （－3.376）	－0.745** （－2.734）	－1.205*** （－5.272）	－0.466*** （－3.541）	－1.547*** （－3.605）	－2.014*** （－5.474）

注：括号内为 t 统计量；*、** 和 *** 分别表示在 10%、5% 和 1% 水平通过显著性检验。

表 7.7　环境污染治理的空间杜宾模型直接效应和间接效应回归结果（收入分权）

变量	0 - 1 相邻矩阵			地理距离矩阵			经济距离矩阵		
	空间和时间固定效应模型			空间和时间固定效应模型			时间固定效应模型		
	直接效应	间接效应	总效应	直接效应	间接效应	总效应	直接效应	间接效应	总效应
ER	-0.362*** (-2.954)	0.411 (1.662)	0.048 (0.169)	-0.402*** (-3.391)	-0.154 (-0.263)	-0.557 (-0.932)	-0.347** (-2.741)	-0.605 (-0.556)	-0.953 (-0.879)
ER^2	0.013** (2.341)	-0.024* (-1.983)	-0.011 (-0.788)	0.014** (2.656)	-0.004 (-0.189)	0.010 (0.456)	0.012* (2.001)	0.011 (0.298)	0.023 (0.606)
FD	4.330*** (2.952)	-4.318 (-1.363)	0.012 (0.003)	5.198*** (3.435)	-2.774 (-0.706)	2.423 (0.617)	5.623*** (3.705)	-4.639 (-0.806)	0.984 (0.169)
FD × ER	0.224 (1.620)	0.770** (2.293)	0.995** (2.597)	0.283* (2.067)	0.980** (2.555)	1.264*** (3.085)	0.287* (2.032)	0.832 (1.503)	1.120* (1.898)
PGDP	-0.202 (-1.434)	-0.826*** (-3.127)	-1.028*** (-3.673)	-0.356** (-2.704)	0.006 (0.017)	-0.349 (-0.863)	-0.264* (-1.862)	0.096 (0.201)	-0.168 (-0.343)
STR	-0.246 (-0.690)	-1.163 (-1.246)	-1.409 (-1.292)	-0.232 (-0.577)	-0.348 (-0.281)	-0.581 (-0.398)	0.166 (0.414)	2.310 (1.420)	2.476 (1.363)
CITY	1.085*** (3.102)	-2.554*** (-3.223)	-1.468* (-1.730)	0.969*** (2.776)	-3.616*** (-3.202)	-2.646** (-2.296)	0.625* (1.726)	-1.516 (-1.079)	-0.891 (-0.615)
FDI	0.182*** (3.563)	0.120 (1.031)	0.303** (2.293)	0.204*** (4.161)	0.359** (2.486)	0.563*** (3.575)	0.213*** (4.246)	0.322 (1.488)	0.536** (2.400)
FD × FDI	-0.456*** (-4.080)	-0.328 (-1.365)	-0.785*** (-2.999)	-0.538*** (-4.910)	-0.962*** (-2.993)	-1.501*** (-4.358)	-0.579*** (-5.223)	-0.665 (-1.406)	-1.245** (-2.555)

注：括号内为 t 统计量；*、** 和 *** 分别表示在 10%、5% 和 1% 水平通过显著性检验。

由表 7.6 可以看出，解释变量直接效应与空间杜宾模型下的系数估计值方向及显著性水平基本相同，但在数值上存在微弱差异，这是由于空间杜宾模型中存在着被解释变量和解释变量空间滞后项，即反馈效应（Elhorst，2012）。以 0 - 1 矩阵加权时，环境规制对环境污染的直接影响系数为 - 0.308，而非空间面板环境规制对环境污染影响系数为 - 0.472，这意味着非空间面板的环境污染治理投资的系数绝对值被高估了 34.7%。空间杜宾模型的环境规制系数为 - 0.330，因此环境规制的反馈效应为 0.022，占直接效应的 7.1%。其他的解释变量均存在不同程度的反馈效应，进一步佐证了空间杜宾模型选择的合理性。

7.2　财政分权、环境规制与环境污染：基于工业“三废”的分析

7.2.1　变量选取

1. 被解释变量

有很多衡量环境污染的指标，比如二氧化碳排放（Lee et al.，2008；Wei et al.，2019）、PM2.5（Zheng et al.，2005；Dominici and Schwartz，2019）。由于工业废水和二氧化硫排放会对人类造成严重的伤害（Zhang et al.，2014；Xia et al.，2017），同时为了对比环境规制对不同污染的影响作用区别，这里我们选择工业废水、工业二氧化硫和工业固体废弃物作为环境污染的衡量指标。

2. 解释变量

（1）环境规制。政府环境规制（ER）：通常从投入成本和产出效果两个方面来衡量环境规制强度，借鉴任小静等（2018）的研究，采用熵值法测度环境规制综合强度。从环境的人力成本、物力成本和财力成本三个方面选取环境的成本指标：用行政主管部门的人数来衡量人力成本指标，用废水治理设施数与废气治理设施数之和来衡量物力成本指标，用环境污染治理投资占 GDP 的比重来衡量财力成本指标。在环境规制产出指标方面，选取各地区工业废弃物排放量的经济产出，即用工业增加值与工业废水排放量、工业废气排放量、工业二氧化硫排放量、工业烟尘排放量和工业固体废弃物排放量的比值来衡量。

（2）财政分权。衡量财政分权的方法有几种，如边际留成率（Lin and Liu，2000），省级预算外支出占中央预算外支出的比例（Zhang and Zou，1998；Jin et al.，2005）。当我们关注地方政府的财政自主程度对环境污染的影响时，根据我国的具体情况，将财政分权表述为 $FD = fdp/(fdp + fdf)$。其中，*fdp* 和 *fdf* 分别表示省一级和中央一级的人均财政支出和预算收入（Chen，2004）。如果 *fdp* 和 *fdf* 分别表示省一级和中央一级的人均财政支出，则 FD 表示财政支出分权（FDE）。同样，如果 *fdp* 和 *fdf* 分别表示省级和中央各级的人均预算收入，则 FD 表示财政收入分散化（FDV）（He，2015）。我们使用 FDV 来测试稳健性。更高的财政分权意味着地方政府拥有更多的财政自主权。

3. 控制变量

（1）经济发展水平（PGDP）：有许多研究从不同的角度调查经济发展如何影响环境污染（Hettige et al.，2000；Stern and Common，2001）。格罗斯曼和克鲁格（Grossman and Krueger，1991）指出，环境污染在早期的增长速度快于经济增长，当经济总量达到一定水平时，环境污染随着 GDP 的提高而减缓。这种污染物与人均收入的倒“U”型关系被称为环境库兹涅茨曲线（EKC 曲线）（Panayotou，1993）。许多研究已经基于 EKC 曲线假设调查了经济发展如何影响环境质量（Vukina et al.，1999；Dasgupta et al.，2002；Dinda，2004）。韩雪梅等（Han et al.，2011）利用山东省 1981 年至 2008 年的数据对 EKC 曲线假设进行检验，结果表明二氧化硫排放量与人均 GDP 呈倒“U”型曲线。萨普科塔和巴斯托拉（Sapkota and Bastola，2017）研究了收入对污染排放的影响，并检验了拉丁美洲国家的 EKC 曲线假设。实证结果表明，财政分权和环境规制对地方环境污染的影响随经济发展的不同而不同，因此经济发展被用作调节变量之一。我们用人均 GDP 来衡量各地区的经济总量水平。

（2）产业结构（STR）：产业结构对环境污染影响很大，环境污染物主要由第二产业产生（Chen et al.，2019），因此，通常认为产业结构会影响环境污染（Jalil and Feridun，2011；Yin et al.，2015）。在这里，我们的主要目的是研究第三产业的发展是否有助于减轻环境污染，因此第三产业的比例被用来表示产业结构。

（3）外国直接投资（FDI）：外商直接投资可以用来反映市场开放政策（Dong et al.，2012；Xu，2018），一个地区实际使用外商直接投资按国际汇率折算为人民币。我们用各省（区、市）外商直接投资与 GDP 的比值来描述一个地区的外商直接投资状况。

（4）城市化水平（CITY）。城市化过程中存在着许多特定的污染物，因此城市化是影响环境污染的一个因素。梁伟和杨明（Liang and Yang，2019）提出，城市化与环境污染正相关。这里用城市人口与总人口的比率来表示城市化。

变量的定义和描述性统计如表 7.8 所示。

表 7.8　变量的描述性统计

变量	指标说明	单位	样本数	均值	标准差
Water	工业废水排放量	10000 吨	450	71636	61724
SO_2	工业二氧化硫排放量	10000 吨	450	58.43	39.16
Solid	工业固体废弃物排放量	10000 吨	450	7850	7484
ER	环境规制	—	450	0.0321	0.0153
FDE	财政支出分权	%	450	0.8104	0.0780
FDV	财政收入分权	%	450	0.4753	0.1412
PGDP	人均 GDP	元	450	35287	24244
STR	第三产业占比	%	450	0.4227	0.0870
FDI	外商直接投资占 GDP 比重	%	450	0.0267	0.0221
CITY	城市人口占总人口比重	%	450	0.5145	0.1446

为了检验是否存在多重共线性，表 7.9 列出了工业废水、工业二氧化硫和工业固体废弃物排放的相关系数矩阵和方程膨胀因子。

表 7.9　相关系数矩阵和方程膨胀因子

变量	VIF	Solid	SO_2	Water	ER	FDE	PGDP	STR	CITY	FDI
Water		1.000								
SO_2			1.000							
Water				1.000						
ER	8.29	−0.002	0.122***	0.483***	1.000					
FDE	5.76	−0.053	−0.419***	−0.379***	0.030	1.000				

续表

变量	VIF	Solid	SO_2	Water	ER	FDE	PGDP	STR	CITY	FDI
PGDP	5.19	0.141***	-0.257***	0.044	0.367***	0.621***	1.000			
STR	2.30	-0.362***	-0.582***	-0.351***	0.360***	0.518***	0.534***	1.000		
CITY	2.22	-0.190***	-0.386***	-0.066	0.515***	0.718***	0.629***	0.714***	1.000	
FDI	1.57	-0.330***	-0.144***	0.118**	0.329***	0.080*	0.183***	0.162***	0.427***	1.000

注：***、** 和 * 分别表示 1%、5% 和 10% 的水平上显著。

从相关矩阵来看，一些解释变量相互关联，但 VIF 的最大值为 8.29，小于 10，因此变量之间的多重共线性是可以容忍的（Schroeder et al.，1990）。由于在接下来的实证分析中使用了变量间的相互作用项，我们也将分别运行这些方程。

7.2.2　实证分析

1. 空间自相关检验

我们首先分析工业废水、二氧化硫、固体废物和环境规制空间相关性。表 7.10 总结了废水、二氧化硫、固体废物和环境规制的全局 Moran's I 指数。从该表可以看出，Moran's I 指数的值对于废水、二氧化硫、固体废物和环境规制（在 10% 显著性水平上）具有显著意义。此外，Moran's I 指数的值为正，表明环境污染物与环境调节之间存在正的空间相关性，即环境污染严重的区域通常被重度污染区域包围，环境污染较轻的区域通常被轻度污染区域包围污染地区，环境规制也是如此。

表 7.10　　环境污染和环境规制的全局 Moran's I 指数

年份	Water		SO_2		Solid		ER	
	Moran's I	P 值	Moran's I	P 值	Moran's I	P 值	Moran's I	P 值
2003	0.173	0.055	0.091	0.061	0.199	0.033	0.141	0.099
2004	0.177	0.051	0.106	0.021	0.226	0.010	0.129	0.127
2005	0.152	0.084	0.128	0.048	0.287	0.002	0.143	0.073
2006	0.174	0.054	0.126	0.052	0.290	0.003	0.131	0.095

续表

年份	Water		SO_2		Solid		ER	
	Moran's I	P 值	Moran's I	P 值	Moran's I	P 值	Moran's I	P 值
2007	0. 203	0. 031	0. 143	0. 041	0. 299	0. 002	0. 164	0. 070
2008	0. 199	0. 035	0. 130	0. 043	0. 314	0. 001	0. 171	0. 064
2009	0. 244	0. 012	0. 114	0. 085	0. 326	0. 001	0. 170	0. 066
2010	0. 249	0. 010	0. 126	0. 052	0. 298	0. 001	0. 142	0. 100
2011	0. 293	0. 003	0. 223	0. 020	0. 215	0. 001	0. 195	0. 040
2012	0. 272	0. 005	0. 208	0. 029	0. 311	0. 001	0. 190	0. 043
2013	0. 305	0. 002	0. 199	0. 036	0. 300	0. 001	0. 181	0. 053
2014	0. 283	0. 004	0. 185	0. 048	0. 343	0. 000	0. 160	0. 080
2015	0. 313	0. 001	0. 156	0. 086	0. 331	0. 001	0. 183	0. 049
2016	0. 327	0. 001	0. 086	0. 084	0. 342	0. 001	0. 137	0. 101
2017	0. 328	0. 001	0. 072	0. 095	0. 317	0. 001	0. 144	0. 099

为了直观地反映空间的变化，在我们的分析中使用了局部 Moran's I 指数。废水、二氧化硫、固体废物和环境规制 2015 年的 Moran's I 散点图如图 7. 3 至图 7. 6 所示。从图中我们可以看出，大多数省（区、市）都位于第一象限和第三象限，这表明环境污染和环境规制存在着稳定的正向空间相关性。

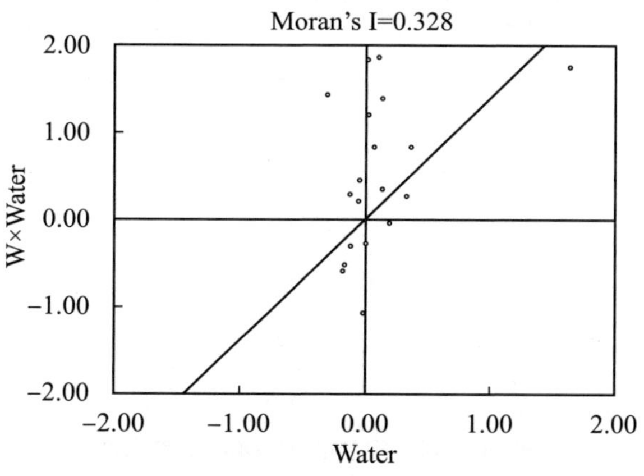

图 7. 3　废水的 Moran's I 散点图

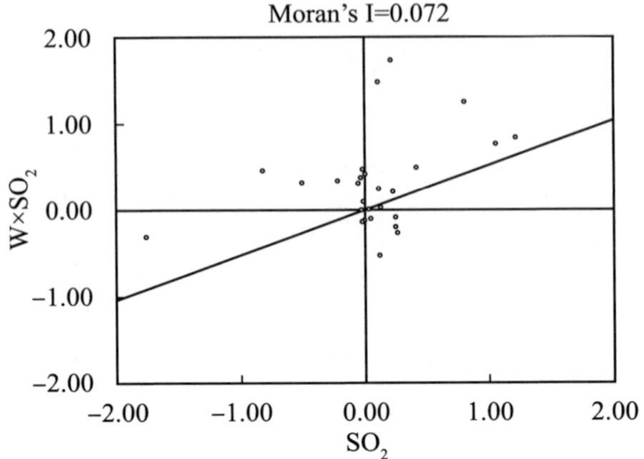

图 7.4　二氧化硫的 Moran's I 散点图

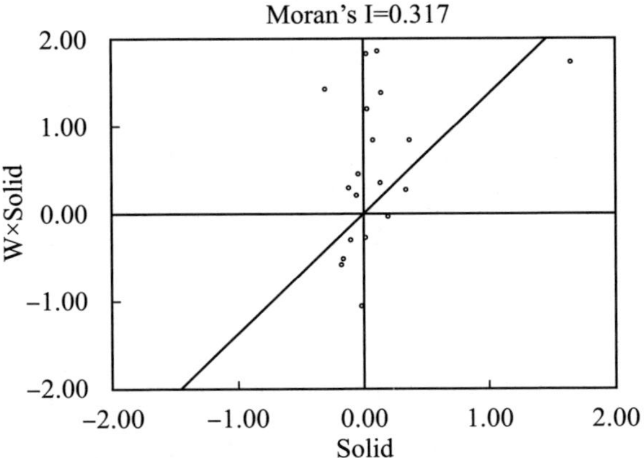

图 7.5　固体废弃物的 Moran's I 散点图

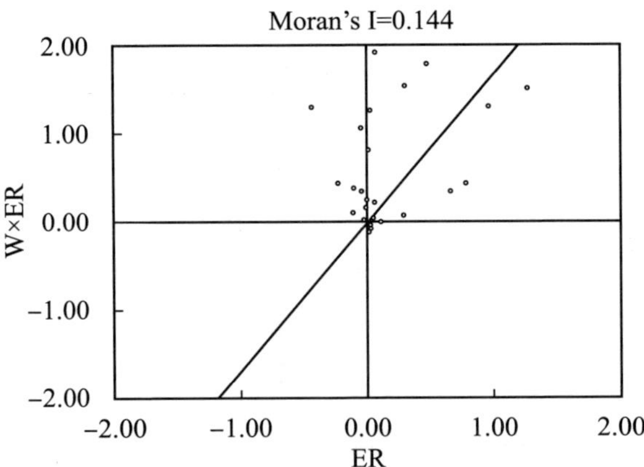

图 7.6　环境规制的 Moran's I 散点图

2. 实证结果

本章的解释变量不仅包括上述自变量，还包括变量之间的交互作用。除了环境规制对环境污染的影响外，我们还重点研究了财政分权与环境规制的交互作用，即财政分权下环境规制如何影响环境污染。至于外商直接投资，我们主要关心的是财政分权是否促使地方政府降低了外商直接投资的标准。因此，我们在分析中加入了外商直接投资与财政分权的互动项。在下面的实证分析中，ER × FDE 是指以支出衡量的环境监管与财政分权之间的交互作用。ER × FDV 是指以收入衡量的环境监管和财政分权之间的交互作用。FDI × FDE 是指以支出衡量的外国直接投资与财政分权之间的交互作用。FDI × FDV 是指以收入衡量的外国直接投资与财政分权之间的交互作用。此外，还考虑了环境规制和经济总量的平方项，因为我们要检验环境规制和经济总量对环境污染的影响是否具有二次非线性。

面板数据可以区分个体间差异的影响。固定效应模型是一种随个体而变化的面板数据分析方法，但不随时间而变化；由于个体效应受到控制，异质性可以忽略（Wang and Ho，2010）。

基于上述空间相关性检验，在分析环境规制对环境污染的影响时，应考虑空间相关性。根据埃尔霍斯特（Elhorst，2003，2012）提出的原则，进行 OLS 估计，并采用 LM 检验及其稳健性检验来检验空间效应。不包含空间效应的面板数据模型如下：

$$Y = \alpha_0 + \alpha_1 X + \alpha_2 Z + \varepsilon \tag{7.9}$$

其中，Y 为因变量（废水、二氧化硫、固体废物）；X 为核心解释变量，在本节的分析中 X 为环境规制、财政分权及其交互作用；Z 代表除环境管制和财政分权之外的其他控制变量，即经济发展水平、产业结构、外商直接投资和城市化。

参考埃尔霍斯特（Elhorst，2012）的研究，我们首先估计了传统的混合面板数据模型。在进行估计之前，我们使用 F 统计量来确定固定效应面板数据模型是否合适。废水、二氧化硫、固体废物的 F 统计量估计值分别为 49.71、54.73、114.83，且在所有的估计模型中 $p < 0.01$。随机效应更合适的原假设被强烈拒绝，我们应使用固定效应面板模型进行分析（Chang et al.，2011）。表 7.11 至表 7.13 给出了非空间面板数据模型的估计结果。

表 7.11 工业废水的非面板混合回归模型估计

变量	混合 OLS	空间固定效应	时间固定效应	空间和时间固定效应
ER	0.3620* (1.7143)	-0.6207*** (-3.7792)	0.4434** (2.1763)	-0.4535*** (-3.0957)
ER^2	0.1748* (1.9286)	0.0474 (0.5985)	0.1745** (1.9526)	0.1361* (1.8650)
FDE	-9.0910*** (-13.2016)	-0.9965 (-1.6201)	-9.3228*** (-12.6184)	-2.4747*** (-4.1696)
ER × FDE	0.5049* (1.7248)	-0.2910* (-1.8861)	0.1675 (0.5762)	-0.3429** (-2.3762)
PGDP	8.6939*** (7.3592)	1.8164** (2.4373)	7.1595*** (5.5982)	1.7867** (2.4012)
$PGDP^2$	-0.3706*** (-10.1326)	-0.0893*** (-2.6062)	-0.3022*** (-5.0213)	-0.0663* (-1.7974)
STR	-2.1053*** (-10.1326)	-0.8725*** (-5.7932)	-1.8280*** (-7.9076)	-0.0575 (-0.3072)
CITY	-2.2247* (-1.7249)	1.2573* (1.8480)	-0.7374 (-0.5763)	1.5070** (2.3671)
FDE × FDI	-0.2301 (-0.8556)	0.1562 (0.6723)	0.0806 (0.2605)	0.5125** (2.4339)
constant	7.9431* (1.7618)			
σ^2	0.2855	0.0508	0.2601	0.0392
R^2	0.7068	0.2991	0.7252	0.1263
LogL	-351.3899	-336.4393	-330.9371	-371.4281
LM_{lag}	10.2796***	21.8053***	1.7344	3.7234*
LM_{error}	84.2160***	13.5293***	55.3205***	1.3341
robust LM_{lag}	17.9484***	12.3087***	23.5589***	9.0618***

续表

变量	混合 OLS	空间固定效应	时间固定效应	空间和时间固定效应
robust LM_{error}	91.8848***	4.0327**	77.1450***	6.6724***
LR test	空间固定效应		851.4639	Prob = 0.0000
	时间固定效应		116.7110	Prob = 0.0000

注：括号内表示的是 t 统计量；*** 、** 和 * 分别表示 1% 、5% 和 10% 的水平上显著。

表 7.12　　二氧化硫的非面板混合回归模型估计

变量	混合 OLS	空间固定效应	时间固定效应	空间和时间固定效应
ER	1.0356*** (3.7356)	-0.8199*** (-3.6020)	1.1753*** (4.5863)	0.4247*** (2.9745)
ER^2	-0.0822 (-0.6949)	-0.0339 (-0.3085)	-0.1835 (-1.6329)	-0.1311* (1.8432)
FDE	-2.1479** (-2.2016)	0.6087 (0.7141)	-2.991*** (-3.2193)	-2.5689*** (-4.4404)
ER × FDE	1.3036*** (3.4114)	0.2625 (0.2625)	0.7921** (2.1670)	0.2049 (1.4568)
PGDP	6.0112*** (3.8969)	4.1258*** (3.9947)	5.1904*** (3.2272)	4.4304*** (6.1084)
$PGDP^2$	-0.2787*** (-3.7362)	-0.2180*** (-4.5890)	-0.2235*** (-2.9535)	-0.1887*** (-5.2428)
STR	-2.9504*** (-10.3858)	-1.6425*** (-7.8694)	-2.3614*** (-8.1229)	0.1107 (0.6065)
CITY	-5.8581*** (-3.4793)	-1.1955 (-1.2679)	-3.6486** (-2.2672)	-0.9014 (-1.4526)
FDE × FDI	-0.9063** (-2.5823)	-0.5368* (-1.6669)	-1.1503*** (-2.9576)	0.2189 (1.0665)

续表

变量	混合 OLS	空间固定效应	时间固定效应	空间和时间固定效应
constant	-5.3971 (-0.7754)			
σ^2	0.4860	0.0976	0.4113	
R^2	0.5196	0.5545	0.5081	0.1844
LogL	-471.1142	-110.3932	-434.0705	-106.3060
LM_{lag}	17.4800***	27.7447***	10.2601***	10.2622***
LM_{error}	8.8609***	20.3610***	8.3680***	8.3681***
robust LM_{lag}	9.8321***	29.3610***	7.0868***	12.3750***
robust LM_{error}	2.2130***	4.0856***	5.2010***	15.2103***
LR test	空间固定效应		1080.7530	Prob = 0.0000
	时间固定效应		433.3984	Prob = 0.0000

注：括号内表示的是 t 统计量；***、** 和 * 分别表示 1%、5% 和 10% 的水平上显著。

表 7.13 工业固体废弃物的非面板混合回归模型估计

变量	混合 OLS	空间固定效应	时间固定效应	空间和时间固定效应
ER	1.3062*** (4.3025)	-0.9324*** (-5.3490)	-1.2793*** (-4.3291)	-0.8204*** (-4.8728)
ER^2	0.4786*** (3.6919)	0.1304 (1.5503)	0.3262** (2.5164)	0.1968** (2.3462)
FDE	-3.9359*** (-3.6839)	-0.0665 (-0.1018)	-3.6075*** (-3.3669)	-1.7312** (-2.5381)
ER × FDE	0.0699 (0.1672)	-1.1727*** (-7.1617)	0.0851 (0.2019)	-1.0635*** (-6.4111)

续表

变量	混合 OLS	空间固定效应	时间固定效应	空间和时间固定效应
PGDP	7.8004*** (4.6177)	1.4297* (1.8077)	5.2348*** (2.8225)	2.4562*** (2.8722)
$PGDP^2$	−0.3091*** (−3.7834)	−0.0423 (−1.1625)	−0.2322*** (−2.6602)	−0.0931** (−2.1933)
STR	−2.0999*** (−6.7502)	−0.5813*** (−3.6372)	−2.5466*** (−7.5962)	−0.2044 (−0.9497)
CITY	−0.5892 (−0.3195)	4.9965*** (6.9197)	−0.6231 (−0.3358)	4.5255*** (6.1850)
FDE × FDI	−1.6295*** (−4.2394)	0.4999** (2.0272)	−0.3774 (−0.8416)	0.8260*** (3.4128)
constant	−7.8792			
σ^2	0.5828	0.0572	0.5469	0.0518
R^2	0.4813	0.7452	0.4411	0.3624
LogL	−511.9808	−91.6820	−498.2040	−32.1819
LM_{lag}	27.3926***	43.6711***	20.0920***	15.2256***
LM_{error}	0.3173	14.1867***	1.4820	1.6991
robust LM_{lag}	91.0916***	39.5587***	53.7849***	32.5679***
robust LM_{error}	6.0164***	10.0743***	35.1749***	19.0414***
LR test	空间固定效应		1060.7718	Prob = 0.0000
	时间固定效应		44.9997	Prob = 0.0001

注：括号内表示的是 t 统计量；*** 、** 和 * 分别表示 1%、5% 和 10% 的水平上显著。

表 7.11 至表 7.13 分别显示了废水、二氧化硫和固体废物的混合回归结果。混合 OLS 模型的原假设是所有的变量没有单独的影响，可以直接用 OLS 回归进行估计的。空间固定效应模型是指个体固定效应模型，时间周期固定效

应模型是指时间固定效应模型。

从表 7.11 至表 7.13 可以看出，当使用稳健 LM 检验时，在 1% 显著性水平上，不存在空间滞后因变量的假设和不存在空间自相关误差项的原假设均被拒绝，这些结果表明存在显著的空间相关性，空间面板模型比传统的混合面板数据模型具有更好的估计效果。此外，我们使用似然比检验（LR）来检验空间固定效应和时间周期固定效应的联合显著性。在 1% 显著性水平上拒绝了空间固定效应共同不显著的原假设。在 1% 显著性水平上，时间周期固定效应共同不显著的原假设也被拒绝。这些结果表明，双向固定效应模型是最合适的（Elhorst，2012）。此外，我们使用 STATA 命令 xtistest 来测试是否存在序列相关（Wursten，2018）。Inoue - Solon 统计（IS - stat）的结果如表 7.14 所示，不能拒绝任何阶次无自相关的原假设（Born and Breitung，2016）。

表 7.14　　系列相关的 IS 统计

变量	IS - stat	P 值
Water	29.88	0.319
SO_2	29.84	0.322
Solid	29.65	0.328

因此，我们构建如下的空间杜宾模型：

$$y_{it} = c + \delta \sum_{j=1}^{30} W_{ij} y_{jt} + \alpha_1 X_{it} + \alpha_2 Z_{it} + \alpha_1 \sum_{j=1}^{30} W_{ij} X_{it} + \alpha_2 \sum_{j=1}^{30} W_{ij} Z_{it} + \mu_i + \lambda_t + \varepsilon_{it} \tag{7.10}$$

空间杜宾模型的估计结果如表 7.15 至表 7.17 所示。由于 Hausman 检验在废水、二氧化硫和固体废物估算中的值分别为 12.1931、13.4328 和 13.7143，在所有估算中 $p < 0.01$，表明随机效应模型显著被拒绝，空间固定模型更适合。因此，我们只展示了具有固定效应的空间杜宾模型估计结果。

表 7.15　工业废水的空间杜宾模型估计结果

变量	0 - 1 权重	地理距离权重	经济距离权重
W × Water	0.177 * (0.104)	0.221 * (0.115)	0.398 *** (0.099)
ER	-4.758 (4.805)	-6.217 (4.811)	-4.360 (5.162)
ER^2	0.193 * (0.113)	0.246 * (0.126)	0.174 * (0.103)
FDE	5.357 ** (2.221)	5.801 *** (2.076)	4.998 ** (2.443)
ER × FDE	0.936 (1.052)	1.242 (1.050)	0.864 (1.132)
PGDP	6.399 *** (2.311)	6.974 *** (1.662)	6.153 *** (1.916)
$PGDP^2$	-0.279 *** (0.105)	-0.304 *** (0.078)	-0.267 *** (0.086)
STR	-0.663 *** (0.158)	-0.437 *** (0.156)	-0.323 *** (0.103)
CITY	0.331 (0.920)	0.252 (0.966)	-0.032 (1.115)
FDE × FDI	-0.006 (0.008)	-0.016 (0.010)	-0.009 (0.011)
W × ER	-2.636 (6.338)	-16.75 * (9.281)	-5.352 (13.06)
W × ER^2	0.186 (0.243)	0.450 * (0.263)	-0.426 (0.605)
W × FDE	4.031 (2.535)	2.045 (2.877)	3.227 (3.921)

续表

变量	0－1 权重	地理距离权重	经济距离权重
W×ER×FDE	0.442 (1.410)	3.561* (2.000)	1.502 (2.753)
W×PGDP	－6.311** (3.009)	－9.030*** (2.901)	－8.815*** (3.310)
W×$PGDP^2$	0.268* (0.139)	0.392*** (0.130)	0.388*** (0.150)
W×STR	－2.522** (1.019)	－3.364*** (1.140)	－3.470** (1.427)
W×CITY	0.476 (1.689)	0.636 (1.823)	0.841 (2.339)
W×FDE×FDI	－0.027 (0.019)	－0.040* (0.023)	－0.008 (0.024)
R^2	0.280	0.461	0.362

注：括号内表示的是标准差；***、** 和 * 分别表示 1%、5% 和 10% 的水平上显著。

表 7.16　　工业二氧化硫的空间杜宾模型估计结果

变量	0－1 权重	地理距离权重	经济距离权重
W×SO_2	0.585*** (0.074)	0.657*** (0.068)	0.742*** (0.055)
ER	－4.463 (4.986)	－2.432 (5.062)	－1.553 (4.400)
ER^2	0.110 (0.161)	0.140 (0.165)	0.109 (0.145)
FDE	3.502* (1.500)	2.849*** (1.086)	2.402** (1.190)
ER×FDE	0.878 (1.087)	0.420 (1.094)	0.230 (0.957)

续表

变量	0-1 权重	地理距离权重	经济距离权重
PGDP	5.481*** (2.115)	4.209** (1.821)	3.823** (1.697)
$PGDP^2$	-0.233** (0.093)	-0.174** (0.082)	-0.161** (0.078)
STR	-0.018*** (0.005)	-0.152*** (0.026)	-0.280** (0.107)
CITY	2.195** (0.903)	1.533* (0.801)	1.538** (0.781)
FDE × FDI	-0.002 (0.009)	-0.004 (0.010)	-0.001 (0.011)
W × ER	-1.099 (6.790)	-14.77* (8.119)	-9.400 (11.31)
$W \times ER^2$	0.189 (0.232)	0.502** (0.222)	0.0299 (0.464)
W × FDE	2.424 (3.118)	-0.389 (2.738)	-0.902 (3.633)
W × ER × FDE	0.170 (1.485)	3.276* (1.737)	2.345 (2.422)
W × PGDP	-3.794 (3.013)	-1.418 (2.601)	-0.102 (2.272)
$W \times PGDP^2$	0.159 (0.134)	0.0485 (0.110)	0.005 (0.097)
W × STR	-2.701*** (0.925)	-2.753** (1.357)	-2.792** (1.161)
W × CITY	4.936*** (1.392)	5.009*** (1.667)	5.626** (2.616)

续表

变量	0－1 权重	地理距离权重	经济距离权重
W × FDE × FDI	－0. 043 ** (0. 021)	－0. 033 (0. 026)	－0. 038 (0. 025)
R^2	0. 301	0. 721	0. 732

注：括号内表示的是标准差；*** 、** 和 * 分别表示 1% 、5% 和 10% 的水平上显著。

表 7. 17　　工业固体废弃物的 SDM 估计结果

变量	0－1 权重	地理距离权重	经济距离权重
W × Solid	0. 394 *** (0. 070)	0. 290 *** (0. 103)	0. 369 *** (0. 094)
ER	－2. 374 (4. 463)	－4. 324 (4. 356)	－3. 549 (4. 504)
ER^2	0. 288 ** (0. 140)	0. 274 * (0. 140)	0. 281 * (0. 150)
FDE	2. 038 (1. 580)	3. 471 * (1. 797)	3. 478 ** (1. 727)
ER × FDE	0. 317 (0. 985)	0. 780 (0. 953)	0. 593 (0. 984)
PGDP	2. 872 (2. 709)	4. 194 (2. 863)	4. 782 * (2. 736)
$PGDP^2$	－0. 119 (0. 123)	－0. 181 (0. 129)	－0. 212 * (0. 120)
STR	－1. 560 (1. 078)	－1. 900 * (1. 018)	－1. 854 * (0. 992)
CITY	1. 462 (0. 959)	1. 403 * (0. 840)	1. 504 (0. 917)
FDE × FDI	－0. 042 (0. 026)	－0. 0376 (0. 0270)	－0. 038 (0. 025)

续表

变量	0－1 权重	地理距离权重	经济距离权重
W × ER	1. 225 (6. 147)	0. 0083 (8. 708)	4. 296 (11. 56)
W × ER^2	0. 216 (0. 176)	0. 234 (0. 254)	0. 500 (0. 533)
W × FDE	1. 125 (2. 841)	1. 979 (3. 363)	3. 805 (3. 726)
W × ER × FDE	－0. 332 (1. 341)	0. 007 (1. 900)	－1. 172 (2. 548)
W × PGDP	1. 596 (3. 381)	1. 059 (4. 264)	－0. 129 (4. 338)
W × $PGDP^2$	－0. 087 (0. 155)	－0. 049 (0. 196)	－0. 006 (0. 198)
W × STR	0. 654 (1. 566)	0. 997 (1. 726)	0. 436 (1. 787)
W × CITY	0. 244 (2. 113)	－2. 251 (2. 047)	0. 938 (2. 183)
W × FDE × FDI	－0. 018 (0. 021)	－0. 018 (0. 028)	－0. 032 (0. 036)
R^2	0. 7511	0. 7422	0. 7382

注：括号内表示的是标准差；*** 、** 和 * 分别表示 1% 、5% 和 10% 的水平上显著。

在实证分析中使用变量间的相互作用项之前，我们使用空间杜宾模型分别去掉交互作用项，从而重复分析，对比分析结果见表 7. 18 至表 7. 20。通过对比表 7. 15 至表 7. 17 与表 7. 18 至表 7. 20 的结果可以看出，主要解释变量的系数保持不变（Dreher et al. ，2010）。

表 7.18　　工业废水的空间杜宾模型对比分析结果

变量	(1)	(2)	(3)	(4)	(5)
W × Water	0. 233 ** (0. 112)	0. 234 ** (0. 112)	0. 235 ** (0. 112)	0. 233 ** (0. 110)	0. 177 * (0. 104)
ER	-0. 297 ** (0. 148)	-0. 494 *** (0. 153)	-1. 964 (4. 342)	-3. 570 (4. 932)	-4. 758 (4. 805)
ER^2		0. 107 (0. 073)		0. 149 (0. 104)	0. 193 * (0. 113)
FDE	3. 952 *** (0. 824)	3. 907 *** (0. 815)	4. 552 ** (2. 038)	5. 019 ** (2. 239)	5. 357 ** (2. 221)
ER × FDE			0. 373 (0. 373)	0. 678 (1. 084)	0. 936 (1. 052)
PGDP	5. 507 *** (1. 489)	5. 368 *** (1. 526)	6. 103 *** (2. 312)	6. 242 *** (2. 306)	6. 399 *** (2. 311)
$PGDP^2$	-0. 240 *** (0. 072)	-0. 234 *** (0. 073)	-2. 662 ** (0. 105)	-0. 272 *** (0. 104)	-0. 279 *** (0. 105)
STR	-0. 199 (0. 223)	-0. 199 (0. 218)	-0. 216 (0. 226)	-0. 233 (0. 211)	-0. 663 *** (0. 158)
CITY	0. 399 (0. 983)	0. 504 (0. 945)	0. 425 (0. 963)	0. 469 (0. 937)	0. 331 (0. 920)
FDE × FDI					-0. 006 (0. 008)
W × ER	-0. 236 (0. 341)	-0. 548 (0. 661)	2. 458 (6. 538)	0. 985 (6. 479)	-2. 636 (6. 338)
W × ER^2		0. 115 (0. 225)		0. 106 (0. 214)	0. 186 (0. 243)
W × FDE	4. 336 *** (1. 550)	4. 318 *** (1. 559)	5. 306 ** (2. 446)	4. 853 * (2. 486)	4. 031 (2. 535)

续表

变量	(1)	(2)	(3)	(4)	(5)
W×ER×FDE				-0.347 (1.487)	0.442 (1.410)
W×PGDP	-5.907** (2.405)	-5.943** (2.358)	-6.856** (3.165)	-6.678** (3.157)	-6.311** (3.009)
$W\times PGDP^2$	0.253** (0.112)	0.254** (0.111)	0.296** (0.146)	0.287* (3.157)	0.268* (0.139)
W×STR	-0.833 (0.396)	-0.819** (0.411)	-0.775* (0.446)	-0.805* (0.447)	-2.522** (1.019)
W×CITY	-0.033 (1.622)	0.202 (1.661)	-0.136 (1.705)	0.145 (1.735)	0.476 (1.689)
W×FDE×FDI					-0.0267 (0.0194)

注：括号内表示的是标准差；***、** 和 * 分别表示 1%、5% 和 10% 的水平上显著。

表 7.19　　工业二氧化硫的空间杜宾模型对比分析结果

变量	(1)	(2)	(3)	(4)	(5)
$W\times SO_2$	0.623*** (0.076)	0.624*** (0.077)	0.627*** (0.074)	0.626*** (0.074)	0.585*** (0.0738)
ER	-0.389*** (0.134)	-0.446** (0.227)	-2.601 (4.590)	-3.006 (5.377)	-4.463 (4.986)
ER^2		0.015 (0.115)		0.040 (0.151)	0.110 (0.161)
FDE	1.955* (1.004)	1.902* (1.039)	2.738* (1.639)	2.827* (1.627)	3.502* (1.500)
ER×FDE			0.495 (1.029)	0.567 (1.178)	0.878 (1.087)

续表

变量	(1)	(2)	(3)	(4)	(5)
PGDP	4.255*** (1.458)	4.305*** (1.418)	5.087** (2.358)	5.125** (2.361)	5.481*** (2.115)
$PGDP^2$	-0.179** (0.069)	-0.182*** (0.066)	-0.216** (0.104)	-0.218** (0.272)	-0.233** (0.0926)
STR	0.142 (0.284)	0.133 (0.276)	0.125 (0.283)	0.113 (0.272)	-0.018*** (0.005)
CITY	2.078** (0.818)	2.199*** (0.812)	2.147*** (0.825)	2.202*** (0.811)	2.195** (0.903)
FDE×FDI					-0.0015 (0.0087)
W×ER	0.070 (0.346)	-0.331 (0.666)	4.908 (6.595)	3.494 (6.981)	-1.099 (6.790)
$W\times ER^2$		0.165 (0.205)		0.117 (0.210)	0.189 (0.232)
W×FDE	1.828 (1.979)	1.745 (1.977)	3.568 (2.749)	3.106 (3.065)	2.424 (3.118)
W×ER×FDE			-1.110 (1.541)	-0.852 (1.577)	0.170 (1.485)
W×PGDP	-2.787 (2.974)	-3.032 (2.788)	-4.384 (3.316)	-4.257 (3.325)	-3.794 (3.013)
$W\times PGDP^2$	0.119 (0.135)	0.131 (0.126)	0.191 (0.149)	0.186 (0.149)	0.159 (0.134)
W×STR	-0.941** (0.417)	-0.905** (0.417)	-0.830** (0.365)	-0.838** (0.362)	-2.701*** (0.925)
W×CITY	-5.195*** (1.405)	5.037*** (1.428)	5.356*** (1.511)	5.186*** (1.518)	4.936*** (1.392)
W×FDE×FDI					-0.0434** (0.0207)

注：括号内表示的是标准差；***、**和*分别表示1%、5%和10%的水平上显著。

表 7.20　　工业固体废弃物的空间杜宾模型对比分析结果

变量	(1)	(2)	(3)	(4)	(5)
W × Solid	0.057*** (0.022)	0.413*** (0.068)	0.407*** (0.065)	0.408*** (0.065)	0.394*** (0.070)
ER	-0.522*** (0.146)	-1.024*** (0.222)	-4.330 (6.442)	1.644 (6.077)	-2.374 (4.463)
ER^2		0.302** (0.127)		0.243** (1.551)	0.288** (0.140)
FDE	2.654 (2.085)	2.603 (1.937)	0.780 (1.746)	1.627 (1.558)	2.038 (1.580)
ER × FDE			-1.102 (1.465)	-0.582 (1.361)	0.317 (0.985)
PGDP	2.842 (2.815)	2.323 (2.693)	1.551 (3.104)	1.782 (2.957)	2.872 (2.709)
$PGDP^2$	-0.102 (0.121)	-0.079 (0.116)	-0.047 (0.406)	-0.055 (0.131)	-0.119 (0.123)
STR	-0.350 (0.463)	-0.334 (0.423)	-0.279 (0.406)	-0.290 (0.391)	-1.560 (1.078)
CITY	1.687* (0.936)	1.803* (0.957)	1.944** (0.920)	1.918** (0.939)	1.462 (0.959)
FDE × FDI					-0.042 (0.026)
W × ER	0.311 (0.274)	0.046 (0.304)	5.239 (5.121)	5.087 (5.916)	1.225 (6.147)
W × ER^2		0.067 (0.094)		-0.024 (0.143)	0.216 (0.176)
W × FDE	0.247 (1.786)	0.310 (1.808)	2.106 (2.602)	2.131 (2.772)	1.125 (2.841)

续表

变量	(1)	(2)	(3)	(4)	(5)
W × ER × FDE			-1.141 (1.158)	-1.109 (1.285)	-0.332 (1.341)
W × PGDP	2.385 (0.140)	2.721 (3.065)	1.730 (3.831)	1.840 (3.747)	1.596 (3.381)
W × $PGDP^2$	-0.128 (0.726)	-0.146 (0.144)	-0.097 (0.175)	-0.105 (0.172)	-0.087 (0.155)
W × STR	-0.010 (0.726)	-0.037 (0.694)	0.114 (0.714)	0.067 (0.696)	0.654 (1.566)
W × CITY	0.427 (1.811)	0.010 (1.848)	-0.499 (1.874)	-0.246 (1.873)	0.244 (2.113)
W × FDE × FDI					-0.018 (0.021)

注：括号内表示的是标准差；*** 、** 和 * 分别表示 1% 、5% 和 10% 的水平上显著。

表 7.15 至表 7.17 分别列出了由 0 - 1 相邻矩阵计算的结果、由地理距离矩阵计算的结果、由经济距离嵌套矩阵计算的结果。

空间杜宾模型中被解释变量和解释变量的乘积项以及空间权重矩阵 W 反映了相邻区域被解释变量和解释变量对废水、二氧化硫和固体废物排放的影响。

在大多数模型中，工业废水、二氧化硫和固体废弃物的系数为正且在 10% 及以上水平显著，进一步证明了空间杜宾模型更适合于该分析。由三个权重矩阵计算出的污染物空间滞后项均具有显著性，说明环境污染的空间滞后效应不仅取决于距离或它们之间是否相互制约，而且还取决于相对发展水平。

根据表 7.15，分析工业废水的空间杜宾模型实证结果，我们可以得出以下结论：

通过对运用 0 - 1 相邻空间权重矩阵、地理空间权重矩阵和经济距离嵌套矩阵的空间杜宾模型实证结果分析可以看出，三种情况下的环境规制平方项系数均在 10% 显著性水平上为正，表明环境规制与废水排放之间的关系呈正向的二次曲线关系。当环境规制强度较低时，废水排放量随环境规制强度的增加而下降。如果环境规制强度达到一定程度，则随着环境规制强度的不断提高，废水排放量也会随之增加。在环境监管力度较低的情况下，企业将尽最大努力满足环保要求，在能够承受的成本范围内减少污染排放。但是，如果环境监管达到一定程度，变得过高，那么企业将无法承担减排成本，将面临停产甚至无视环境监管的局面。$W \times ER$ 和 $W \times ER^2$ 的系数符号与 ER 和 ER^2 的系数符号相同，但不显著，说明邻省（区、市）环境整治对废水的空间效应与本省（区、市）环境整治的效应一致，但这些影响并不显著。

财政分权对当地工业废水的影响系数为正且在 5% 的水平通过显著性检验，邻近地区的财政分权系数也为正，但不显著。这表明，地方财政分权在加剧污水排放方面发挥了重要作用，印证了“竞争到底”的假设。这些结果与何其春（He，2015）的研究结果一致。

人均 GDP 系数为正，平方项系数为负。所有系数均在 1% 显著水平，证实了经济发展与其平方项呈倒“U”型关系，即库兹涅茨曲线。同时，邻近地区人均 GDP 及其平方项系数与当地单位具有相同的属性，表明邻近地区的经济发展对当地的环境污染影响显著。

产业结构对当地废水的影响系数在 1% 显著水平上为负。同时，邻近地区产业结构对当地废水的影响系数在 1% 显著水平上也为负值。这意味着，由于污水的流动性和第三产业的规模效应，当地和邻近地区的第三产业在减少污水排放方面都发挥着重要作用。一个单位的第三产业发展水平较高，更容易吸引相邻单位的第三产业，从而减少相邻单位的废水排放。

城市化系数、环境规制与财政分权的产品条件、财政分权与外商直接投资的产品条件均不显著。这表明，通过环境管制和外国直接投资，财政分权对废水排放没有显著影响。

根据表 7.16，分析二氧化硫的空间杜宾模型实证结果，可以看出，环境规制系数及其平方项对二氧化硫排放的影响不显著，与污水排放的影响不同。其原因可能是，与工业废水相比，二氧化硫具有更强的流动性，一个地区的排放很快流向另一个地区，这种负外部性导致当地政府缺乏减少当地二氧化硫排放的激励措施。财政分权、产业结构、经济发展对二氧化硫排放的影响与污水排放的影响是一致的。城市化对单位二氧化硫的影响系数为正且在10%水平通过显著性检验。同时，邻近地区城市化对当地二氧化硫的影响系数也在5%显著水平上为正。这说明城市化进程确实增加了二氧化硫的排放，邻近地区的城市化也增加了当地单位的二氧化硫排放。此外，环境规制和财政分权的交互项以及财政分权和外商直接投资的交互项均不显著，表明财政分权通过环境规制和外商直接投资对二氧化硫排放没有显著影响。

根据表7.17，分析工业固体废弃物的空间杜宾模型实证结果，可以看出，环境规制对固体废物排放的影响与对工业废水的影响相似。三种空间权重矩阵下，环境规制平方项系数均为正且在10%水平通过显著性检验，说明环境规制与固体废物排放之间的关系呈二次曲线，二次曲线系数为正。其原因与工业废水空间杜宾模型相同。$W \times ER$ 和 $W \times ER^2$ 系数不显著，说明相邻单元的环境规制对当地单元的影响不大。财政分权、城市化和经济发展水平对固体废物排放的影响与污水排放的影响是一致的。产业结构对当地固体废物的影响系数为负，且在10%的水平通过显著性检验，而邻近地区产业结构对当地固体废物的影响系数不显著。由此可见，第三产业的提高将减少当地固体废物的排放，而对邻近单位影响不大，因为固体废物没有流动性，一个地区的固体废物只能影响当地。此外，环境规制和财政分权的交互项以及财政分权和外商直接投资的交互项均不显著，表明财政分权对环境监管和外商直接投资产生的固体废物排放没有显著影响。

当存在空间效应时，利用非空间面板模型进行数据估计会产生偏差。偏差是多少？非空间面板模型中估计的参数反映了解释变量变化时因变量的边际影响，而空间杜宾模型中的自变量直接影响局部因变量，也通过相邻区域间接影响局部因变量，因此比较空间杜宾模型和非空间面板模型之间的系数差异是无效的。埃尔霍斯特（Elhorst，2014）提出了一种估计解释变量对局部因变量和邻近因变量影响的方法，分别称为直接影响和间接影响。工业废水、工业二氧化硫和工业固体废弃物的直接效应和间接效应估算结果如表7.21至表7.23所示。

表 7.21　工业废水空间杜宾模型的直接效应和间接效应

变量	0-1 权重			地理距离权重			经济距离权重		
	直接效应	间接效应	总效应	直接效应	间接效应	总效应	直接效应	间接效应	总效应
ER	-4.790 (4.842)	-4.003 (7.720)	-8.794 (7.776)	-6.636 (4.889)	-22.10* (11.30)	-28.74** (11.91)	-4.528 (5.161)	-10.93 (20.68)	-15.46 (20.49)
ER^2	0.199* (0.115)	0.265 (0.320)	0.464 (0.360)	0.257** (0.128)	0.622* (0.355)	0.878** (0.395)	0.116 (0.128)	-0.625 (1.039)	-0.509 (1.081)
FDE	5.104** (2.196)	-3.689 (2.905)	1.415 (2.342)	5.629*** (2.039)	-1.004 (3.609)	4.625 (2.991)	4.749** (2.380)	-2.181 (5.770)	2.568 (5.226)
ER × FDE	0.935 (1.060)	0.693 (1.691)	1.628 (1.673)	1.331 (1.066)	4.680* (2.442)	6.011** (2.543)	0.917 (1.130)	2.883 (4.304)	3.800 (4.225)
PGDP	6.103*** (2.110)	-6.057* (3.101)	0.0461 (1.840)	6.642*** (1.512)	-9.259*** (3.194)	-2.618 (2.521)	5.711*** (1.704)	-10.23** (4.346)	-4.518 (3.548)
$PGDP^2$	-0.267*** (0.0954)	0.255* (0.143)	-0.012 (0.086)	-0.289*** (0.0707)	0.401*** (0.143)	0.111 (0.115)	-0.248*** (0.0764)	0.451** (0.198)	0.203 (0.166)
STR	-0.776* (0.469)	-3.035** (1.210)	-3.811*** (1.230)	-0.553 (0.592)	-4.353*** (1.628)	-4.906*** (1.820)	-0.509 (0.471)	-5.696** (2.355)	-6.204*** (2.339)
CITY	0.313 (0.938)	0.720 (1.912)	1.033 (2.134)	0.237 (0.959)	0.994 (2.251)	1.231 (2.313)	-0.0295 (1.104)	1.335 (3.336)	1.305 (3.372)
FDE × FDI	-0.0075 (0.008)	-0.0327 (0.0232)	-0.0401 (0.0262)	-0.0171* (0.0101)	-0.0537* (0.0275)	-0.0708** (0.0316)	-0.0095 (0.0115)	-0.0193 (0.0421)	-0.0287 (0.0499)

注：括号内表示的是标准差；***、** 和 * 分别表示 1%、5% 和 10% 的水平上显著。

表 7.22 工业二氧化硫空间杜宾模型的直接效应和间接效应

变量	0-1 权重			地理距离权重			经济距离权重		
	直接效应	间接效应	总效应	直接效应	间接效应	总效应	直接效应	间接效应	总效应
ER	-5.255 (5.237)	-10.45 (15.99)	-15.71 (17.88)	-4.743 (5.630)	-45.38* (25.26)	-50.12* (28.12)	-3.200 (4.221)	-41.66 (40.61)	-44.86 (40.98)
ER^2	0.159 (0.187)	0.625 (0.674)	0.784 (0.795)	0.219 (0.195)	1.600* (0.824)	1.819* (0.970)	0.117 (0.189)	0.365 (1.965)	0.481 (2.100)
FDE	-3.336 (2.349)	0.151 (5.445)	-3.186 (5.327)	-3.046 (2.504)	-6.529 (7.444)	-9.575 (8.034)	-2.736 (2.025)	-11.20 (11.86)	-13.93 (11.57)
ER × FDE	1.025 (1.128)	1.987 (3.362)	3.011 (3.726)	0.925 (1.203)	9.882* (5.374)	10.81* (5.942)	0.628 (0.897)	9.937 (8.615)	10.56 (8.634)
PGDP	5.276*** (1.782)	-1.079 (4.894)	4.197 (4.370)	4.349*** (1.666)	4.109 (6.822)	8.458 (7.019)	4.238*** (1.597)	10.90 (8.023)	15.14* (8.408)
$PGDP^2$	-0.224*** (0.0786)	0.0390 (0.225)	-0.185 (0.207)	-0.181** (0.0767)	-0.198 (0.294)	-0.378 (0.312)	-0.178** (0.0748)	-0.461 (0.350)	-0.639* (0.374)
STR	-0.543 (0.620)	-6.057*** (1.604)	-6.600*** (1.788)	-0.570 (0.859)	-7.846*** (3.029)	-8.416** (3.375)	-0.771 (0.811)	-11.59** (4.572)	-12.37** (4.967)
CITY	1.413 (1.023)	-8.144*** (3.155)	-6.731* (3.800)	0.868 (0.881)	-11.54** (5.563)	-10.67* (6.161)	0.801 (0.932)	-16.57* (9.776)	-15.77 (10.43)
FDE × FDI	-0.0109 (0.0119)	-0.106* (0.0606)	-0.117* (0.0697)	-0.0095 (0.0121)	-0.100 (0.0717)	-0.110 (0.0795)	-0.0082 (0.0154)	-0.152 (0.116)	-0.160 (0.130)

注：括号内表示的是标准差；***、**和*分别表示1%、5%和10%的水平上显著。

表 7.23 工业固体废弃物空间杜宾模型的直接效应和间接效应

变量	0－1 权重			地理距离权重			经济距离权重		
	直接效应	间接效应	总效应	直接效应	间接效应	总效应	直接效应	间接效应	总效应
ER	－2.177 (4.734)	0.513 (9.386)	－1.663 (11.65)	－4.233 (4.579)	－1.611 (12.37)	－5.844 (14.30)	－3.207 (4.784)	4.898 (18.57)	1.690 (20.62)
ER^2	0.317** (0.152)	0.502 (0.322)	0.819* (0.435)	0.283* (0.147)	0.425 (0.415)	0.708 (0.512)	0.301* (0.162)	0.899 (0.853)	1.200 (0.951)
FDE	1.851* (1.104)	－0.591 (3.979)	1.260 (4.013)	3.271* (1.687)	－1.283 (4.538)	1.988 (4.332)	3.198* (1.634)	－4.003 (5.475)	－0.804 (5.435)
ER×FDE	0.258 (1.041)	－0.335 (2.030)	－0.0771 (2.509)	0.758 (0.999)	0.289 (2.680)	1.047 (3.074)	0.504 (1.045)	－1.527 (4.132)	－1.023 (4.572)
PGDP	3.031* (1.626)	4.093 (4.010)	7.124** (3.560)	4.133* (2.502)	2.984 (5.151)	7.117* (4.236)	4.723* (2.411)	2.227 (5.426)	6.950 (4.772)
$PGDP^2$	－0.128** (0.007)	－0.203 (0.188)	－0.330* (0.173)	－0.177 (0.113)	－0.132 (0.238)	－0.309 (0.201)	－0.210* (0.107)	－0.116 (0.254)	－0.325 (0.233)
STR	－1.544 (1.003)	0.145 (2.018)	－1.399 (1.970)	－1.891** (0.953)	0.685 (2.183)	－1.206 (1.969)	－1.856** (0.927)	－0.222 (2.314)	－2.078 (2.059)
CITY	1.558* (0.920)	1.312 (3.300)	2.869 (3.539)	1.298 (0.838)	－2.521 (2.952)	－1.223 (3.350)	1.579* (0.901)	2.168 (3.556)	3.746 (3.962)
FDE×FDI	－0.0452 (0.0275)	－0.0545 (0.0362)	－0.0997* (0.0566)	－0.0379 (0.0278)	－0.0416 (0.0499)	－0.0795 (0.0697)	－0.0400 (0.0271)	－0.0706 (0.0684)	－0.111 (0.0920)

注：括号内表示的是标准差；***、** 和 * 分别表示 1%、5% 和 10% 的水平上显著。

表 7. 21 至表 7. 23 中系数的意义与表 7. 15 至表 7. 17 相同，进一步证明了空间杜宾模型估计结果的可靠性。由于反馈效应，表 7. 18 至表 7. 20 中的变量系数与表 7. 21 至表 7. 23 中的变量系数略有不同。

根据表 7. 21，我们以 0 – 1 权重矩阵为例，分析了直接效应、间接效应和总效应。环境规制对工业废水排放的直接影响系数为 – 4. 790，而空间杜宾模型中环境规制对工业废水排放的影响系数为 – 4. 758，环境规制的反馈效应为 0. 032，占直接影响效应的 0. 67%。在空间杜宾模型中，环境规制平方项对工业废水排放量的直接影响系数为 0. 199，而环境规制平方项对污水排放量的影响系数为 0. 193，因此环境规制平方项的反馈效应为 0. 006，占直接影响效应的 3. 01%。财政分权对污水排放的直接影响系数为 5. 104，而空间杜宾模型中财政分权对污水排放的直接影响系数为 5. 357，因此财政分权对废水的反馈效应值为 –0. 253，占直接影响效应的 4. 96%。财政分权的负反馈效应表明，财政分权的反馈效应和直接效应的方向相反。产业结构对工业废水排放的直接影响系数为 – 0. 776，而空间杜宾模型中工业结构对废水排放的直接影响系数为 – 0. 663，因此工业结构的反馈效应为 0. 113，占直接影响效应的 17. 04%。

同样地，从表 7. 22 可以看出，环境规制对工业二氧化硫排放的直接影响系数为 –5. 255，而空间杜宾模型中环境规制对工业二氧化硫排放的直接影响系数为 –4. 463，环境规制的反馈效应为 0. 792，占直接影响效应的 15. 07%。空间杜宾模型中，环境规制平方项对工业二氧化硫排放的直接影响系数为 0. 159，而环境规制平方项对工业二氧化硫排放的直接影响系数为 0. 110，因此环境规制平方项的反馈效应为 – 0. 049，占工业二氧化硫排放直接影响效应的 30. 81%。财政分权对工业二氧化硫排放的直接影响系数为 3. 336，而空间杜宾模型中财政分权对工业二氧化硫排放的直接影响系数为 3. 502，因此财政分权对工业二氧化硫排放的反馈效应值为 0. 166，占直接影响效应的 4. 97%。

由表 7. 23 可知，环境规制对工业固体废物排放的直接影响系数为 – 2. 177，而空间杜宾模型中影响固体废物排放的环境规制系数为 – 2. 374，环境规制的反馈效应为 – 0. 197，占直接影响效应的 9. 04%。在空间杜宾模型中，环境规制平方项对工业固体废物排放的直接影响系数为 0. 317，而环境规制平方项对固体废物排放的影响系数为 0. 288，因此环境规制平方项的反馈效

应为 -0.029，占直接影响效应的 9.14%。财政分权对固体废物排放的直接影响系数为 1.851，而空间杜宾模型中财政分权对固体废物排放的影响系数为 2.038，因此财政分权对固体废物排放的反馈效应值为 0.178，占直接影响效应的 9.80%。

7.2.3　稳健性检验

为了验证我们对财政分权和环境污染的分析结果，我们用财政收入分权重新估计了式（7.10）。为了节省空间，这里只列出由 0-1 空间权重矩阵计算的结果。表 7.24 和表 7.25 报告了按收入分权计算的结果。

表 7.24　　空间杜宾模型的估计结果

变量	Water	SO_2	Solid
W × Dep	0.138 (0.115)	0.578*** (0.086)	0.381*** (0.074)
ER	-1.269 (1.447)	-1.255 (1.435)	-3.446 (2.283)
ER^2	0.149* (0.084)	0.037 (0.119)	0.329*** (0.123)
FDE	0.370*** (0.027)	0.649 (0.413)	1.335* (0.733)
ER × FDV	-0.475 (0.353)	-0.452 (0.350)	-1.151* (0.593)
PGDP	1.189 (1.869)	1.755 (1.309)	-0.107 (2.017)
$PGDP^2$	-0.048 (0.087)	-0.073 (0.063)	0.006 (0.095)
STR	-0.317 (0.554)	0.251 (0.685)	-1.390 (1.075)

续表

变量	Water	SO_2	Solid
CITY	-0.278 (1.022)	1.921** (0.878)	1.442 (1.013)
FDV × FDI	-0.009 (0.010)	0.001 (0.011)	-0.041 (0.028)
W × ER	-4.812 (3.257)	-0.264 (3.326)	0.469 (2.526)
W × ER^2	0.069 (0.263)	0.183 (0.192)	0.268* (0.149)
W × FDV	-0.664 (0.941)	0.195 (0.846)	-0.009 (0.690)
W × ER × FDV	1.117 (0.899)	-0.0391 (0.837)	-0.209 (0.650)
W × PGDP	-1.295 (2.293)	-0.724 (1.664)	3.932 (2.512)
W × $PGDP^2$	0.044 (0.105)	0.0277 (0.0777)	-0.185 (0.118)
W × STR	-2.902*** (1.010)	-2.705*** (0.998)	0.726 (1.604)
W × CITY	1.211 (1.476)	-4.751*** (1.174)	-0.004 (2.023)
W × FDV × FDI	-0.025 (0.021)	-0.0283 (0.022)	-0.005 (0.025)
R^2	0.306	0.740	0.751

注：括号内表示的是标准差；***、** 和 * 分别表示 1%、5% 和 10% 的水平上显著。

表 7.25 空间杜宾模型的直接效应和间接效应

变量	Water			SO_2			Solid		
	直接效应	间接效应	总效应	直接效应	间接效应	总效应	直接效应	间接效应	总效应
ER	1.177 (1.507)	-5.069 (3.716)	-3.891 (4.319)	1.364 (1.836)	0.743 (8.035)	2.107 (9.334)	3.717 (2.355)	2.739 (3.570)	6.456 (4.430)
ER^2	0.150* (0.0824)	0.0988 (0.295)	0.249 (0.318)	0.0715 (0.129)	0.448 (0.443)	0.519 (0.520)	0.369*** (0.124)	0.603** (0.241)	0.972*** (0.296)
FDV	0.421*** (0.101)	-0.655 (1.046)	-0.234 (1.142)	0.797* (0.421)	1.157 (1.772)	1.954 (1.950)	1.455** (0.736)	0.778 (1.001)	2.233* (1.294)
ER × FDV	-0.454 (0.369)	1.141 (1.011)	0.687 (1.142)	-0.515 (0.442)	-0.604 (1.957)	-1.118 (2.260)	-1.241** (0.611)	-0.998 (0.909)	-2.239** (1.127)
PGDP	1.015 (1.742)	-1.119 (2.239)	-0.104 (1.296)	1.711 (1.270)	0.495 (3.183)	2.206 (3.785)	0.305 (1.785)	6.053** (2.988)	6.359** (2.882)
$PGDP^2$	-0.0408 (0.0817)	0.035 (0.103)	-0.006 (0.063)	-0.0704 (0.063)	-0.0233 (0.156)	-0.0937 (0.187)	-0.014 (0.086)	-0.286** (0.145)	-0.300** (0.145)
STR	-0.395 (0.564)	-3.301*** (1.134)	-3.696*** (1.093)	-0.204 (0.677)	-5.586*** (1.616)	-5.790*** (1.738)	-1.345 (0.982)	0.339 (2.004)	-1.006 (1.877)
CITY	-0.249 (1.032)	1.225 (1.686)	0.975 (2.002)	1.178 (1.026)	-8.085*** (2.852)	-6.907* (3.540)	1.485 (0.965)	1.110 (3.029)	2.596 (3.318)
FDV × FDI	-0.0098 (0.0108)	-0.0295 (0.025)	-0.0393 (0.028)	-0.0036 (0.013)	-0.0642 (0.0617)	-0.0678 (0.072)	-0.0432 (0.028)	-0.0295 (0.039)	-0.0727 (0.0585)

注：括号内表示的是标准差；*** 、** 和 * 分别表示1%、5%和10%的水平上显著。

根据表 7.24 和表 7.25，以支出和收入衡量的财政分权对环境污染的影响相似。此外，其他变量的实证结果也支持我们的主要发现。

为了验证我们对法规和环境污染的分析，我们构建了另一个以总污染治理为衡量标准的环境法规指数（Chen et al.，2019），并通过面板 GMM 模型（Sui et al.，2018）探讨了这一问题，动态面板模型计算结果见表 7.26。

表 7.26　动态面板模型估计结果

变量	Water	SO_2	Solid
L. Dep	0.987*** (0.071)	0.861*** (0.0189)	0.494*** (0.035)
ER	-5.540 (7.719)	-0.179 (3.733)	-2.882** (1.044)
ER^2	0.538** (0.239)	0.181*** (0.059)	0.157* (0.086)
FDE	2.583** (1.061)	3.166*** (1.054)	4.966*** (1.053)
ER × FDE	-0.161 (1.752)	-0.360 (0.911)	4.326** (1.734)
PGDP	1.334* (0.803)	2.148*** (0.831)	2.697 (1.734)
$PGDP^2$	-1.706** (0.968)	0.084*** (0.041)	-0.124 (0.085)
STR	0.926 (0.784)	-1.466*** (0.244)	-1.887*** (0.638)
CITY	-0.078 (0.623)	1.059*** (0.212)	-0.726 (0.530)
FDE × FDI	-0.011 (0.008)	-0.007*** (0.002)	-0.020*** (0.006)
AR（1）P 值	0.0014	0.0002	0.0333
AR（2）P 值	0.2250	0.0849	0.4271
Sargan	0.7485	0.5670	0.1929

注：括号内表示的是标准差；*** 、** 和 * 分别表示 1%、5% 和 10% 的水平上显著。

从表 7.26 可以看出，以污染治理总量衡量的环境规制效果与我们前面的分析类似，其他变量的实证结果也支持我们的主要发现。这表明，财政分权和环境规制都对环境污染产生了强有力的影响。

7.2.4　讨论

随着生活条件的改善，人们的生活环境越来越受到重视。许多学者认为，财政体制，特别是财政分权，可能通过健全的基础设施或降低环境标准来影响环境污染（Tiebout，1956；Köllner et al.，2002）。我们的研究结果表明，由于中国地方政府在经济增长方面有竞争的动机，因此中国没有出现“竞争到顶”现象（Tian and Wang，2018）。

对比表 7.18 至表 7.20 可以看出，环境规制可以减少废水和固体废物的排放，但不能显著减少二氧化硫的排放。结果表明，环境规制对污染物排放的影响与污染物的流动性有关。污染物的流动性越强，治理的正外部性就越大。因此，地方政府治理污染的成本大于收入。这种观点不同于以往的研究。

人均 GDP 与工业废水、工业二氧化硫、工业固体废物之间存在倒“U”型曲线，证明了环境库兹涅茨曲线的假设，这一结果与许多学者（Panayotou，1993；Dinda，2004；Xu，2018）的研究结论是一致的。

由于数据的局限性，本研究只分析省级数据，忽略了省（区、市）内城市之间的差异。由于同一省（区、市）不同城市的经济发展和环境质量差异较大，一个省（区、市）的整体价值不能准确反映具体城市的情况，这是本研究的局限性。下一步，我们将收集地级数据做进一步的研究。

7.3　环境规制与环境污染：基于碳排放的分析

为了研究环境规制如何通过产业结构合理化和高级化两个维度影响低碳经济以及影响效应的非线性，本节运用 PSTR 模型进行分析，模型原理及构建参见 5.3.1 节。

7.3.1 变量选择和数据

1. 被解释变量

低碳经济：由于二氧化碳排放的数据没有直接公布，需要通过一定的方法进行估算。《中国能源统计年鉴》中提供了除西藏外的各省（区、市）化石燃料的消费量，但各类能源的碳排放系数依然需要估算。参照 IPCC（2006）中提供的二氧化碳排放量估算方法以及各类化石燃料碳含量和有效二氧化碳排放系数，具体的估算方法如式（7.11）：

$$CO_2 = \sum_{i=1}^{7} CO_{2(i)} = \sum_{i=1}^{7} E_i \times CF_i \times CC_i \times COF_i \times 44/12 \qquad (7.11)$$

其中，$i=1$，2，…，7 表示煤炭、焦炭、汽油、煤油、柴油、燃料油和天然气这七种化石类燃料；E_i 表示第 i 种化石燃料的消费总量；CF_i 表示发热值；CC_i 表示燃料中的碳含量；COF_i 表示氧化因子。$CF_i \times CC_i \times COF_i$ 被称为碳排放系数，$CF_i \times CC_i \times COF_i \times 44/12$ 被称为二氧化碳排放系数，二氧化碳排放系数如表 7.27 所示（杜立民，2010）。

表 7.27 二氧化碳排放系数

燃料类型	煤炭	焦炭	汽油	煤油	柴油	燃料油	天然气
碳排放系数（吨 C/吨或吨 C/亿立方米）	0.449	0.776	0.830	0.865	0.858	0.835	5.905
二氧化碳排放系数（吨 CO_2/吨或吨 CO_2/亿立方米）	1.647	2.848	3.045	3.174	3.150	3.064	21.670

2. 解释变量

政府环境规制数据：政府环境规制可以通过规划产业结构来推动低碳经济的发展，鉴于部分省（区、市）分类的政府环境规制数据严重缺失，本章仅选取环境污染治理总额作为政府环境规制指标。

3. 转换变量

产业结构合理化：运用 5.3.2 节计算出的产业结构合理化指数。

产业结构高级化：运用5.3.2节计算出的产业结构高级化指数。

4. 控制变量

人均收入（PGDP，单位：万元/人）：环境库兹涅茨曲线假说指出，人均二氧化碳排放量与人均收入之间存在倒“U”型非线性关系，在不同的收入阶段，人们对环境的关注度有所差异。

能源消费结构（ESTR）：不同种类能源所产生的二氧化碳排放量不同，煤炭燃烧的二氧化碳排放量是天然气的1.6倍，而水电、风能等清洁能源并不排放二氧化碳，因此需要考虑能源消费结构对二氧化碳排放的影响（Zhang et al.，2000）。借鉴（Auffhammer and Carson，2008）所采用的方法，用各省（区、市）煤炭消费量占该省（区、市）一次能源消费总量的比重来表示能源消费结构。从理论上看，一个地区煤炭能源消费量越多，二氧化碳排放量也越高，能源消费结构对二氧化碳的排放起到促进作用。

工业化程度（SEC）。第二产业能源消耗往往比第一产业和第三产业高，排放的二氧化碳相对也会较高。因此，这里运用第二产业增加值占当地生产总值的比重表示一个地区的工业化程度。

城市化水平（CITY）：城市化推进的过程中需要大规模的基础设施建设，会大量排放二氧化碳，同时，城镇化也改变了人们的生活习惯，化石燃料的消费量相比农村人口大幅增加，这也进一步加大二氧化碳的排放量。用城镇人口占总人口的比重来表示一个地区的城镇化水平。

能源强度（EINT，单位：吨标煤/万元）：煤炭、石油、天然气等化石燃料燃烧后会排放出大量的二氧化碳，因此能源强度会影响一个地区温室气体的排放。单位GDP利用的化石燃料能源越多，同等条件下当地的二氧化碳排放量也越多，本节用能源消费总量与当地GDP总量的比值来反应能源强度，预期能源强度对二氧化碳排放量起到正向促进作用。

对外开放程度（OP）：国际贸易对二氧化碳排放的影响是各国制定低碳政策必须考虑的因素（张连众等，2003），本章借鉴王群伟等（2010）的研究，用贸易总额占当地GDP总量的比重表示对外开放程度。

二氧化碳排放量计算的相关数据来源于《中国能源统计年鉴》；产业结构变迁的计算用到的数据来源于《中国国内生产总值核算历史资料》《新中国六十年统计资料汇编》《中国固定资产投资统计年鉴》《中国统计年鉴》以及部

分缺失的数据参照各省（区、市）的统计年鉴；政府环境规制数据来源于《中国环境统计年鉴》；其他的相关数据主要来源于《中国统计年鉴》。由于《中国能源统计年鉴》中没有统计西藏的数据，鉴于平衡面板的需求，本章用2003—2015年除西藏外的30个省（区、市）的数据作为分析样本，为了消除异方差的问题，对所有变量取自然对数。变量的描述性统计如表7.28所示。

表7.28 变量的描述性统计

变量	N	T	变量个数	均值	标准差	最大值	最小值
CO_2	30	13	390	2.391	1.797	9.133	0.149
SR	30	13	390	1.930	1.400	9.125	0.671
SH	30	13	390	4.006	1.229	7.699	1.678
GOV	30	13	390	4.410	1.026	7.256	1.281
PGDP	30	13	390	2.577	1.778	9.317	0.370
ESTR	30	13	390	0.842	0.069	0.959	0.626
SEC	30	13	390	0.481	0.076	0.615	0.225
CITY	30	13	390	0.483	0.146	0.893	0.248
EINT	30	13	390	1.368	0.764	5.229	0.401
OP	30	13	390	0.356	0.451	1.843	0.036

7.3.2 模型参数确定

为了准确判断产业结构变迁与二氧化碳排放的非线性效应，用各地区二氧化碳排放量作为被解释变量，分别以产业结构合理化和产业结构高级化为转换变量构建如下PSTR模型：

模型A：

$$\begin{aligned} CO_{2it} = {} & \mu_i + \beta_{01} GOV_{it} + \beta_{02} PGDP_{it} + \beta_{03} PGDP_{it}^2 + \beta_{04} ESTR_{it} \\ & + \beta_{05} SEC_{it} + \beta_{06} CITY_{it} + \beta_{07} EINT_{it} + \beta_{08} OP_{it} + (\beta_{j1} GOV_{it} \\ & + \beta_{j2} PGDP_{it} + \beta_{j3} PGDP_{it}^2 + \beta_{j4} ESTR_{it} + \beta_{j5} SEC_{it} + \beta_{j6} CITY_{it} \\ & + \beta_{j7} EINT_{it} + \beta_{j8} OP_{it}) g(SR_{it};\ \gamma_j,\ c) + \varepsilon_{it} \end{aligned} \tag{7.12}$$

模型 B：

$$\begin{aligned} CO_{2it} = &\mu_i + \beta_{01}GOV_{it} + \beta_{02}PGDP_{it} + \beta_{03}PGDP_{it}^2 + \beta_{04}ESTR_{it} \\ &+ \beta_{05}SEC_{it} + \beta_{06}CITY_{it} + \beta_{07}EINT_{it} + \beta_{08}OP_{it} + (\beta_{j1}GOV_{it} \\ &+ \beta_{j2}PGDP_{it} + \beta_{j3}PGDP_{it}^2 + \beta_{j4}ESTR_{it} + \beta_{j5}SEC_{it} + \beta_{j6}CITY_{it} \\ &+ \beta_{j7}EINT_{it} + \beta_{j8}OP_{it})g(SH_{it};\ \gamma_j,\ c) + \varepsilon_{it} \end{aligned} \tag{7.13}$$

首先判断转换函数的个数，即 r 的值，分别采用 LM、LMF 和 LRT 检验统计量对模型进行线性检验，如果线性检验拒绝原假设，仍然采用上述三个统计量进一步进行剩余非线性检验，以确定 PSTR 中转换函数的最优个数，检验结果如表 7.29 所示。

表 7.29　　线性检验与非线性检验结果

检验类型		模型 A			模型 B		
		LM	LMF	LRT	LM	LMF	LRT
线性检验	H0：r = 0 H1：r = 1	85.338 (0.000)	4.075 (0.000)	100.415 (0.000)	53.139 (0.001)	2.206 (0.001)	58.488 (0.000)
剩余非线性检验	H0：r = 1 H1：r = 2	37.398 (0.002)	2.118 (0.008)	39.942 (0.001)	13.238 (0.655)	0.687 (0.806)	13.539 (0.633)
	H0：r = 2 H1：r = 3	20.409 (0.202)	1.049 (0.406)	21.136 (0.173)			

注：括号内为对应的 P 值。

由表 7.29 可以看出，所有模型的线性检验统计量 LM、LMF、LRT 均能在 1% 的水平上显著拒绝两者为线性关系的原假设，说明以上模型均具有明确的非线性特征，也进一步证实了使用 PSTR 模型进行估计的正确性。从剩余非线性检验结果可以看出，模型 A 的 LM、LMF、LRT 检验统计量在 1% 的水平上均不能拒绝 $r = 2$ 的原假设，因此模型 A 的最优的转换函数个数是 2；模型 B 的 LM、LMF、LRT 检验统计量在 1% 的水平上均不能拒绝 $r = 1$ 的原假设，因此模型 B 的最优的转换函数个数是 1。

对 m 值的确定，冈萨雷斯等（González et al.，2005）指出，大多数情况下参数发生一次或者两次转变，通常考虑 m = 1 或 m = 2 就足够了。借鉴泰雷斯维尔塔（Teräsvirta，1994）的方法，将 m＝3 代入原假设，具体的检验结果如表 7.30 所示。

表 7.30　　确定 m 取值的零假设检验结果

假设	模型 A		模型 B	
零假设	LM	P 值	LM	P 值
H_{03}: B3＝0	0.733	0.815	0.381	0.997
H_{02}: B2＝0 | B3＝0	1.600	0.041	0.890	0.061
H_{01}: B1＝0 | B2＝B3＝0	1.451	0.084	0.882	0.063

注：括号内为对应的 P 值。

由表 7.30 中模型 A 和模型 B 的 LM 统计量对应的 P 值可以看出，H_{02}最强拒绝原假设，因此，模型 A 和模型 B 中 m 的取值均为 2。

7.3.3　模型参数估计

运用 Matlab 2011a，采用网络搜索法进行 NLS 估计使数值优化，模型的估计结果如表 7.31 所示。

表 7.31　　PSTR 模型估计结果

指标		系数	模型 A	模型 B
线性部分参数估计	GOV	β_{01}	3.357*** (4.847)	2.734*** (6.199)
	PGDP	β_{02}	−2.447* (−1.76)	1.662 (1.153)
	$PGDP^2$	β_{03}	1.553*** (2.511)	−0.905 (−1.209)
	ESTR	β_{04}	−1.596*** (−3.059)	−1.293*** (−3.510)
	SEC	β_{05}	1.207 (1.194)	0.627 (1.589)

续表

指标			系数	模型 A	模型 B
线性部分参数估计	CITY		β_{06}	1.339*** (3.217)	2.099*** (4.559)
	EINT		β_{07}	0.225 (0.494)	2.682*** (5.057)
	OP		β_{08}	-0.931 (-0.824)	3.418*** (3.027)
非线性部分估计	第一个转换函数	GOV	β_{11}	-3.582*** (-2.623)	-3.271*** (-4.061)
		PGDP	β_{12}	8.318*** (2.682)	0.0570 (0.032)
		$PGDP^2$	β_{13}	-9.857*** (-6.626)	1.978** (2.006)
		ESTR	β_{14}	4.935*** (4.143)	1.183*** (2.192)
		SEC	β_{15}	1.459* (1.671)	-0.626 (-1.072)
		CITY	β_{16}	3.435*** (2.935)	1.228* (1.838)
		EINT	β_{17}	4.561*** (2.666)	-2.604*** (-4.223)
		OP	β_{18}	-7.062*** (-3.096)	-5.685*** (-3.183)
	位置参数	c_1		2.209	5.262
		c_2		2.935	5.263
	平滑参数	γ		0.700	0.313
	第二个转换函数	GOV	β_{21}	-5.314*** (-4.309)	

续表

指标			系数	模型 A	模型 B
非线性部分估计	第二个转换函数	PGDP	β_{22}	-3.809 (-1.139)	
		$PGDP^2$	β_{23}	7.103*** (4.622)	
		ESTR	β_{24}	5.293*** (4.489)	
		SEC	β_{25}	-2.373 (-1.632)	
		CITY	β_{26}	-2.253*** (-2.231)	
		EINT	β_{27}	-2.846*** (-2.195)	
		OP	β_{28}	6.506*** (2.808)	
	位置参数	c_1		2.252	
		c_2		2.253	
	平滑参数	γ		3.666	
AIC				-0.409	-0.240
BIC				-0.039	-0.006
RSS				146.282	194.043

注：括号内为对应的 t 统计量；*、** 和 *** 分别表示在 10%、5% 和 1% 水平下显著。

从表 7.31 可以看出，模型 A 是以产业结构合理化为转换变量三体制 PSTR 模型，包含两个转换函数，同时每个转换函数均含有两个位置参数（见图 7.7、图 7.8）。第一个转换函数的平滑参数为 0.700，转换函数变动的较为平缓；第二个转换函数的平滑参数为 3.666，在门槛值附近转换函数跳跃的幅度较大。第一个转换函数的位置区间［2.209，2.935］包含了第二个转换函数的位置区间［2.252，2.253］，当产业结构合理化 $2.209 \leqslant SR_{it} \leqslant 2.935$ 时，模型处于中间体制；当产业结构合理化 $SR_{it} < 2.209$ 或 $SR_{it} > 2.935$ 时，模型处于外体制。处于模型中间体制的样本观测值有 34 个，处于模型外体制的样本观测值有 266 个，其中小于 2.209 的有 228 个，大于 2.935 的有 42 个。表 7.32 左列为 2003—2015 年全国 30 个省（区、市）中产业结构合理化水平高于门槛值的省（区、市）。到 2015 年，仅有北京、天津、上海、浙江、广东 5 个省（市）的产业结构合理化水平高于门槛值。

表 7.32　各年份产业结构合理化和高级化处于高体制的地区统计

年份	产业结构合理化处于高体制的地区		产业结构高级化处于高体制的地区	
	越过位置参数（2.935）地区	高体制越过率/%	越过位置参数（5.263）地区	高体制越过率/%
2003	天津、上海、浙江	10.0		0.0
2004	北京、天津、上海、浙江	13.3		0.0
2005	北京、天津、上海、浙江	13.3		0.0
2006	北京、天津、上海、浙江	13.3		0.0
2007	北京、天津、上海、浙江	13.3	上海	3.3
2008	北京、天津、上海、浙江	13.3	天津、黑龙江、上海、福建、广东、海南	20.0
2009	北京、天津、上海、浙江、宁夏	16.7	天津、上海、福建、广东、海南	16.7
2010	北京、天津、上海、浙江	13.3	天津、黑龙江、上海、福建、广东、海南	20.0
2011	北京、天津、上海、浙江、广东	16.7	天津、辽宁、黑龙江、上海、福建、湖南、广东、海南	26.7
2012	北京、天津、上海、浙江、广东	16.7	天津、辽宁、吉林、黑龙江、上海、江苏、福建、湖北、湖南、广东、海南	36.7

续表

年份	产业结构合理化处于高体制的地区		产业结构高级化处于高体制的地区	
	越过位置参数（2.935）地区	高体制越过率/%	越过位置参数（5.263）地区	高体制越过率/%
2013	北京、天津、上海、浙江、广东	16.7	天津、辽宁、吉林、黑龙江、上海、江苏、福建、山东、湖北、湖南、广东、海南	40.0
2014	北京、天津、上海、浙江、广东	16.7	天津、辽宁、吉林、黑龙江、上海、江苏、浙江、福建、山东、湖北、湖南、广东、海南	43.3
2015	北京、天津、上海、浙江、广东	16.7	天津、辽宁、吉林、黑龙江、上海、江苏、浙江、福建、山东、湖北、湖南、广东、海南	43.3

政府规制的二氧化碳排放的非线性效应β_{01}的估计值为3.357，第一个转换函数对应的β_{11}的估计值为-3.582，第二个转换函数对应的β_{21}的估计值为-5.314，在不考虑非线性影响时，政府规制的二氧化碳排放效应显著为正，政府环境规制的增加使得二氧化碳排放量也随之增加，这说明了忽略非线性效应的不合理性。同时，由于数据可得性的限制，这里选取的环境规制数据为包含城市环境基础设施建设投资、工业污染源治理投资和建设项目“三同时”环保投资的环境治理投资总额，没有纳入生态建设投资，这也是导致环境规制对二氧化碳排放效应的线性部分显著为正的原因。当政府规制的二氧化碳排放效应处于产业结构合理化的中间体制时，会同时受到两个转换函数高低体制的交叉影响，对所有的样本点，$\beta_{01}+\beta_{11}\times g_1+\beta_{21}\times g_2<0$，表明综合考虑线性部分和非线性部分的影响，政府环境污染规制对二氧化碳排放起到显著的抑制作用。

人均收入的二氧化碳排放的非线性效应对应β_{02}的估计值为-2.447，第一个转换函数对应的β_{12}的估计值为8.318，第二个转换函数对应的β_{22}的估计值为-3.809，其平方项对应的估计值依次是线性部分β_{03}为1.553，第一个转换函数β_{13}为-9.857，第二个转换函数β_{23}为7.103。综合图7.7、图7.8可知，处于中间体制的样本点，$\beta_{02}+\beta_{12}\times g_1+\beta_{22}\times g_2<0$，$\beta_{03}+\beta_{13}\times g_1+\beta_{23}\times g_2>0$；而处于高体制的样本点，$\beta_{02}+\beta_{12}\times g_1+\beta_{22}\times g_2>0$，$\beta_{03}+\beta_{13}\times g_1+\beta_{23}\times g_2<0$。与以往的研究不同，本章的研究证实，人均 GDP 与二氧化碳排放的库兹涅茨关系与当地的产业结构合理化水平有关，一个地区的产业结构较为合理时，当地二氧化碳排放量与人均 GDP 的关系呈现出倒“U”型的 EKC 曲线；一个地区产业结构合理化水平较低时，当地的二氧化碳排放量与人均 GDP 的关系呈现出正“U”型，随着人均 GDP 的增加，二氧化碳排放经历短暂下降后又持续上升。对产业部门中资源配置不合理，特别是以高能耗产业作为当地经济发展支柱的地区，不能被动地等待环境库兹涅茨曲线的到来，只有主动转型，才能实现经济发展与环境友好的双赢局面。

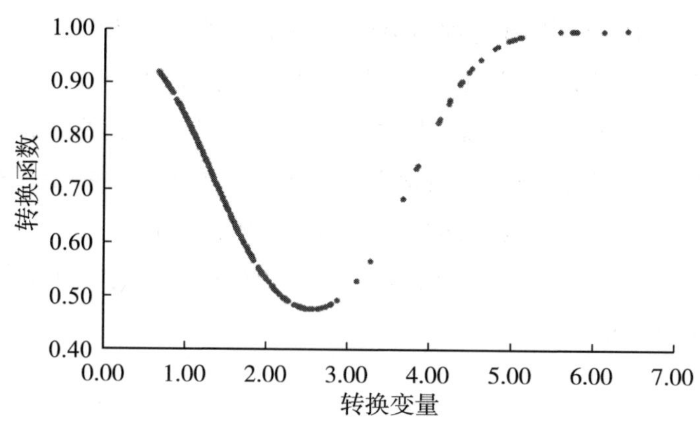

图 7.7　以产业结构合理化为转换变量的转换函数

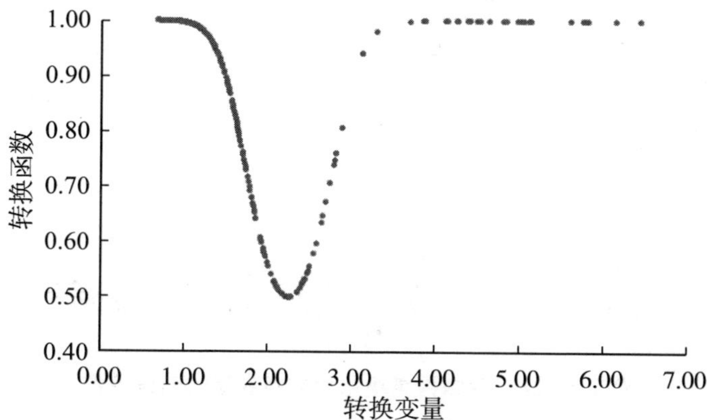

图 7.8　以产业结构合理化为转换变量的转换函数

考虑非线性效应时，用各省（区、市）煤炭消费量占该省（区、市）一次能源消费总量的比重来表示能源消费结构、第二产业产值占比表示的产业结构、城镇人口占比表示的城市化水平和能源消费总量与 GDP 的占比表示的能源强度对二氧化碳排放量均起到促进作用，这与预期一致。对所有的研究样本，开放程度对二氧化碳的排放效应 $\beta_{08}+\beta_{18}\times g_1+\beta_{28}\times g_2<0$，这表明综合考虑线性部分和非线性部分的影响，对外贸易并没有促进我国二氧化碳的排放。

模型 B 是以产业结构高级化为转换变量的两体制 PSTR 模型，包含一个转换函数和两个位置参数（见图 7.9）。转换函数的平滑参数为 0.313，表明模型转换的速度比较慢，不同机制之间的转换比较平滑。转换函数的位置区间为 [5.262，5.263]，当产业结构高级化水平 $5.262\leqslant SH_{it}\leqslant 5.263$ 时，模型处于中间体制；当产业结构高级化水平 $SH_{it}<5.262$ 或 $SH_{it}>5.263$ 时，模型处于外体制。处于模型中间体制的观测值仅有一个，模型外体制的观测值中大于 5.263 的有 37 个。表 7.32 右列为 2003—2015 年全国 30 个省（区、市）的产业结构高级化水平高于门槛值的省（区、市）。2007 年，上海的产业结构高级化水平为 5.543，率先跨越产业结构高级化水平门槛值。在接下来的年份，不同的省（区、市）相继达到门槛值，到 2015 年，天津、辽宁、吉林、黑龙江、上海、江苏、福建、湖北、湖南、广东、海南 11 个省（市）的产业结构高级化水平跨越门槛值。

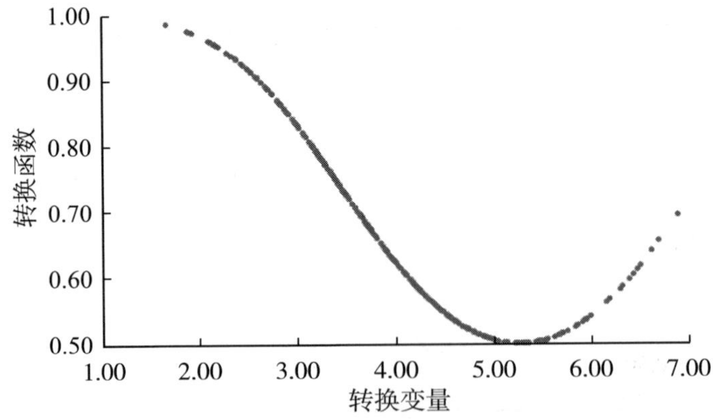

图 7.9 以产业结构高级化为转换变量的转换函数

政府规制的二氧化碳排放的非线性效应 β_{01} 的估计值为 2.734，转换函数对应的 β_{11} 的估计值为 -3.271，在不考虑非线性影响时，政府规制的二氧化碳排放效应显著为正，这与模型 A 的测算结果一致。考虑到政府规制对二氧化碳排放的非线性效应，在产业结构高级化的低体制时，$\beta_{01}+\beta_{11}\times g>0$，政府环境治理投资对二氧化碳排放的影响依然表现为促进作用，但处于产业结构高级化的高体制时，$\beta_{01}+\beta_{11}\times g<0$，政府环境污染规制对二氧化碳排放起到显著的抑制作用。经济发展水平、能源结构以及城市化等变量在以产业结构高级化为转换变量的模型 B 中得到的结论与模型 A 基本一致。

7.4　本章小结

环境污染问题一直是政府和学术界关注的热点，中国财政体制具有其特殊性，探讨中国式财政分权下环境规制如何影响环境污染具有重要的意义。因此，本章首先运用 2003—2017 年中国 31 个省（区、市）的面板数据，通过全局空间自相关指数、局域空间自相关指数，刻画了环境污染及环境规制的空间分布状况，运用空间杜宾模型实证分析了环境规制强度对环境污染的影响作用。其次，本章以碳排放为例，利用我国 30 个省（区、市）2003—2015 年的数据，运用 PSTR 模型分析了政府环境规制、产业结构合理化、产业结构高级化和二氧化碳排放之间的关系。

本章主要从环境规制与环境污染、环境规制与碳排放两个方面来总结研究结论。在环境规制与环境污染方面：（1）环境污染和环境规制在空间分布上具有显著的正相关性；（2）环境规制对环境污染的影响作用呈现出“U”型特征，且中国的分权体制加剧了环境规制的环境污染效应；（3）由于反馈效应的存在，各种影响因素对环境污染影响的直接效应与空间杜宾模型下的系数估计值方向及显著性水平基本相同，但在数值上存在微弱差异。在环境规制与碳排放方面：（1）产业结构合理化和产业结构高级化作为转换变量时，政府环境规制对二氧化碳排放均具有非线性的影响效应，产业结构合理化的最优值为 2.935，产业结构高级化的最优值为 5.263；（2）在不考虑非线性效应时，政府规制对二氧化碳排放并没有起到抑制作用，综合考虑线性部分和非线性部分的影响，政府环境污染规制对二氧化碳排放起到显著的抑制作用；（3）当一个地区的资源配置较合理，产业结构合理化和产业结构高级化水平较高，当地二氧化碳排放量与人均 GDP 的关系呈现出倒“U”型的 EKC 曲线；当一个地区产业结构合理化和产业结构高级化水平较低时，当地的二氧化碳排放量与人均 GDP 的关系呈现出正“U”型。

基于以上实证研究的结论，本章的政策启示：

（1）环境规制强度要适应现阶段经济发展特征。适当的环境规制有利于降低环境污染水平，但是污染治理应该循序渐进，过高强度的环境规制水平会给当地政府经济、环境双重压力，出现“绿色悖论”，从而不利于政府积极主动的节能减排。环境污染具有明显的空间集聚与溢出特征，一个地区的环境规制对其邻近的空间单元具有显著的正外部效应，所以中央政府在制定环境规制政策时要统筹规划，协调地方政府的责任与权限，避免部分地方政府出现“搭便车”心理。

（2）制定多元考核机制，实行绿色 GDP 核算。财政分权对环境污染具有明显的“竞次”效应，且分权体制下的环境规制加剧了环境污染，主要是由于分权体制下地方政府的主要激励是提高政府 GDP，很少关注环境质量。因此，应当建立更为完善的政府考核机制，将环境质量纳入考核范畴，以绿色 GDP 作为政府绩效的考核指标，避免地方政府为提高本地经济总量出现而“竞争到底”。

（3）调整经济结构，同时注重“质”和“量”两个方面。第三产业比重的提高能够有效缓解环境污染，政府应大力发展现代服务业等污染排放低的第三产业，同时应加大研发力度，引导产业结构升级，使更多的高能耗、高污染产业向技术与资本密集型产业转型。现阶段外资引入主要还是污染密集型产业，加剧了中国的环境污染，政府应调整贸易结构，实施绿色贸易战略。在重视产业结构高级化的过程中，要同时考虑“量”和“质”两个层面。通常以第二、三产业产值占总产值比重表示的产业结构高级化仅能表现出产业结构高级化量的增加，却无法体现生产要素率的内涵。我国各地区经济发展水平差异很大，并不是所有地区的发展水平都进入了一个比较高的阶段，对处于较低发展水平的地区，盲目地注重产业结构高级化“量”的提高，而不注重提高生产要素率，容易造成更多的资源浪费，这和低碳经济的发展战略不符。

（4）政府需要根据各个地区产业结构变迁的实际情况，合理制定适合当地发展的环境规制政策。对于资源配置较合理、产业结构合理化和产业结构高级化水平较高的地区，当地二氧化碳排放量与经济发展满足倒“U”型的库兹涅茨曲线，此时政府出台一系列的政策文件，增加环境治理投资，可以取得较为显著的成效。对产业结构合理化和产业结构高级化水平较低的地区，当地二氧化碳排放量与经济发展的关系则呈现出正“U”型，根本原因在于产业结构不合理，粗放型的经济发展方式占当地经济的主要模式。此时不能被动地等待库兹涅茨曲线拐点的到来，同时增加环境规制投资很难实现二氧化碳减排与经济发展双赢的局面，需要制定适合当地经济发展的产业政策，转变当地的经济发展方式，以达到低碳经济的目标。

（5）政府在制定改善二氧化碳排放的产业结构调整政策时，要从改变不合理的产业结构现状着手，降低产业结构不合理对二氧化碳排放的抑制与阻碍作用。产业结构合理化的内涵主要是投入要素结构和产出结构的耦合，当前我国多数省（区、市）的经济发展尚处于粗放模式，资源消耗量大，劳动力结构和产业结构匹配度较低，一方面源于中国产业高端技术的缺失，另一方面庞大的低端劳动力也束缚着我国产业结构合理化的步伐。面对这些现状，政府在注重提高教育质量，鼓励科学研发的同时，可以通过发展劳动密集型服务业的方式，吸纳低端劳动力就业，解除劳动力就业压力对当地产业的束缚，提高资源利用程度，增进投入要素与产出的耦合度。

第 8 章　财政分权、对外贸易与环境污染

自 1978 年的改革开放以来，我国对外贸易的规模不断扩张。1978 年，我国货物贸易的进出口总额为 206.4 亿美元，2018 年则上升到了 46224.2 亿美元，40 年的时间里增长了 224 倍，年均增长率达到 14.49%。尤其自 2001 年加入世界贸易组织以来，我国积极发展多边贸易关系，对外贸易规模迅速增长。2013 年，我国超越美国成为全球货物贸易第一大国，并保持至今。2018 年，我国货物贸易的进出口总额达到 46224.2 亿美元，换算成人民币为 30.51 万亿元。这是我国对外贸易额首次突破 30 万亿元，在全球所占的份额达到了 11.8%，其中出口占 12.8%，进口占 10.8%。[①]

对外贸易对环境污染的影响没有统一的定论，主要争论集中在污染天堂（包群、彭水军，2006）、污染避难所（McAusland and Millimet，2013）和贸易中性理论（Copeland and Taylor，1997）。对外贸易如何影响中国的环境污染？是否存在着东部、中部、西部的区域异质性？这是本章所要探讨的问题。首先，从全国总体层面分析国际贸易对我国环境污染的总体情况，其次，将中国的城市分成东部、中部、西部三大区域，比较分析是否存在区域异质性。

8.1　变量选择和模型设定

8.1.1　变量选择

由于部分城市数据缺失严重，本节选取 2004—2017 年我国 272 个地级市的数据作为样本。

---

① 数据来源：《中国统计年鉴》。

1. 被解释变量

环境污染综合指数（P）：运用环境污染综合指数来反映我国的环境污染程度，并选择工业废水排放量、工业二氧化硫排放量和工业烟尘排放量来计算该指数。相对于其他行业，工业行业产生的污染排放对我国自然环境的破坏最大，因此本章所选取的指标是我国工业行业的主要污染物指标，以便更有代表性地衡量我国的环境污染状况。指标的计算过程及数值见 3. 1. 4 节。

2. 解释变量

对外贸易（TRADE）：选取各个地级市每年的货物贸易进出口总额作为对外贸易的衡量指标。一般而言，地级市货物贸易的进出口总额越大，该地级市的经济就越发达，经贸往来越活跃，对外贸易的规模就越大；反之，进出口总额越小，该地级市的对外贸易的规模就越小。

财政分权（FD）：使用财政支出度量财政分权程度是文献中最常见的做法，这里以财政支出分权作为主要的解释变量。财政分权的计算及数值参见 3. 2. 2 节。

TRADE × FD 表示财政分权与对外贸易的交互项，用来反映财政分权体制下地方政府通过对外贸易对环境污染的影响效应。

3. 控制变量

人均地区生产总值（PGDP）：本章用各地级市当年的人均地区生产总值来表示各市的人均收入情况，体现该城市的经济水平，并引入人均地区生产总值的平方项，以检验我国收入与环境的关系是否满足环境库兹涅茨假说。如果人均生产总值的系数为正而其平方项的系数为负，则满足该假说。一般而言，一个城市的人均 GDP 越高，该市的经济就越发达，经贸往来越活跃，人们的生活水平越高，生产和消费能力也越强。一国或地区人均收入水平的提高表明该国或地区的经济取得了进一步的发展，也表明该地区的居民对环境质量和技术水平有更高的要求，因此既能代表规模效应，又能代表技术效应。

产业结构（INDU）：本章选择各地级市的第二产业在该市的地区生产总值中所占的比重来表示该市的产业结构。第二产业一般是指工业产业，相较于其他产业，更容易产生工业污染物的排放，对自然环境造成污染。一般而言，一国或地区的第二产业占比越高，生产时需要耗费的资源和排放的废弃物就越多，对自然资源和生态环境的所造成的损耗就越大。

外商直接投资（FDI）：选择各地级市当年实际使用的外资金额来表示该外商直接投资。一国的外商投资能够很好地反映该国的对外开放程度，对该国的经济和生态环境都会产生十分显著的影响。很多外商之所以在发展中国家投资设厂，主要是为了规避本国较为严苛的环境标准。发展中国家往往对工业污染物排放的要求较低，因此外国投资者在发展中国家投资设厂，转移了污染源，加剧了当地自然资源的损耗，恶化了当地的生态环境。而发展中国家为了吸引外企的投资，刺激本国的经贸发展，又会主动降低本国的环境标准，从而形成恶性循环，加剧环境污染。但外商投资又会带来先进的生产和环保技术，降低单位产能的污染排放，改善资本输入国的自然环境。因此，要辩证看待外商直接投资对一国或地区生态环境的影响。

变量的描述性统计如表 8.1 所示。

表 8.1　　变量的描述性统计

变量	均值	标准差	最小值	最大值
P	2.99	0.73	1.98	8.83
FD	0.3862	0.1102	0.1137	0.9124
TRADE	11663.07	45329.38	1.09	546866
PGDP	388.41	1080.79	25.59	64217.60
INDU	48.67	10.37	13.85	85.92
FDI	7.29	17.89	0.01	308.26

8.1.2　模型设定

本章基于 2004—2017 年中国 272 个地级市的经贸和环境数据进行计量回归，回归模型仍采用经典的 EKC 分析框架。假定如下的基础模型：

$$p_{it} = \beta_0 + \beta_1 PGDP_{it} + \beta_2 (PGDP_{it})^2 + \varepsilon_{it} \tag{8.1}$$

其中，i 代表地级市，t 代表年份，p_{it}表示 i 地级市第 t 年的环境污染综合指数，$PGDP_{it}$是 i 地级市第 t 年的人均地区生产总值，表示该地级市第 t 年的经济水平，ε_{it}为随机扰动项。

本章根据中国对外贸易的实际情况，在上述模型的基础上引入与进出口贸易有密切联系的经济变量，对上述模型进行了拓展，得出下述模型：

$$p_{it} = \beta_0 + \beta_1 TRADE_{it} + \beta_2 PGDP_{it} + \beta_3 (PGDP_{it})^2 + \beta_4 INDU_{it} + \beta_5 FDI_{it} + \varepsilon_{it} \tag{8.2}$$

其中，$TRADE_{it}$表示 i 地级市第 t 年的外贸进出口总额，反映该地级市当年的对外贸易程度；$INDU_{it}$表示 i 地级市第 t 年的产业结构；FDI_{it}表示 i 地级市第 t 年的外商直接投资金额；其他变量与式（8.1）相同。

8.2 财政分权、对外贸易与环境污染：基于全国层面

先对 2004—2017 年全国 272 个地级市的环境和经贸数据进行了回归分析，回归结果如表 8.2 所示。经过 Hausman 检验和 F 检验，本章使用固定效应模型进行分析。

表 8.2　　进出口贸易对环境污染的整体回归结果

变量	有控制变量		无控制变量	
	固定效应	随机效应	固定效应	随机效应
TRADE	0.0164 ** (0.0029)	0.0125 *** (0.0027)	0.0084 *** (0.0018)	0.0125 *** (0.0018)
FD	0.7551 *** (0.0243)	0.7329 *** (0.0168)		
TRADE × FD	0.1358 (2.3104)	0.1496 (3.9201)		
PGDP	0.0875 *** (0.0234)	0.0531 ** (0.0190)		

续表

变量	有控制变量		无控制变量	
	固定效应	随机效应	固定效应	随机效应
$PGDP^2$	-0.0087*** (0.0019)	-0.0063*** (0.0019)		
INDU	0.1448*** (0.0125)	0.1493*** (0.0123)		
FDI	0.0010* (0.0025)	0.0047* (0.0024)		
_cons	0.2473*** (0.0696)	0.3040*** (0.0694)	1.0124*** (0.0131)	0.9830*** (0.0160)
Obs	3808	3808	3808	3808

注：括号内表示的是标准差；***、**、*分别表示1%、5%和10%的水平上显著。

如表8.2所示，无论是否有其他的经济变量，进出口贸易对全国的环境污染都会产生显著的正向影响，财政分权确实加剧了地区的环境污染。但是财政分权与对外贸易的交互项不显著，这表明，在我国没有明显的证据证明通过财政分权的作用来影响对外贸易，进而来影响环境污染。

有控制变量时，全国整体的进出口贸易总额每增加1%，环境污染综合指数就会上升约0.068%，因此，“污染避难所假说”在我国是成立的。同时，在加入了控制变量的情况下，第二产业占全国GDP的比重每增加1%，环境污染综合指数就会上升约0.0014%；实际使用外资金额每增加1%，环境污染综合指数会上升约0.001%。全国人均GDP的系数为正，人均GDP的平方项的系数为负，且均在1%的统计水平上显著，说明收入与环境污染间呈现出倒“U”型的曲线关系，环境库兹涅茨假说在我国成立。这表明，就全国整体而言，随着人均国民收入的增加，我国的自然环境状况呈现出先恶化，达到峰值后再逐渐改善的变动趋势。

8.3　财政分权、对外贸易与环境污染：基于地区层面

由于不同地区的对外开放水平、优势产业、地理区位和经济发展程度等存在着较为显著的差异，自由贸易对不同地区的生态环境的影响也可能存在较为显著的区域差异。因此，本章进一步研究中国东部、中部、西部地区的自由贸易分别对当地环境污染产生的影响，探究贸易对不同地区的生态环境的影响是否存在较大的差异。进出口贸易对生态环境影响的区域异质性分析有利于各地区根据当地的实际发展状况，制定符合各区域发展特点的贸易和环境保护政策。采取《中国卫生健康统计年鉴》的东部、中部、西部划分标准，东部地区包括北京、天津、河北、辽宁、上海、江苏、浙江、福建、山东、广东、海南 11 个省（直辖市），选取其中 101 个地级市；中部地区包括黑龙江、吉林、山西、安徽、江西、河南、湖北、湖南 8 个省，本章选取其中 100 个地级市；西部地区包括内蒙古、广西、重庆、四川、贵州、云南、西藏、陕西、甘肃、青海、宁夏、新疆 12 个省（自治区、直辖市），选取其中 71 个地级市。我国东部、中部、西部地区的回归结果如表 8.3 所示。经过 Hausman 检验和 F 检验，本章选择使用固定效应模型进行分析。

表 8.3　　**进出口贸易对环境污染的分地区回归结果**

变量	东部地区	中部地区	西部地区
TRADE	-0.0190*** (0.0043)	0.0081* (0.0048)	0.0133*** (0.0039)
FD	0.6547*** (0.0172)	0.8401*** (0.0185)	0.5638*** (0.1079)
TRADE × FD	0.5638 (1.8203)	0.9577 (2.4132)	0.6983 (1.3951)
PGDP	0.0588* (0.0311)	0.1950*** (0.0479)	0.0718** (0.0297)

续表

变量	东部地区	中部地区	西部地区
$PGDP^2$	-0.0087*** (0.0026)	-0.0189*** (0.0042)	-0.0010* (0.0024)
INDU	0.0979*** (0.0141)	0.0813*** (0.0177)	-0.0441 (0.0287)
FDI	-0.0154*** (0.0028)	-0.0137*** (0.0040)	0.0193*** (0.0038)
_cons	0.8924*** (0.0942)	0.1890* (0.1020)	0.7882*** (0.1192)
Obs	1414	1400	994

注：括号内表示的是标准差；***、**和*分别表示1%、5%和10%的水平上显著。

根据回归数据，我们可以得到以下结论：

（1）进出口贸易对环境污染的影响在东部、中部和西部地区存在较大的差异。其中，进出口贸易对东部地区的生态环境在1%的显著性水平上有着积极的影响，即进出口贸易在一定程度上有助于提高东部地区的环境质量。东部地区的进出口贸易总额每增长1%，环境污染综合指数会下降约0.0328%。东部地区是三大区域中最先实行改革开放的地区，有长三角、珠三角等经济发展示范区，经济实力和对外开放程度大大高于中部和西部地区。随着对外开放的不断深入和产业结构的转型升级，东部地区的产业结构得以改善，出口商品逐渐从高污染排放的资源性产品向低污染排放的技术型产品转型。同时，东部地区通过不断引进和开发环境友好型生产和环保技术，技术创新取得了一定的成效，大大提高了对外贸易的质量，从而有效地缓解了环境污染。然而，进出口贸易依然会在一定程度上加剧中部和西部地区的环境污染，即中部和西部地区的对外贸易会导致当地自然环境的进一步恶化。其中，中部地区的进出口贸易总额每增加1%，环境污染综合指数会上升约0.0081%；西部地区的进出口贸易总额每增加1%，环境污染综合指数会上升约0.0102%。这表明，中部和西部地区进出口贸易的规模效应和结构效应大于技术效应，还处在从贸易粗放式增长向集约式增长的转型阶段。中部和西部对外贸易的产品仍以劳动密集型产品为主，这种初级产品一般是资源性产品，会严重损耗当地的资源和能源，对自然资源和生态环境的危害极大。同时，中部和西部地区的技术水平依然较低，虽然进行了技术创新，但仍主要用于生产规模的扩大而非环保技术的开发和应用。再加上近年来东部地区和海外污染密集型产业的转移，产业结构改革和技术创新的进程比较缓慢，因此其环境污染较东部地区严重。

（2）全国和东部、中部、西部地区的收入与环境污染的关系都满足环境库兹涅茨曲线。全国整体和东部、中部、西部地区的人均 GDP 系数均显著为正，人均 GDP 的平方系数显著为负，表明全国和各地区的人均收入和环境污染都呈现出倒“U”型的曲线关系。一般而言，在经济发展初期，人均国民收入的增加会恶化一国或地区的自然环境，但随着经济的深入发展，对生态环境的破坏达到一定的峰值后，生态环境的质量会逐步得到改善。该估计结果表明，当一国或地区的人均收入较低时，对外贸易主要是为了扩大经济的总量和规模，此时的贸易更加注重数量的增长，而非质量的提升，经济的飞速发展会对当地的自然资源和生态环境带来严重的危害；当一国或地区的人均收入较高时，对外贸易主要是为了引进和开发前沿的生产和环保技术，此时的贸易更加注重质量的提高，会利用别国先进的生产技术提高本国的产品质量，从而有利于缓解环境污染。

（3）产业结构会恶化我国东部和中部地区的生态资源环境，但对西部地区生态环境的影响不显著。第二产业主要指污染量排放很高的各类工业产业。一般而言，第二产业的占比越高，工业企业的数量就越多，工业生产所消耗的自然资源就越多，产生的工业废弃物也越多，就越容易对生态环境造成破坏。第二产业占比每提高 1%，东部地区的污染排放会上升 0.0010%，中部地区污染排放上升 0.0008%。然而，产业结构对西部地区生态环境的影响在统计意义上并不显著。我们推断，这可能是因为西部地区三大产业的占比不合理，第三产业的占比过低，第一产业的占比过高。西部地区虽然有着十分充裕的自然和生态环境资源，但地理位置不优越，经济发展较为落后，且当地居民长期以来对土地和资源进行了大规模的开采和掠夺，导致西部地区的自然资源和生态环境受到了极大的损害。同时，西部地区的经济较为落后，产业结构中仍以农业和轻工业为主，对当地自然资源和生态环境的影响较小。而东部和中部的产业结构中以高污染和高消耗的重工业为主，相较而言会造成更多的污染排放。因此，西部地区相较于中东部地区，其产业结构对生态环境的影响并不明显。

（4）外商直接投资对我国东部、中部、西部地区环境污染的影响存在较为显著的区域异质性。外商直接投资能够有效提升东部和中部地区的环境质量，但依然会加剧西部地区自然资源的损耗和生态环境的恶化。当年实际使用外资金额每增长1%，东部、中部地区的污染排放将分别减少0.0154%和0.0137%，西部地区的污染排放将增加0.0193%。导致上述结果的原因可能是东部地区沿海的地理区位优势和活跃的经贸活动吸引了大量的外商投资，使得外商直接投资高度聚集，而中部地区有着国家中部崛起战略的支持，因此外商投资的金额也在逐年增长。东部、中部地区的经济发展水平和对外开放程度都较高，有着较强的吸收外资的能力，有利于充分利用外商投资，引进国外前沿的生产和环保技术，从而推进清洁能源和绿色环保技术的运用，减少污染物排放。而西部地区虽然推进了西部大开发战略，但其产业和贸易结构较之东中部地区依然相对低端，流入西部地区的资本依然主要用于污染密集型产业的生产，会对当地的自然资源造成巨大的压力，进一步恶化生态环境。

结合整体和区域的回归分析可知，进出口贸易对中国的环境污染存在显著的区域差异。在三大区域中，进出口贸易能够显著提升东部地区的环境质量，但依然会加剧中部和西部地区的环境恶化。这说明，东部地区的经济较发达，经贸活动较活跃，贸易的质量也相对较高，其产业结构的转型升级、技术的进步和资本的积累等都有助于抑制环境污染；而中部、西部地区的经济实力和对外开放程度都远远不及东部地区，依然处在从贸易粗放型增长向集约式增长的转型阶段，污染密集型产业众多，贸易品仍以污染较为严重的产品为主，科技创新和企业转型升级的力度不够，因此对外贸易依然会加剧当地生态环境的污染。

总体而言，对外贸易在整体上加剧了我国的环境污染，但在东部、中部、西部地区呈现出较为显著的区域差异。因此，我国政策制定者应当充分考虑到不同地区的特点，根据不同区域的经贸现状和环境污染程度，制定相应的经济、贸易和环保政策，从而有效缓解我国的环境污染问题。

8.4 稳健性检验

为了检验上述回归结果的可靠性和稳健性，本章采用工具变量法进行最优 GMM 估计，结果如表 8.4 所示。

表 8.4 稳健性检验

变量	全国	东部地区	中部地区	西部地区
TRADE	0.0246 *** (0.0024)	-0.0094 *** (0.0032)	0.0213 *** (0.0031)	0.0202 *** (0.0045)
FD	0.5359 *** (0.1072)	0.5823 *** (0.0139)	0.5663 *** (0.1441)	0.6511 *** (0.2317)
TRADE × FD	0.6428 (1.7305)	0.7705 (1.7132)	0.8267 (1.5683)	0.7938 (1.4903)
PGDP	0.1031 ** (0.0423)	0.1930 ** (0.0910)	0.3125 *** (0.0642)	0.0801 * (0.1122)
$PGDP^2$	-0.0101 *** (0.0039)	-0.0185 ** (0.0080)	-0.0327 *** (0.0059)	-0.0005 * (0.0104)
INDU	0.0046 *** (0.0003)	0.0085 *** (0.0007)	0.0049 *** (0.0004)	0.0008 (0.0006)
FDI	0.0033 *** (0.0004)	-0.0047 *** (0.0005)	-0.0033 *** (0.0006)	0.0057 *** (0.0009)
_cons	0.3966 *** (0.1118)	0.2405 (0.2569)	-0.0666 (0.1718)	0.4490 (0.2825)
Obs	3808	1414	1400	994

注：括号内表示的是标准差；***、** 和 * 分别表示 1%、5% 和 10% 的水平上显著。

由表 8.4 可知，进出口贸易对全国和东部、中部、西部地区的环境污染都有着显著的影响，其中，进出口贸易依然会加重全国、中部和西部地区的环境污染，但能够有效改善东部地区的环境质量，与上文的实证回归结果相一致。同时，其他控制变量对全国和东部、中部、西部地区的环境污染的影响的正负向和统计显著性也与上文的回归结果相一致，这说明本章的实证结果是有效的，验证了上述结论的稳健性。

8.5 本章小结

近年来，我国的对外贸易发展迅速，但也因此产生了严重的环境污染问题。工业粗放式的经济发展模式导致大量工业污染物的排放，而国际贸易更是加深了这一环境污染的进程。因此，如何在保持经济增长和对外开放的同时改善我国的环境质量，成为人们关注的焦点。本章基于我国 272 个地级市 2004—2017 年的环境污染和自由贸易的面板数据，通过线性回归分析研究了影响我国环境污染的因素，并对我国东部、中部、西部地区进行了区域异质性分析，主要得到以下结论：

（1）从全国范围来看，进出口贸易、人均地区生产总值和产业结构等变量都会对我国的环境污染产生显著的影响。中国依旧是众多发达国家规避工业污染排放的首选之地，进出口贸易依然对我国的环境污染有着显著的正向影响，会在一定程度上恶化我国的生态环境。因此，我国依旧需要进行产业升级和技术创新。从三大区域来看，进出口贸易能够提高东部的环境质量，但仍会加剧中部和西部地区的环境污染。不同的控制变量对三大区域的环境的影响也存在显著的区域差异，需要结合各区域经济和贸易发展的实际情况具体分析。因此，各地政府应当因地制宜，根据当地的实际发展状况采取更有针对性的政策方案。

（2）在产业结构方面，产业结构对全国和东部、中部地区的环境污染都有着显著的正向影响。第二产业一般是指工业产业，工业产品的生产和加工需要耗费大量的自然资源，还会排放大量的工业污染物，对自然资源和生态环境的压力较大。因此，一般而言，第二产业占地区生产总值的比重越高，对生态环境的破坏就越大。中部和东部地区的产业结构中，重工业占比依然较大，但西部地区以农业和轻工业为主，对环境的破坏程度相对而言较小。因此，西部地区相较于东部、中部地区，其产业结构对环境的影响并不明显。

（3）在人均国民收入方面，全国整体和东部、中部、西部地区的人均收入和环境的关系均符合环境库兹涅茨假说。即在经济发展初期，人均国民收入的增加会恶化一国或地区的自然资源环境，但随着经济的深入发展，对生态环境的破坏达到一定的峰值后，生态环境的质量会逐步得到改善。

（4）外商直接投资在全国层面上会恶化我国的生态资源环境，且在东部、中部、西部地区呈现出显著的区域差异。其中，外商直接投资有利于缓解我国东部和中部地区的环境污染，但依然会加重西部地区的环境污染。这说明我国东中部地区更加注重吸引外资的质量，而非数量。我国不仅引进了外资，还引进了先进的生产和环保技术。而西部地区的经济发展水平相对较低，经济和产业结构仍然处于低端，吸引和转换外资的能力相对不足。许多外国投资者在西部地区进行投资主要是为了规避相关贸易壁垒、利用当地丰富的资源或转移污染排放，从而加剧了西部地区生态环境的破坏。

针对中国的对外贸易和环境污染现状，基于全国和区域的实证研究和分析，为进一步改善我国的环境质量，现提出以下的政策建议：

（1）转变经济增长方式，提高对外贸易质量。要从根源上解决对外贸易带来的环境污染的问题，需要改变我国的经济发展模式，因为环境问题归根结底是发展方式的问题，环境污染是由人类的经济社会活动所造成的。我国当前的经济依然是注重产量的粗放型的发展模式，主要进行生产和贸易的产品是资源型的初级产品，这类产品的生产和加工过程会加剧环境的污染。因此，我国应当加快转变贸易增长模式，大力推动高新技术产业和清洁产业的发展，引导企业进行绿色生产，实现经济和贸易的高品质增长。同时，要进一步发展第三产业和绿色产业，减少高污染排放的产品的生产。政府可以通过对高污染行业征收出口关税、降低或取消出口退税率等措施减少污染密集型产品的出口，促进绿色新能源产业产品的出口，增加高污染产品的进口规模，从而从根本上改变我国的贸易顺差和环境逆差，不断提高我国对外贸易的质量。

（2）注重技术创新，促进绿色技术的开发和应用。要在加强对外贸易的同时，学习发达国家的先进经验，鼓励国内生产企业引进和使用先进技术和环保设备，减少生产时的污染排放。目前，我国技术革新的力度不够，技术创新仍主要用于生产规模的扩大而非环保技术的开发。我国目前的自主创新和科研能力不足，不具备核心的环保技术。因此，我国企业不应当盲目扩大生产规模，而是应把目光放长远，注重贸易的质量。我们应当学习发达国家的先进经验，鼓励国内企业引进或开发应用环保技术和设备，建立绿色的可持续发展的工业生产体系，努力消除与发达国家间的技术壁垒，进一步改善环境污染现状。

（3）优化外商直接投资结构，提高外资质量。由上述研究结果可知，外商直接投资能够有效提升我国东部和中部地区的环境质量，但依然会破坏西部地区的生态环境。目前，东部、中部地区吸引和利用外资的状况虽然有了一定的改善，但我国依然是众多海外企业转移污染排放的避难所，我国在引进外商投资的同时，也一并引进了工业污染源。因此，在扩大引进外资的规模的同时，应当更加注重引进高质量的外资。此外，我国企业应当改变和创新利用外资的方式，将外商直接投资和促进外贸产业的转型紧密联系，注重环境友好型高新技术的投入、研发与使用，从而促进外商投资企业的高质量、绿色发展。

（4）制定和完善贸易相关环境标准，加强环境管制。相较于发达国家，我国环境规制的力度不够，与环境有关的法律法规依然不够完善。目前，越来越多的外国企业到我国投资，但其中很多是为了逃避严苛的环境规制，在我国建立的企业依然是以生产高污染排放的资源型产品为主，将污染源转移到我国。因此，我国需要进一步加强环境相关法律法规的建设，制定严格的环境规制，有效避免在引进外资过程中的污染转移。政府也应当增加环保技术的资金投入，引领和激励本国企业加强技术革新，开发前沿的生产和环保技术，严惩污染严重的企业。同时，针对不同地区的环境污染现状，制定相应的环境标准和法律法规，加大工业污染治理的投资力度，实现资源环境和对外贸易的统筹发展。

（5）因地制宜，对不同地区实施针对性的措施。我国各个地区的经济发展水平和贸易现状都有着较大的差别，环境污染的程度也各不相同。实证分析结果表明，影响环境污染的因素在东部、中部、西部地区有着明显的区域异质性。因此，不同地区应当采取不同的环境和外贸政策。

东部地区的经济发展水平和对外开放度较高，但相较于发达国家，企业的技术创新水平和绿色环保程度还有较大的差距。因此，东部地区应当吸收和借鉴国外先进的环境友好型的生产技术，引进和研发绿色环保技术，进一步提高贸易商品的质量，大力推进技术创新，提高当地的生态环境质量。

中部地区的重工业所占比重较大，由此导致的污染比较严重，同时由于地处较为密闭的内陆地区，经济和贸易的活跃程度不高。因此，中部地区要合理规划区域内部的产业布局，注重发展尖端技术和环保产业，使产业结构更合理。同时，通过招商引资等方式扩大对外贸易的规模，在扩大贸易规模的同时注重对外贸易的质量，避免环境的进一步恶化。

西部地区虽然经济发展水平较低，但有着先天的自然资源优势，也有来自政府的西部大开发的大力扶持，因此可以重点发展当地的绿色产业，而不是一味地承接来自东部和中部地区的污染密集型产业。当地政府可以利用西部地区优越的生态优势，重点发展西部特色产业，而不是像中部和东部地区一样大力发展污染程度高的重工业。政府可以继续增加对西部地区的资金投入和优惠政策，引进前沿的科学技术和生产设备，发展西部当地的特色产业，在保护当地生态环境的同时推动贸易的发展。

（6）提升社会公众的环保意识，加强环保理念的宣传。要彻底改善我国的生态环境，还需要从基层做起，加大对公众的宣传教育，提倡绿色环保的生活和消费方式。我国应该积极开展环保工作，通过社区宣传、媒体采访、广告宣传等方式让社会公众认识到保护自然资源和生态环境的重要意义，倡导企业推行环保、绿色的生产模式，不断增强社会公众的环保意识，让社会与生产的各个环节都能在实践过程中实现可持续发展。只有让民众和企业都认识到保护生态环境的重要意义和环境污染的严重后果，才能确保政府颁布的环保措施和规章制度得到有效落实，进而通过环境规制来改善我国的环境质量。

第 9 章　财税政策促进污染治理的国际经验及启示

在运用财税政策治理环境污染方面，美国、日本及欧盟国家均建立了中央和地方以及地方政府之间的环境治理协调机制，在环境立法、污染跨界治理和转移支付等方面积累了较为丰富的经验，可供我国的相关决策学习借鉴。

9.1　美国的财税政策与环境污染治理

1971 年，美国国会引入一个关于在全国范围内对向环境排放硫化物征税的议案，并在 1987 年建议对一氧化硫和一氧化氮的排放征税。自此，美国政府逐步把税收手段引进环保领域，至今已形成了一套相对完善的环境保护税收制度，主要有对损害臭氧的化学品征收的消费税、汽油税、与汽车使用相关的税收和费用（如卡车、拖车消费税，以及轮胎税等）、开采税、固体废弃物处理税（费）、二氧化硫税、环境收入税等，此外还有较多的环境保护税收优惠政策。从征收管理看，美国对环境保护税的征收管理非常严格，由税务部门统一征收，缴入财政部，财政部将其分别纳入普通基金预算和信托基金，后者再转入下设的超级基金。

与其他国家不同的是，美国没有全国统一的资源税制，其税制由各州地方政府自行制定，这使得地方政府能够根据当地资源开采消耗的实际情况来对资源税征收及时进行调整。开采税是对自然资源开采征收的税种，目前美国已有 38 个州开征开采税。由于各州拥有定税权，因此各州能够结合当地实际来深化资源税的引导机制，从而实现与经济增长的良性配合。比如，俄亥俄州的煤炭、石油、天然气税率分别为 9 美分/吨、10 美分/桶、2.5 美分/千立方英尺；

而路易斯安那州则分别是 10 美分/吨、12.5 美分/桶、2.08 美分/千立方英尺。

虽然美国各州开采税的征税对象不完全一样，但总的来看，征税范围比较大，不仅包括矿产品，还涵盖林业产品、盐、沙、石、贝类与其他资源等。另外，美国资源税税率有两种形式：一是定额税率，二是比率税率。

9.1.1　成立跨区域污染治理的公共政策

环境具有公共物品属性，环境污染治理问题需要多个行政部门相互合作，如地方政府仅仅关注本地的环境污染，可能会导致“公地悲剧”的发生。多个环保主体共同参与在一定程度上能够约束联邦政府的行为，使得环保参与主体在地方政府有更大的影响力，提高环保效率（Yandle，1983）。20 世纪 80 年代初，美国构建了跨界污染治理机制，主要针对大气污染、水域污染方面，并取得了较好的实践经验（Quinn，1987）。

（1）设立统一管理机构，促进污染治理协调统一。1943 年，南加州爆发了洛杉矶光化学污染事件，严重污染了当地的空气质量，为了整合资源，使环境污染得到有效治理，1947 年美国成立了洛杉矶大气污染控制区，这是全美国第一个专门负责大气污染治理的机构。接着，1977 年，针对洛杉矶及其附近地区严重的空气污染情况，美国政府成立了南加州大气质量管理区，专门负责大气污染联防联治工作。

（2）多渠道筹集治理资金，实行严格的专项资金管理。南加州大气质量管理区的资金主要来自收费收入和联邦、州政府的拨款，其中一半以上的收入来自许可评估费、年度许可证续期费、排污费、罚金等。从资金来源主体可以看出，私人部门尤其是排污较多的大型制造企业和能源集团承担了较多的支出。在多方面筹集资金之后，南加州大气质量管理区还实行严格的资金管理。所筹集到的治理污染资金必须先归拢到各类专门的基金中才能使用，多数基金都是专款专用，只能用于其指定的治污项目。治污活动按功能可以分为以下九类：提高空气清洁技术、保证清洁空气法规的遵从度、顾客服务和商业援助、优化空气洁净项目、发展空气洁净法规、空气检测、定期总结成效、政策支持、长期项目等。针对以上九类治污活动，都有相应的专项基金支持（刘金科等，2019）。

9.1.2 合理划分政府间的污染治理责任

大多数美国联邦环境政策允许各州承担实施和执行法规的责任；负有这一责任的州被称为“授权”或“首要”。尽管这种权力下放可能有好处，但当污染跨越州边界时，也可能导致出现成本。

首先，建立较为完善的预算体系。美国联邦环境保护局在1970年成立之初，采用基于成本—收益分析技术的零基预算。1993年美国国会通过了“政府绩效和结果法案”，1998年和1999年财政年度，指定五个部门作为绩效预算的试点单位，被称为新绩效预算模式（王则斌，2012）。新绩效预算模式规定，环保部门需要根据绩效管理、绩效目标等，依托部门战略计划、年度绩效计划和绩效报告文件等，合理预算本部门的具体收支。新的预算模式更注重长期战略下年度预算的连续性，并不需要通过零基预算方法在每个财年重新估算部门的收支规模，但也不是传统的增量预算。美国联邦环境保护局的预算综合了以前年度预算模式中的绩效测量、功能分类、战略计划和目标排序等方法手段，旨在对联邦政府的环境保护支出责任进行准确刻画和精细分配，将环境保护视为类似于私人部门的一项宏观“业务”进行全面管理（卢洪友等，2014）。

其次，规范部门间转移支付关系。美国的污染控制公共政策是集中制定标准和分散实施与执行的混合体。一些学者质疑中央集权的效率，并主张进一步分权环境决策。权力下放可能使政策因其地方利益的不同而有不同的成本：虽然集中政策可能包含地方差异，联邦政府可能会发现政治上的差异很大，而且可能比地方州政府掌握的信息少。然而，如果联邦政府能够实现专业知识的规模经济，如果在各州争夺新的投资时环境质量出现了“恶性竞争”，或者如果存在跨界溢出和各州“搭便车”，那么权力下放的代价可能会很高。19世纪初，为了协调联邦、州和地方政府之间的财政余缺，美国建立了政府间财政补助和拨款制度。美国的转移支付主要是纵向转移支付，联邦政府每年制定转移支付预算支出，拨款给州和地方政府，由州和地方政府负责安排和使用（袁华萍，2016）。美国各州政府设立的清洁能源基金，一些由州政府能源、商务或环境局管理，一些由准公共企业发展机构管理，还有一些州由独立的第三方机构或电力公司管理。对于那些政府引导型基金以股权形式投资于私人部门的基金公司，政府只起到引导作用。对于市场化程度较高的风险投资基金，完全由投资机构管理运作，政府不加干预，只是在政策上给予优惠（曲国明、王巧霞，2010）。

9.2　日本的财税政策与环境污染治理

日本是实行地方自治的单一制国家，地方拥有较广泛的自治权力，其中包括高度的自治立法权。日本政府间环境立法具有相对独立性，地方政府可以根据当地的环境污染状况制定地方行政性法规，有利于提高环境污染治理的效率；另外，明确划分政府间环保事权与支出责任，针对政府间不平衡的财政关系，建立了较完善的转移支付制度，这为地方政府致力于环境污染治理提供了财政资金保障。

9.2.1　完善环境立法体系

在环境污染治理方面，中央政府负责制定全国性的环境法律，负责环境标准的制定和监督，以法令形式出现。地方政府（包括都道府县、市町村）拥有广泛的自治权力，制定地方性法规，包括排放申报制、许可制以及排放标准的制定，全面负责本辖区内的环境质量，以条例形式出现。目前，日本已经形成了一套较为完善的环境法体系。日本的环境法经历了从防治公害到环境保护，从地方行政性法规到国家立法的过程。

在环境立法方面，日本国会颁布环保法律、制定环保政策，对地方政府实施调控和监督；地方政府拥有广泛的自治立法权，根据当地污染状况自行立法，这有效地保证了地方政府环保活动的开展。日本的环境保护法是自下而上推行的，大部分地方立法先于国家立法。20 世纪 50 年代以前，由于遭受污染灾害的当地居民的环保要求，地方政府为了应对环境污染问题，率先制定地方性法规。20 世纪 50 年代至今，日本进行了环境国家立法，大部分立法是在地方性法规的基础上进行的。

9.2.2　合理划分政府间的污染治理责任

日本实行的是中央、都道府县和市町村三级行政体制，都道府县和市町村统称为地方政府。日本对中央和地方事权有着明确的划分，财政关系非常明晰。

第一，合理划分政府间环保预算支出。合理的环保预算管理是有效治理环境污染的基本保障。日本十分重视环保预算支出方向，不仅保证了常规时期的环境污染治理活动得以顺利展开，也使得非常时期的环境治理有充分的财力保障。近些年，日本的环保预算支出包括大气污染防治、废水管理、废弃物管理、土壤保护、噪声管理、生物多样性保护、辐射防护、其他环保活动等领域，重点致力于污水治理、大气污染防治、新能源开发和利用等方面的支出。

第二，环保投融资来源的多元化。日本非常重视环境污染治理，在长期的环境污染治理中建立了比较完善的环保投融资机制。2004 年日本政策投资银行提出以环境评级的手法确定投资对象，为环境友好企业提供切实的资金支持这一新举措，即促进环境友好经营融资业务。通过为环境友好型大中型生产企业提供环保领域低息贷款，促进企业从被动的先污染后治理转向主动预防环境污染的现代企业环境管理体系的建立（李娜、李佳，2010）。

9.3 德国的财税政策与环境污染治理

德国资源贫乏，石油和天然气几乎 100% 依靠进口。德国主张自由贸易，对能源进出口贸易没有限制，以矿物油税和会费代替资源税，不征收资源税或特殊关税。对汽油征收矿物油税，每升 0.65 欧元。另外，德国有石油储备协会，凡经营与石油有关的企业（炼油厂、石油进口和经销公司）必须加入该协会，并按进口或生产的数量与品种缴纳会费（平均每升约 5 欧分），这些公司可以将其缴纳的会费纳入石油商品售价，只需在发票上注明价格包含法定储备费用，并列出具体数目，各销售环节均按此开具发票。

另外，虽然政府没有设立统一的环境保护税，但在许多税收政策方面考虑了环保因素。例如，注重引导消费，征收矿物油税，规定不含铅汽油比含铅汽油的适用税率低；注重节能降耗，德国汽车税是根据汽车产生有害气体的多少制定的，此外对柴油汽车的征收标准则更高一些；注重生态保护，德国在生态税征收上，除风能、太阳能等可再生能源外，其他能源（如汽油、电能、矿物）都要收取生态税，间接产品也不例外。

9.3.1 完善环境税体系

为了避免开征环境税对家庭收入的直接影响。德国则从1999年开始到2006年12月31日止，给予家庭夜间储藏加热系统相当于普通税率40%的税收减免（锦治、朱斌，2009）。德国环境税的发展大致经历了三个阶段：20世纪70年代，依据“污染者付费”原则，体现为为补偿成本对排污者征收的相应税费；到了20世纪80年代至90年代，各种具体的环境税种开始设置并具有较强的针对性；20世纪90年代初，大力推行绿色财税政策，形成了较为完善的环保税费体系。

第一，拥有专门的环境税税目，税收目的明确。在德国有专门的环境税，环境税体系除生态税以外，还包括各种与环境相关的税种，目的在于治理污染、节约资源，促进经济发展方式和居民消费方式的转变。

第二，环境税种类较多、涉及面广、针对性强。从20世纪70年代至今，德国逐渐形成较为完善的环境税收体系，涵盖了涉及环境威胁的各类环境税目：大气污染税、水污染税、固体废弃物税、噪音税等。德国在1981年就开始了对水污染税的征收，税率逐年增长，对约束和引导排污行为起着重要的作用。20世纪90年代初，为了治理大气污染，提高环境质量，德国开始了对二氧化碳税（1990年）、二氧化硫税（1991年）、二氧化氮税、噪音税（1992年）的征收，目的在于实现水、大气、声环境的防治。随后，为了保护城市和生活聚居环境，逐步开征固体废物税和城市拥挤税。另外，提高其他相关税种的绿化程度，包括对汽油、柴油等征收消费税或增值税等，以达到防治环境污染的目的。

第三，合理的环境税征管方式。德国环境税主要是针对污染源或者产品征税，鉴于污染源不明确的情形，直接对产品征税。比如，由于二氧化硫排放源的不确定，则对含二氧化硫的产品征税。另外，针对不同的环境税，使用不同的征收方式，主要依据污染物直接排放量或者由于产品使用可能带来的污染物排放量来征收。比如，依据机动车废气排放量征收机动车税；根据污水排放量征收污水税等，这有利于改变企业生产方式和居民的消费行为，有利于节能减排。

第四，积极采用税收优惠政策。早在1999年，德国就开始推行环境税减免措施。机动车税按机动车的污染程度分档次征收；在电税减免上面，对提供公共产品和公共服务所产生的电税予以50%优惠，对可再生能源生产和产生的电免除电税，其中，公共货车和铁路运输只负担电税（免除机动车税），此举有利于企业积极参与节能环保。

第五，环境税收入利用合理。德国环境税税收收入主要有两个用途：一部分用于环境基础设施投入、污染治理等环境保护投入，实现专款专用，这部分占据较大比例；另一部分通过奖励或返还方式给居民和企业，这部分环境税收入主要用于降低工资中的附加费用、补贴养老保险，有利于降低居民的社会分摊金和养老保险费费率，减少居民和企业的资金压力和社会压力。

9.3.2 合理划分政府间的污染治理责任

德国的财政收入主要来源于税收收入，包括专享税和共享税，以共享税为主。德国在联邦、州以及市镇政府间实行税收分配制度，体现出其财力适度集中特征。

联邦政府和州政府占据了较大的比重，以公司税和进口增值税来看，联邦政府和州政府共同分享了该两项税收，而市镇政府零分享，在个人所得税和利息税的分享中，只占12%左右。从环境事权来看，州政府和市镇政府承担了环保主要责任，而市镇政府的财政收入明显不足，与其事权不匹配程度较大，因此，德国构建了生态横向转移支付以解决地方政府环保事权与财权的不对等。

9.4 国外环境污染治理的经验启示

9.4.1 加强环境立法，实行专款专用

目前，发达国家已经建立了比较完善的有利于经济与环境相协调的环境保护税制，包括能源税、交通税、污染税和资源税等多个税种类型，对促进能源资源节约和环境保护发挥了重要作用。国外环境保护税制的成功实施表明，我国开征环境保护税具有很强的可行性。同时，国外一些国家把所征得的环境保

护税投入环境保护和环保产业的发展之中，专款专用，使税收在环保和环保产业发展中发挥了重要作用。许多国家积极采用税收减免和优惠等政策，鼓励企业节约资源，治理污染，鼓励科研单位加强节能和治理污染的科技研发，既减少了经济发展对环境的破坏，促进自然资源的有效利用，又提高了综合效益。

9.4.2　构建有效的环境保护支出机制

随着人民生活水平的逐渐提高，人们对环境质量也日渐重视。近年来我国每年对于环境污染治理投资额也呈上升趋势，环境污染治理投资额占 GDP 的比重也在随之增加，环境质量也得到了一定的改善，但是相对于每年的投资额来说，改善的程度较小，原因之一在于资金没有得到充分的利用以及没有发挥最大的效用。目前，针对环保投资实施后的环境效益缺乏相应的监管机制，政府划出资金用于环境质量改善，对于资金投入之后的污染治理设施以及运行的情况缺乏有效的监管，因此，完善有效预算约束以及加强监督制度成为加强环境保护的必要措施之一（尚文芳、陈优优，2017）。

合理设定财政预算支出规模，转变我国预算收支规模重心，由“控制”转向“管理”，确保环保目标的实现。虽然目前我国的环保预算支出规模逐年增加，但是总量较小，这与环保预算收入有直接关系，应完善环境税费体系，保障环保预算支出。同时，借鉴国外经验，形成政府、企业以及社会公众“共同但有区别的责任”的环保支出机制，政府的环境保护支出在中央政府和地方政府进行有效分配，有效保障污染治理与环境保护的实施的环保预算收支编制方法，适时调整预算支出结构，提高预算精细化程度；构建完善的环保预算信息体系。完善预算信息披露机制和环保预算的监督机制，提高公众的参与度（张欣怡、王志刚，2014）。

第 10 章　加强环境污染治理的政策建议

10.1　地方政府行为对环境污染的影响效应总结

中国高速的经济发展也引发了一系列环境问题，环境污染给人民健康带来巨大损失，已经影响到中国经济持续增长和社会和谐，更威胁到人们的生存环境和身体健康。由于制度安排为经济高速增长提供了强大的激励，对中国目前财政体制如何影响环境污染进行研究，能够为政府制定更为有效的环境政策提供一定的理论参考。本书按照“文献梳理—机理分析—现状考察—实证分析—政策建议”研究思路展开。首先对财政分权与环境污染关系的研究文献进行归纳、梳理以及拓展，根据政府干预环境污染的理论基础，总结出财政分权影响环境污染的中介机制；接着对环境污染及中国财政分权的现状进行分析；最后采用计量模型分析了财政分权通过地方政府竞争、产业结构、污染治理支出、环境规制、对外贸易等渠道对我国环境污染的影响效应。全文的主要结论可以概括如下：

（1）2003—2015 年，广西和四川的污染状况有明显的好转，内蒙古、辽宁、山东和新疆的环境污染加剧，其他省（区、市）的环境质量变动幅度相对较小。对 2003—2015 年各省（区、市）的环境污染综合指数取平均值可以发现，河北、山西、内蒙古、辽宁、江苏、山东、河南等省（区、市）的环境污染较为严重，海南、西藏的环境质量在所有省（区、市）中居于最优。从地级市层面来看，环境污染的情况总体与省级层面一致，但同一省（区、市）内的地级市之间的污染状况也存在很大的差异。总体来看，我国各省（区、市）的财政分权程度差异较小，由此可体现全国财政体制的统一性，支出分权和收入分权衡量的财政分权度在数值及变动趋势上都存在着一定的差异。

（2）在财政分权通过地方政府竞争影响环境污染的研究中，本书从异质性、动态效应和内生互动性三方面分析了财政分权、地方政府竞争对环境污染的影响效应。我国环境污染存在时间惯性和正向的空间溢出特征，并且环境污染"局域俱乐部"现象显著，财政分权对环境污染具有明显的"竞次"效应，即分权体制下我国地方政府竞争对环境污染存在着"竞争到底"的现象，但邻近地区的外资使用情况没有加剧本地的环境污染，并没有形成"与邻为壑"的外资使用格局。财政分权下外商直接投资与环境污染的相互影响关系中，外商直接投资确实加剧了环境污染，而一个地区的环境污染严重在一定程度上会抑制外商直接投资的意愿。

（3）在财政分权通过产业结构进而影响环境污染的研究中，运用单因素与多因素 PSTR 模型分析了财政分权、产业结构合理化、产业结构高级化和环境污染之间的关系。在单因素 PSTR 模型中，财政分权对不同污染物的影响效应存在一定的差异，无论是否考虑非线性效应，财政分权对各种污染物排放量的影响均呈促进作用。在以产业结构合理化和产业结构高级化为转换变量的模型中，考虑非线性效应时，财政分权对工业废水排放量的影响效应有所增强，而对工业二氧化硫、工业烟（粉）尘和工业固体废弃物排放量的影响效应却存在不同程度的抑制作用。在多因素 PSTR 模型中，以产业结构合理化和产业结构高级化作为转换变量时，财政分权对环境污染均具有非线性的影响效应，产业结构合理化的最优值为 1.9865，产业结构高级化的最优值为 3.7538。综合考虑线性部分和非线性部分的影响，促进我国绿色经济的发展关键点在于制定循序渐进的产业政策，促进我国产业结构的结构合理化和高级化，同时，政府需要根据各个地区产业结构变迁的实际情况，合理制定适合当地发展的环境规制政策。

（4）在财政分权通过污染治理支出影响环境污染的研究中，在空间相关性方面，运用空间杜宾模型测算出污染治理投资对各种污染物排放量的影响发现，污染治理投资对工业"三废"综合利用产品产值、工业废水处理量和工业固体废物处理量的间接影响效应均不显著，而工业废气治理投资的间接效应通过显著性检验，即对工业废气的治理具有显著的溢出效应。在空间异质性方面，以人均 GDP 对数为转换变量时，随着人均 GDP 对数的增加，环境污染治理对工业“三废”综合利用产品产值的系数呈现出先上升后下降的趋势，工业废水治理和工业固体废物治理投资系数的变化不大，工业废气治理投资系数呈现出“稳定—下降—稳定”的变化趋势；以产业结构合理化作为转换变量时，当产业结构合理化水平低于 3. 8 时，环境污染治理投资对工业“三废”综合利用产品产值的系数随着产业结构合理化水平的增加而逐渐降低。工业废水治理投资系数保持在 0. 2 ~ 0. 4。工业废气治理投资和工业固体废物治理投资系数呈现跳跃式变动趋势，跳跃点分别在产业结构合理化水平为 1. 1 和 1. 6 时；以产业结构高级化作为转换变量时，当产业结构高级化水平处于 2. 2 ~ 4. 0 时，环境污染治理投资系数呈现出先上升后下降的倒“U”型曲线。工业废水治理投资系数在产业结构高级化水平低于 6. 5 时呈稳定状态，在产业结构高级化水平高于 6. 5 时表现出缓慢的下降趋势。工业废气治理投资系数和工业固体废物治理投资系数比较稳定，变动幅度较小。

（5）环境规制对环境污染的影响作用呈现出“U”型特征，且中国的分权体制加剧了环境规制的环境污染效应。以二氧化碳作为污染物来研究政府规制与环境污染的关系时，在不考虑非线性效应时，政府规制对二氧化碳排放并没有起到抑制作用，综合考虑线性部分和非线性部分的影响，政府环境污染规制对二氧化碳排放起到显著的抑制作用。产业结构合理化和产业结构高级化作为转换变量时，政府环境规制对二氧化碳排放均具有非线性的影响效应，产业结构合理化的最优值为 2. 935，产业结构高级化的最优值为 5. 263。

（6）从全国范围来看，进出口贸易、人均地区生产总值和产业结构等变量都会对我国的环境污染产生显著的影响。中国依旧是众多发达国家规避工业污染排放的首选之地，进出口贸易依然对我国的环境污染有着显著的正向影响，会在一定程度上恶化我国的生态环境。从三大区域来看，进出口贸易能够提高东部的环境质量，但仍会加剧中部和西部地区的环境污染。不同的控制变量对三大区域的环境的影响也存在显著的区域差异，需要结合各区域经济和贸易发展的实际情况具体分析。

10.2　污染治理的相关政策建议

10.2.1　构建包含环境质量的综合、动态政绩考核机制

改变绩效考核准则、推行离任环境审计，构建包含环境质量的综合、动态政绩考核机制。由于环境污染存在明显的时间惯性，为了确保前后任官员行为目标的一致性与连续性，有必要在离任经济审计的同时开展离任环境审计。在绩效考核中，要将循环经济和环境质量指标纳入干部政绩考核指标体系，推行环境和经济综合核算体系，在传统国民经济核算系统的基础上，记录当期经济发展与环境污染、资源利用的相互关系，更为直接地反映在任期间的经济增长状况和环境质量变动，从而明晰污染排放与环境质量的权责机制。以环境调整后的地区生产总值（EDP）作为地区经济发展的衡量标准，从而避免各地以牺牲环境为代价来换取 GDP 的快速增长。同时充分发挥"用脚投票"机制，确保当地居民用实际行动对政府的环境污染治理情况进行评价，在一定程度上当地政府的行为模式会产生警示和压力作用，迫使地方政府对环境污染治理采取相应的措施。

10.2.2　明确各级政府在环境治理中的事权与支出责任

优化分权制度，明确各级政府在环境治理中的事权与支出责任。目前的财政分权显著地促进了当地的环境污染，主要原因是分税制改革削弱了地方政府的财政汲取能力，由于地方政府的财权与事权不统一，支出责任的不明确，导致其行为模式从"援助之手"向"攫取之手"的转变，继而引发了以环境污染换取经济增长的现象。由于环境的公共产品性质，一些污染治理很容易形成"搭便车"现象。特别是治理具有显著溢出效应的污染物，如工业废气等，本地区工业废气治理投资能够缓解周围邻近地区的空气治理压力，这种显著的正外部性容易导致地方政府"搭便车"行为的产生。尽管中央与省级转移支付在一定程度上弥补了地方政府的财政缺口，但是当前的财政转移支付很难解决地方政府财政收支的矛盾。因此，目前要理顺中央和地方、省级与省级以下政

府的事权与支出责任的关系，在重新划分事权范围的基础上明确支出责任，依据环境污染治理本身的性质及其外溢程度合理划分责任，对溢出效应明显的污染治理实行支出责任上移，如由中央政府统一拨付空气污染治理经费，实行空气污染治理的专款专用，这样可以有效地避免地方政府的“搭便车”行为。对工业废水和工业固体废物的治理，可以采取中央和地方政府共同责任的治理措施，由中央和地方政府按照一定的比例拨付治理费用。尤其是针对其中的共有事权，要建立稳定的、可预见的支出分担标准。

10.2.3 规范外资准入门槛

提高外资准入门槛，避免“竞争到底”。外商直接投资为当地的经济发展提供了新的引擎，不可避免地出现了地方政府为吸引外资而降低本地环境质量标准的情况，进而加剧本地的环境污染，异质性效应和动态效应模型的实证结果都强烈支持这一观点。因此，地方政府在引进外资的过程中，要注重提高外资的准入门槛，严格限制高耗能、高污染的外资项目，引导外商投资从一般的加工向研发、高端设计领域扩展，积极引入高附加值、高技术含量、高效益的外资企业，利用国外先进的环境污染治理技术，借鉴比较成熟的污染治理经验，在结合我国实际国情的基础上有效提升我国环境治理效率，从而改善环境污染状况。

10.2.4 优化产业结构，重“量”更重“质”

转变粗放式的生产方式，尽快跨越库兹涅茨拐点。环境污染治理的关键在于第二产业的优化升级，切实加大节能减排科技投入，积极推广工业节能环保技术的应用，引进国外的先进技术和环保标准，提高污染物排放的处理及利用率，实现第二产业由资源依赖向技术密集转型升级。此外，中国大多数省（区、市）距库兹涅茨转折点还比较遥远，不能被动等待库兹涅茨曲线拐点的到来，环境治理问题更要依赖经济增长方式转变的内在动力和相关的政策激励，因此要采取主动的宏观调控措施，完善区域之间、中央与地方政府之间的转移支付，缩短拐点前的痛苦期，实现经济发展与环境友好的良性互动的格局。

同时，优化产业结构，要同时注重合理化与高级化两个层面。在产业结构合理化方面，政府在制定改善污染物排放、提升环境质量的产业结构调整政策时，要从改变不合理的产业结构现状着手，降低产业结构不合理对污染物排放的抑制与阻碍作用。产业结构合理化的内涵主要是投入要素结构和产出结构的耦合，当前我国多数省（区、市）的经济发展尚处于粗放模式，资源消耗量大，劳动力结构和产业结构匹配度较低，这一方面源于中国产业高端技术的缺失，另一方面庞大的低端劳动力也束缚着我国产业结构合理化的步伐。面对这些现状，政府在注重提高教育质量，鼓励科学研发的同时，可以通过发展劳动密集型服务业的方式，吸纳低端劳动力就业，解除劳动力就业压力对当地产业的束缚，提高资源利用程度，增进投入要素与产出的耦合度。在产业结构高级化方面，要同时注重“质”和“量”两个层面，通常以第二、三产业产值占总产值的比重表示的产业结构高级化水平仅能反映产业结构高级化量的增加，却无法体现出生产要素率的内涵。我国各地区经济发展水平差异很大，并不是所有地区的发展水平都进入一个比较高的阶段，对处于较低发展水平的地区，盲目地注重产业结构高级化“量”的提高，而不注重提高生产要素率，容易造成更多的资源浪费，这和绿色发展战略不符。

10.2.5　制定差别化的环境规制政策

根据各个地区的发展情况，制定差别化的环境规制政策。政府需要根据各个地区产业结构变迁的实际情况，合理制定适合当地发展的环境规制政策。对于资源配置较合理、产业结构合理化和产业结构高级化水平较高的地区，当地环境污染与经济发展满足倒“U”型的库兹涅茨曲线，此时政府出台一系列的政策文件，增加环境治理投资，可以取得较为显著的成效。对产业结构合理化和产业结构高级化水平较低的地区，当地环境污染与经济发展的关系则呈现出正“U”型，根本原因在于产业结构不合理，粗放型的经济发展方式占当地经济的主要模式。此时不能被动地等待库兹涅茨曲线拐点的到来，增加环境规制投资很难实现污染物减排与经济发展双赢的局面，要减少环境污染治理对资金投入的依赖，主要手段在于引导资源在产业间的配置、利用、转移与流动，制定适合当地经济发展的产业政策，转变当地的经济发展方式，实现各产业部门之间协调能力和关联水平的加强，注重产业间生产关系的演进和生产率的提高，提升产业结构合理化水平，同时达到降低环境污染的目标。此外，从污染治理投资的角度来看，西部欠发达省（区、市）由于技术所限，对工业废品回收利用的能力尚不成熟，增加当地的环境污染治理投资金额不仅能够缓解当地的环境污染情况，还能够显著提高当地的“三废”综合利用产品产值，在治理环境的同时更大限度地实现了废品的回收再利用。

附　　录

附录分别给出了2003—2015年中国272个城市的环境污染综合指数、财政支出分权和财政收入分权数据。

附表1　　　　2003—2015年中国272个城市环境污染综合指数

地区	2003年	2005年	2007年	2009年	2011年	2013年	2015年
北京	0.5858	0.1580	0.0228	-0.0097	-0.0508	0.0362	-0.2400
天津	2.1236	1.9439	1.7386	1.8008	1.3076	1.4739	1.4907
石家庄	1.9871	1.6013	1.9116	1.0830	1.3913	1.7314	1.2809
唐山	4.0000	2.9328	3.1862	3.1686	2.5225	2.3919	2.5940
秦皇岛	-0.2051	-0.3276	-0.3707	-0.3718	0.0198	0.1193	3.9654
邯郸	1.4420	1.2699	1.4280	0.9465	1.1216	1.1098	0.8162
邢台	0.7301	0.6162	0.6414	0.6872	0.5109	0.6019	0.5584
保定	0.2412	0.1125	0.0417	-0.0128	0.3005	0.4228	0.1292
张家口	0.5603	0.2918	0.4214	0.3262	0.0777	0.0907	-0.0205
承德	-0.2460	-0.1509	0.1497	0.2418	-0.0935	-0.1352	-0.1785
沧州	-0.3493	-0.4321	-0.4827	-0.5283	-0.0238	-0.0157	-0.0643
廊坊	-0.1466	-0.3169	-0.4884	-0.4469	-0.1706	-0.1668	-0.2028
衡水	-0.1664	0.1025	-0.0364	0.0256	-0.3494	-0.2580	-0.3564
太原	1.1585	0.5658	0.3750	0.3814	0.0485	0.0774	-0.0413
大同	1.0943	0.9679	0.9065	1.2761	0.3989	0.4179	0.2972

续表

地区	2003 年	2005 年	2007 年	2009 年	2011 年	2013 年	2015 年
阳泉	0. 7390	0. 4388	0. 4622	-0. 0290	-0. 0664	-0. 0521	-0. 0580
长治	0. 5699	0. 6265	0. 9593	0. 7223	0. 6811	0. 7512	0. 6018
晋城	0. 2830	0. 3608	0. 5936	0. 3654	0. 1107	0. 1481	0. 1706
朔州	0. 5043	0. 4796	0. 3735	0. 4406	0. 1806	0. 0994	-0. 1227
晋中	0. 1875	0. 1083	0. 1961	0. 0962	1. 1262	5. 1762	0. 2682
运城	1. 0902	0. 5538	0. 2262	0. 7985	0. 2193	0. 4023	0. 7007
忻州	-0. 1846	0. 7665	0. 4794	0. 1733	-0. 0506	-0. 0413	0. 1313
临汾	1. 1743	1. 0975	1. 0707	0. 6996	0. 1418	0. 2761	0. 1588
吕梁	0. 3282	0. 2848	0. 4117	0. 3069	0. 0176	0. 2905	0. 5206
呼和浩特	-0. 4776	0. 4416	-0. 3486	-0. 2113	0. 0153	0. 0643	-0. 0284
包头	0. 9860	0. 8795	0. 7800	0. 6919	0. 9474	1. 0177	1. 1283
乌海	0. 0552	0. 1719	-0. 0896	0. 0183	0. 1902	0. 1101	0. 0548
赤峰	0. 2502	0. 6289	0. 7540	0. 5178	4. 8955	0. 2252	0. 3588
通辽	-0. 7030	-0. 3466	-0. 2707	0. 2863	-0. 0934	0. 3898	0. 2135
鄂尔多斯	0. 7749	2. 8882	1. 8973	1. 2788	0. 9170	0. 9057	1. 1577
海拉尔	-0. 3980	-0. 2399	-0. 0612	0. 0050	-0. 0317	0. 1068	0. 3285
巴彦淖尔	-0. 4366	-0. 3542	-0. 1891	-0. 1037	0. 0121	-0. 0855	-0. 0986
乌兰察布	-0. 2614	-0. 2189	-0. 0590	-0. 0952	0. 1176	-0. 2467	-0. 1750
沈阳	-0. 1461	0. 0093	0. 7844	0. 6981	0. 1354	0. 5640	0. 5506
大连	0. 8039	0. 8985	0. 7134	0. 7760	1. 1337	1. 0612	1. 5767
鞍山	0. 1566	0. 1547	0. 3306	0. 5055	0. 3124	0. 4996	0. 6105
抚顺	0. 0730	0. 0690	0. 1132	0. 1065	-0. 2237	-0. 2279	-0. 1933
本溪	-0. 1318	0. 4648	-0. 0255	0. 2586	-0. 0213	-0. 0508	0. 2175
丹东	-0. 3149	-0. 3467	-0. 5358	-0. 3537	-0. 3066	-0. 2185	-0. 3345
锦州	0. 1057	0. 0975	0. 2397	0. 4949	-0. 1946	-0. 2568	-0. 2131

续表

地区	2003 年	2005 年	2007 年	2009 年	2011 年	2013 年	2015 年
营口	-0.4748	0.0511	0.2158	0.6458	-0.1983	-0.2195	-0.1078
阜新	-0.5868	-0.2140	0.1237	-0.0726	0.0241	0.1302	0.1563
辽阳	-0.2976	-0.3316	-0.3509	-0.2749	-0.1844	-0.1069	-0.1045
盘锦	-0.6462	-0.6671	-0.7612	-0.7529	-0.5111	0.0730	-0.1920
铁岭	0.4160	0.2222	0.2716	-0.1394	-0.3258	-0.4032	-0.3688
朝阳	-0.0575	-0.2164	-0.1723	0.1066	-0.3346	-0.2845	-0.1116
葫芦岛	-0.2885	0.0573	-0.0601	-0.3643	-0.1506	-0.1143	-0.2143
长春	-0.1708	0.0487	0.3533	0.7814	0.0477	-0.0151	-0.0395
吉林	0.1179	0.6441	0.5368	0.6788	0.3024	0.1988	0.2724
四平	-0.4374	-0.3840	-0.3468	-0.3182	-0.2561	2.3794	-0.3811
辽源	-0.6361	-0.6052	-0.5675	-0.6952	-0.6191	-0.5247	-0.5595
通化	-0.4582	-0.2977	-0.1765	0.1262	-0.1101	-0.1963	0.0783
白山	-0.4626	-0.2787	-0.1194	-0.0635	-0.5452	-0.6383	-0.6192
松原	-0.4080	-0.4691	-0.2448	-0.2491	-0.4301	-0.5372	-0.4206
白城	-0.7025	-0.6186	-0.6093	-0.5651	-0.5451	-0.6277	-0.6231
哈尔滨	0.1419	0.2205	0.3028	0.3617	0.0562	-0.3693	-0.0522
齐齐哈尔	0.3487	0.1034	0.4004	-0.4742	-0.5032	-0.4364	-0.2041
鸡西	-0.4344	-0.4246	-0.3402	-0.4314	-0.4090	-0.4738	-0.5475
鹤岗	-0.4669	-0.5685	-0.3966	-0.4137	-0.4660	-0.5409	-0.5232
双鸭山	-0.5249	-0.4656	-0.3533	-0.2503	-0.3347	-0.5000	-0.4514
大庆	0.0352	0.0555	0.0856	0.1872	-0.1876	-0.4398	-0.3385
伊春	-0.4814	-0.5349	-0.4136	-0.3338	-0.5943	-0.6461	-0.6032
佳木斯	0.0718	-0.1319	0.0241	-0.2938	-0.5494	-0.5727	-0.6870
七台河	-0.5818	-0.4734	-0.4083	-0.3945	-0.5123	-0.5944	-0.6132
牡丹江	0.0373	-0.2463	0.0029	0.1298	-0.4734	-0.5565	-0.5359

续表

地区	2003 年	2005 年	2007 年	2009 年	2011 年	2013 年	2015 年
黑河	-0. 7471	-0. 7962	-0. 7965	-0. 6542	-0. 5586	-0. 6448	-0. 6159
绥化	-0. 7165	-0. 8018	-0. 8441	-0. 9791	-0. 5972	-0. 3861	-0. 5581
上海	3. 3723	2. 9397	2. 8658	2. 4665	2. 0394	1. 3023	2. 2996
南京	1. 9591	1. 5978	1. 3563	1. 4844	0. 8413	0. 4592	1. 2143
无锡	0. 8819	1. 6852	1. 6737	1. 5820	0. 7981	0. 3202	0. 9386
徐州	0. 8808	0. 8610	0. 0885	0. 2138	0. 5127	-0. 0194	0. 6601
常州	0. 3169	0. 8066	0. 6602	0. 8923	0. 2033	-0. 1658	0. 2239
苏州	2. 7789	3. 0349	3. 0401	2. 5125	2. 7688	2. 1490	3. 1910
南通	0. 3338	0. 3093	0. 4951	0. 5940	0. 3542	-0. 0480	0. 3661
连云港	-0. 2097	-0. 4369	-0. 5341	-0. 6125	-0. 2120	-0. 4411	-0. 0889
淮安	-0. 2610	-0. 1201	-0. 2058	-0. 1328	-0. 0914	-0. 3288	0. 0991
盐城	-0. 0759	-0. 2799	-0. 3680	-0. 3181	0. 1773	0. 0513	0. 2847
扬州	0. 0314	0. 1083	-0. 0319	-0. 0006	-0. 0870	-0. 2811	-0. 0615
镇江	0. 3583	0. 1858	-0. 0554	-0. 1402	0. 1921	-0. 2636	0. 0039
泰州	-0. 1183	-0. 1001	-0. 1881	0. 1288	0. 0192	-0. 3670	-0. 2156
宿迁	-0. 6488	-0. 5892	-0. 6146	-0. 5710	-0. 3754	-0. 4555	-0. 3904
杭州	2. 3135	2. 3585	2. 0280	2. 5539	1. 4076	1. 4332	1. 2496
宁波	0. 9988	0. 7860	0. 6722	0. 8828	0. 8502	0. 9756	0. 8020
温州	-0. 0294	-0. 0982	-0. 2862	-0. 3222	-0. 2021	-0. 1792	-0. 2098
嘉兴	0. 2885	0. 2184	0. 3979	0. 5514	0. 4994	0. 6300	0. 7280
湖州	-0. 0507	-0. 2293	-0. 2393	-0. 0982	-0. 0693	-0. 0164	-0. 0590
绍兴	0. 3762	0. 2755	0. 3878	0. 5756	0. 7234	0. 7655	0. 8553
金华	-0. 2787	-0. 3839	-0. 1818	-0. 0811	-0. 1089	-0. 0912	-0. 0821
衢州	0. 0027	-0. 2372	-0. 2458	-0. 2269	0. 0311	0. 1670	0. 2453
舟山	-0. 6399	-0. 5496	-0. 5330	-0. 5127	-0. 5643	-0. 5447	-0. 6316

续表

地区	2003 年	2005 年	2007 年	2009 年	2011 年	2013 年	2015 年
台州	-0. 2706	-0. 3051	-0. 3136	-0. 5341	-0. 2171	0. 8077	-0. 2598
丽水	-0. 6402	-0. 4864	-0. 6390	-0. 6477	-0. 2836	-0. 2840	-0. 3552
合肥	-0. 3597	-0. 4906	-0. 5404	-0. 5585	-0. 1902	-0. 1441	-0. 0673
芜湖	-0. 5005	-0. 5390	-0. 4908	-0. 3784	-0. 3163	-0. 1336	-0. 2087
蚌埠	-0. 4922	-0. 4694	-0. 4974	-0. 5173	-0. 4668	-0. 4326	-0. 5435
淮南	0. 3072	0. 2225	0. 2882	0. 6845	0. 0569	0. 1318	0. 1242
马鞍山	-0. 0772	-0. 2758	-0. 3151	-0. 2671	-0. 0574	0. 0185	0. 0816
淮北	-0. 2578	-0. 1440	-0. 2170	-0. 0855	-0. 3269	-0. 2972	-0. 1712
铜陵	-0. 3334	-0. 3979	-0. 4316	-0. 4096	-0. 3409	-0. 2248	-0. 3189
安庆	-0. 4059	-0. 3776	-0. 5352	-0. 5799	-0. 4521	-0. 4091	-0. 4675
黄山	-0. 7979	-0. 8183	-0. 8690	-0. 8992	-0. 6700	-0. 6750	-0. 7758
滁州	-0. 5566	-0. 5682	-0. 4418	-0. 2767	-0. 4448	-0. 2883	-0. 3532
阜阳	-0. 7047	-0. 8250	-0. 7898	-0. 8034	-0. 4959	-0. 4732	-0. 5349
宿州	-0. 6670	-0. 7564	-0. 7133	-0. 6487	-0. 2769	-0. 3635	-0. 3141
六安	-0. 5752	-0. 6258	-0. 6914	-0. 7089	-0. 5254	-0. 4994	-0. 5378
亳州	-0. 7714	-0. 8600	-0. 8896	-0. 9199	-0. 5212	-0. 5568	-0. 5583
池州	-0. 3877	-0. 4103	-0. 2510	-0. 1967	-0. 5646	-0. 5116	-0. 5961
宣城	-0. 6543	-0. 7616	-0. 7046	-0. 6655	-0. 4109	-0. 2955	-0. 4313
福州	-0. 3241	-0. 0465	-0. 1036	-0. 1507	0. 0313	0. 3908	0. 0375
厦门	-0. 4723	-0. 3667	-0. 4948	-0. 5708	0. 3960	0. 4854	0. 2115
莆田	-0. 6830	-0. 6931	-0. 6991	-0. 7354	-0. 5754	-0. 5698	-0. 6205
三明	0. 0954	0. 1581	0. 0406	0. 0237	0. 0678	0. 1681	0. 0491
泉州	-0. 0539	0. 2621	0. 3924	0. 5018	0. 5918	0. 7557	0. 9486
漳州	0. 5015	0. 8739	0. 7951	1. 3929	2. 2529	0. 5352	0. 4079
南平	-0. 5058	-0. 4529	-0. 4560	-0. 4348	-0. 3063	-0. 2988	-0. 3646

续表

地区	2003 年	2005 年	2007 年	2009 年	2011 年	2013 年	2015 年
龙岩	-0.4455	-0.2896	-0.3712	-0.3046	-0.3013	-0.2919	-0.3667
宁德	-0.8376	-0.9035	-0.8258	-0.7948	-0.5581	-0.4898	-0.6006
南昌	-0.1930	-0.3313	-0.2819	-0.4278	-0.1973	-0.0261	-0.0965
景德镇	-0.4872	-0.4287	-0.4234	-0.4392	-0.2337	-0.2672	-0.2626
萍乡	-0.4238	-0.3785	-0.4410	-0.3802	-0.0586	0.0294	0.0588
九江	-0.1808	0.0982	-0.0015	0.0042	0.1381	0.3801	0.6853
新余	-0.5649	-0.4251	-0.4381	-0.4748	-0.1024	-0.0791	0.0423
鹰潭	-0.3778	-0.3523	-0.3556	-0.5972	-0.4623	-0.4839	-0.5318
赣州	-0.5080	-0.4301	-0.3355	-0.1576	0.0362	0.1362	0.3304
吉安	-0.3632	-0.2672	-0.1214	-0.0761	-0.2970	-0.3127	-0.2836
宜春	-0.2912	-0.2201	-0.2121	-0.1681	0.1403	0.0793	0.2319
抚州	-0.3430	-0.3355	-0.2590	-0.2373	-0.4366	-0.3623	-0.4860
上饶	-0.3972	-0.4468	-0.3919	-0.4340	-0.3282	-0.2700	-0.1767
济南	-0.1207	-0.1101	-0.1233	-0.0545	0.2681	0.2224	0.2995
青岛	0.2203	0.2615	0.1094	0.2315	0.1144	0.1957	0.2343
淄博	1.3042	1.2509	1.4924	1.3649	1.2888	1.3133	1.4175
枣庄	0.1318	0.1158	0.0840	0.1220	0.1011	0.1094	0.1509
东营	-0.1557	0.1636	0.0119	-0.0541	-0.0626	0.0313	-0.0763
烟台	0.0323	-0.0386	-0.0576	0.0395	0.1218	0.2315	0.2353
潍坊	0.3998	0.3860	0.3872	0.6582	1.0031	1.2831	1.3759
济宁	0.4375	0.3732	0.3448	0.6155	0.6920	0.7968	0.0891
泰安	0.0614	-0.1077	-0.1626	-0.1022	0.0170	0.0180	-0.0099
威海	-0.4557	-0.4848	-0.5121	-0.4935	-0.3464	-0.3661	-0.4849
日照	-0.4386	-0.3223	-0.4288	-0.2394	-0.0646	0.2813	0.0430
莱芜	-0.1064	-0.2219	-0.4386	-0.3518	-0.0361	-0.0690	0.1166

续表

地区	2003 年	2005 年	2007 年	2009 年	2011 年	2013 年	2015 年
临沂	-0.1741	-0.0688	-0.1503	0.1399	0.3829	0.4266	0.6452
德州	0.3526	0.6877	0.8072	0.8186	0.0785	0.1839	0.2004
聊城	0.0060	0.1375	0.0831	0.3510	0.2157	-0.3446	0.2009
滨州	-0.2930	0.2265	0.3531	0.2933	0.2545	0.4676	1.0033
菏泽	-0.3797	-0.2831	-0.2611	-0.2046	0.1821	0.1423	0.2623
郑州	0.8488	1.6692	1.5351	1.0161	0.8271	0.4925	1.0760
开封	-0.4446	-0.4749	-0.5235	0.0152	-0.1176	-0.0658	-0.1163
洛阳	1.8930	2.8025	1.8745	2.2901	0.6806	0.4320	0.5997
平顶山	0.1616	0.3432	0.6469	0.9443	0.2280	0.5117	0.6063
安阳	0.6630	0.7221	0.7762	0.5176	0.4214	0.3839	0.4773
鹤壁	-0.3350	-0.4096	-0.2786	-0.2247	-0.3354	-0.2836	-0.3250
新乡	0.4928	0.1994	0.3830	0.0374	0.1452	0.1910	0.2788
焦作	0.5582	0.6907	0.6279	0.7147	-0.0140	0.1550	0.1392
濮阳	-0.3877	-0.3301	-0.4555	-0.3268	-0.3858	-0.2692	-0.3082
许昌	-0.4525	-0.4989	-0.4197	-0.6529	-0.2485	-0.2257	-0.1991
漯河	-0.6223	-0.4568	-0.4334	-0.4805	-0.4613	-0.4870	-0.6588
三门峡	0.0117	0.7464	0.9011	1.1071	0.1913	0.2707	0.1628
南阳	0.1372	0.2287	0.2020	0.3101	0.0162	-0.0451	-0.1105
商丘	-0.2093	-0.0414	0.0662	-0.0738	-0.1996	-0.0521	-0.2633
信阳	-0.5040	-0.5523	-0.4102	-0.1864	-0.3749	-0.4062	-0.5040
周口	-0.5450	-0.5026	-0.6210	-0.7472	-0.3090	-0.1970	-0.2850
驻马店	-0.3491	-0.4088	-0.3637	-0.4620	-0.2918	-0.2234	-0.3188
武汉	1.4606	0.9459	0.9128	0.9770	0.6898	0.5256	0.5192
黄石	-0.1941	-0.1889	-0.0690	-0.0501	0.0872	0.0532	0.0387
十堰	-0.4332	-0.5090	-0.6329	-0.6598	-0.5038	-0.4960	-0.5927

续表

地区	2003 年	2005 年	2007 年	2009 年	2011 年	2013 年	2015 年
宜昌	0.0323	-0.0956	-0.2425	-0.2123	0.3524	0.3898	0.6314
襄樊*	0.0351	0.0528	0.0598	0.0681	-0.1545	-0.0655	-0.1683
鄂州	-0.5189	-0.4879	-0.3953	-0.4008	-0.3720	-0.3689	-0.3233
荆门	0.0444	-0.1243	-0.2040	-0.1405	-0.2648	-0.2407	-0.3092
孝感	-0.2659	-0.2902	-0.2232	-0.2722	-0.2670	-0.2365	-0.3089
荆州	-0.2970	-0.3999	-0.3574	-0.3446	0.0658	-0.0222	0.0156
黄冈	-0.5965	-0.7164	-0.7528	-0.7193	-0.4751	-0.4851	-0.5298
咸宁	-0.6363	-0.5469	-0.5079	-0.6072	-0.4933	-0.4830	-0.5215
随州	-0.6960	-0.7710	-0.7831	-0.8411	-0.6248	-0.5999	-0.7255
长沙	0.0259	-0.0938	-0.0977	0.0820	-0.4356	-0.3923	-0.4596
株洲	0.3423	0.3022	0.2805	0.2695	0.9715	-0.1556	2.6104
湘潭	0.3314	0.2595	0.0488	0.1043	-0.0471	-0.1684	-0.1604
衡阳	0.0303	0.0989	0.0472	0.1352	0.0384	0.1569	0.1538
邵阳	-0.2503	-0.2075	-0.0952	-0.6515	-0.4009	-0.2221	-0.4611
岳阳	-0.1597	-0.1009	-0.0504	0.0427	0.0647	0.2053	0.0625
常德	0.2669	0.1744	-0.0584	-0.0316	-0.1078	0.0135	-0.0953
张家界	-0.7203	-0.7926	-0.8479	-0.8799	-0.5848	-0.5456	-0.5830
益阳	0.0886	0.0069	-0.0380	0.0576	-0.1093	-0.1368	-0.1524
郴州	-0.0738	0.0251	0.2953	0.1487	-0.0462	-0.0705	-0.1082
永州	-0.3744	-0.4183	-0.3510	-0.1754	-0.3263	-0.3351	-0.4233
怀化	-0.2025	-0.2380	-0.3901	-0.2586	-0.1931	-0.1853	-0.1812
娄底	0.4919	0.6919	0.6178	0.0341	-0.3377	0.2187	0.2950
广州	1.0467	0.5494	0.3607	0.5318	0.4692	0.6032	0.3839
韶关	0.1499	-0.0378	-0.1939	-0.2690	-0.0322	0.0302	-0.2367
深圳	-0.3828	-0.4588	-0.4789	-0.5301	-0.3277	-0.1916	-0.0033

续表

地区	2003 年	2005 年	2007 年	2009 年	2011 年	2013 年	2015 年
珠海	-0.5341	-0.6561	-0.6013	-0.4598	-0.3445	-0.3406	-0.3741
汕头	-0.5239	-0.5923	-0.6174	-0.6799	-0.4034	-0.3231	-0.3872
佛山	0.3722	0.7481	0.9384	0.9486	0.5169	0.4633	0.5043
江门	-0.2173	-0.2445	0.1246	0.0216	0.1376	0.1403	0.1817
湛江	-0.1631	-0.3638	-0.3395	-0.3748	-0.3498	-0.3121	-0.3036
茂名	-0.3358	-0.4020	-0.1481	-0.0825	-0.2747	-0.3252	-0.3605
肇庆	-0.4237	-0.5249	-0.2604	-0.1445	-0.2036	-0.0755	-0.1594
惠州	-0.6890	-0.7636	-0.6128	-0.5528	-0.2786	-0.1602	-0.1912
梅州	-0.4702	-0.7375	-0.1850	-0.3902	-0.4244	-0.2673	-0.4105
汕尾	-0.8359	-0.8215	-0.7754	-0.7273	-0.6299	-0.5689	-0.6318
河源	-0.7525	-0.7375	-0.5997	-0.6435	-0.5567	-0.5849	-0.6605
阳江	-0.7553	-0.8164	-0.7016	-0.6937	-0.4935	-0.5010	-0.4593
清远	-0.5536	-0.6377	-0.4222	-0.4136	-0.3195	-0.3869	-0.3575
东莞	1.0509	0.8869	2.5220	1.0332	0.9730	0.9643	0.8014
中山	-0.4720	-0.4655	-0.3195	-0.4314	-0.2815	-0.1948	-0.2843
潮州	-0.7936	-0.8836	-0.7214	-0.6606	-0.5266	-0.5124	-0.6147
揭阳	-0.7965	-0.8557	-0.5334	-0.5575	-0.4906	-0.3642	-0.3953
云浮	-0.5955	-0.5802	-0.4541	-0.4515	-0.4004	-0.4684	-0.5906
南宁	0.3854	0.2176	0.2563	0.2150	-0.0294	-0.0870	-0.2093
柳州	1.0503	0.7774	0.2956	0.3897	-0.1420	0.0069	0.0175
桂林	0.0470	-0.1370	-0.3419	-0.4258	-0.3028	-0.3040	-0.4014
梧州	-0.4329	-0.3955	-0.2821	-0.3035	-0.5069	-0.4697	-0.5739
北海	-0.4567	-0.0839	-0.5240	-0.7041	-0.5408	-0.5650	-0.6458
防城港	-0.7338	-0.7205	-0.6972	-0.5854	-0.4568	-0.5104	-0.4252
钦州	-0.3866	-0.4143	-0.4701	-0.4682	-0.5227	-0.4929	-0.5330

续表

地区	2003 年	2005 年	2007 年	2009 年	2011 年	2013 年	2015 年
贵港	0. 3379	0. 2662	0. 8459	0. 9963	-0. 3889	-0. 1096	-0. 3297
玉林	0. 0608	0. 1680	0. 2846	0. 4453	-0. 5673	-0. 5201	-0. 6180
百色	-0. 0594	-0. 0048	0. 1439	-0. 0259	0. 0238	0. 1640	-0. 1240
贺州	-0. 4806	-0. 5463	-0. 6546	-0. 5798	-0. 4666	-0. 5461	-0. 6232
河池	-0. 2030	0. 0175	-0. 0403	0. 0347	0. 4466	0. 5262	0. 1101
来宾	1. 5313	2. 4163	2. 6009	2. 0754	0. 2640	0. 1077	-0. 0156
崇左	-0. 4981	-0. 6686	-0. 4978	-0. 4630	-0. 3784	-0. 5022	-0. 6259
海口	-0. 8215	-0. 9119	-0. 9505	-1. 0044	-0. 7003	-0. 6773	-0. 7871
三亚	-0. 8387	-0. 9147	-0. 9656	-1. 0174	-0. 7296	-0. 7206	-0. 8344
重庆	6. 5831	6. 3199	6. 2453	6. 8707	3. 7421	4. 1162	4. 8740
成都	3. 0514	2. 2570	0. 8562	0. 9941	0. 0248	0. 0682	0. 0151
自贡	-0. 4022	-0. 5081	-0. 6640	-0. 6213	-0. 6057	-0. 4702	-0. 5962
攀枝花	-0. 1012	-0. 1722	-0. 1683	-0. 1510	-0. 0057	0. 2022	0. 0644
泸州	-0. 2963	-0. 3086	-0. 2872	-0. 1121	-0. 2381	-0. 3025	-0. 4002
德阳	-0. 4312	-0. 5667	-0. 6370	-0. 6570	-0. 3331	-0. 3381	-0. 4085
绵阳	0. 1160	-0. 1042	-0. 2353	-0. 0826	-0. 1733	-0. 2529	-0. 2376
广元	-0. 2975	-0. 4163	-0. 3502	-0. 4679	-0. 5017	-0. 5450	-0. 6364
遂宁	-0. 7140	-0. 7943	-0. 8196	-0. 7460	-0. 6216	-0. 6315	-0. 7163
内江	0. 3077	0. 3472	0. 0744	-0. 5016	-0. 0244	0. 0964	-0. 0345
乐山	1. 6392	0. 5214	0. 1311	0. 1940	-0. 1819	-0. 2015	-0. 1453
南充	-0. 6555	-0. 6278	-0. 8324	-0. 9371	-0. 5608	-0. 5376	-0. 6586
眉山	-0. 3327	-0. 4355	-0. 3273	-0. 2812	-0. 4387	-0. 4098	-0. 3559
宜宾	0. 8367	0. 4407	0. 2277	-0. 0072	0. 2688	0. 2244	0. 8647
广安	0. 1649	0. 6195	0. 5420	-0. 3890	-0. 2580	-0. 1227	-0. 3843
达州	0. 7744	0. 5551	0. 0532	-0. 0408	-0. 2837	-0. 4869	-0. 2451

续表

地区	2003 年	2005 年	2007 年	2009 年	2011 年	2013 年	2015 年
雅安	-0.5987	-0.8120	-0.8575	-0.8845	0.8953	-0.6318	-0.7339
巴中	-0.8234	-0.8399	-0.7897	-0.7773	-0.7073	-0.6931	-0.8112
资阳	-0.4307	-0.6144	-0.6021	-0.6515	-0.6679	-0.6508	-0.7328
贵阳	1.1056	0.9420	0.0599	-0.1201	-0.1429	-0.1385	-0.1671
六盘水	0.2560	0.0893	0.4843	0.3867	0.8502	0.7291	0.6848
遵义	-0.1109	-0.3946	-0.2890	-0.3555	-0.1725	0.0094	-0.0464
安顺	-0.4430	-0.2084	-0.8078	-0.2289	-0.1450	-0.1231	-0.4662
昆明	-0.1135	-0.1936	-0.0979	-0.1603	1.9404	0.1814	0.0357
曲靖	-0.1099	0.2718	0.5045	0.9432	0.8401	0.6133	0.9364
玉溪	-0.6942	-0.7969	-0.7968	-0.8165	-0.6117	-0.2049	-0.2454
保山	-0.6898	-0.7719	-0.8169	-0.8288	-0.3793	-0.3523	-0.4031
昭通	-0.7683	-0.7565	-0.8052	-0.8798	-0.6064	-0.4325	-0.5228
丽江	-0.8376	-0.8857	-0.9279	-0.9595	-0.6593	-0.5486	-0.7470
思茅**	-0.6857	-0.7679	-0.8066	-0.8378	-0.5954	-0.5395	-0.5949
临沧	-0.7265	-0.8232	-0.8853	-0.9205	-0.4032	-0.3521	-0.3227
西安	0.3298	0.4300	0.4122	0.2992	0.3124	0.0761	-0.2425
铜川	-0.7532	-0.8469	-0.8343	-0.8376	-0.5457	-0.5375	-0.5545
宝鸡	0.0426	-0.1274	-0.0991	-0.1000	-0.2938	-0.3206	-0.2662
咸阳	0.3896	0.3473	0.1605	0.0659	-0.0521	-0.0917	-0.0575
渭南	1.4375	1.5750	2.0135	2.2291	1.2395	0.3791	0.4242
延安	-0.7367	-0.7720	-0.7570	-0.7827	-0.5532	-0.5130	-0.5388
汉中	-0.1915	-0.2999	-0.1483	-0.1993	-0.4328	-0.4005	-0.4141
榆林	-0.3008	0.1418	0.3654	0.2386	0.9738	1.0905	1.4550
安康	-0.7697	-0.8269	-0.8496	-0.8797	-0.6539	-0.6316	-0.7008
商洛	-0.6737	-0.7716	-0.7510	-0.7662	-0.5230	-0.5004	-0.5440

续表

地区	2003 年	2005 年	2007 年	2009 年	2011 年	2013 年	2015 年
兰州	-0.0845	-0.2962	-0.3034	-0.2982	0.0010	0.0061	-0.0233
酒泉	-0.7485	-0.8308	-0.8496	-0.8507	-0.5713	-0.5021	-0.5638
庆阳	-0.7934	-0.8959	-0.9174	-0.9679	-0.6778	-0.6041	-0.7650
西宁	-0.2100	-0.1282	-0.1500	0.0418	-0.1402	-0.0594	-0.0995
银川	-0.6287	-0.7490	-0.6774	-0.6079	-0.0427	0.1679	-0.0181
石嘴山	0.7000	0.0408	0.5563	0.3874	0.0040	0.0569	0.1933
乌鲁木齐	0.1165	0.1014	0.4987	0.5359	0.2313	0.0387	-0.0675

注：*2010 年，襄樊市更名为襄阳市。2010 年以前的数据由襄樊市的相关数据计算得到。
**2007 年，思茅市更名为普洱市。2007 年以前的数据由思茅市的相关数据计算得到。

附表 2　　2003—2015 年中国 272 个城市财政支出分权

地区	2003 年	2005 年	2007 年	2009 年	2011 年	2013 年	2015 年
北京	0.5323	0.5427	0.5594	0.5776	0.5948	0.5988	0.6012
天津	0.4793	0.4894	0.5042	0.5270	0.5545	0.5743	0.5804
石家庄	0.3226	0.3571	0.3601	0.3549	0.3984	0.4095	0.4126
唐山	0.3655	0.4599	0.4672	0.4650	0.4951	0.4724	0.4538
秦皇岛	0.4032	0.4296	0.4568	0.4463	0.4877	0.4765	0.4499
邯郸	0.4211	0.3142	0.3238	0.3188	0.3543	0.3294	0.3422
邢台	0.2693	0.2679	0.2832	0.2917	0.3227	0.3112	0.3364
保定	0.2591	0.2729	0.2774	0.2791	0.3193	0.3448	0.3330
张家口	0.2656	0.3829	0.3993	0.4284	0.4477	0.4565	0.4684
承德	0.3535	0.3900	0.4057	0.4377	0.4568	0.4794	0.4476
沧州	0.3479	0.3045	0.3212	0.3289	0.3705	0.3833	0.3987
廊坊	0.2953	0.3684	0.4082	0.4164	0.4675	0.4794	0.5253

续表

地区	2003年	2005年	2007年	2009年	2011年	2013年	2015年
衡水	0.3557	0.3094	0.3000	0.3163	0.3374	0.3555	0.3864
太原	0.2707	0.4420	0.5254	0.4345	0.4565	0.4685	0.5051
大同	0.3187	0.3702	0.3783	0.3818	0.4047	0.4131	0.4509
阳泉	0.4167	0.3741	0.3976	0.3974	0.4092	0.3978	0.4049
长治	0.3634	0.3599	0.3807	0.3748	0.4029	0.4243	0.3904
晋城	0.3537	0.3568	0.3804	0.3826	0.4001	0.4213	0.4229
朔州	0.3230	0.3439	0.4215	0.4458	0.4614	0.4734	0.4333
晋中	0.3320	0.3256	0.3671	0.3611	0.3793	0.3962	0.3951
运城	0.3034	0.2508	0.2684	0.2652	0.2910	0.3081	0.3264
忻州	0.3033	0.3206	0.3572	0.3684	0.3861	0.4100	0.4135
临汾	0.2384	0.3427	0.3486	0.3448	0.3527	0.3866	0.3735
吕梁	0.3147	0.3235	0.3398	0.3592	0.3845	0.4296	0.3870
呼和浩特	0.2984	0.4487	0.4610	0.4471	0.4534	0.4365	0.4458
包头	0.2908	0.5066	0.5004	0.4979	0.4605	0.4926	0.4831
乌海	0.3699	0.4788	0.5220	0.5605	0.5213	0.5022	0.5597
赤峰	0.4451	0.3068	0.3283	0.3120	0.3084	0.3153	0.3231
通辽	0.4399	0.3126	0.3300	0.3474	0.3345	0.3635	0.3770
鄂尔多斯	0.4510	0.5696	0.6067	0.6331	0.6802	0.6739	0.6617
海拉尔	0.2965	0.3743	0.4007	0.4252	0.4153	0.4326	0.4346
巴彦淖尔	0.2945	0.3570	0.3811	0.4039	0.3842	0.3922	0.4114
乌兰察布	0.4997	0.3169	0.3110	0.3046	0.3272	0.3529	0.3822
沈阳	0.3806	0.4685	0.4905	0.4756	0.4660	0.4760	0.4781
大连	0.3629	0.5104	0.5452	0.5239	0.5520	0.5786	0.5594
鞍山	0.3106	0.4043	0.4098	0.4083	0.3943	0.4108	0.3689
抚顺	0.3810	0.3913	0.4014	0.4202	0.4256	0.4404	0.3915

续表

地区	2003 年	2005 年	2007 年	2009 年	2011 年	2013 年	2015 年
本溪	0. 4542	0. 4274	0. 4492	0. 4591	0. 4717	0. 4730	0. 4199
丹东	0. 5191	0. 3126	0. 3334	0. 3854	0. 3916	0. 4122	0. 4256
锦州	0. 3642	0. 2823	0. 2897	0. 3292	0. 3349	0. 3546	0. 3643
营口	0. 3674	0. 3072	0. 3464	0. 3820	0. 4341	0. 4440	0. 3796
阜新	0. 4479	0. 3348	0. 3278	0. 3617	0. 3973	0. 4029	0. 3621
辽阳	0. 3284	0. 3509	0. 3588	0. 3752	0. 3997	0. 4039	0. 4068
盘锦	0. 2925	0. 4242	0. 4294	0. 4657	0. 5201	0. 5315	0. 5254
铁岭	0. 3068	0. 2489	0. 2826	0. 3287	0. 3519	0. 3527	0. 3646
朝阳	0. 3166	0. 2474	0. 2919	0. 3262	0. 3340	0. 3358	0. 3202
葫芦岛	0. 3342	0. 2750	0. 3023	0. 3094	0. 3398	0. 3259	0. 3288
长春	0. 4112	0. 3570	0. 3723	0. 3821	0. 4244	0. 4228	0. 4286
吉林	0. 2500	0. 3441	0. 3575	0. 3653	0. 3860	0. 3995	0. 3884
四平	0. 2471	0. 2503	0. 2744	0. 2903	0. 3074	0. 3213	0. 3334
辽源	0. 2757	0. 3565	0. 3762	0. 3955	0. 3783	0. 4013	0. 4036
通化	0. 3181	0. 3278	0. 3209	0. 3862	0. 4026	0. 4401	0. 4347
白山	0. 3640	0. 4279	0. 4403	0. 4739	0. 5177	0. 4845	0. 4813
松原	0. 3161	0. 2910	0. 3236	0. 3302	0. 3119	0. 3301	0. 3269
白城	0. 2548	0. 3431	0. 3590	0. 3789	0. 3809	0. 4057	0. 4326
哈尔滨	0. 3162	0. 3818	0. 3722	0. 3674	0. 3972	0. 4094	0. 4088
齐齐哈尔	0. 3135	0. 2711	0. 2918	0. 2096	0. 2207	0. 1540	0. 3631
鸡西	0. 3395	0. 2560	0. 2659	0. 2526	0. 2668	0. 2873	0. 2588
鹤岗	0. 2454	0. 3249	0. 3604	0. 3833	0. 4002	0. 4028	0. 4068
双鸭山	0. 3234	0. 3108	0. 3447	0. 3954	0. 3887	0. 4002	0. 3897
大庆	0. 3069	0. 4725	0. 4441	0. 4139	0. 4212	0. 3889	0. 3652
伊春	0. 3827	0. 2997	0. 3607	0. 3997	0. 4232	0. 4398	0. 4895

续表

地区	2003 年	2005 年	2007 年	2009 年	2011 年	2013 年	2015 年
佳木斯	0. 2122	0. 3163	0. 3553	0. 3670	0. 4002	0. 4445	0. 4185
七台河	0. 2366	0. 3393	0. 3610	0. 4321	0. 4235	0. 4000	0. 4127
牡丹江	0. 3245	0. 3394	0. 3554	0. 3866	0. 4173	0. 4537	0. 4270
黑河	0. 2740	0. 3203	0. 3452	0. 3556	0. 3890	0. 4288	0. 4397
绥化	0. 3992	0. 2302	0. 2554	0. 2630	0. 2861	0. 3251	0. 3286
上海	0. 3117	0. 5634	0. 5804	0. 5927	0. 6064	0. 6095	0. 6095
南京	0. 3035	0. 5745	0. 5711	0. 5381	0. 5349	0. 5388	0. 5333
无锡	0. 2864	0. 5840	0. 5843	0. 5808	0. 5818	0. 5709	0. 5496
徐州	0. 3096	0. 2489	0. 2730	0. 2988	0. 3382	0. 3431	0. 3431
常州	0. 3037	0. 4917	0. 5091	0. 4916	0. 5227	0. 5021	0. 4831
苏州	0. 2110	0. 6574	0. 6560	0. 6330	0. 6317	0. 6209	0. 6205
南通	0. 5495	0. 2878	0. 3160	0. 3312	0. 3760	0. 3990	0. 4109
连云港	0. 3819	0. 2524	0. 2862	0. 3126	0. 3739	0. 3808	0. 3644
淮安	0. 5783	0. 2456	0. 2729	0. 3063	0. 3750	0. 3807	0. 3933
盐城	0. 5553	0. 2351	0. 2575	0. 2879	0. 3528	0. 3732	0. 3916
扬州	0. 2349	0. 3216	0. 3354	0. 3554	0. 3870	0. 3801	0. 4068
镇江	0. 4792	0. 4040	0. 4192	0. 4169	0. 4505	0. 4818	0. 4783
泰州	0. 6109	0. 3025	0. 3305	0. 3531	0. 3621	0. 3741	0. 3768
宿迁	0. 2873	0. 2042	0. 2475	0. 2768	0. 3045	0. 3244	0. 3308
杭州	0. 2321	0. 5295	0. 5332	0. 5376	0. 5654	0. 5451	0. 5459
宁波	0. 2421	0. 5973	0. 6006	0. 5895	0. 6119	0. 6158	0. 6065
温州	0. 2195	0. 2796	0. 3462	0. 3434	0. 3597	0. 3493	0. 3362
嘉兴	0. 3092	0. 4066	0. 4219	0. 4346	0. 4592	0. 4646	0. 4669
湖州	0. 4095	0. 3480	0. 3792	0. 4042	0. 4130	0. 3870	0. 4283
绍兴	0. 2895	0. 3645	0. 3737	0. 3855	0. 4107	0. 4114	0. 4070

续表

地区	2003 年	2005 年	2007 年	2009 年	2011 年	2013 年	2015 年
金华	0. 1957	0. 3567	0. 3666	0. 3662	0. 3776	0. 4024	0. 4121
衢州	0. 4087	0. 3215	0. 3389	0. 3821	0. 3755	0. 3918	0. 3937
舟山	0. 5125	0. 5073	0. 5722	0. 5807	0. 6489	0. 6587	0. 6398
台州	0. 5756	0. 3292	0. 3377	0. 3301	0. 3539	0. 3540	0. 3558
丽水	0. 2924	0. 3629	0. 3897	0. 4153	0. 4264	0. 4228	0. 4308
合肥	0. 3695	0. 4673	0. 5462	0. 5190	0. 4987	0. 5042	0. 5090
芜湖	0. 3290	0. 4748	0. 4982	0. 5041	0. 4776	0. 4881	0. 4962
蚌埠	0. 3520	0. 2935	0. 3481	0. 3441	0. 3638	0. 3747	0. 3850
淮南	0. 3320	0. 3694	0. 3717	0. 3825	0. 3977	0. 4429	0. 3751
马鞍山	0. 3133	0. 5579	0. 6303	0. 5731	0. 4723	0. 5043	0. 4601
淮北	0. 4956	0. 3270	0. 3269	0. 3496	0. 3680	0. 3676	0. 3689
铜陵	0. 3399	0. 5435	0. 5507	0. 5864	0. 5848	0. 6086	0. 5912
安庆	0. 3710	0. 2937	0. 3178	0. 3289	0. 3394	0. 3404	0. 3427
黄山	0. 2819	0. 4364	0. 4393	0. 4572	0. 4901	0. 5155	0. 5103
滁州	0. 4211	0. 2746	0. 3249	0. 3407	0. 3744	0. 3903	0. 3935
阜阳	0. 4414	0. 1977	0. 2060	0. 2241	0. 2380	0. 2540	0. 2850
宿州	0. 2854	0. 1910	0. 2213	0. 2448	0. 2632	0. 2846	0. 3040
六安	0. 3322	0. 2385	0. 2607	0. 2888	0. 3042	0. 3140	0. 3265
亳州	0. 4992	0. 1833	0. 2272	0. 2244	0. 2534	0. 2723	0. 2964
池州	0. 2819	0. 3606	0. 3898	0. 4248	0. 4468	0. 4807	0. 4679
宣城	0. 4815	0. 3451	0. 3695	0. 4022	0. 4295	0. 4565	0. 4555
福州	0. 2729	0. 3890	0. 4013	0. 3916	0. 4395	0. 4580	0. 4656
厦门	0. 4063	0. 7724	0. 7781	0. 7520	0. 7464	0. 7315	0. 7152
莆田	0. 2771	0. 2152	0. 2364	0. 2817	0. 2906	0. 3092	0. 3087
三明	0. 1826	0. 3097	0. 3336	0. 3569	0. 3825	0. 4111	0. 4082

续表

地区	2003 年	2005 年	2007 年	2009 年	2011 年	2013 年	2015 年
泉州	0. 1986	0. 3554	0. 3697	0. 3547	0. 3764	0. 3838	0. 3783
漳州	0. 2345	0. 2511	0. 3033	0. 3388	0. 3479	0. 3573	0. 3659
南平	0. 2269	0. 2581	0. 2878	0. 3120	0. 3422	0. 3691	0. 3792
龙岩	0. 1770	0. 3206	0. 3599	0. 3780	0. 3955	0. 4061	0. 4044
宁德	0. 3314	0. 2527	0. 2776	0. 2924	0. 3198	0. 3573	0. 3666
南昌	0. 3034	0. 4463	0. 4474	0. 4391	0. 4631	0. 4725	0. 4753
景德镇	0. 3576	0. 3802	0. 3826	0. 4365	0. 4661	0. 4701	0. 4738
萍乡	0. 3781	0. 3920	0. 3932	0. 4438	0. 4539	0. 4571	0. 4484
九江	0. 7734	0. 3609	0. 3566	0. 3700	0. 3948	0. 4204	0. 4266
新余	0. 2157	0. 4470	0. 4939	0. 5022	0. 5560	0. 5328	0. 5167
鹰潭	0. 3006	0. 3694	0. 4181	0. 4218	0. 4482	0. 4672	0. 4656
赣州	0. 3294	0. 2896	0. 3014	0. 3322	0. 3307	0. 3605	0. 3571
吉安	0. 2377	0. 3448	0. 3448	0. 3593	0. 3639	0. 3791	0. 3705
宜春	0. 2566	0. 3071	0. 3292	0. 3505	0. 3558	0. 3649	0. 3697
抚州	0. 3142	0. 3041	0. 3450	0. 3607	0. 3869	0. 3715	0. 3901
上饶	0. 2546	0. 2928	0. 3150	0. 3116	0. 3182	0. 3381	0. 3387
济南	0. 3103	0. 4723	0. 4756	0. 4840	0. 5049	0. 5027	0. 5068
青岛	0. 3737	0. 5484	0. 5636	0. 5530	0. 5723	0. 6101	0. 6040
淄博	0. 3592	0. 4614	0. 4607	0. 4556	0. 4822	0. 4767	0. 4654
枣庄	0. 3557	0. 3679	0. 3533	0. 3625	0. 3880	0. 3852	0. 3616
东营	0. 3144	0. 6108	0. 5595	0. 5538	0. 6011	0. 5972	0. 5690
烟台	0. 4029	0. 4384	0. 4495	0. 4530	0. 4935	0. 4983	0. 4904
潍坊	0. 3473	0. 3314	0. 3455	0. 3635	0. 3888	0. 4004	0. 4009
济宁	0. 2798	0. 3256	0. 3475	0. 3420	0. 3560	0. 3762	0. 3671
泰安	0. 3118	0. 3389	0. 3658	0. 3450	0. 3673	0. 3563	0. 3608

续表

地区	2003 年	2005 年	2007 年	2009 年	2011 年	2013 年	2015 年
威海	0. 2805	0. 5629	0. 5565	0. 5409	0. 5519	0. 5539	0. 5648
日照	0. 3130	0. 2632	0. 3329	0. 3569	0. 4014	0. 3944	0. 3796
莱芜	0. 2646	0. 4398	0. 4564	0. 4345	0. 4209	0. 4171	0. 3896
临沂	0. 3520	0. 2636	0. 2738	0. 2814	0. 2912	0. 3075	0. 3168
德州	0. 4745	0. 2882	0. 2948	0. 3052	0. 3230	0. 3554	0. 3598
聊城	0. 5484	0. 2714	0. 2826	0. 2832	0. 3091	0. 3404	0. 3525
滨州	0. 4082	0. 3663	0. 4088	0. 4185	0. 4516	0. 4405	0. 4371
菏泽	0. 2821	0. 2015	0. 2416	0. 2465	0. 2719	0. 2853	0. 2806
郑州	0. 4912	0. 5192	0. 5430	0. 5343	0. 4937	0. 5443	0. 6018
开封	0. 4102	0. 3009	0. 2932	0. 3048	0. 3169	0. 3239	0. 3458
洛阳	0. 2936	0. 4223	0. 4304	0. 4118	0. 4206	0. 4204	0. 4207
平顶山	0. 3137	0. 3432	0. 3644	0. 3699	0. 3569	0. 3618	0. 3381
安阳	0. 3104	0. 3415	0. 3338	0. 3355	0. 3393	0. 3263	0. 3291
鹤壁	0. 5309	0. 3945	0. 3844	0. 4081	0. 4403	0. 4134	0. 4300
新乡	0. 2559	0. 3254	0. 3349	0. 3437	0. 3637	0. 3656	0. 3507
焦作	0. 3541	0. 4112	0. 4225	0. 4028	0. 4049	0. 4011	0. 3919
濮阳	0. 2377	0. 3346	0. 3297	0. 3242	0. 3308	0. 3591	0. 3608
许昌	0. 2857	0. 3007	0. 3187	0. 3295	0. 3459	0. 3532	0. 3538
漯河	0. 2598	0. 3470	0. 3382	0. 3372	0. 3550	0. 3830	0. 4037
三门峡	0. 3107	0. 4326	0. 4412	0. 4701	0. 4776	0. 4775	0. 4561
南阳	0. 1827	0. 2768	0. 3013	0. 2930	0. 3095	0. 3297	0. 3246
商丘	0. 3051	0. 2503	0. 2690	0. 2829	0. 3005	0. 3100	0. 3055
信阳	0. 4919	0. 2552	0. 2845	0. 2975	0. 3065	0. 3229	0. 3161
周口	0. 2902	0. 2087	0. 2322	0. 2430	0. 2558	0. 2964	0. 2785
驻马店	0. 3748	0. 2445	0. 2699	0. 2810	0. 2930	0. 3160	0. 3134

续表

地区	2003 年	2005 年	2007 年	2009 年	2011 年	2013 年	2015 年
武汉	0. 2996	0. 5203	0. 5442	0. 5568	0. 5760	0. 6017	0. 5667
黄石	0. 3265	0. 3139	0. 3395	0. 3945	0. 4193	0. 3877	0. 4057
十堰	0. 3468	0. 3288	0. 3326	0. 4023	0. 4383	0. 4247	0. 4189
宜昌	0. 3257	0. 3698	0. 3874	0. 4483	0. 4672	0. 4993	0. 5225
襄樊*	0. 3786	0. 2909	0. 2834	0. 3440	0. 3804	0. 4040	0. 4447
鄂州	0. 3206	0. 3284	0. 3492	0. 4094	0. 4322	0. 4164	0. 3841
荆门	0. 2839	0. 2933	0. 3407	0. 3611	0. 3788	0. 3686	0. 3797
孝感	0. 3212	0. 2135	0. 2537	0. 3020	0. 2407	0. 3233	0. 3089
荆州	0. 3884	0. 2324	0. 2074	0. 2016	0. 3041	0. 2998	0. 2459
黄冈	0. 2624	0. 2295	0. 2469	0. 2996	0. 3054	0. 3072	0. 3052
咸宁	0. 2316	0. 2755	0. 2905	0. 3616	0. 3793	0. 3657	0. 3401
随州	0. 2528	0. 2154	0. 2263	0. 2715	0. 2905	0. 3004	0. 3308
长沙	0. 1990	0. 5108	0. 5328	0. 5120	0. 5472	0. 5543	0. 5689
株洲	0. 2333	0. 3720	0. 3884	0. 4098	0. 4276	0. 4329	0. 4575
湘潭	0. 3068	0. 3500	0. 3710	0. 3921	0. 4123	0. 4263	0. 4354
衡阳	0. 4972	0. 2568	0. 2894	0. 3071	0. 3321	0. 3525	0. 3739
邵阳	0. 2828	0. 2355	0. 2690	0. 2778	0. 2715	0. 3083	0. 3380
岳阳	0. 2902	0. 3065	0. 3419	0. 3764	0. 3552	0. 3699	0. 3926
常德	0. 3618	0. 2921	0. 3263	0. 3257	0. 3517	0. 3803	0. 4046
张家界	0. 2536	0. 3093	0. 3476	0. 3797	0. 3822	0. 3765	0. 4518
益阳	0. 3062	0. 2517	0. 3033	0. 3122	0. 3129	0. 3292	0. 3570
郴州	0. 2618	0. 3435	0. 3574	0. 3762	0. 3981	0. 4096	0. 4104
永州	0. 2169	0. 2571	0. 2957	0. 3143	0. 3045	0. 3270	0. 3505
怀化	0. 2296	0. 2743	0. 3746	0. 2757	0. 3459	0. 3696	0. 3853
娄底	0. 2233	0. 2535	0. 3060	0. 3937	0. 3147	0. 3362	0. 3401

续表

地区	2003 年	2005 年	2007 年	2009 年	2011 年	2013 年	2015 年
广州	0. 2515	0. 6489	0. 6609	0. 6471	0. 6557	0. 6391	0. 5965
韶关	0. 2083	0. 3066	0. 3061	0. 3342	0. 3386	0. 3530	0. 3839
深圳	0. 3072	0. 9124	0. 8923	0. 8824	0. 8863	0. 8527	0. 8788
珠海	0. 4759	0. 6710	0. 6766	0. 6855	0. 7022	0. 7116	0. 7165
汕头	0. 3643	0. 2441	0. 2603	0. 2640	0. 2733	0. 2735	0. 2717
佛山	0. 3273	0. 5738	0. 5805	0. 5725	0. 5766	0. 5764	0. 6005
江门	0. 2469	0. 3076	0. 3223	0. 3435	0. 3554	0. 3651	0. 3536
湛江	0. 2301	0. 2025	0. 2341	0. 2295	0. 2365	0. 2597	0. 2681
茂名	0. 3247	0. 1741	0. 1910	0. 1968	0. 2182	0. 2347	0. 2402
肇庆	0. 2939	0. 2449	0. 2667	0. 3228	0. 3257	0. 3314	0. 3086
惠州	0. 3221	0. 3578	0. 3994	0. 4338	0. 4652	0. 5040	0. 4987
梅州	0. 2444	0. 2267	0. 2572	0. 2612	0. 2733	0. 2947	0. 3359
汕尾	0. 3493	0. 1675	0. 1857	0. 2237	0. 2195	0. 2410	0. 3024
河源	0. 2501	0. 2568	0. 2870	0. 2947	0. 2826	0. 3332	0. 3487
阳江	0. 2604	0. 2173	0. 2414	0. 2748	0. 2722	0. 2988	0. 2995
清远	0. 2552	0. 2347	0. 2709	0. 3110	0. 3322	0. 3251	0. 3382
东莞	0. 4343	0. 3608	0. 7316	0. 6998	0. 7143	0. 7145	0. 6854
中山	0. 6742	0. 5602	0. 5937	0. 5936	0. 6264	0. 6202	0. 6200
潮州	0. 3019	0. 2125	0. 2419	0. 2406	0. 2409	0. 2540	0. 2834
揭阳	0. 9036	0. 1386	0. 1640	0. 1798	0. 1956	0. 2032	0. 2238
云浮	0. 6916	0. 2229	0. 2452	0. 2451	0. 2616	0. 2854	0. 2779
南宁	0. 2724	0. 3599	0. 3705	0. 3942	0. 3879	0. 4102	0. 4078
柳州	0. 5866	0. 4116	0. 4133	0. 4362	0. 4231	0. 4376	0. 4399
桂林	0. 3052	0. 3574	0. 3638	0. 3819	0. 3994	0. 3981	0. 3954
梧州	0. 2003	0. 3100	0. 3242	0. 3369	0. 3505	0. 3870	0. 3766

续表

地区	2003 年	2005 年	2007 年	2009 年	2011 年	2013 年	2015 年
北海	0. 1734	0. 3857	0. 4228	0. 4152	0. 4292	0. 4146	0. 4228
防城港	0. 2478	0. 3924	0. 4384	0. 5072	0. 4979	0. 5340	0. 5714
钦州	0. 3545	0. 2343	0. 2394	0. 2855	0. 2699	0. 2886	0. 3137
贵港	0. 2416	0. 1925	0. 1967	0. 2194	0. 2306	0. 2391	0. 2473
玉林	0. 1744	0. 2169	0. 2265	0. 2472	0. 2581	0. 2623	0. 2790
百色	0. 2367	0. 3351	0. 3740	0. 3842	0. 3874	0. 4039	0. 4214
贺州	0. 2189	0. 2922	0. 3065	0. 3220	0. 3354	0. 3561	0. 3844
河池	0. 2268	0. 3076	0. 3349	0. 3408	0. 3357	0. 3601	0. 3722
来宾	0. 6612	0. 2991	0. 3155	0. 3491	0. 3634	0. 3681	0. 3365
崇左	0. 5398	0. 3420	0. 3643	0. 3924	0. 3841	0. 4077	0. 4186
海口	0. 2200	0. 4509	0. 4285	0. 3835	0. 3773	0. 3872	0. 4014
三亚	0. 1750	0. 4294	0. 4822	0. 5175	0. 5494	0. 5449	0. 5697
重庆	0. 2106	0. 3892	0. 3978	0. 4154	0. 4331	0. 5344	0. 4380
成都	0. 3130	0. 4757	0. 5137	0. 4881	0. 5118	0. 1137	0. 5209
自贡	0. 3647	0. 2792	0. 3124	0. 2838	0. 3155	0. 2755	0. 3250
攀枝花	0. 4234	0. 5922	0. 5848	0. 5492	0. 5384	0. 7087	0. 4807
泸州	0. 3595	0. 2717	0. 2836	0. 2626	0. 3255	0. 2890	0. 3534
德阳	0. 3059	0. 3258	0. 3321	0. 4746	0. 3581	0. 4469	0. 3385
绵阳	0. 3770	0. 3259	0. 3324	0. 4696	0. 3585	0. 2608	0. 3365
广元	0. 4165	0. 3156	0. 3398	0. 5165	0. 3856	0. 3361	0. 3844
遂宁	0. 2374	0. 2438	0. 2700	0. 2698	0. 2901	0. 2553	0. 3051
内江	0. 1810	0. 2685	0. 2798	0. 2402	0. 2894	0. 3309	0. 2939
乐山	0. 2153	0. 3375	0. 3516	0. 3347	0. 3664	0. 4866	0. 3737
南充	0. 3300	0. 2581	0. 2792	0. 2789	0. 3059	0. 1986	0. 3117
眉山	0. 2908	0. 2688	0. 2988	0. 3016	0. 3251	0. 4414	0. 3504

续表

地区	2003 年	2005 年	2007 年	2009 年	2011 年	2013 年	2015 年
宜宾	0. 3086	0. 3318	0. 3106	0. 2939	0. 3196	0. 2435	0. 3364
广安	0. 2818	0. 2332	0. 2556	0. 2361	0. 2764	0. 3722	0. 3046
达州	0. 3516	0. 2717	0. 2851	0. 2627	0. 2918	0. 2926	0. 3016
雅安	0. 4453	0. 3807	0. 3842	0. 4887	0. 4251	0. 5703	0. 5661
巴中	0. 4690	0. 2503	0. 2787	0. 2829	0. 3330	0. 3153	0. 3709
资阳	0. 3670	0. 2220	0. 2660	0. 2340	0. 2684	0. 7870	0. 2806
贵阳	0. 3784	0. 5003	0. 4918	0. 4795	0. 4889	0. 3594	0. 4968
六盘水	0. 3060	0. 3100	0. 3151	0. 3387	0. 3719	0. 5223	0. 3720
遵义	0. 4700	0. 2805	0. 2958	0. 2902	0. 3011	0. 1589	0. 3143
安顺	0. 2642	0. 2941	0. 3220	0. 3202	0. 3170	0. 5458	0. 3379
昆明	0. 5542	0. 4855	0. 4847	0. 4836	0. 5181	0. 3467	0. 4843
曲靖	0. 2444	0. 2746	0. 3066	0. 2958	0. 3176	0. 3088	0. 3220
玉溪	0. 3257	0. 4495	0. 4571	0. 4358	0. 4437	0. 4821	0. 4670
保山	0. 3303	0. 2810	0. 3041	0. 3132	0. 3567	0. 3640	0. 3860
昭通	0. 2804	0. 2271	0. 2546	0. 2685	0. 2895	0. 3030	0. 3644
丽江	0. 2259	0. 3922	0. 4213	0. 4210	0. 4205	0. 4792	0. 5026
思茅**	0. 2350	0. 3211	0. 4027	0. 3874	0. 4297	0. 4323	0. 4263
临沧	0. 3423	0. 3015	0. 3388	0. 3490	0. 1725	0. 4281	0. 4218
西安	0. 2352	0. 3544	0. 3627	0. 3679	0. 4082	0. 4459	0. 4564
铜川	0. 2444	0. 2804	0. 3518	0. 3944	0. 4538	0. 4575	0. 4451
宝鸡	0. 3079	0. 2296	0. 2770	0. 3072	0. 3206	0. 3371	0. 3389
咸阳	0. 2300	0. 2037	0. 2439	0. 2543	0. 2854	0. 3072	0. 2981
渭南	0. 2288	0. 1856	0. 2221	0. 2559	0. 2784	0. 3010	0. 3100
延安	0. 3579	0. 5268	0. 5539	0. 5313	0. 5148	0. 5243	0. 5001
汉中	0. 2238	0. 2167	0. 2561	0. 3344	0. 3121	0. 3305	0. 3339

续表

地区	2003 年	2005 年	2007 年	2009 年	2011 年	2013 年	2015 年
榆林	0. 2051	0. 3496	0. 4204	0. 4391	0. 4850	0. 4991	0. 4789
安康	0. 3466	0. 2128	0. 2388	0. 2984	0. 3144	0. 3507	0. 3549
商洛	0. 5044	0. 2090	0. 2629	0. 3055	0. 3441	0. 3419	0. 3506
兰州	0. 2945	0. 4059	0. 4259	0. 3808	0. 3980	0. 3862	0. 4467
酒泉	0. 2744	0. 4449	0. 4512	0. 4419	0. 4810	0. 4551	0. 4274
庆阳	0. 2983	0. 3099	0. 3500	0. 3612	0. 3858	0. 3992	0. 3697
西宁	0. 3293	0. 2484	0. 2592	0. 3076	0. 3545	0. 2868	0. 3352
银川	0. 4500	0. 3695	0. 4028	0. 3664	0. 4253	0. 4502	0. 4772
石嘴山	0. 2772	0. 3808	0. 3868	0. 4106	0. 4138	0. 4107	0. 3626
乌鲁木齐	0. 4417	0. 3976	0. 3879	0. 4292	0. 4525	0. 4716	0. 4821

注：* 2010 年，襄樊市更名为襄阳市。2010 年以前的数据由襄樊市的相关数据计算得到。
** 2007 年，思茅市更名为普洱市。2007 年以前的数据由思茅市的相关数据计算得到。

附表 3　　2003—2015 年中国 272 个城市财政收入分权

地区	2003 年	2005 年	2007 年	2009 年	2011 年	2013 年	2015 年
北京	0. 5084	0. 5181	0. 5278	0. 5449	0. 5571	0. 5613	0. 5671
天津	0. 4289	0. 4426	0. 4479	0. 4720	0. 5009	0. 5275	0. 5383
石家庄	0. 2770	0. 2604	0. 2367	0. 2344	0. 2632	0. 2937	0. 2975
唐山	0. 2931	0. 3499	0. 3370	0. 3546	0. 3583	0. 3633	0. 3402
秦皇岛	0. 2941	0. 3144	0. 3123	0. 3179	0. 3250	0. 3312	0. 3101
邯郸	0. 1813	0. 1972	0. 1932	0. 1801	0. 2071	0. 1869	0. 1742
邢台	0. 2216	0. 1382	0. 1224	0. 1246	0. 1336	0. 1350	0. 2081
保定	0. 1636	0. 1446	0. 1240	0. 1309	0. 1514	0. 1702	0. 1706
张家口	0. 1547	0. 1885	0. 1889	0. 1946	0. 2224	0. 2514	0. 2484

续表

地区	2003 年	2005 年	2007 年	2009 年	2011 年	2013 年	2015 年
承德	0. 1421	0. 1917	0. 2158	0. 2240	0. 2342	0. 2641	0. 2281
沧州	0. 1947	0. 1840	0. 1724	0. 1765	0. 2034	0. 2321	0. 2404
廊坊	0. 2312	0. 2351	0. 2589	0. 2848	0. 3471	0. 3916	0. 4332
衡水	0. 1493	0. 1364	0. 0926	0. 1056	0. 1196	0. 1686	0. 1853
太原	0. 4077	0. 4145	0. 3918	0. 3896	0. 3998	0. 4248	0. 4395
大同	0. 2316	0. 2239	0. 2350	0. 2303	0. 2200	0. 2352	0. 2348
阳泉	0. 2724	0. 3029	0. 3039	0. 3119	0. 3306	0. 2839	0. 2598
长治	0. 2192	0. 2420	0. 2846	0. 2951	0. 3029	0. 3252	0. 2312
晋城	0. 2469	0. 2859	0. 2841	0. 3057	0. 3029	0. 3212	0. 3101
朔州	0. 2010	0. 2473	0. 3384	0. 3681	0. 3638	0. 3749	0. 2610
晋中	0. 1737	0. 2096	0. 2528	0. 2636	0. 2514	0. 2766	0. 2421
运城	0. 1421	0. 1375	0. 1312	0. 0938	0. 0990	0. 0871	0. 1039
忻州	0. 1280	0. 1433	0. 1668	0. 1781	0. 1938	0. 2062	0. 2015
临汾	0. 1826	0. 2310	0. 2223	0. 2221	0. 2198	0. 2328	0. 1770
吕梁	0. 1337	0. 1817	0. 2114	0. 2371	0. 2643	0. 3136	0. 1973
呼和浩特	0. 3908	0. 4102	0. 3887	0. 4329	0. 4127	0. 4074	0. 4464
包头	0. 4206	0. 5356	0. 4642	0. 4910	0. 4403	0. 4580	0. 4670
乌海	0. 3603	0. 4581	0. 5114	0. 4241	0. 4224	0. 5227	0. 5844
赤峰	0. 1308	0. 1284	0. 1310	0. 1396	0. 1265	0. 1479	0. 1495
通辽	0. 1514	0. 1615	0. 1533	0. 2054	0. 1979	0. 2219	0. 2268
鄂尔多斯	0. 4195	0. 5737	0. 5645	0. 6379	0. 7023	0. 7159	0. 6879
海拉尔	0. 2277	0. 2104	0. 2061	0. 2277	0. 2056	0. 2332	0. 2365
巴彦淖尔	0. 2162	0. 2235	0. 1999	0. 2196	0. 1978	0. 2184	0. 2264
乌兰察布	0. 1486	0. 1531	0. 1149	0. 0728	0. 0805	0. 1920	0. 1354
沈阳	0. 3728	0. 4083	0. 4131	0. 4128	0. 4658	0. 4778	0. 4562

续表

地区	2003 年	2005 年	2007 年	2009 年	2011 年	2013 年	2015 年
大连	0. 4992	0. 4831	0. 5008	0. 5184	0. 5293	0. 5441	0. 4969
鞍山	0. 2995	0. 3568	0. 3153	0. 3549	0. 3744	0. 3623	0. 2738
抚顺	0. 2500	0. 2574	0. 2623	0. 2753	0. 3296	0. 3383	0. 2568
本溪	0. 3298	0. 3273	0. 3191	0. 3374	0. 4029	0. 4143	0. 2644
丹东	0. 1923	0. 1949	0. 2047	0. 2453	0. 3034	0. 3209	0. 2197
锦州	0. 1835	0. 1634	0. 1538	0. 1958	0. 2547	0. 2698	0. 2015
营口	0. 1914	0. 1984	0. 2129	0. 2767	0. 3770	0. 3969	0. 3114
阜新	0. 1274	0. 1187	0. 1098	0. 1321	0. 2097	0. 2345	0. 1654
辽阳	0. 2446	0. 2505	0. 2490	0. 2914	0. 3582	0. 3393	0. 2766
盘锦	0. 4081	0. 3737	0. 3338	0. 3445	0. 4652	0. 4892	0. 4258
铁岭	0. 1394	0. 1285	0. 1404	0. 1978	0. 2593	0. 2219	0. 1447
朝阳	0. 0859	0. 1013	0. 1218	0. 1622	0. 2058	0. 2158	0. 1396
葫芦岛	0. 1986	0. 1798	0. 1607	0. 1721	0. 2025	0. 2077	0. 1709
长春	0. 3008	0. 2915	0. 2764	0. 2967	0. 3544	0. 3702	0. 3514
吉林	0. 2068	0. 2127	0. 2237	0. 2378	0. 2543	0. 2743	0. 2469
四平	0. 1454	0. 0965	0. 2080	0. 1235	0. 1418	0. 1761	0. 1672
辽源	0. 1502	0. 1362	0. 1715	0. 2068	0. 1824	0. 1952	0. 1967
通化	0. 1711	0. 1671	0. 1788	0. 2042	0. 2358	0. 2784	0. 2710
白山	0. 1645	0. 1694	0. 2049	0. 2544	0. 2860	0. 2969	0. 2732
松原	0. 1630	0. 1657	0. 1857	0. 1670	0. 1747	0. 2025	0. 1597
白城	0. 1542	0. 1114	0. 1117	0. 1221	0. 1495	0. 1770	0. 1769
哈尔滨	0. 3375	0. 3240	0. 2914	0. 3086	0. 3205	0. 3426	0. 3437
齐齐哈尔	0. 1300	0. 1191	0. 1007	0. 1215	0. 1615	0. 0885	0. 1508
鸡西	0. 1453	0. 1506	0. 1500	0. 1808	0. 2253	0. 2346	0. 1901
鹤岗	0. 1609	0. 1971	0. 1794	0. 1973	0. 2329	0. 1969	0. 1542

续表

地区	2003 年	2005 年	2007 年	2009 年	2011 年	2013 年	2015 年
双鸭山	0. 1157	0. 1395	0. 1472	0. 2128	0. 2169	0. 1997	0. 1657
大庆	0. 4248	0. 4525	0. 4142	0. 4084	0. 4222	0. 3959	0. 3632
伊春	0. 1077	0. 0889	0. 0831	0. 0953	0. 1102	0. 1345	0. 1268
佳木斯	0. 1276	0. 0957	0. 0947	0. 1166	0. 1639	0. 1880	0. 1576
七台河	0. 1676	0. 2407	0. 2279	0. 2929	0. 3044	0. 2097	0. 2040
牡丹江	0. 1832	0. 1840	0. 1784	0. 2055	0. 2619	0. 3125	0. 2175
黑河	0. 1192	0. 0780	0. 0770	0. 1148	0. 1414	0. 1478	0. 1754
绥化	0. 1012	0. 0691	0. 0602	0. 0708	0. 1013	0. 1299	0. 1123
上海	0. 5303	0. 5432	0. 5532	0. 5611	0. 5674	0. 5723	0. 5783
南京	0. 5454	0. 5408	0. 5170	0. 5027	0. 4914	0. 5045	0. 5082
无锡	0. 5425	0. 5715	0. 5657	0. 5668	0. 5599	0. 5425	0. 5333
徐州	0. 1581	0. 1655	0. 1759	0. 2009	0. 2399	0. 2485	0. 2546
常州	0. 4515	0. 4731	0. 4695	0. 4678	0. 4835	0. 4681	0. 4543
苏州	0. 5920	0. 6342	0. 6345	0. 6329	0. 6240	0. 6159	0. 6077
南通	0. 2399	0. 2369	0. 2501	0. 2766	0. 3211	0. 3330	0. 3507
连云港	0. 1442	0. 1476	0. 1683	0. 2122	0. 2566	0. 2610	0. 2669
淮安	0. 1530	0. 1443	0. 1615	0. 2092	0. 2673	0. 2788	0. 2912
盐城	0. 1436	0. 1362	0. 1392	0. 1862	0. 2409	0. 2596	0. 2763
扬州	0. 2530	0. 2652	0. 2719	0. 2903	0. 3146	0. 3075	0. 3259
镇江	0. 3500	0. 3693	0. 3740	0. 3554	0. 3931	0. 4245	0. 4246
泰州	0. 2097	0. 2369	0. 2517	0. 2872	0. 2939	0. 2804	0. 2921
宿迁	0. 0872	0. 0803	0. 1102	0. 1460	0. 1742	0. 2031	0. 2102
杭州	0. 4965	0. 5271	0. 5236	0. 5302	0. 5410	0. 5414	0. 5541
宁波	0. 5169	0. 5286	0. 5238	0. 5288	0. 5436	0. 5467	0. 5556
温州	0. 3095	0. 3004	0. 2793	0. 2711	0. 2616	0. 2616	0. 2658

续表

地区	2003 年	2005 年	2007 年	2009 年	2011 年	2013 年	2015 年
嘉兴	0. 3428	0. 3699	0. 3709	0. 3819	0. 4079	0. 4187	0. 4221
湖州	0. 2931	0. 3119	0. 3110	0. 3137	0. 3281	0. 3421	0. 3458
绍兴	0. 3290	0. 3396	0. 3456	0. 3518	0. 3626	0. 3693	0. 3737
金华	0. 2877	0. 3057	0. 2953	0. 2922	0. 2925	0. 3113	0. 3207
衢州	0. 1946	0. 1933	0. 1827	0. 1832	0. 1922	0. 2017	0. 2109
舟山	0. 3307	0. 3562	0. 4063	0. 4274	0. 4516	0. 4566	0. 4576
台州	0. 2867	0. 2752	0. 2651	0. 2583	0. 2626	0. 2691	0. 2666
丽水	0. 1999	0. 1896	0. 1953	0. 1772	0. 1925	0. 1977	0. 2054
合肥	0. 3810	0. 4112	0. 5419	0. 4731	0. 4336	0. 4394	0. 4685
芜湖	0. 3777	0. 4038	0. 3893	0. 4239	0. 3671	0. 4144	0. 4311
蚌埠	0. 1933	0. 1686	0. 1756	0. 1766	0. 2114	0. 2436	0. 2604
淮南	0. 2488	0. 2656	0. 2456	0. 2727	0. 3170	0. 3665	0. 2579
马鞍山	0. 4846	0. 5333	0. 6008	0. 5472	0. 3888	0. 5571	0. 5043
淮北	0. 2272	0. 2286	0. 1968	0. 1986	0. 2151	0. 2310	0. 2354
铜陵	0. 3791	0. 4299	0. 4485	0. 5213	0. 4940	0. 5237	0. 5005
安庆	0. 1395	0. 1512	0. 1499	0. 1413	0. 1574	0. 1676	0. 1594
黄山	0. 2430	0. 2433	0. 2290	0. 2543	0. 3291	0. 3387	0. 3492
滁州	0. 1542	0. 1320	0. 1432	0. 1672	0. 2066	0. 2445	0. 2616
阜阳	0. 0833	0. 0632	0. 0553	0. 0680	0. 0798	0. 0935	0. 1130
宿州	0. 1013	0. 0601	0. 0606	0. 0664	0. 0875	0. 1162	0. 1279
六安	0. 1084	0. 0858	0. 0890	0. 1026	0. 0826	0. 1268	0. 1375
亳州	0. 0945	0. 0544	0. 0544	0. 0661	0. 2886	0. 1145	0. 1259
池州	0. 1672	0. 1989	0. 2128	0. 2688	0. 2810	0. 3384	0. 3961
宣城	0. 1728	0. 1851	0. 2100	0. 2372	0. 3796	0. 3282	0. 3422
福州	0. 3841	0. 3897	0. 3655	0. 3690	0. 7183	0. 4082	0. 4146

续表

地区	2003 年	2005 年	2007 年	2009 年	2011 年	2013 年	2015 年
厦门	0. 7345	0. 7224	0. 7343	0. 7219	0. 1997	0. 7129	0. 7110
莆田	0. 1504	0. 1614	0. 1598	0. 1847	0. 2313	0. 2205	0. 2236
三明	0. 2402	0. 2251	0. 2017	0. 2111	0. 3092	0. 2432	0. 2204
泉州	0. 2969	0. 3148	0. 2963	0. 2963	0. 2297	0. 3294	0. 3154
漳州	0. 1752	0. 1919	0. 2023	0. 2232	0. 1653	0. 2396	0. 2342
南平	0. 1793	0. 1661	0. 1619	0. 1620	0. 2669	0. 1842	0. 1881
龙岩	0. 2185	0. 2264	0. 2390	0. 2614	0. 1691	0. 2784	0. 2566
宁德	0. 1350	0. 1348	0. 1314	0. 1354	0. 2042	0. 2028	0. 2041
南昌	0. 3466	0. 3984	0. 3723	0. 3679	0. 3352	0. 4167	0. 4334
景德镇	0. 2533	0. 2320	0. 2029	0. 2750	0. 3330	0. 3564	0. 3571
萍乡	0. 2400	0. 2636	0. 2460	0. 2674	0. 2462	0. 3555	0. 3534
九江	0. 2020	0. 2064	0. 1827	0. 2044	0. 4857	0. 3021	0. 3285
新余	0. 3036	0. 3392	0. 3611	0. 3984	0. 3407	0. 4647	0. 4498
鹰潭	0. 2368	0. 2457	0. 2673	0. 2741	0. 1629	0. 3984	0. 4000
赣州	0. 1527	0. 1419	0. 1292	0. 1594	0. 1992	0. 1987	0. 2071
吉安	0. 1674	0. 1716	0. 1499	0. 1687	0. 2092	0. 2295	0. 2376
宜春	0. 1610	0. 1566	0. 1495	0. 1780	0. 2305	0. 2561	0. 2691
抚州	0. 1500	0. 1787	0. 1488	0. 1822	0. 1715	0. 2302	0. 2451
上饶	0. 1370	0. 1476	0. 1320	0. 1416	0. 3408	0. 2128	0. 2269
济南	0. 4345	0. 4228	0. 4003	0. 4100	0. 4997	0. 4632	0. 4796
青岛	0. 4950	0. 4953	0. 4983	0. 4964	0. 3938	0. 5282	0. 5467
淄博	0. 3643	0. 3881	0. 3749	0. 3787	0. 2556	0. 4134	0. 4099
枣庄	0. 2105	0. 2402	0. 2342	0. 2387	0. 4958	0. 2660	0. 2558
东营	0. 4339	0. 5424	0. 4578	0. 4664	0. 3861	0. 5190	0. 5201
烟台	0. 3344	0. 3564	0. 3573	0. 3665	0. 2812	0. 4243	0. 4381

续表

地区	2003 年	2005 年	2007 年	2009 年	2011 年	2013 年	2015 年
潍坊	0. 2409	0. 2549	0. 2487	0. 2664	0. 2485	0. 3231	0. 3372
济宁	0. 2602	0. 2539	0. 2413	0. 2442	0. 2503	0. 2813	0. 2851
泰安	0. 2286	0. 2332	0. 2300	0. 2471	0. 4209	0. 2491	0. 2541
威海	0. 4689	0. 4878	0. 4510	0. 4470	0. 2427	0. 4578	0. 4792
日照	0. 1905	0. 1776	0. 2082	0. 2329	0. 2946	0. 2747	0. 2784
莱芜	0. 2647	0. 3255	0. 3484	0. 3404	0. 1502	0. 2887	0. 2685
临沂	0. 1569	0. 1658	0. 1468	0. 1491	0. 1824	0. 1787	0. 1916
德州	0. 1966	0. 1863	0. 1613	0. 1623	0. 1777	0. 2215	0. 2261
聊城	0. 1743	0. 1596	0. 1581	0. 1575	0. 3171	0. 1994	0. 2097
滨州	0. 2201	0. 2628	0. 2896	0. 2976	0. 1350	0. 3286	0. 3300
菏泽	0. 0970	0. 0896	0. 1059	0. 1140	0. 1617	0. 1544	0. 1425
郑州	0. 4401	0. 5213	0. 5068	0. 5156	0. 1379	0. 5297	0. 5860
开封	0. 1265	0. 1349	0. 1174	0. 1263	0. 3076	0. 1728	0. 1921
洛阳	0. 2717	0. 3366	0. 3291	0. 3086	0. 2353	0. 3260	0. 3238
平顶山	0. 1814	0. 2406	0. 2430	0. 2540	0. 1883	0. 2417	0. 2032
安阳	0. 2082	0. 2238	0. 2007	0. 1989	0. 2323	0. 1797	0. 1776
鹤壁	0. 1919	0. 2267	0. 2312	0. 2251	0. 2079	0. 2547	0. 2759
新乡	0. 1805	0. 1951	0. 1891	0. 1944	0. 2630	0. 2287	0. 2162
焦作	0. 2624	0. 3185	0. 3008	0. 2778	0. 1423	0. 2746	0. 2736
濮阳	0. 1827	0. 1833	0. 1655	0. 1391	0. 2101	0. 1718	0. 1830
许昌	0. 1689	0. 1916	0. 1904	0. 2001	0. 1776	0. 2373	0. 2503
漯河	0. 1903	0. 2155	0. 1826	0. 1601	0. 3115	0. 2198	0. 2366
三门峡	0. 2384	0. 2890	0. 3002	0. 3179	0. 1139	0. 3403	0. 3336
南阳	0. 1366	0. 1269	0. 1164	0. 1104	0. 0974	0. 1312	0. 1385
商丘	0. 1005	0. 0952	0. 0904	0. 0910	0. 0822	0. 1153	0. 1229

续表

地区	2003 年	2005 年	2007 年	2009 年	2011 年	2013 年	2015 年
信阳	0. 0974	0. 0833	0. 0747	0. 0774	0. 0652	0. 1016	0. 1098
周口	0. 0861	0. 0612	0. 0528	0. 0619	0. 0855	0. 0878	0. 0894
驻马店	0. 1024	0. 0751	0. 0758	0. 0797	0. 2970	0. 1030	0. 1114
武汉	0. 4282	0. 4739	0. 4605	0. 4789	0. 2426	0. 7196	0. 5962
黄石	0. 1881	0. 1978	0. 1975	0. 1965	0. 2286	0. 2670	0. 2695
十堰	0. 1532	0. 1468	0. 1247	0. 1505	0. 3067	0. 2054	0. 2097
宜昌	0. 2347	0. 2270	0. 2203	0. 2496	0. 2025	0. 3860	0. 4556
襄樊*	0. 1753	0. 1422	0. 1163	0. 1325	0. 2713	0. 2818	0. 3603
鄂州	0. 1972	0. 1971	0. 2023	0. 2355	0. 1680	0. 2991	0. 2959
荆门	0. 1719	0. 1430	0. 1141	0. 1277	0. 1311	0. 1952	0. 2090
孝感	0. 1198	0. 0997	0. 0931	0. 1103	0. 0938	0. 1707	0. 1864
荆州	0. 1342	0. 0890	0. 0694	0. 0758	0. 0967	0. 1172	0. 1371
黄冈	0. 1104	0. 0860	0. 0800	0. 0956	0. 1571	0. 1150	0. 1296
咸宁	0. 1811	0. 1942	0. 1101	0. 1317	0. 0924	0. 1924	0. 2077
随州	0. 1108	0. 0804	0. 0642	0. 0668	0. 2119	0. 1231	0. 1451
长沙	0. 4296	0. 4793	0. 4728	0. 4850	0. 3135	0. 5205	0. 5471
株洲	0. 2541	0. 2587	0. 2444	0. 3023	0. 2673	0. 3327	0. 4518
湘潭	0. 2128	0. 2182	0. 2130	0. 2462	0. 1761	0. 3116	0. 4073
衡阳	0. 1367	0. 1282	0. 1225	0. 1357	0. 0776	0. 2114	0. 2178
邵阳	0. 1100	0. 0920	0. 0770	0. 0767	0. 1747	0. 1015	0. 1540
岳阳	0. 2279	0. 1959	0. 1747	0. 4230	0. 1972	0. 2024	0. 3801
常德	0. 1951	0. 1784	0. 1692	0. 1713	0. 1512	0. 2129	0. 2181
张家界	0. 1541	0. 1378	0. 1370	0. 1536	0. 1039	0. 1670	0. 2351
益阳	0. 1101	0. 0959	0. 0970	0. 0983	0. 2349	0. 1269	0. 1402
郴州	0. 2632	0. 2390	0. 1929	0. 2043	0. 1059	0. 2773	0. 3228

续表

地区	2003 年	2005 年	2007 年	2009 年	2011 年	2013 年	2015 年
永州	0. 1254	0. 1063	0. 0930	0. 1021	0. 1316	0. 1310	0. 1427
怀化	0. 1238	0. 1046	0. 3781	0. 1111	0. 1294	0. 1666	0. 1965
娄底	0. 1461	0. 1374	0. 1303	0. 1427	0. 4490	0. 1602	0. 1327
广州	0. 6136	0. 6049	0. 5760	0. 5842	0. 1529	0. 5533	0. 5361
韶关	0. 1598	0. 1622	0. 1580	0. 1657	0. 8466	0. 1650	0. 1588
深圳	0. 8898	0. 8752	0. 8614	0. 8505	0. 5989	0. 8343	0. 8489
珠海	0. 6402	0. 6285	0. 6139	0. 6108	0. 1514	0. 6175	0. 6371
汕头	0. 1523	0. 1565	0. 1455	0. 1540	0. 5016	0. 1578	0. 1485
佛山	0. 5375	0. 5332	0. 5195	0. 5240	0. 2505	0. 5090	0. 5118
江门	0. 2437	0. 2501	0. 2439	0. 2534	0. 1003	0. 2663	0. 2711
湛江	0. 0899	0. 0936	0. 0934	0. 0988	0. 0875	0. 1063	0. 0977
茂名	0. 0821	0. 0883	0. 0814	0. 0827	0. 1926	0. 0972	0. 0959
肇庆	0. 1336	0. 1376	0. 1388	0. 1768	0. 3438	0. 2023	0. 1931
惠州	0. 2609	0. 2653	0. 2847	0. 3322	0. 0909	0. 3967	0. 4105
梅州	0. 0748	0. 0860	0. 0839	0. 0879	0. 0942	0. 1066	0. 1223
汕尾	0. 0647	0. 0651	0. 0689	0. 0842	0. 0863	0. 1098	0. 0555
河源	0. 0518	0. 0725	0. 0831	0. 0842	0. 1194	0. 1087	0. 1187
阳江	0. 0962	0. 0925	0. 0876	0. 1041	0. 1826	0. 1454	0. 1454
清远	0. 0789	0. 0944	0. 1219	0. 1628	0. 6516	0. 1698	0. 1592
东莞	0. 6401	0. 3291	0. 6860	0. 6726	0. 5730	0. 6617	0. 6602
中山	0. 5269	0. 5439	0. 5435	0. 5427	0. 1028	0. 5690	0. 5699
潮州	0. 0903	0. 0965	0. 0963	0. 1010	0. 0710	0. 1113	0. 1123
揭阳	0. 0699	0. 0538	0. 0519	0. 0660	0. 1031	0. 0810	0. 0747
云浮	0. 0868	0. 0988	0. 0942	0. 0976	0. 1256	0. 1246	0. 1256
南宁	0. 3060	0. 2679	0. 2563	0. 3030	0. 2898	0. 3290	0. 3286

续表

地区	2003 年	2005 年	2007 年	2009 年	2011 年	2013 年	2015 年
柳州	0. 3661	0. 2967	0. 2721	0. 2962	0. 2092	0. 3177	0. 3192
桂林	0. 2523	0. 2109	0. 1946	0. 2135	0. 1899	0. 2277	0. 2368
梧州	0. 1892	0. 1733	0. 1639	0. 1576	0. 2740	0. 2611	0. 2468
北海	0. 2963	0. 2799	0. 2901	0. 2131	0. 3461	0. 2562	0. 2525
防城港	0. 2669	0. 2318	0. 2378	0. 3486	0. 1005	0. 3776	0. 3991
钦州	0. 1468	0. 1245	0. 1095	0. 1248	0. 0657	0. 1358	0. 1319
贵港	0. 1140	0. 0946	0. 0774	0. 0880	0. 1089	0. 0744	0. 0864
玉林	0. 1327	0. 1181	0. 1008	0. 1055	0. 1497	0. 1299	0. 1429
百色	0. 1910	0. 1787	0. 1890	0. 1528	0. 0932	0. 1811	0. 1773
贺州	0. 1420	0. 1498	0. 1299	0. 1047	0. 0868	0. 1152	0. 1934
河池	0. 1620	0. 1393	0. 1089	0. 1146	0. 1409	0. 0829	0. 0829
来宾	0. 1523	0. 1256	0. 1224	0. 1686	0. 1733	0. 1647	0. 1220
崇左	0. 2253	0. 1637	0. 1485	0. 1779	0. 4624	0. 2107	0. 1972
海口	0. 3621	0. 3673	0. 4644	0. 3382	0. 5284	0. 3517	0. 3619
三亚	0. 3425	0. 4034	0. 4600	0. 5022	0. 3677	0. 5442	0. 5633
重庆	0. 2567	0. 2707	0. 2715	0. 2946	0. 1552	0. 3562	0. 3441
成都	0. 3921	0. 4141	0. 4500	0. 4517	0. 1230	0. 0394	0. 5080
自贡	0. 1421	0. 1253	0. 1191	0. 1116	0. 4109	0. 1843	0. 1304
攀枝花	0. 3967	0. 4833	0. 4271	0. 4312	0. 1700	0. 5546	0. 3456
泸州	0. 1238	0. 1111	0. 1114	0. 1354	0. 2130	0. 1676	0. 2174
德阳	0. 2140	0. 2090	0. 1949	0. 1657	0. 1598	0. 2270	0. 1993
绵阳	0. 1850	0. 1611	0. 1424	0. 1304	0. 1033	0. 0661	0. 1729
广元	0. 1103	0. 0652	0. 0654	0. 0736	0. 0899	0. 1210	0. 1277
遂宁	0. 0868	0. 0645	0. 0641	0. 0760	0. 0855	0. 1124	0. 1248
内江	0. 0991	0. 0888	0. 0788	0. 0844	0. 2111	0. 1830	0. 1158

续表

地区	2003 年	2005 年	2007 年	2009 年	2011 年	2013 年	2015 年
乐山	0. 1632	0. 1725	0. 1731	0. 1905	0. 0827	0. 1899	0. 2094
南充	0. 0876	0. 0633	0. 0604	0. 0703	0. 1326	0. 0964	0. 1115
眉山	0. 1108	0. 1010	0. 0981	0. 1138	0. 1632	0. 2685	0. 2069
宜宾	0. 1502	0. 1345	0. 1306	0. 1568	0. 0854	0. 0820	0. 1857
广安	0. 0938	0. 0857	0. 0737	0. 0771	0. 0858	0. 1403	0. 1173
达州	0. 0779	0. 0685	0. 0718	0. 0794	0. 1796	0. 0407	0. 1127
雅安	0. 1302	0. 1373	0. 1350	0. 1455	0. 0490	0. 1815	0. 1765
巴中	0. 0523	0. 0366	0. 0298	0. 0314	0. 0921	0. 1364	0. 1013
资阳	0. 0807	0. 0659	0. 0837	0. 0813	0. 1990	0. 6544	0. 1184
贵阳	0. 4857	0. 5038	0. 4224	0. 4259	0. 2674	0. 2929	0. 5067
六盘水	0. 1678	0. 2024	0. 1951	0. 2311	0. 1537	0. 3482	0. 2959
遵义	0. 1505	0. 1482	0. 1377	0. 1374	0. 1346	0. 0711	0. 1940
安顺	0. 1463	0. 1417	0. 1633	0. 1778	0. 0448	0. 3586	0. 2022
昆明	0. 4544	0. 4753	0. 4472	0. 4723	0. 6132	0. 2204	0. 5052
曲靖	0. 2022	0. 2030	0. 1952	0. 1955	0. 6882	0. 1786	0. 1708
玉溪	0. 4516	0. 4314	0. 3657	0. 3746	0. 3588	0. 3857	0. 3949
保山	0. 1215	0. 1203	0. 1190	0. 1302	0. 1768	0. 1750	0. 1855
昭通	0. 0719	0. 0757	0. 0691	0. 0807	0. 2726	0. 0933	0. 0944
丽江	0. 1383	0. 1535	0. 1626	0. 1865	0. 1701	0. 3265	0. 3087
思茅**	0. 1266	0. 1099	0. 1248	0. 1362	0. 1081	0. 2091	0. 1767
临沧	0. 1249	0. 0962	0. 0894	0. 0905	0. 5616	0. 1654	0. 1545
西安	0. 3923	0. 3287	0. 3041	0. 3322	0. 9271	0. 4069	0. 4326
铜川	0. 1546	0. 1510	0. 1730	0. 2021	0. 5154	0. 2369	0. 2088
宝鸡	0. 1712	0. 1387	0. 1333	0. 1457	0. 0440	0. 1708	0. 1734
咸阳	0. 1575	0. 0979	0. 1020	0. 1162	0. 1044	0. 1404	0. 1340

续表

地区	2003 年	2005 年	2007 年	2009 年	2011 年	2013 年	2015 年
渭南	0.0969	0.0770	0.0799	0.0981	0.2434	0.1118	0.1100
延安	0.4112	0.5154	0.4947	0.4602	0.1291	0.4188	0.3953
汉中	0.1089	0.0780	0.0739	0.0748	0.2941	0.0928	0.0997
榆林	0.2020	0.2521	0.2936	0.3525	0.0899	0.4327	0.4279
安康	0.0895	0.0550	0.0542	0.0642	0.4819	0.0831	0.0881
商洛	0.0810	0.0481	0.0567	0.0732	0.0090	0.1015	0.1079
兰州	0.3484	0.3464	0.3388	0.3161	0.9607	0.3327	0.4214
酒泉	0.2521	0.2118	0.2218	0.2079	0.0989	0.2623	0.2817
庆阳	0.1234	0.1326	0.1250	0.1854	0.0893	0.2626	0.2078
西宁	0.2313	0.2292	0.2146	0.2539	0.0968	0.2629	0.3297
银川	0.3910	0.3847	0.3525	0.3876	0.7523	0.4605	0.4734
石嘴山	0.2879	0.3280	0.3150	0.3393	0.4881	0.3953	0.2524
乌鲁木齐	0.5877	0.5504	0.4782	0.5117	0.9130	0.5497	0.5640

注：* 2010 年，襄樊市更名为襄阳市。2010 年以前的数据由襄樊市的相关数据计算得到。
** 2007 年，思茅市更名为普洱市。2007 年以前的数据由思茅市的相关数据计算得到。

参考文献

［1］贲友红，李向东．财政分权与环境污染——基于空间计量的实证分析［J］．中国科技论坛，2017，（6）：109－114.

［2］蔡昉，都阳，王美艳．经济发展方式转变与节能减排内在动力［J］．经济研究，2008（6）：4－11.

［3］包群，彭水军．经济增长与环境污染：基于面板数据的联立方程估计［J］．世界经济，2006，（11）：48－58.

［4］陈宝东，邓晓兰．财政分权是否恶化了城市环境质量——基于长三角地区26个城市的经验数据［J］．经济体制改革，2015，（3）：182－187.

［5］陈抗，Arye L. Hillman，顾清扬．财政集权与地方政府行为变化——从援助之手到攫取之手［J］．经济学（季刊），2002（4）：111－130.

［6］陈明艺，裴晓东．我国环境治理财政政策的效率研究——基于DEA交叉评价分析［J］．当代财经，2013（4）：27－36.

［7］陈诗一．中国碳排放强度的波动下降模式及经济解释［J］．世界经济，2011（4）：124－143.

［8］陈诗一，吴若沉．经济转型中的结构调整，能源强度降低与二氧化碳减排：全国及上海的比较分析［J］．上海经济研究，2011（4）：10－23.

［9］陈硕，高琳．央地关系：财政分权的度量及作用机制再评估［J］．管理世界，2012（6）：43－59.

［10］单豪杰．中国资本存量K的再估算：1952—2006年［J］．数量经济技术经济研究，2008，25（10）：17－31.

［11］邓慧慧，桑百川．财政分权，环境规制与地方政府FDI竞争［J］．上海财经大学学报：哲学社会科学版，2015，17（3）：79－88.

［12］邓玉萍，许和连．外商直接投资，地方政府竞争与环境污染——基于

财政分权视角的经验研究［J］. 中国人口资源与环境，2013，23（7）：155 - 163.

［13］邓子基，杨志宏. 低碳经济与税制改革［J］. 财政研究，2011（8）：2 - 5.

［14］刁心薇，曾珍香. 环境规制对我国能源效率影响的研究——基于省际数据的实证分析［J］. 技术经济与管理研究，2020（3）：92 - 97.

［15］丁继红，年艳. 经济增长与环境污染关系剖析——以江苏省为例［J］. 南开经济研究，2010（2）：64 - 79.

［16］丁建勋，罗润东. 技术进步和产业结构对能源利用效率的影响［J］. 山西财经大学学报，2009（5）：45 - 51.

［17］丁鹏程，孙玉栋，梅正午. 财政分权、地方政府行为与环境污染——基于 30 个省份 SO_2 排放量的实证研究［J］. 经济问题探索，2019（11）：37 - 48.

［18］杜立民. 我国二氧化碳排放的影响因素：基于省级面板数据的研究［J］. 南方经济，2010（11）：20 - 33.

［19］范丽红，李芸达，程呈. 财政分权视角下经济增长与环境保护协调发展研［J］. 经济纵横，2015（6）：59 - 62.

［20］范子英，张军. 财政分权与中国经济增长的效率——基于非期望产出模型的分析［J］. 管理世界，2009（7）：15 - 25，187.

［21］冯之浚，周荣，张倩. 低碳经济的若干思考［J］. 中国软科学，2009（12）：18 - 23.

［22］傅勇. 财政分权、政府治理与非经济性公共物品供给［J］. 经济研究，2010，45（8）：4 - 15，65.

［23］傅勇，张晏. 中国式分权与财政支出结构偏向：为增长而竞争的代价［J］. 管理世界，2007（3）：4 - 12.

［24］干春晖，郑若谷，余典范. 成果四：中国产业结构变迁对经济增长和波动的影响［J］. 经济研究，2011（5）：4 - 17.

［25］高宏霞，杨林，付海东. 中国各省经济增长与环境污染关系的研究与预测——基于环境库兹涅茨曲线的实证分析［J］. 经济学动态，2012（1）：52 - 57.

[26] 高培勇，杜创，刘霞辉，袁富华，汤铎铎. 高质量发展背景下的现代化经济体系建设：一个逻辑框架 [J]. 经济研究，2019，54 (4)：4-17.

[27] 阚大学，吕连菊. 进出口贸易对环境污染的非线性影响——基于面板平滑转换回归模型 [J]. 国际商务（对外经济贸易大学学报），2016 (2)：5-17.

[28] 管芳芳，韩瑜. 财政分权下政府竞争对环境治理的影响 [J]. 税收经济研究，2016，21 (2)：87-95.

[29] 郭平，杨梦洁. 中国财政分权制度对地方政府环境污染治理的影响分析 [J]. 城市发展研究，2014，21 (7)：84-90.

[30] 郭庆旺，贾俊雪. 财政分权、政府组织结构与地方政府支出规模 [J]. 经济研究，2010，45 (11)：59-72，87.

[31] 郭志仪，郑周胜. 财政分权，晋升激励与环境污染：基于 1997—2010 年省级面板数据分析 [J]. 西南民族大学学报（人文社会科学版），2013 (3)：103-107.

[32] 韩君，孟冬傲. 财政分权对生态环境的空间效应分析——来自省际面板的经验数据 [J]. 财政研究，2018 (3)：71-77.

[33] 韩玉军，陆旸. 经济增长与环境的关系——基于对 CO_2 环境库兹涅茨曲线的实证研究 [J]. 经济理论与经济管理，2009 (3)：5-11.

[34] 贺俊，刘亮亮，张玉娟. 税收竞争、收入分权与中国环境污染 [J]. 中国人口·资源与环境，2016，26 (4)：1-7.

[35] 贺俊，刘亮亮，唐述毅. 环境污染、财政分权与中国经济增长 [J]. 东北大学学报（社会科学版），2016，18 (1)：23-28.

[36] 贺培，刘叶. FDI 对中国环境污染的影响效应——基于地理距离工具变量的研究 [J]. 中央财经大学学报，2016 (6)：79-86.

[37] 贺胜兵. 基于 PSTR 模型的地区间资本流动能力研究 [J]. 统计研究，2008 (8)：45-49.

[38] 洪源，袁君健，陈丽. 财政分权、环境财政政策与地方环境污染——基于收支双重维度的门槛效应及空间外溢效应分析 [J]. 山西财经大学学报，2018，40 (7)：1-15.

[39] 胡东滨，蔡洪鹏. 财政分权、经济增长与环境污染：基于省级面板

数据的实证分析［J］. 生态经济，2018，34（2）：84－88，114.

［40］胡剑波，任香，高鹏. 中国省际贸易、国际贸易与低碳贸易竞争力的测度研究［J］. 数量经济技术经济研究，2019，36（9）：42－60.

［41］胡艺，张晓卫，李静. 出口贸易、地理特征与空气污染［J］. 中国工业经济，2019（9）：98－116.

［42］惠炜，赵国庆. 环境规制与污染避难所效应——基于中国省际数据的面板门槛回归分析［J］. 经济理论与经济管理，2017（2）：23－33.

［43］黄菁. 外商直接投资与环境污染——基于联立方程的实证检验［J］. 世界经济研究，2010（2）：80－86，89.

［44］黄茂兴，李军军. 技术选择、产业结构升级与经济增长［J］. 经济研究，2009（7）：143－151.

［45］黄锡生，邓禾. 行业与规制：建设“两型社会”法制保障研究［M］. 北京：科学出版社，2010.

［46］黄莹，王良健，李桂峰，等. 基于空间面板模型的我国环境库兹涅茨曲线的实证分析［J］. 南方经济，2009（10）：59－68.

［47］黄勇峰，任若恩. 中国制造业资本存量永续盘存法估计［J］. 经济学，2002，1（2）：377－396.

［48］黄媛，陈晓春. 对外贸易、经济增长与二氧化碳排放——基于分位数回归的实证研究［J］. 经济数学，2019，36（4）：75－81.

［49］贾俊雪，郭庆旺，宁静. 财政分权，政府治理结构与县级财政解困［J］. 管理世界，2011（1）：30－39.

［50］金春. 财政分权对环境污染的影响研究——基于政策环境的门槛效应分析［J］. 会计之友，2020（6）：92－98.

［51］金晶. FDI、财政分权与我国城市环境效率关系实证检验［J］. 商业经济研究，2015，（13）：53－55.

［52］锦治，朱斌. 欧洲五国环境税改革的经验研究与借鉴［J］. 财政研究，2009（3）：77－79.

［53］康雨. 贸易开放程度对雾霾的影响分析——基于中国省级面板数据的空间计量研究［J］. 经济科学，2016（1）：114－125.

［54］李斌，祁源，李倩. 财政分权、FDI 与绿色全要素生产率——基于

面板数据动态 GMM 方法的实证检验［J］. 国际贸易问题，2016，（7）：119 - 129.

［55］李国璋，江金荣，周彩云. 全要素能源效率与环境污染关系研究［J］. 中国人口资源与环境，2010，20（4）：50 - 56.

［56］李静，陶璐，杨娜. 淮河流域污染的"行政边界效应"与新环境政策影响［J］. 中国软科学，2015（6）：91 - 102.

［57］李静，杨娜，陶璐. 跨境河流污染的"边界效应"与减排政策效果研究——基于重点断面水质监测周数据的检验［J］. 中国工业经济，2015（3）：31 - 43.

［58］李娜，李佳. 中国与日本生态环境建设投融资体制比较研究［J］. 今日南国（中旬刊），2010（12）：92，101.

［59］李齐云，刘小勇. 财政分权、转移支付与地区公共卫生服务均等化实证研［J］. 山东大学学报（哲学社会科学版），2010，（5）：34 - 46.

［60］李强. 正式与非正式环境规制的减排效应研究——以长江经济带为例［J］. 现代经济探讨，2018（5）：92 - 99.

［61］李强，李新华. 地方政府竞争与环境治理——环境分权的调节效应［J］. 贵州财经大学学报，2020（3）：101 - 110.

［62］李胜兰，初善冰，申晨. 地方政府竞争、环境规制与区域生态效率［J］. 世界经济，2014，37（4）：88 - 110.

［63］李胜文，李新春，杨学儒. 中国的环境效率与环境管制——基于1986—2007 年省级水平的估算［J］. 财经研究，2010，36（2）：59 - 68.

［64］李天焜，郑雨萱. 探讨国际经济与贸易对环境的影响及保护策略［J］. 全国流通经济，2020（11）：37 - 38.

［65］李文东，尹传文. 低碳经济与环境规制的实证分析［J］. 经济研究导刊，2010（13）：163 - 165.

［66］李香菊，刘浩. 区域差异视角下财政分权与地方环境污染治理的困境研究——基于污染物外溢性属性分析［J］. 财贸经济，2016，（2）：41 - 54.

［67］李颖，徐小峰，郑越. 环境规制强度对中国工业全要素能源效率的影响——基于 2003—2016 年 30 省域面板数据的实证研究［J］. 管理评论，2019，31（12）：40 - 48.

[68] 李治国，唐国兴. 资本形成路径与资本存量调整模型 [J]. 经济研究，2003 (2)：34 - 42.

[69] 李子豪，刘辉煌. 外商直接投资、技术进步和二氧化碳排放——基于中国省际数据的研究 [J]. 科学学研究，2011，29 (10)：1495 - 1503.

[70] 刘长生，郭小东，简玉峰. 财政分权与公共服务提供效率研究——基于中国不同省份义务教育的面板数据分析 [J]. 上海财经大学学报，2008，(4)：61 - 68.

[71] 刘海英，李勉. 财政分权下的环境污染效应研究 [J]. 贵州省党校学报，2017，(5)：23 - 31.

[72] 刘家悦，罗良文，阚大学. 对外贸易、市场化进程与污染排放——动态面板数据的实证研究 [J]. 财会月刊，2017 (9)：108 - 114.

[73] 刘建民，陈霞，吴金光. 财政分权、地方政府竞争与环境污染——基于272个城市数据的异质性与动态效应分析 [J]. 财政研究，2015 (9)：36 - 43.

[74] 刘金科，卢艳，邓鑫铭. 跨区域大气污染的财税治理：国际经验与中国路径 [J]. 税务研究，2019 (7)：46 - 50.

[75] 刘金全，郑挺国，宋涛. 中国环境污染与经济增长之间的相关性研究——基于线性和非线性计量模型的实证分析 [J]. 中国软科学，2009，(2)：98 - 106.

[76] 刘津汝. 财政分权，外商直接投资与污染避难所假说 [J]. 统计与信息论坛，2013，28 (11)：60 - 65.

[77] 刘林奇. 我国对外贸易环境效应理论与实证分析 [J]. 国际贸易问题，2009 (3)：70 - 77，84.

[78] 刘琦. 财政分权，政府激励与环境治理 [J]. 经济经纬，2013 (2)：127 - 132.

[79] 刘伟，张辉，黄泽华. 中国产业结构高度与工业化进程和地区差异的考察 [J]. 经济学动态，2008 (11)：4 - 8.

[80] 刘修岩，董会敏. 出口贸易加重还是缓解中国的空气污染——基PM2.5和SO_2数据的实证检验 [J]. 财贸研究，2017，28 (1)：76 - 84.

[81] 刘玉博，汪恒. 内生环境规制、FDI与中国城市环境质量 [J]. 财

经研究，2016，42（12）：119－130.

［82］卢洪友，祁毓．我国环境保护财政支出现状评析及优化路径选择［J］．环境保护，2012（17）：28－31.

［83］卢洪友，田丹，叶舟舟．中美环境保护预算比较：管理模式与信息体系——以国家环保部门预算为例［J］．管理现代化，2014（1）：6－8.

［84］陆凤芝，杨浩昌．环境分权、地方政府竞争与中国生态环境污染［J］．产业经济研究，2019（4）：113－126.

［85］罗能生，王玉泽．财政分权、环境规制与区域生态效率——基于动态空间杜宾模型的实证研究［J］．中国人口·资源与环境，2017，27（4）：110－118.

［86］吕明元，陈维宣．中国产业结构变迁对能源效率影响的实证分析——基于多要素生产率的视角［C］．第十四届中国经济学年会，2014.

［87］吕明元，尤萌萌．韩国产业结构变迁对经济增长方式转型的影响［J］．世界经济研究，2013（1）：73－80.

［88］毛德凤，彭飞，刘华．城市扩张、财政分权与环境污染——基于263个地级市面板数据的实证分析［J］．中南财经政法大学学报，2016，（5）：42－53.

［89］毛晖，杜小娟，张佳希．财政分权、政府竞争与环境污染［J］．财政经济评论，2014，（2）：115－122.

［90］潘孝珍．财政分权与环境污染：基于省级面板数据的分析［J］．地方财政研究，2009（7）：29－33.

［91］彭代彦，张俊．环境规制对中国全要素能源效率的影响研究——基于省际面板数据的实证检验［J］．工业技术经济，2019，38（2）：59－67.

［92］彭高旺．促进环境保护的财税政策研究［D］．广州：暨南大学，2008.

［93］彭水军，包群．经济增长与环境污染——环境库兹涅茨曲线假说的中国检验［J］．财经问题研究，2006，（8）：3－17.

［94］彭小兵，涂君如．中国式财政分权与环境污染——环境群体性事件的经济根源［J］．重庆大学学报（社会科学版），2016，22（6）：51－61.

［95］平新乔．微观经济学十八讲［M］．北京：北京大学出版社，2001.

［96］祁毓，卢洪友，徐彦坤．中国环境分权体制改革研究：制度变迁、数量测算与效应评估［J］．中国工业经济，2014，（1）：31－43.

［97］钱水土，周永涛．金融发展，技术进步与产业升级［J］．统计研究，2011，28（1）：68－74.

［98］乔宝云，范剑勇，冯兴元．中国的财政分权与小学义务教育［J］．中国社会科学，2005，（6）：37－46，206.

［99］曲国明，王巧霞．国外环保投资基金经验对我国的启示［J］．金融发展研究，2010（5）：52－55.

［100］任海芝，于越．财政分权、技术进步与工业污染排放——基于赣鄂湘36个地级市的空间计量分析［J］．生态经济，2017，33（9）：116－121.

［101］任小静，屈小娥，张蕾蕾．环境规制对环境污染空间演变的影响［J］．北京理工大学学报（社会科学版），2018，20（1）：1－8.

［102］尚文芳，陈优优．支持环境保护的财政资金保障机制研究——以河南省为例［J］．时代金融，2017（18）：59－60.

［103］沈能．环境效率、行业异质性与最优规制强度——中国工业行业面板数据的非线性检验［J］．中国工业经济，2012（3）：56－68.

［104］史丹．我国经济增长过程中能源利用效率的改进［J］．经济研究，2002（9）：49－56.

［105］世界银行．2006年世界发展指标［M］．华盛顿：世界银行，2006.

［106］宋美喆，刘寒波．财政分权对长江中游城市群环境质量的影响机制研究［J］．华东经济管理，2020，34（2）：68－76.

［107］石敏俊．中国经济绿色转型的轨迹——2005—2010年经济增长的资源环境成本［M］．北京：科学出版社，2014.

［108］谭娟，陈晓春．基于产业结构视角的政府环境规制对低碳经济影响分析［J］．经济学家，2011（10）：91－97.

［109］谭志雄，张阳阳．财政分权与环境污染关系实证研究［J］．中国人口资源与环境，2015，25（4）：110－117.

［110］陶然，陆曦，苏福兵，等．地区竞争格局演变下的中国转轨：财政激励和发展模式反思［J］．经济研究，2009（7）：21－33.

［111］田时中．财政分权视角下中国环境污染综合评价：1998—2015——

基于省际工业污染面板数据的实证［J］. 华东经济管理，2017，31（5）：34－41.

［112］田艳芳. 财政分权、政治晋升与环境冲突——基于省级空间面板数据的实证检验［J］. 华中科技大学学报（社会科学版），2015，29（4）：86－95.

［113］童百利，张杨. 贸易开放与环境污染——基于省际面板数据的贸易方式差异研究［J］. 河北地质大学学报，2019，42（2）：70－77.

［114］王宝顺，刘京焕. 中国地方城市环境治理财政支出效率评估研究［J］. 城市发展研究，2011，18（4）：71－76.

［115］王飞成，郭其友. 经济增长对环境污染的影响及区域性差异——基于省际动态面板数据模型的研究［J］. 山西财经大学学报，2014，36（4）：14－26.

［116］王华春，于达. 财力与支出责任匹配下的地方政府环境治理研究——基于中国278个地级市的面板数据分析［J］. 经济体制改革，2017（6）：153－160.

［117］王磊，张磊，段学军，董雅文，秦贤宏. 江苏省太湖流域产业结构的水环境污染效应［J］. 生态学报，2011，31（22）：6832－6844.

［118］王立平，黄黎利，胡义伟. 越界水污染“稳健性”影响因素研究——基于空间面板数据EBA模型［J］. 合肥工业大学学报（社会科学版），2016，30（4）：1－8.

［119］王美今，林建浩，余壮雄. 中国地方政府财政竞争行为特性识别：“兄弟竞争”与“父子争议”是否并存?［J］. 管理世界，2010（3）：22－31.

［120］王敏，黄滢. 中国的环境污染与经济增长［J］. 经济学（季刊），2015，14（2）：557－578.

［121］王群伟，周鹏，周德群. 我国二氧化碳排放绩效的动态变化，区域差异及影响因素［J］. 中国工业经济，2010（1）：45－54.

［122］王书斌，徐盈之. 环境规制与雾霾脱钩效应——基于企业投资偏好的视角［J］中国工业经济，2015（4）：18－30.

［123］王舒鸿，王小青. 贸易自由化还是污染自由化?——我国环境污染的地区效应分析［J］. 中国海洋大学学报（社会科学版），2019（4）：96－103.

[124] 王欣，杨丽．环境规制对全要素能源效率的影响——基于超效率SBM模型的再检验［J］．科技与经济，2019，32（6）：101－105.

[125] 王永钦，张晏，章元，等．中国的大国发展道路——论分权式改革的得失［J］．经济研究，2007（1）：4－16.

[126] 王育宝，陆扬．财政分权、税收负担与区域生态环境质量［J］．北京理工大学学报（社会科学版），2020，22（3）：1－13.

[127] 王则斌．美国预算支出编制方法的演进及启示［J］．财政研究，2012（11）：69－71.

[128] 魏龙，潘安．出口贸易和FDI加剧了资源型城市的环境污染吗？——基于中国285个地级城市面板数据的经验研究［J］．自然资源学报，2016，31（1）：17－27.

[129] 吴力波，于畅．国际贸易与国内贸易环境效应的差异性研究［J］．环境经济研究，2017，2（2）：18－35.

[130] 吴俊培，丁玮蓉，龚旻．财政分权对中国环境质量影响的实证分析［J］．财政研究，2015，（11）：56－63.

[131] 吴俊培，万甘忆．财政分权对环境污染的影响及传导机制分析——基于地市级面板数据的实证［J］．广东财经大学学报，2016，31（6）：37－45.

[132] 吴顺恩．我国财政分权体制下的环境污染问题研究［J］．生态经济，2014，30（12）：151－154，159.

[133] 谢波，项成．财政分权、环境污染与地区经济增长——基于112个地级市面板数据的实证计量［J］．软科学，2016，30（11）：40－43，60.

[134] 辛悦，李学迁．长三角地区贸易开放度与雾霾污染的关系研究［J］．生态经济，2019，35（6）：145－149.

[135] 许和连，邓玉萍．外商直接投资导致了中国的环境污染吗？［J］．管理世界，2012（2）：30－43.

[136] 徐辉，杨烨．财政分权对环境污染异质性影响的门槛效应研究［J］．软科学，2017（11）：83－87.

[137] 徐辉，杨烨，聂都．财政分权对中国十大城市群环境污染的影响路径［J］．城市问题，2017（6）：14－24.

[138] 徐鹏杰，卢娟．异质性环境规制对雾霾污染物排放绩效的影

响——基于中国式分权视角的动态杜宾与分位数检验［J］. 科学决策，2018（1）：48－74.

［139］徐现祥，周吉梅，舒元 . 中国省区三次产业资本存量估计［J］. 统计研究，2007，24（5）：6－13.

［140］徐晓雯，孙超，王梦迪 . 财政分权体制下地方政府环境规制的治污效应研究［J］. 山东财经大学学报，2019，31（5）：67－81.

［141］许煜，徐翱，尚长风 . 中国式的财政分权与贸易收支顺差［J］. 中央财经大学学报，2007（11）：1－7.

［142］徐圆 . 源于社会压力的非正式性环境规制是否约束了中国的工业污染？［J］财贸研究，2014，25（2）：7－15.

［143］许正松，孔凡斌 . 经济发展水平、产业结构与环境污染——基于江西省的实证分析［J］. 当代财经，2014（8）：15－20.

［144］薛钢，潘孝珍 . 财政分权对中国环境污染影响程度的实证分析［J］. 中国人口资源与环境，2012，22（1）：77－83.

［145］闫文娟 . 财政分权，政府竞争与环境治理投资［J］. 财贸研究，2012（5）91－97.

［146］闫文娟，钟茂初 . 中国式财政分权会增加环境污染吗［J］. 财经论丛，2012（6）：32－37.

［147］杨骞，刘华军 . 中国二氧化碳排放的区域差异分解及影响因素——基于 1995—2009 年省际面板数据的研究［J］. 数量经济技术经济研究，2012（5）：36－49.

［148］杨瑞龙，章泉，周业安 . 财政分权、公众偏好和环境污染——来自中国省级面板数据的证据［R］. 中国人民大学经济学院经济所宏观经济报告，2007.

［149］杨万平 . 中国省际环境污染的动态综合评价及影响因素［J］. 经济管理，2010（8）：159－165.

［150］杨武，李升，马光明 . 财政分权影响国际贸易吗？——基于“一带一路”沿线国家的实证检验［J］. 中央财经大学学报，2018（4）：3－18.

［151］杨希，徐嘉茹，闫文收 . 国际贸易与人口健康：基于多种环境指标的实证研究［J］. 生态经济，2019，35（6）：139－144.

［152］叶阿忠，郑万吉．经济增长、FDI 与环境污染的时空传导效应研究——基于半参数空间面板 VAR 模型的分析［J］．软科学，2016，30（1）：17－21.

［153］游达明，张杨，袁宝龙．官员晋升锦标赛体制下环境规制、央地分权对环境污染的影响研究［J］．中南大学学报（社会科学版），2018，24（3）：66－77.

［154］余长林，杨惠珍．分权体制下中国地方政府支出对环境污染的影响——基于中国 287 个城市数据的实证分析［J］．财政研究，2016（7）：46－58.

［155］俞雅乖．我国财政分权与环境质量的关系及其地区特性分析［J］．经济学家，2013（9）：60－67.

［156］袁华萍．财政分权下的地方政府环境污染治理研究［D］．北京：首都经济贸易大学，2016.

［157］袁晓玲，张宝山，杨万平．基于环境污染的中国全要素能源效率研究［J］．中国工业经济，2009（2）：76－86.

［158］张根能，张玉果，沈婧雯．我国财政分权对环境污染的影响研究——基于省级面板数据的分析［J］．生态经济，2016，32（5）：19－24.

［159］张凌云，齐晔．地方环境监管困境解释——政治激励与财政约束假说［J］．中国行政管理，2010（3）：93－97.

［160］张军．中国经济发展：为增长而竞争［J］．世界经济文汇，2005（Z1）：101－105.

［161］张军，高远，傅勇，张弘．中国为什么拥有了良好的基础设施？［J］．经济研究，2007（3）：4－19.

［162］张军，吴桂英，张吉鹏．中国省际物质资本存量估算：1952—2000［J］．经济研究，2004（10）：35－44.

［163］张军，章元．对中国资本存量 K 的再估计［J］．经济研究，2003（7）：35－43.

［164］张克中，王娟，崔小勇．财政分权与环境污染：碳排放的视角［J］．中国工业经济，2011（10）：65－75.

［165］张连众，朱坦，李慕菡，等．贸易自由化对我国环境污染的影响

分析［J］. 南开经济研究，2003（3）：3-5.

［166］张庆丰，Crooks R. 迈向环境可持续的未来：中华人民共和国国家环境分析［M］. 北京：中国财政经济出版社，2012.

［167］张曙霄，戴永安. 异质性，财政分权与城市经济增长——基于面板分位数回归模型的研究［J］. 金融研究，2012（1）：103-115.

［168］张同斌，李金凯，程立燕. 经济结构、增长方式与环境污染的内在关联研究——基于时变参数向量自回归模型的实证分析［J］. 中国环境科学，2016，36（7）：2230-2240.

［169］张文彬，张理芃，张可云. 中国环境规制强度省际竞争形态及其演变——基于两区制空间 Durbin 固定效应模型的分析［J］. 管理世界，2010（12）：34-44.

［170］张欣怡，王志刚. 财政分权与环境污染的国际经验及启示［J］. 现代管理科学，2014（4）：36-38.

［171］章秀琴. 长江经济带对外贸易区域差异及影响因素的实证研究——基于省级动态面板数据 GMM 方法［J］. 经济问题探索，2017（2）：91-96.

［172］张晏，龚六堂. 分税制改革、财政分权与中国经济增长［J］. 经济学（季刊），2005（4）：75-108.

［173］张友国. 经济发展方式变化对中国碳排放强度的影响［J］. 经济研究，2010（4）：120-133.

［174］张征宇，朱平芳. 地方环境支出的实证研究［J］. 经济研究，2010（5）：82-94.

［175］赵丹. 我国国际贸易结构对环境的影响与应对措施研究［J］. 商讯，2019（17）：27-28.

［176］赵秋银. 国际贸易对环境污染的空间效应分析［J］. 对外经贸，2019（6）：29-32.

［177］赵霄伟. 地方政府间环境规制竞争策略及其地区增长效应——来自地级市以上城市面板的经验数据［J］. 财贸经济，2014（10）：105-113.

［178］郑洁，付才辉，张彩虹. 财政分权与环境污染——基于新结构经济学视角［J］. 财政研究，2018（3）：57-70.

［179］郑展鹏，王丽芳．财政分权、人口红利与出口贸易［J］．首都经济贸易大学学报，2018，20（4）：3－10.

［180］郑周胜．中国式财政分权下环境污染问题研究［D］．兰州：兰州大学博士学位论文，2012.

［181］钟茂初，李梦洁，杜威剑．环境规制能否倒逼产业结构调整——基于中国省际面板数据的实证检验［J］．中国人口·资源与环境，2015，25（8）：107－115.

［182］周建仁，陈盈盈．财政分权和城镇化对地区环境污染的影响［J］．西部论坛，2016，26（4）：92－100.

［183］周靖，胡秋红．对外开放、财政分权与中国环境污染［J］．江汉论坛，2018（3）：45－50.

［184］周黎安．中国地方官员的晋升锦标赛模式研究［J］．经济研究，2007（7）：36－50.

［185］周茂荣，祝佳．贸易自由化对我国环境的影响——基于 ACT 模型的实证研究［J］．中国人口·资源与环境，2008（4）：211－215.

［186］周四军，罗欣，刘影，范迪．环境规制强度影响能源效率的门槛效应研究——基于 PSTR 模型［J］．经济数学，2020，37（1）：9－19.

［187］周心怡，龚锋．对外开放与财政分权：一个交互影响的视角［J］．发展研究，2016（5）：56－61.

［188］周亚虹，宗庆庆，陈曦明．财政分权体制下地市级政府教育支出的标尺竞争［J］．经济研究，2013（11）：127－139.

［189］钟昌标．外商直接投资地区间溢出效应研究［J］．经济研究，2010（1）：80－89.

［190］仲大军，程晓农．中国工业化的缺陷及经济增长的代价［J］．开放导报，2003（10）：27－31，1.

［191］朱启荣，刘璇．贸易对环境影响的理论与实证研究综述［J］．山东工商学院学报，2018，32（1）：17－23.

［192］踪家峰，杨琦．分权体制、地方征税努力与环境污染［J］．经济科学，2015（2）：30－43.

［193］宗振利，廖直东．中国省际三次产业资本存量再估算：1978—2011

[J]. 贵州财经大学学报，2014（3）：8-16.

[194] Anselin L. Spatial econometrics: methods and models [M]. Dordrecht: Kluwer Academic Publishers, 1988.

[195] Anselin L. The Moran scatterplot as an ESDA tool to assess local instability in spatial [J]. Spatial Analytical, 1996 (4): 111.

[196] Anselin L, Le Gallo J. Interpolation of air quality measures in hedonic house price models: Spatial aspects [J]. Spatial Economic Analysis, 2006, 1 (1): 31-52.

[197] Antweiler W, Copeland B R, Taylor M S. Is free trade good for the environment? [J]. American Economic Review, 2001, 91 (4): 877-908.

[198] Assetto V J, Hajba E, Mumme S P. Democratization, decentralization, and local environmental policy capacity: Hungary and Mexico [J]. The Social Science Journal, 2003, 40 (2): 249-268.

[199] Auffhammer M, Carson R T. Forecasting the path of China's CO_2 emissions using province-level information [J]. Journal of Environmental Economics and Management, 2008, 55 (3): 229-247.

[200] Baltagi B H, Egger P, Pfaffermayr M. Estimating regional trade agreement effects on FDI in an interdependent world [J]. Journal of Econometrics, 2008, 145 (1-2): 194-208.

[201] Baltagi B H. Econometric analysis of panel data [M]. John Wiley & Sons, 2008.

[202] Banzhaf H S, Chupp B A. Fiscal federalism and interjurisdictional externalities: New results and an application to US air pollution [J]. Journal of Public Economics, 2012, 96 (5): 449-464.

[203] Blackwell III J L. Estimation and testing of fixed-effect panel-data systems [J]. Stata Journal, 2005, 5 (2): 202-207.

[204] Blanchard O, Shleifer A. Federalism with and without political centralization: China versus Russia [J]. IMF staff papers, 2001, 48 (1): 171-179.

[205] Blomquist W, Dinar A, Kemper K E. A framework for institutional

analysis of decentralization reforms in natural resource management [J]. Society and Natural Resources, 2010, 23 (7): 620 - 635.

[206] Born B, Breitung J. Testing for serial correlation in fixed-effects panel data models [J]. Econometric Reviews, 2016, 35 (7): 1290 - 1316.

[207] Braulke M, Endres A. On the economics of effluent charges [J]. Canadian Journal of Economics, 1985: 891 - 897.

[208] Cai F, Du Y, Wang M. The political economy of emission in China: Will a low carbon growth be incentive compatible in next decade and beyond [J]. Economic Research Journal, 2008, 6 (4): 4 - 11.

[209] Cai H, Treisman D. Does competition for capital discipline governments? Decentralization, globalization, and public policy [J]. The American Economic Review, 2005, 95 (3): 817 - 830.

[210] Chakravorty S, Koo J, Lall S V. Metropolitan industrial clusters: Patterns and processes [J]. World Bank policy research working paper, 2003 (3073): 1 - 35.

[211] Chang C P, Hao Y. Environmental performance, corruption and economic growth: Global evidence using a new data set [J]. Applied Economics, 2017, 49 (5): 498 - 514.

[212] Chang C P, Lee C C, Weng J H. Is the secularization hypothesis valid? A panel data assessment for Taiwan [J]. Applied Economics, 2011, 43 (6): 729 - 745.

[213] Chang Y C, Wang N. Environmental regulations and emissions trading in China [J]. Energy Policy, 2010, 38 (7): 3356 - 3364.

[214] Chen C H. Fiscal decentralization, collusion and government size in China's transitional economy [J]. Applied Economics Letters, 2004, 11 (11): 699 - 705.

[215] Chen X, Chen Y E, Chang C P. The effects of environmental regulation and industrial structure on carbon dioxide emission: A non-linear investigation [J]. Environmental Science and Pollution Research, 2019, 26 (29): 30252 - 30267.

[216] Chen X, Liu J. Fiscal decentralization and environmental pollution: A

spatial analysis [J]. Discrete Dynamics in Nature and Society, 2020.

[217] Chi G, Zhu J. Spatial regression models for demographic analysis [J]. Population Research and Policy Review, 2008, 27 (1): 17 -42.

[218] Copeland B R, Taylor M S. North - South trade and the environment [J]. The Quarterly Journal of Economics, 1994, 109 (3): 755 -787.

[219] Cutter W B, DeShazo J R. The environmental consequences of decentralizing the decision to decentralize [J]. Journal of Environmental Economics and Management, 2007, 53 (1): 32 -53.

[220] Dasgupta S, Laplante B, Wang H, et al. Confronting the environmental Kuznets curve [J]. Journal of Economic Perspectives, 2002, 16 (1): 147 -168.

[221] Davies R B. Hypothesis testing when a nuisance parameter is present only under the alternative [J]. Biometrika, 1987, 74 (1): 33 -43.

[222] Dean J M. Testing the impact of trade liberalization on the environment: Theory and evidence [J]. World Bank Discussion Papers, 1999: 55 -64.

[223] Dean J M, Lovely M E, Wang H. Are foreign investors attracted to weak environmental regulations? Evaluating the evidence from China [J]. Journal of Development Economics, 2009, 90 (1): 1 -13.

[224] Dinda S. Environmental Kuznets curve hypothesis: A survey [J]. Ecological Economics, 2004, 49 (4): 431 -455.

[225] Dominici F, Schwartz J. Air pollution and mortality in the US using Medicare and Medicaid populations [J]. Environmental Epidemiology, 2019 (3): 356 -357.

[226] Dong B, Gong J, Zhao X. FDI and environmental regulation: Pollution haven or a race to the top? [J]. Journal of Regulatory Economics, 2012, 41 (2): 216 -237.

[227] Dreher A, Sturm J E, De Haan J. When is a central bank governor replaced? Evidence based on a new data set [J]. Journal of Macroeconomics, 2010, 32 (3): 766 -781.

[228] Esty D C, Dua A. Sustaining the Asia Pacific Miracle: Environmental protection and economic integration [J]. Peterson Institute Press: All Books, 1997.

[229] Easterly W. The elusive quest for growth: Economists' adventures and misadventures in the tropics [M]. Cambridge, MA: MIT Press, 2001.

[230] Elhorst J P. Specification and estimation of spatial panel data models [J]. International Regional Science Review, 2003, 26 (3): 244 –268.

[231] Elhorst J P. Spatial panel data models [M]//Fischer M M, Getis A. Handbook of applied spatial analysis. Berlin: Springer, 2010a: 377 –407.

[232] Elhorst J P. Matlab software for spatial panels [J]. International Regional Science Review, 2012, 37 (3): 389 –405.

[233] Elhorst J P. Spatial panel data models [M]. Spatial econometrics. Berlin, Heidelberg: Springer, 2014: 37 –93.

[234] Elhorst J P. Matlab software for spatial panels [J]. International Regional Science Review, 2014, 37 (3): 389 –405.

[235] Elhorst J P. Spatial econometrics: from cross-sectional data to spatial panels [M]. Heidelberg: Springer, 2014.

[236] Faguet J. Does decentralization increase responsiveness to local needs? Evidence from Bolivia [J]. Journal of Public Economics, 2004, 88 (1): 867 –893.

[237] Faguet J P, Sanchez F. Decentralization's effects on educational outcomes in Bolivia and Colombia [J]. World Development, 2008, 36 (7): 1294 –1316.

[238] Farzanegan M R, Mennel T. Fiscal decentralization and pollution: Institutions matter [R]. Joint Discussion Paper Series in Economics, 2012.

[239] Fredriksson P G, Millimet D L. Strategic interaction and the determination of environmental policy across US states [J]. Journal of Urban Economics, 2002, 51 (1): 101 –122.

[240] Gemmell N, Kneller R, Sanz I. Fiscal decentralization and economic growth: Spending versus revenue decentralization [J]. Economic Inquiry, 2013, 51 (4): 1915 –1931.

[241] Glazer A. Local regulation may be excessively stringent [J]. Regional Science and Urban Economics, 1999, 29 (5): 553 –558.

[242] Goldsmith R W. A perpetual inventory of national wealth [M]//Studies in Income and Wealth, Volume 14. NBER, 1951: 5 –73.

[243] González A, Teräsvirta T, Dijk D. Panel smooth transition regression models [R]. SSE/EFI Working Paper Series in Economics and Finance, 2005.

[244] Gordon R H. An optimal taxation approach to fiscal federalism [J]. The Quarterly Journal of Economics, 1983, 98 (4): 567 – 586.

[245] Gray W B, Shadbegian R J. 'Optimal' pollution abatement: Whose benefits matter, and how much? [J]. Journal of Environmental Economics and Management, 2004, 47 (3): 510 – 534.

[246] Grether J M, De Melo J. Globalization and dirty industries: Do pollution havens matter? [R]. National Bureau of Economic Research, 2003.

[247] Grossman G M, Krueger A B. Environmental impacts of a North American free trade agreement [R]. National Bureau of Economic Research, 1991.

[248] Grossman G M, Krueger A B. Economic growth and the environment [J]. The Quarterly Journal of Economics, 1995, 110 (2): 353 – 377.

[249] Guo Z, Zheng Z. Local Government, Polluting Enterprise and Environmental Pollution: Based on MATLAB Software [J]. Journal of Software, 2012, 7 (10): 2182 – 2188.

[250] Gupta M R, Barman T R. Fiscal policies, environmental pollution and economic growth [J]. Economic Modelling, 2009, 26 (5): 1018 – 1028.

[251] Han X, Zhang M, Liu S. Research on the relationship of economic growth and environmental pollution in Shandong province based on environmental Kuznets curve [J]. Energy Procedia, 2011 (5): 508 – 512.

[252] Hall R E, Jones C I. Why do some countries produce so much more output per worker than others? [R]. National Bureau of Economic Research, 1999.

[253] Hansen B E. Threshold effects in non-dynamic panels: Estimation, testing, and inference [J]. Journal of Econometrics, 1999, 93 (2): 345 – 368.

[254] He Q. Fiscal decentralization and environmental pollution: Evidence from Chinese panel data [J]. China Economic Review, 2015 (36): 86 – 100.

[255] Hettige H, Mani M, Wheeler D. Industrial pollution in economic development: the environmental Kuznets curve revisited [J]. Journal of Development Economics, 2000, 62 (2): 445 – 476.

[256] Holmstrom B, Milgrom P. Multitask principal-agent analyses: Incentive contracts, asset ownership, and job design [J]. Journal of Law, Economics, & Organization, 1991 (7): 24 - 52.

[257] Jacobsen G D, Kotchen M J, Vandenbergh M P. The behavioral response to voluntary provision of an environmental public good: Evidence from residential electricity demand [J]. European Economic Review, 2012, 56 (5): 946 - 960.

[258] Jalil A, Feridun M. The impact of growth, energy and financial development on the environment in China: A cointegration analysis [J]. Energy Economics, 2011, 33 (2): 284 - 291.

[259] Jin H, Qian Y, Weingast B R. Regional decentralization and fiscal incentives: Federalism, Chinese style [J]. Journal of Public Economics, 2005, 89 (9 - 10): 1719 - 1742.

[260] Kang Y Q, Zhao T, Yang Y Y. Environmental Kuznets curve for CO_2 emissionsin China: A spatial panel data approach [J]. Ecological Indicators, 2016 (63): 231 - 239.

[261] Keen M, Marchand M. Fiscal competition and the pattern of public spending [J]. Journal of Public Economics, 1997, 66 (1): 33 - 53.

[262] Koenker R, Bassett Jr G. Regression quantiles [J]. Econometrica: Journal of the Econometric Society, 1978: 33 - 50.

[263] Koenker R. Quantile regression for longitudinal data [J]. Journal of Multivariate Analysis, 2004, 91 (1): 74 - 89.

[264] Köllner T, Schelske O, Seidl I. Integrating biodiversity into intergovernmental fiscal transfers based on cantonal benchmarking: A Swiss case study [J]. Basic and Applied Ecology, 2002, 3 (4): 381 - 391.

[265] Kuznets S. Economic growth and income inequality [J]. The American Economic review, 1955, 45 (1): 1 - 28.

[266] Kunce M, Shogren J F. Efficient decentralized fiscal and environmental policy: A dual purpose Henry George tax [J]. Ecological Economics, 2008, 65 (3): 569 - 573.

[267] Lamarche C. Robust penalized quantile regression estimation for panel

data [J]. Journal of Econometrics, 2010, 157 (2): 396 -408.

[268] Laplante B, Rilstone P. Environmental inspections and emissions of the pulp and paper industry in Quebec [J]. Journal of Environmental Economics and Management, 1996, 31 (1): 19 -36.

[269] Lee C C, Chang C P, Chen P F. Do CO_2 emission levels converge among 21 OECD countries? New evidence from unit root structural break tests [J]. Applied Economics Letters, 2008, 15 (7): 551 -556.

[270] LeSage J P. An introduction to spatial econometrics [J]. Revue d' économie industrielle, 2008 (123): 19 -44.

[271] LeSage J P, Pace R K. Spatial econometric models [M]//Handbook of applied spatial analysis. Berlin, Heidelberg: Springer, 2010: 355 -376.

[272] Levinson A. Environmental regulatory competition: A status report and some new evidence [J]. National Tax Journal, 2003: 91 -106.

[273] Li B, Hao Y, Chang C P. Does an anticorruption campaign deteriorate environmental quality? Evidence from China [J]. Energy & Environment, 2018, 29 (1): 67 -94.

[274] Liang W, Yang M. Urbanization, economic growth and environmental pollution: Evidence from China [J]. Sustainable Computing: Informatics and Systems, 2019 (21): 1 -9.

[275] Lin J Y, Liu Z. Fiscal decentralization and economic growth in China [J]. Economic Development and Cultural Change, 2000, 49 (1): 1 -21.

[276] Lipscomb M, Mobarak A M. Decentralization and pollution spillovers: Evidence from the re-drawing of county borders in Brazil [J]. The Review of Economic Studies, 2017, 84 (1): 464 -502.

[277] List J A, Gerking S. Regulatory federalism and environmental protection in the United States [J]. Journal of Regional Science, 2000, 40 (3): 453 -471.

[278] Ljungwall C, Linde - Rahr M. Environmental policy and the location of foreign direct investment in China [J]. Governance Working Papers, 2005, 22020.

[279] Lockwood B. Distributive politics and the costs of centralization [J]. The Review of Economic Studies, 2002, 69 (2): 313 -337.

[280] Lopez R. The environment as a factor of production: The effects of economic growth and trade liberalization [J]. Journal of Environmental Economics and Management, 1994, 27 (2): 163 - 184.

[281] Lopez R, Mitra S. Corruption, pollution, and the Kuznets environment curve [J]. Journal of Environmental Economics and Management, 2000, 40 (2): 137 - 150.

[282] Lopez R, Galinato G I, Islam A. Fiscal spending and the environment: Theory and empirics [J]. Journal of Environmental Economics and Management, 2011, 62 (2): 180 - 198.

[283] Maddison W P. Missing data versus missing characters in phylogenetic analysis [J]. Systematic Biology, 1993, 42 (4): 576 - 581.

[284] Markusen J R, Morey E R, Olewiler N. Competition in regional environmental policies when plant locations are endogenous [J]. Journal of Public Economics, 1995, 56 (1): 55 - 77.

[285] Millimet D L. Assessing the empirical impact of environmental federalism [J]. Journal of Regional Science, 2003, 43 (4): 711 - 733.

[286] Moran P A P. The interpretation of statistical maps [J]. Journal of the Royal Statistical Society. Series B (Methodological), 1948, 10 (2): 243 - 251.

[287] Moran P A P. Notes on continuous stochastic phenomena [J]. Biometrika, 1950, 37 (1/2): 17 - 23.

[288] Morriss A P. The Politics of the Clean Air Act [J]. Political Environmentalism: Going behind the green curtain, 2000 (263): 282 - 292.

[289] Mu R. Bounded rationality in the developmental trajectory of environmental target policy in China, 1972 - 2016 [J]. Sustainability, 2018, 10 (1): 199.

[290] Oates W. Fiscal Federalism. New York: Harcourt Brace Jovanovich [J/OL]. Polity IV Dataset, 1972. http://www.bsos.umd.edu/cidcm/inscr/polity.

[291] Oates W E. A reconsideration of environmental federalism [M]. Washington, DC: Resources for the Future, 2001.

[292] Oates W E, Portney P R. The political economy of environmental policy

[J]. Handbook of Environmental Economics, 2003 (1): 325 -354.

[293] Ord J K, Getis A. Local spatial autocorrelation statistics: distributional issues and an application [J]. Geographical Analysis, 1995, 27 (4): 286 -306.

[294] Panayotou T. Empirical tests and policy analysis of environmental degradation at different stages of economic development [R]. International Labour Organization, 1993.

[295] Pickman H A. The effect of environmental regulation on environmental innovation [J]. Business Strategy and the Environment, 1998, 7 (4): 223 -233.

[296] Potoski M. Clean air federalism: Do states race to the bottom? [J]. Public Administration Review, 2001, 61 (3): 335 -343.

[297] Porter M E. America's green strategy [J]. Reader in Business and the Environment, 1991, 33.

[298] Qian Y, Weingast B R. Federalism as a commitment to perserving market incentives [J]. The Journal of Economic Perspectives, 1997, 11 (4): 83 -92.

[299] Que W, Zhang Y, Liu S, Yang C. The spatial effect of fiscal decentralization and factor market segmentation on environmental pollution [J]. Journal of Cleaner Production, 2018 (184): 402 -413.

[300] Quinn K J. Silicone gel in scar treatment [J]. Burns, 1987 (13): S33 - S40.

[301] Rassier D G, Earnhart D. Short-run and long-run implications of environmental regulation on financial performance [J]. Contemporary Economic Policy, 2011, 29 (3): 357 -373.

[302] Revesz R L. Federalism and environmental regulation: A public choice analysis [J]. Harvard Law Review, 2001: 553 -641.

[303] Saveyn B, Proost S. Energy-tax reform with vertical tax externalities [J]. FinanzArchiv: Public Finance Analysis, 2008, 64 (1): 63 -86.

[304] Schroeder M A, Lander J, Levine - Silverman S. Diagnosing and dealing with multicollinearity [J]. Western Journal of Nursing Research, 1990, 12 (2): 175 -187.

[305] Grossman G M, Krueger A B. Environmental impacts of a North

American free trade agreement [R]. National Bureau of Economic Research, 1991.

[306] Sigman H. International spillovers and water quality in rivers: Do countries free ride? [R]. National Bureau of Economic Research, 2001.

[307] Sigman H. Transboundary spillovers and decentralization of environmental policies [J]. Journal of Environmental Economics and Management, 2005, 50 (1): 82-101.

[308] Sigman H. Decentralization and environmental quality: An international analysis of water pollution levels and variation [J]. Land Economics, 2014, 90 (1): 114-130.

[309] Silva E C D, Caplan A J. Transboundary pollution control in federal systems [J]. Journal of Environmental Economics and Management, 1997, 34 (2): 173-186.

[310] Smulders S, Tsur Y, Zemel A. Announcing climate policy: Can a green paradox arise without scarcity? [J]. Journal of Environmental Economics and Management, 2012, 64 (3): 364-376.

[311] Stern D I, Common M S. Is there an environmental Kuznets curve for sulfur? [J]. Journal of Environmental Economics and Management, 2001, 41 (2): 162-178.

[312] Stewart R B. Pyramids of sacrifice? Problems of federalism in mandating state implementation of national environmental policy [J]. The Yale Law Journal, 1977, 86 (6): 1196-1272.

[313] Stigler G J. Perfect competition, historically contemplated [J]. Journal of Political Economy, 1957, 65 (1): 1-17.

[314] Sui B, Feng G F, Chang C P. The pioneer evidence of contagious corruption [J]. Quality & Quantity, 2018, 52 (2): 945-968.

[315] Oates W E, Schwab R M. Economic competition among jurisdictions: efficiency enhancing or distortion inducing? [J]. Journal of Public Economics, 1988, 35 (3): 333-354.

[316] Tan Z, Zhang Y. An empirical research on the relation between fiscal decentralization and environmental pollution [J]. China Population, Resources and

Environment, 2015 (25): 110 - 117.

[317] Teräsvirta T. Specification, estimation, and evaluation of smooth transition autoregressive models [J]. Journal of the American Statistical Association, 1994, 89 (425): 208 - 218.

[318] Tian G P, Wang Y. Spatial spillover effects between fiscal decentralization, local governments competition and carbon emissions [J]. China Population, Resources and Environment, 2018 (10): 5.

[319] Tiebout C M. A pure theory of local expenditures [J]. Journal of Political Economy, 1956, 64 (5): 416 - 424.

[320] Treisman D. The causes of corruption: a cross-national study [J]. Journal of Public Economics, 2000, 76 (3): 399 - 457.

[321] Vukina T, Beghin J C, Solakoglu E G, et al. Transition to markets and the environment: Effects of the change in the composition of manufacturing output [J]. Environment and Development Economics, 1999: 582 - 598.

[322] Wang H J, Ho C W. Estimating fixed-effect panel stochastic frontier models by model transformation [J]. Journal of Econometrics, 2010, 157 (2): 286 - 296.

[323] Wei Y, Zhu X, Li Y, et al. Influential factors of national and regional CO_2 emission in China based on combined model of DPSIR and PLS - SEM [J]. Journal of Cleaner Production, 2019 (212): 698 - 712.

[324] Wellisch D. Locational choices of firms and decentralized environmental policy with various instruments [J]. Journal of Urban Economics, 1995, 37 (3): 290 - 310.

[325] Wen J, Hao Y, Feng G F, et al. Does government ideology influence environmental performance? Evidence based on a new dataset [J]. Economic Systems, 2016, 40 (2): 232 - 246.

[326] Wildasin D E. Interjurisdictional capital mobility: Fiscal externality and a corrective subsidy [J]. Journal of Urban Economics, 1989, 25 (2): 193 - 212.

[327] Wilson J D. Capital mobility and environmental standards: Is there a theoretical basis for a race to the bottom? [J]. Fair Trade and Harmonization:

Prerequisites for Free Trade，1996 (1)：393 -427.

[328] Wursten J. Testing for serial correlation in fixed-effects panel models [J]. The Stata Journal，2018，18 (1)：76 -100.

[329] Xia X，Zhang A，Liang S，et al. The association between air pollution and population health risk for respiratory infection：A case study of Shenzhen，China [J]. International Journal of Environmental Research and Public Health，2017，14 (9)：950.

[330] Xuan D，Ma X，Shang Y. Can China's policy of carbon emission trading promote carbon emission reduction? [J]. Journal of Cleaner Production，2020，122383.

[331] Xu B，Lin B. How industrialization and urbanization process impacts on CO_2 emissions in China：Evidence from nonparametric additive regression models [J]. Energy Economics，2015 (48)：188 -202.

[332] Xu T. Investigating environmental Kuznets curve in China：Aggregation bias and policy implications [J]. Energy policy，2018 (114)：315 -322.

[333] Yin J，Zheng M，Chen J. The effects of environmental regulation and technical progress on CO_2 Kuznets curve：An evidence from China [J]. Energy Policy，2015 (77)：97 -108.

[334] Yandle B. Bootleggers and baptists：The education of a regulatory economists [J]. Regulation，1983 (7)：12.

[335] Young A. Gold into base metals：Productivity growth in the People's Republic of China during the reform period [J]. Journal of Political Economy，2003，111 (6)：1220 -1261.

[336] Zhang K，Zhang Z Y，Liang Q M. An empirical analysis of the green paradox in China：From the perspective of fiscal decentralization [J]. Energy Policy，2017 (103)：203 -211.

[337] Zhang L，Chen X，Xue X，et al. Long-term exposure to high particulate matter pollution and cardiovascular mortality：A 12 -year cohort study in four cities in northern China [J]. Environment International，2014 (62)：41 -47.

[338] Zhang S，Liu X，Bae J. Does trade openness affect CO_2 emissions：

Evidence from ten newly industrialized countries? [J]. Environmental Science and Pollution Research, 2017, 24 (21): 17616 - 17625.

[339] Zhang T, Zou H. Fiscal decentralization, Public Spending, and economic growth in China [J]. Journal of Public Economics, 1998, 67 (2): 221 - 240.

[340] Zhang Z. Decoupling China's carbon emissions increase from economic growth: An economic analysis and policy implications [J]. World Development, 2000, 28 (4): 739 - 752.

[341] Zhao J, Zhao Z, Zhang H. The impact of growth, energy and financial development on environmental pollution in China: New evidence from a spatial econometric analysis [J]. Energy Economics, 2019.

[342] Zheng M, Salmon L G, Schauer J J, et al. Seasonal trends in PM2.5 source contributions in Beijing, China [J]. Atmospheric Environment, 2005, 39 (22): 3967 - 3976.

[343] Zou Z H, Yi Y, Sun J N. Entropy method for determination of weight of evaluating indicators in fuzzy synthetic evaluation for water quality assessment [J]. Journal of Environmental Sciences, 2006, 18 (5): 1020 - 1023.

后　记

本书是在我博士论文的基础上修改而成的。在湖南大学攻读博士学位期间，导师刘建民教授常常鼓励和引导我们探索一些具有实际意义的问题，正是有了导师的点拨和肯定，才有了我博士论文的选题。同样，在本书的写作过程中，自始至终得到了导师的悉心指导。导师严谨治学、宽厚待人的风范，一直深深打动并影响着我。本书付梓之际，向我的导师表示深深的感谢！

感谢湖南大学经济与贸易学院的各位老师。感谢张亚斌教授、郭平教授、谭光荣教授、许和连教授、唐明教授、洪源教授等经济与贸易学院的诸位老师，在湖南大学读书期间，你们丰富渊博的学识、循循善诱的讲解增进了我的专业知识储备，训练了我的研究思维能力，开阔了我的研究思路，提升了我的专业水平。

感谢长沙理工大学经济与管理学院的同事。2018 年入职至今，刚好满两年。在这两年里，陈银娥教授、彭新宇教授、梁向东教授、胡尊国博士等学院的领导和同事一直鼓励和帮助我完成本书的写作。宽松的工作环境和良好的学术氛围为我下一步的工作、研究提供了更好的平台。

感谢提供建议的各位老师和同门。感谢吴金光教授、毛军博士、胡小梅博士、唐红李博士、秦玉奇博士等老师和同门对我写作过程中提供的帮助。

本书在研究和撰写过程中参考和借鉴了国内外许多专家、学者的研究成果，并尽可能地在书中作出了说明和注释，在此对有关专家、学者一并表示感谢。此外，由于本人的学术水平有限，书中难免存在许多不足之处，恳请学术界的各位前辈、专家和读者不吝赐教。

陈霞

2020 年 6 月